청야의
주자
철학
연구

野 子 學 究
晴 朱 哲 研

청야의 주자 철학 연구

윤용남 지음

學古房

서문序文

아스라한 기억, 6살 때 아버지 따라 어린이용 지게로 흙을 한 삽씩 져 날라 논 합배미치던 일!

국민학교 2학년 때 딱지치기에 정신이 팔려 성적이 떨어져서 엄마한테 크게 혼난 일!

학교 갔다 오면 소 풀 뜯기고, 꼴 베던 일. 그러다가 낫으로 발목을 쳐서 뼈가 보일 정도로 깊이 베인 일!

산에서 장작을 지고 내려오면서 도랑을 건너뛰다가 엎어져서 팔이 부러진 일!

모내기할 때, 지게로 모쟁이 하느라 어깨가 벌겋게 부어서 힘들었던 일!

나는 충남 예산의 산골 마을 외딴집, 가난한 농부의 아들로 태어났다. 중학교는 6km 떨어진 읍내에 있어서 매일 왕복 3시간씩 걸어 다녔다. 부모님은 나를 대전고와 동국대에 유학시켜놓고, 그 뒷바라지에 온갖 고생을 다 하셨다. 농사와 보따리장수로 등록금과 하숙비 등을 대는 일이 얼마나 힘든 일인지 그때는 별로 실감하지 못했다. 부모의 고생은 당연한 일로만 여겼다. 이제 자식을 키우는 아비가 되어 돌아보니

참으로 죄송한 일이다. 상경
대나 법대에 가라며 철학과
진학을 반대하시는 부모님
뜻을 어기고, 머리를 싸매고
누워 고집을 부렸다. 자식을
이길 수 없으니 져주시며, 자
식의 앞길을 열어주신 부모
님께 한없이 고맙지만, 한편
으로는 몹시 송구스러운 일이 아닐 수 없다.

일밖에 모르는 농사꾼 아버지(起字模字)!
장돌뱅이 도라지 장사 어머니(全州李氏 會字玉字)!
몸 삭는 줄도 모르고 오로지 자식을 위해 바친 일생!
애틋한 사랑, 숭고한 희생, 후회 없는 일생!
살아생전에 그 은혜 털끝만큼도 갚지 못한 죄인,
자랑스럽고 감사하고 미안하고 존경하는 마음으로
이 작은 책을 아버지, 어머니 영전에 바칩니다.

제 평생 한 것이 이것밖에 되지 못합니다.
키우신 보람있게 크게 빛나야 하는데 너무 초라합니다.
엄마! 그래도 옛날처럼 자랑해 주실 거죠?
아직 풀지 못한 문제는 마저 풀어놓고 갈게요.
너무 걱정하지 마세요. 거의 끝나가요.
이제 실마리가 풀렸으니 곧 다 풀릴 거예요.
체용논리학과 성리학은 거의 끝나가고, 음양론도 감은 잡았어요.

　7살 때 지혜로우신 어머니 손에 이끌려 옆 동네에서 서당을 하시던
성하순成夏順 선생님 문하에서 『천자문千字文』을 배웠고, 선생님 돌아가

신 국민학교 5학년까지 방학 때마다 『계몽편啓蒙篇』, 『명심보감明心寶鑑』 등을 배웠다.

불교와 유학儒學을 모두 공부하기 위해 동국대 철학과에 진학한 후, 국문과 이종찬李鍾燦 교수님의 지도를 받으며 유학儒學 한문을 공부하기 시작하여 지금까지 40여 년 동안 불교는 가보지도 못하고 유학과 성리학性理學에 빠져서 헤매고 있다. 동양철학 전공자들을 힘들게 하는 것은 동양철학은 개념 정의가 불분명하고 논리적으로 일관성이 없다는 것이다. 1980년대에는 서양철학적 방법을 도입하여 동양철학을 해석하려는 시도들이 많은 호응을 얻었다. 1학년 전공수업에서 논리학을 배우고 나서 뛸 듯이 기뻐한 적이 있었다. 이것으로 동양철학을 이해하고 정리하면 될 것으로 생각했지만 나중에 맞춰보니 맞지 않아 크게 실망한 적이 있다. 그런데도 서양에 유학을 다녀온 분들이 서양식으로 동양철학을 해석해야 한다면서 많은 논문과 저서를 쏟아냈다. 그러나 본인이 보기에 그런 시도가 동양철학을 바르게 이해하기보다는 오히려 상당히 왜곡하는 것으로 보였다. 그래서 서양식으로 동양을 보는 것이 가능하다면, 반대로 동양식으로 서양 보기도 가능할 것으로 생각하면서 먼저 동양을 바르게 이해하려고 노력하였다. 이에 서양철학이 선입견으로 들어오지 못하도록 서양철학을 멀리하는 한편, 여러 철학자를 섭렵하기보다 대표적인 주자철학朱子哲學을 중심으로 문제에 접근하는 것이 더 효율적일 것으로 생각하며 긴긴 세월 동안 주자朱子 성리학에 매달렸다.

박사학위 논문은 주자의 리기설理氣說을 주제로 하면서 도입부에 체용론體用論을 간단하게 도입하여 방법론으로 사용하려고 하였다. 그 과정에서 체용론이 간단하지 않음을 깨닫고, 전체 주제로 확장하여 도전하기로 마음먹었다. 1992년에 '주자의 체용이론體用理論에 관한 연구'로 학위를 취득하였지만, 아직도 미흡한 부분이 너무 많아서 그것을 바로 책으로 출판할 수 없었다. 그 후 연구를 거듭하여 9년 뒤인 2001년에 '주자 체용이론의 체계와 그 운용'이란 논문을 발표하였다. 그때 완성된 것으로 생각하였는데, 다시 검토해 보니 아직도 더 연구할 것이 있었다. 그동안 학계에 알려진 체용 개념과는 큰 차이가 있었고, 나의 이론도 아직 거칠었다. 그래서 이것을 천명설天命說, 리기설理氣說, 태극설太極說, 심성설心性說 등에 차례차례 적용해 보면서 체용이론을 검증하고, 동시에 주자 성리학을 이해하려고 노력하였다. 이런 시도는 그동안 누구도 가보지 않은 길이었다. 선행연구를 찾아보아도 방향이 너무 달라서 도움이 되지 않았다. 그러나 그렇게 헤매는 과정에서 조금씩 정리되기 시작하였다. 체용이론과 성리학, 유학이 맞춰지기 시작한 것이다. 이에 지난번 논문 발표 후 19년 뒤인 2020년에 그동안의 연구 성과를 정리하여 '논어에 적용된 체용논리體用論理와 음양론陰陽論'이란 논문을 발표하였다.

그동안 체용이론을 어느 정도 이해하면서 성리학을 이해하고 체계화하는데 절대적으로 큰 도움을 받았다. 공자孔子나 맹자孟子가 말한 것도, 주자가 성리학을 체계화한 것도 모두 체용이론과 체용논리를 따른 것이었다. 체용이론을 적용하니 비로소 주자철학과 공맹 유학이 잘 보이기 시작하였다. 서양식으로 동양철학을 재해석하려는 많은 시도가 있었지만 결국 실패한 원인도 여기에 있었다. 생각하는 방식, 말하는 방식, 논증하는 방식이 서로 달라서 소통하기 어려웠다. 이제 상대의 논리를 알면 서로 대화할 수 있을 것이다. 또 굳이 동양철학을 서양식으로 해석하려고 애쓸 필요도 없고, 반대로 동양식으로 서양철학을 해석하려고 할 필요도 없다. 동서양 철학이 각자 장단점을 가지고 있으므로 우리는 그것을 융합하여 미래의 인류 행복을 위해 노력하면 되는 것이다.

세종이 한글을 창제하고 맨 처음 그것을 시험하기 위해 지은 『용비어천가龍飛御天歌』 앞부분에 나오는 말이 있다.

"뿌리 깊은 나무는 바람에 아니 흔들리므로 꽃 좋고 열매 많나니! 샘이 깊은 물은 가뭄에 아니 그치므로 내(천川)가 되어 바다에 가나니!"

이것은 체용론과 체용논리를 이용한 표현이다. 뿌리 깊음은 체體이고, 바람에 흔들리지 않음은 용用이다. 이는 체용론의 원칙을 적용하여 체와 용의 관계를 서술한 것이며, 이를 근거로 꽃이 예쁘게 피고 열매가 많이 열릴 것이라는 추측은 체용논리이다. 또 이것을 뒤집어 보면, 태풍에도 나무가 뿌리째 흔들리지 않는 모습을 보고 뿌리가 튼튼하다고 판단하는 것은 현미론顯微論이다. 조선朝鮮의 건국은 태조太祖 혼자만의 힘으로 하루아침에 이루어진 것이 아니라 선조들의 공덕이 많이 쌓여서 된 것이며, 이것은 뿌리 깊은 나무와 같으므로 앞으로 무궁하게 발전할 것이라는 추측이다. 한편 달리 생각해 보면, 당시 백성들에게 조선 건국의 정당성을 자랑하려면 체용론에 입각하여 뿌리가 매우 튼튼하다는 것을 밝힐 필요가 있었다.

우리 조상들은 이렇게 체용이론과 체용논리를 생활 속에서 자연스럽게 녹여내어 사용하였다. 뿌리 부분이 본부/본점이고 가지와 잎은 지부/지점이다. 얼마 전까지만 해도 우리나라에 '본부'가 많았는데 지금은 대부분 '센터(center)'로 바뀌었다. 이것은 단지 영어식 표현이 좋아서가 아니라 사유 방식이 체용론에서 형식논리학으로 바뀐 것이다. 만일 센터를 우리말로 번역하려면 '중심中心'이 아니라 '본부'가 되어야 한다.

요즈음 자동차 회사에서 자율주행차를 개발하려고 한다. 그런데 거기서 사용하는 기계학습 등에서는 사람이 설계한 방식이 아닌 컴퓨터가 스스로 연구하여 찾아낸 방법으로 문제를 해결하겠다고 한다. 그런데 서양의 형식논리학으로 정의된 '사람', 즉 '이성적 동물'은 도로 위에서 찾을 수가 없다. 우리도 운전하면서 저기 '이성적인 동물'이 가니 조심해야겠다고 생각하거나 말한 적이 없다. 그 다음 방법은 직립보행直立步行, 즉 반듯이 서서 두 발로 걸어가는 사람을 찾으려고 할 것이다. 그런데 이 정의도 완전할 수 없다. 그러니 어쩔 수 없이 다양한 모습의 사람

사진을 대량으로 보여주면서 사람인지 아닌지 구별하는 공부를 스스로 하라고 한다. 본질本質을 찾는 서양 형식논리의 한계를 느끼며 컴퓨터에 교육하는 것을 포기하고, 인공지능을 가진 컴퓨터가 알아서 해보라는 것이다. 이제 컴퓨터가 갈 곳은 체용논리학일 것이다. 이것이 엄마가 일일이 가르쳐 주지 않아도 어려서부터 스스로 터득한 방식이다. 어린 아기 눈에 비친 사람의 모습, 그런 모습을 가진 사람의 행동양식 속에서 사람을 알아냈고, 그 속에서 그렇게 생긴 이유, 그렇게 행동하는 원인 등을 생각했다. 이를 통해 그것이 사람인지 알아내고, 사람이므로 어떻게 움직일 것인지 예측하면서 살아간다.

우리는 체용이론에 맞춰 일상생활을 한다. 체용논리는 자연의 섭리와 일치하는 자연 논리학이기에 동서고금을 막론하고 이 논리가 아니면 단 하루도 살 수 없다. 물론 그것이 체용이론이라는 것을 의식하지 못한 채…. 그런 논리가 있는 줄도 모른 채… 이것을 이론화·학문화하려는 것이 체용이론이고 체용논리학이다. 이것을 이해하면 동양의 많은 것이 보인다. 이것을 활용하면 지금까지 보이지 않던 많은 것을 볼 수 있을 것이다.

오늘의 내가 있기까지 두 누님의 희생이 있었고, 두 남동생의 도움도 컸다. 병든 시부모 수발하며 아들딸 기르느라 고생한 아내 오경숙님에게 이 자리를 빌려 감사한 마음을 전한다. 그리고 건강하게 잘 자라서 나라의 역군이 되어 가고 있는 응구·혜구에게도 고마움을 전하며 앞으로 더 많은 발전이 있기를 빈다. 끝으로 30년 동안 항상 새로운 모습으로 곁에서 나를 응원해준 우리 윤촌인倫村人에게 감사한다. 모든 윤촌인의 무궁한 발전을 빈다. 얼마 남지 않은 시간, 건강하게 남은 임무를 완수하도록 노력할 것을 다짐하며…

2022년 가을 청야재晴野齋에서
지은이 윤용남尹用男 삼가 쓰다

총 목차

목 차

제 1 장
동양철학과 윤리교육

┃개요┃

한 개인의 도덕관이나 윤리의식은 그 사람의 정체성을 형성한다. 따라서 한국인으로서의 정체성을 유지하기 위해서는 우리 전통의 윤리를 교육해야 한다. 그런데 도덕관이나 윤리의식은 그 철학관, 세계관, 인생관 등에 근거하여 나온 것이다. 따라서 우리의 윤리를 알기 위해서는 우리 철학 등의 특징을 먼저 알아야 한다.

서양철학은 지혜智慧를 사랑하며 사물의 본질 탐구를 주로 하지만, 동양철학은 현실 대응을 긴박하게 여겨 만물이 갈 길, 즉 도道를 찾고자 한다. 이 도道는 우리 앞에 놓인 상황에 대처할 수 있는 최선의 방법이다. 그런데 유가儒家에서는 이 길을 선택할 때 상대를 사랑하는 인仁을 기준으로 한다. 이러한 철학에서는 무엇의 본질보다 최선의 대처방법을 먼저 묻는다. 따라서 동양철학은 도학道學이며, 그대로 윤리학이 된다.

동양은 전체를 먼저 본 다음 그 내부로 분석해 들어가지만, 서양은 내부를 먼저 분석한 다음 그를 모아 전체로 삼는다. 이에 동양적 세계관을 통체적統體的 세계관으로, 서양식을 집합적集合的 세계관으로 규정하였다. 통체적 세계관은 국가나 사회의 통합에는 장점을 갖지만 개인의 개성을 억제하는 측면이 있다. 반면 집합적 세계관은 개인의 권리 보호와 자아실현에는 장점이 있지만 개인주의나 이기주의로 흐르는 측면이 있다.

동양은 성선설性善說이 주류이고, 서양에서는 성악설性惡說이 주류이다. 이에 동양인은 사랑하는 사람을 위해 일하지만, 서양인은 자신의 이익을 위해 일한다.

오늘날 서양의 철학과 윤리만이 이상적이고 당연한 것으로 생각하지만, 동양의 철학과 윤리도 그에 못지않게 타당하고 이상적이다. 이러한 사실과 그 내용을 청소년에게 교육시켜 인류의 미래를 건전하고 행복하게 해야 한다. 우리는 동양윤리가 서양윤리의 부족한 점을 보완하거나 대체할 수 있다는 사실을 분명히 알아야 한다. 서양윤리만을 고집하여 인류의 미래를 옹색하게 해서는 안 된다.

I. 서언序言

　도덕·윤리는 인간을 인간답게 해 준다. 심지어 동양에서는 짐승과의 차이는 도덕·윤리에 있다고까지 한다. 그렇다면 윤리교육은 사람이 되게 하는 교육이며, 사람다운 품위를 갖게 해주는 교육이다. 이런 관점에서 보면 한국의 윤리를 교육하면 한국인이 되고, 서양의 윤리를 교육하면 서양인이 된다고도 할 수 있다. 즉 그 사람의 정체성은 그 사람이 가진 윤리에 있다는 것이다. 이런 점을 감안하면 우리는 어린이, 젊은이에 대한 윤리교육을 더 신중하게 접근할 필요가 있다.

　오늘날 한국에서 행해지고 있는 공교육은 대부분 서양의 학문으로 구성되어 있다. 모든 학문의 대표성은 서양 학문이 차지하고 있고, 거기에 우리의 것을 나타내거나 포함하고자 하면 반드시 '한국'이나 '동양'을 앞에 추가해야 한다.

　한편 서양 의학醫學과 한의학韓醫學도 인간과 그 질병을 보는 관점이 서로 다르지만 한국인의 정체성을 논할 정도로 문제가 되지는 않는다. 즉 자연과학이나 공학工學은 동서양東西洋의 것을 통합하거나 어느 일방을 선택하더라도 그 사람의 정체성까지 문제가 되지는 않는다. 그러나 언어나 도덕윤리 등은 그 사람의 정체성과 관계가 있다. 그렇다면 한국인을 한국인이게 하는 것은 무엇인가? 오늘날 같은 국제화 시대, 지구촌 시대에 한국인의 정체성을 문제 삼을 만한 가치가 있는가? 또 한국의 도덕윤리는 동서양에 두루 적용할 수 있을 정도의 보편성을 가지고 있는가? 아니 한국윤리, 동양윤리라고 할 만한 것이 있기나 한 것인가?

　나아가 우리의 정체성을 지키는 것은 우리만을 위한 것인가? 아니면 인종의 다양성, 문화의 다양성, 윤리사상의 다양성, 철학과 세계관의

다양성을 유지하는 것이 인류에 도움이 되는 것은 아닌가? 이러한 다양
성이 오히려 인류의 삶을 풍부하게 하는 것은 아닌가? 서양인들이 우리
의 삶의 모습, 우리의 철학을 보고 배울 점은 없을까? 우리는 이제
이런 문제에 대해서 고민해 볼 필요가 있다고 본다.

II. 동양철학東洋哲學과 윤리倫理

1. 동양철학의 정의定義

　서양철학자들에게 "철학이란 무엇인가?"라고 물으면, 그들은 대부
분 'philosophy', 즉 애지愛知라고 대답한다.[1] 지식과 지혜에 대한 사랑
이 철학의 출발점이며, 미지의 세계에 대한 호기심이 철학하는 동기이
며 추진력이라는 것이다. 지적知的인 호기심은 과연 사람이 가진 중요
한 욕구이다. 이 호기심은 단순히 눈앞에 보이는 것에 그치지 않고,
그 이면에 있는 본질이나 이유, 가치 등으로 확장된다. 호기심은 호기심
을 낳아 점점 실생활과는 거리가 있는 초월적인 것도 다루게 된다.
형이상학적인 호기심은 인간만이 가진 것으로서 '철학하기'의 동력이다.
　서양 사람들이 철학을 이렇게 정의하는 것을 보고, 동양철학 역시
철학이므로 당연히 그와 같을 것이라고 묵인하고 넘어간다. 동양철학
과 서양철학을 구분하여 다루면서도 그 차이점에 대해서는 심각하게
생각하지 않는다. 그러면서도 사람들은 동양철학은 서양철학처럼 명석
·판명하지 못하고, 서술 간에 모순이 많고, 사고가 정밀하지 못하다고
불만이다. 심지어 어떤 서양철학자는 동양철학을 저급한 학문으로 치

---

1) 朴鍾鴻, 『哲學槪說』(博英社, 1981.) "제1장 제1절 哲學的 要求" 참조

부하기도 한다.

그런데 동양철학 전공자에게 동양철학도 지식과 지혜를 추구하느냐고 단도직입적으로 물으면 아마 얼버무릴 것이다. 왜냐하면 지식이나 지혜가 중요하지 않다는 것은 아니지만 서양철학처럼 그렇게 단정적으로 말하기는 어렵기 때문이다. 결국 애지愛知는 서양철학의 특징이지, 동양철학의 특징은 아니다.

그렇다면 동양철학이란 무엇인가?

인간이 이 세상에 태어나서 눈 앞에 펼쳐진 세상을 보고, 호기심이 발동하여 알고자 하는 욕구가 일어나는 것은 자연스러운 현상이다. 그러나 그보다도 더 급한 일이 앞에 닥친다. 아늑한 엄마의 뱃속과는 다른 바깥세상에 나오자마자 어찌할 바를 몰라 당황한다. 우선 이 심각한 상황에 대해 반응하지 않을 수 없다. 이 환경이 나에게 위협적이라는 몸짓을 하지 않을 수 없다. 그래서 나오자마자 우는 것이다. 이러한 몸짓, 이러한 반응이 내게 이익이 될지 손해가 될지 판단할 겨를도 없다. 달리 방법이 없으니 울음으로 자신의 존재를 알리고 보호자를 찾는 것이다. 이렇게 갓난아기는 세상을 헤쳐나가기 시작한다.

배가 고파서 울었다. 엄마가 입에 젖을 물려주었다. 그것이 젖인지 물인지, 어디서 나오는지, 어떻게 나오는지, 그 본질이 무엇인지 모른다. 배가 고파서 울었더니, 엄마는 젖을 물려주었고 본능적으로 빨았더니 맛있고 배불렀다. 그래서 웃었다. 엄마는 다시 젖을 빼갔다.

배고프면 울고, 울면 젖이 나온다. 배부르면 웃고, 그러면 엄마도 웃는다. 그 옆에서 아빠도 웃는다. 내가 웃으면 집안이 웃고, 내가 울면 집안이 허둥댄다. 내가 주인공이다. 우리 집은 나를 둘러싸고 돌아간다. 이런 음양陰陽 속에서 일음일양一陰一陽2), 아니 작용과 반작용을 하면서 살아간다. 그것이 나의 사는 방법이다. 파도가 밀려오면 내가 한 걸음

물러서고, 파도가 물러가면 내가 한 발 나간다. 일음일양, 일진일퇴一進一退가 사는 방법이다. 이것이 도道다. 지금 나는 나갈 때인가, 물러설 때인가? 이에 대한 해결책이 없을 때 얼마나 답답하고 막막한가? 이것은 지금 내가 당장 해결해야 할 절박한 문제이다.

동양철학은 "지금, 나 어떡해?"가 문제이다.

지금 내 앞에 닥친 상황에 대하여 어떤 식으로든 반응하지 않을 수 없다. 그러나 아무렇게나 반응만 하면 되는 것은 아니다. 그 상황에 맞게, 가장 적절하게 대처해야 한다. 그 대처 방법을 찾기 위해 "지금, 나 어떡해"를 외치며 어쩔 줄 모르고 쩔쩔매는 '당혹감當惑感과 절박감切迫感'이 동양철학의 추진력이다. 그리고 그 답으로 주어지는 것이 '도道', 즉 길이다. 즉 동양철학은 길(도道)을 찾는 학문이다. 이에 동양철학은 '도학道學'이다.

2. 도道와 동양윤리東洋倫理

어떤 물체가 내게로 날아오고 있다면 그것이 정구공인지 야구공인지, 아니면 돌멩이인지 분석할 틈이 없다. 우선 그에 대한 대처를 한 다음에 분석할 일이다. 피할 것인지, 몸으로 막을 것인지, 아니면 손으로 받을 것인지 등을 순식간에 결정하여 대처해야 한다.

물론 이렇게 매우 급한 상황만 있는 것은 아니다. 친구가 돈을 꿔달라고 하는데 어떻게 해야 하나? 어디에 쓸 것인지를 물어볼까, 말까? 무조건 꿔줄까? 무조건 없다고 할까? 친구가 어젯밤에 몸이 아파서 시험공부를 하나도 못 했다면서 답을 가르쳐 달라고 보채는데, 어떻게

---

2) 여기서 주인공인 나는 陽이고 나를 둘러싸고 있는 주위는 陰이다. 一陰一陽은 여기서 한 번 울고 한 번 웃는 것이다. 우는 것은 陰이고 웃는 것은 陽이다.

할까? 모르는 길을 가다가 갈림길을 만나면, 어떻게 할까?

또 이렇게 난처한 일만 있는 것도 아니다. 어머니께서 부르시면, 어떻게 할까? 개가 배고프다고 낑낑대면, 어떻게 할까? 창문이 열려서 찬바람이 들어오면, 어떻게 할까? 밥을 먹었더니 배가 부른데, 어떻게 할까? 해는 지고 날은 어두워졌는데, 어떻게 할까?

우리는 살아가면서 끊임없이 변화하는 상황 속에 놓인다. 그럴 때마다 우리는 판단과 대응을 강요받는다. 이때의 선택지選擇肢는 몇 개이며, 어떤 것을 선택하고, 선택해야 하는가? 이때의 대응 방법이나 태도, 그리고 대응 기준 등은 사람마다 다를 수 있다. 이것이 그의 인생관이고 우주관이며 가치관이다. 소위 철학이다.

공자孔子나 맹자孟子는 여러 개의 선택지 중에서 최선·최적의 선택지는 하나일 수밖에 없으며, 항상 그 최선의 선택지를 골라야 한다고 한다.3) 이때 인仁4)을 판단 기준으로 한다. 노자老子는 선택지는 여러 개가 있을 수 있으나 특별히 어느 선택지를 골라야 한다고 하지 않으며, 따라서 노력하지도 않는다. 선택 기준이 없는 것이 기준이다. 한편 장자莊子는 선택지가 여러 개 있는 것 자체를 부정한다. 이것저것 나누는 것 자체가 무의미하다고 본다. 석가釋迦는 번뇌를 없애는 길을 찾아서 부처가 되었다. 그는 세상의 여러 일에 대한 길을 찾은 것이 아니라 온갖 번뇌에서 벗어나는 길, 즉 팔정도八正道를 가고자 하였다. 주자朱子는 자신의 성性과 만물의 성性이 만나는 자리에 길이 있다고 보고, 거경궁리居敬窮理를 통해 리理를 알아내서 그 길을 가고자 하였다. 양명陽明은 자신의 마음속에 길이 있다고 생각하여 스스로 그 길을 선택하고자

---

3) 論語, 里仁8: 子曰: "朝聞道, 夕死可矣."
4) 仁의 기초적인 뜻은 '사랑'이다. 이에 대한 자세한 논의는 '제10장 孔子의
   仁思想' 참조

하였다. 아울러 만물의 가치질서도 자신의 마음속에서 정해진다고 하였다. 이처럼 주어진 상황은 같아도 대처하는 방향이 서로 다를 수 있고, 그 이유나 가는 방법 등도 서로 다를 수 있다.

그런데 도道는 대개 나만 혼자 가는 것이 아니고, 다른 사람도 그도道로 간다. 나만 특정 상황을 만나는 것이 아니라 다른 사람도 나와 유사한 상황을 만날 수 있기 때문이다. 물론 도道는 본래 상황에 따라 그때그때 결정해야 하지만, 유사한 상황에서는 유사한 도道로 대처하면 편리하다. 이에 일반적으로 갈 수 있는 도道에 이름을 붙인 것이 있으니, 천도天道, 지도地道, 인도人道, 효도孝道, 부도父道, 사도師道, 부도婦道 등등이다. 이런 것은 큰 것이고, 더 구체적인 것으로는 관혼상제冠婚喪祭 등의 사례四禮가 그것이며, 더 자질구레한 것들은 일일이 모두 이름을 붙일 수 없다.

동양철학은 도道를 찾아 알고, 나아가 그 도道를 잘 갈 방법을 연구한다. 때로는 현학적이고 논리적인 면도 있지만 모두 실천을 전제로 하는 실학實學이며, 위기지학爲己之學(자신의 인격수양을 위한 학문)이다. 이에 동양철학은 도학道學이니, 바로 윤리학倫理學이다.

III. 세계관世界觀과 윤리倫理

1. 동서東西 문화文化와 세계관

'대한민국 서울'에 사는 '홍길동'이 미국에 가면 'Seoul, Korea'에서 온 'GilDong, Hong'이라고 소개한다. 동서양에서 지명地名과 성명姓名을 쓰는 어순語順의 차이를 살펴보면, 양자兩者는 각각 공통점을 가지고 있다. 즉 우리말로는 큰 단위가 앞에 오고 작은 단위나 개체가 뒤에 오는데, 영어는 그 반대이다.

　큰 단위가 앞에 오는 우리의 사유思惟 방식은 대한민국을 하나의 단위나 독립적 유기체有機體로 보면서 그 속에 서울 등 어떤 부분들이 있는지는 일차적 관심 사항으로 삼지 않는다. 즉 먼저 대한민국을 한 단위로 본 다음, 그 대한민국이 어떤 구조로 되어 있는지를 분석하기 시작한다. 반면에 작은 단위나 개체가 앞에 오는 서양인의 사유 방식은 Korea 속에 몇 개의 부분이나 원소元素가 있는지를 일차적 관심 사항으로 삼는다. 즉 Korea가 몇 개의 부분이나 요소로 구성되어 있는가를 파악한 다음, 그 구성 요소들을 종합하여 전체로서의 Korea를 인식하는 것이다.

　다른 예를 들어보면 사유 방식의 차이를 더욱 분명히 느낄 수 있다. '우리는 소년이다.'라는 우리말을 영어로 옮기면 'We are boys.'가 된다. 우리말에서는 '우리'라는 낱말이 언제나 하나의 단위나 독립된 개체를 의미하므로 단수인지 복수인지를 문제 삼지 않지만, 영어에서는 'we'의 구성 요소가 단수인지 복수인지를 모르면 다음 말을 이어갈 수 없다. 그러므로 이어지는 서술어에서도 우리말에서는 차이가 없으나 영어에서는 차이를 둔다. 또 우리말에서는 '들'이라는 복수 접미사를 사용하지 않고 그저 '소년'이라고 하면 되지만, 영어에서는 복수 접미사 's'를 붙여 'boys'라고 한다. 결국 '우리'는 단수이지만, 'we'는 복수이다.

　여기서 하나 더 생각할 것은 서양에서는 we와 boys를 모두 '집합'으로 보고, 그 양자의 포함관계를 연결하는 계사繫辭(copula)로 be동사를 사용한다는 것이다. we를 먼저 분석하여 복수의 원소를 갖는 집합으로 판단하고, 그 뒤에 이어지는 계사와 보어를 모두 여기에 일치시키는 것이다. 반면 우리말에서는 집합개념을 사용하지 않고, 따라서 be동사와 같은 계사도 사용하지도 않는다.

　이러한 언어습관의 차이는 동서양 세계관의 차이에서 온 것이다. 우리식 사유는 어떤 대상에 대하여 진술하거나 인식하려고 할 때, 그 대상을 먼저 하나의 독립적인 개체나 단위, 즉 통체統體(아직 나누어지지 않은 전체全體)로 간주한 다음 점차 그 구조를 분석해 가면서 진술하거나 인식한다. 그러나 서양식 사유는 대상의 부분이나 요소를 먼저 분석한 다음, 다시 이를 종합하여 진술하거나 인식한다. 이것이 바로 세계를 바라보는 방식이며 관점인 세계관이다. 필자는 우리식의 사유법을 '통체적統體的 세계관'으로, 서양식 사유법을 '집합적集合的 세계관'으로 특징지을 수 있다고 본다.

2. 동서東西의 세계관世界觀과 윤리倫理

1) 통체적統體的 세계관과 윤리

　통체統體란 어떤 사건이나 물건 전체全體가 한 덩어리로 된 것이다. 즉 어떤 사건이나 물건을 분화分化·분석分析하지 않은 채로의 전체이다. 전체는 여럿으로 분석하였던 것을 다시 종합綜合하거나 통합統合하여 하나의 집합集合이나 집합체集合體로 만든 것이지만, 통체는 분석·분할된 다수多數를 모은 것이 아니라 애당초 분석·분할하지 않은 채 있는 그대로의 일자一者이다.

　'우리'와 'we'를 비교해 보면, '우리'는 너와 나로 이루어진 다수·복수複數를 가리키는 것이 아니라 너와 내가 유기적有機的 연관관계聯關關係를 맺고 하나가 된, 그래서 너와 내가 둘이 아닌 일자一者로서의 '우리'이지만, 'we'는 너와 나 둘이 개별적으로 만나 하나의 집합을 이룬 다수의 'we'이다. 여기서 '우리'는 통체이고, 'we'는 전체이다.

　통체적 세계관은 주목하고자 하는 대상을 부분이나 요소로 분석하거

나 분할하지 않고 우선 있는 그대로, 눈에 보이는 그대로를 일자一者로
본 다음, 다시 그 내부의 유기적 연관구조聯關構造를 음陰과 양陽으로
분석해 보는 세계관이다. 그러므로 통체인 일자는 음과 양이 혼연일체
渾然一體로 조화調和를 이루고 있어서 외형적으로는 언제나 하나로 보
이지만, 그 내부는 또한 음과 양의 결합구조를 이룬다.

　여기서 통체는 체용론體用論5)의 체體이며 음과 양은 각각 일사一事6)
로서 용用이다. 통체로서의 일자는 음과 양이 조화調和·융합融合되어
있는 일자이고, 이 일자는 통일적인 하나의 도리道理에 따라 움직인다.
이때 그 내부를 이루고 있는 음과 양은 그 일자의 도리에 포괄包括
·포섭包攝되어 각각 동일한 도리를 가지는 동시에, 각자 서로 다른
도리도 갖는다. 예를 들어 부부夫婦가 결합하여 가정을 이루었을 때,
가정이 나아갈 길이 있다. 이 길은 부부 공동의 길이다. 이때 남편도
공동의 길을 가고, 아내도 공동의 길을 간다. 그러면서도 각자는 서로
다른 남편의 길과 아내의 길이 있다. 남편과 아내가 각자 자신의 길을
가면서 서로 협력함으로써 가정이 이루어진다. 여기서 가정이 통체이
다.7)

---

5) 體用論에 대한 자세한 논의는 '제2장 體用理論의 體系와 그 運用' 참조
6) '一事'는 어떤 구체적인 '한 가지 일'이라는 뜻인데, 靜的인 상태에 있을 때는
　아직 그 모습이 드러나지 않아서 분석하기 어려우므로 움직여서 일할 때
　통체의 한 모습 한 모습을 각각 一事라고 한다. 통체가 아직 일하지 않을
　때는 통체의 一肢體나 一部를 뜻한다.
7) 性理大全, 013314, 太極解: 自男女而觀之, 則男女各一其性, 而男女一太極
　也. 自萬物而觀之, 則萬物各一其性, 而萬物一太極也. 蓋合而言之, 萬物統
　體一太極也. 分而言之, 一物各具一太極也.. / 性理大全, 041020, 西銘解, 論:
　蓋以乾爲父, 以坤爲母, 有生之類, 無物不然, 所謂理一也. 而人物之生, 血脈
　之屬, 各親其親, 各子其子, 則其分亦安得而不殊哉. 一統而萬殊, 則雖天下
　一家, 中國一人, 而不流於兼愛之敵. 萬殊而一貫, 則雖親疎異情, 貴賤異等,
　而不梏於爲我之私, 此西銘之大指也.

통체적 세계관의 적용원칙은 다음과 같다. 첫째, 무엇을 통체로 할 것인가는 상황에 따라 다르다. 그 통체도 상위上位의 통체에서 보면 음이나 양으로서 일사가 되기 때문이다. 결국 주목하고자 하는 대상이 무엇인가, 무엇과 대비되고 있는가에 따라 통체가 정해진다. 또 통체의 어느 면을 볼 것인가도 상대에 따라 다르다. 단, 최상위의 통체는 우주이다. 둘째, 통체는 음양의 결합구조를 갖는다. 또 음과 양은 수數나 양量이 반반半半씩 균분均分되는 것을 의미하지 않는다. 음양은 인위적인 기준에 따라 나누는 것이 아니라, 각자가 가진 특성이나 상황 등에 따라 자연적으로 나누어진다. 셋째, 통체는 그 음양을 강력하게 통합하는 작용을 하며, 음과 양은 상호 협력하여 통체를 유지하는 작용을 한다. 통체와 그 음·양, 그리고 음과 양은 항상 밀접하고 유기적인 협력 관계를 맺고 있다. 넷째, 인간이 주도적으로 만물을 대상화하는 것이 아니라, 인간도 자연과 혼연일체가 되어 통체가 되고 음양이 된다. 인간을 포함한 만물의 위치 정립이나 질서 확립은 상황에 따라 자발적이고 자연적으로 이루어진다. 즉 만물은 상황에 따라 서로 주主·객客을 교대한다.

이런 세계관은 정치, 경제, 사회, 문화, 예술 등 거의 모든 영역에 영향을 미친다. 여기서는 윤리적인 측면에서의 특징을 밝히고자 한다. 첫째, 국가나 사회 등의 공동체와 그 구성원 간의 동질성을 강조한다. 그 단체나 개체 등의 통합에 강한 응집력이 발휘된다. 이러한 입장에서 각 공동체는 그들의 정체성에도 많은 관심을 둔다. 이는 국가나 사회의 통합에는 장점이 있지만, 개인의 개성을 억제하는 측면이 있다. 둘째, 공동체의 각 구성원은 그 공동체를 위해 헌신하고 봉사하는 것을 당연

· 書名 다음의 6단위 숫자 332211은 33卷 22板 11行을 의미하며, 7단위 숫자는 100卷 이상인 경우임.

한 것으로 받아들인다. 이에 사익보다는 공익을 우선한다. 공동체를 위한 역할 분담에 더 가치를 부여하며, 개인의 자아실현을 중시하지 않는다. 물론 역할 분담은 자아를 실현할 수 있는 방향으로 이루어진다. 셋째, 공동체의 응집력과 구성원의 상호 협력은 상호간의 사랑에 의해 발생·유지된다. 사실은 사랑이 이런 세계관을 갖도록 한다. 사랑을 실현하기 위해 일하며, 이익 추구를 목적으로 하지 않는다. 그런 속에서 최소한의 이익은 보장된다.8) 넷째, 인간과 다른 자연물을 서로 협력·조화하는 관계로 본다. 결국 자연을 착취의 대상으로 보는 것이 아니라 동반자로 보는 것이다.

2) 집합적集合的 세계관과 윤리

집합集合이란 "잘 구분되면서도 하나의 전체로 통일되는 원소元素의 총괄總括"9)이다. 원소와 집합의 관계에 있어서 집합을 구성하기 위해서는 원소들이 가진 특징을 먼저 살펴야 한다. 그런 다음 그 원소들을 모아 하나의 집합을 구성한다. 나아가서 원소와 원소는 동일한 성질을 가진 것들만이 하나의 집합을 구성하므로 그 집합 속에는 이질적異質的인 것들이 섞이지 않는다. 위의 통체적 세계관과 비교하면, 통체 속에는 음적陰的인 것과 양적陽的인 것이 함께 들어 있지만, 집합 속에는 그런 이질적인 것이 공존共存하지 않는다. 음적인 것이 모이면 음의 집합이 될 것이고, 양적인 것이 모이면 양의 집합이 될 것이다. 하나의 집합 속에 음과 양을 모두 포함할 수 없다. 이것이 통체와 집합의 본질적인 차이이다. 위 집합의 정의에서 '전체로 통일된다'는 것도 어느 한 집합의 원소 전체가 동일한 성질을 가지고 있다는 것을 의미한다. '전체'라

---

8) 周易, 文言傳, 乾卦: 利者義之和也. / 利物足以和義.
9) 『철학대사전』(한국철학사상연구회 편, 도서출판 동녘, 1989), '집합' 조.

는 말도 결국 어느 집합의 모든 원소를 가리키는 것이다. 이때 그 집합이 공집합空集合인지, 유한집합有限集合인지, 무한집합無限集合인지를 결정하는 것은 그 원소의 수數이므로 그 수에 중요한 의미가 있다. 그러므로 집합적 세계관을 가진 사람들의 언어에서는 단수인지 복수인지가 매우 중요하다.

집합적 세계관에서의 집합(전체)은 통체적 세계관의 통체와 대비되고, 원소는 일사一事와 대비되는데, 집합의 원소의 수는 영零(0)에서부터 무한대無限大(∞)까지의 범위 안에 있으며, 집합의 크기는 그 원소의 수에 따라 결정된다. 그러나 통체의 크기는 항상 일一(1)이며, 일사는 일반적으로 음·양의 이二(2)이다. 그런데 통체적 세계관에서는 본래 수·량을 기준으로 음·양 등을 나누는 것이 아니므로 통체나 일사의 수를 문제 삼지 않는다.

집합적 세계관의 적용 원칙은 다음과 같다. 첫째, 집합을 구성하는 어떤 기준이나 관점이 가장 중요하다. 어떤 일정 기준에 의하여 집합이 구성되므로 원소는 당연히 그 기준에 맞는 것만이 선택되고 나머지는 모두 버려지므로 그 기준에 맞는 특징 이외의 것들은 그 집합 안에서 무의미하다. 둘째, 집합적 세계관은 인위적으로 설정한 고정된 기준이나 관점을 사용한다. 물론 그 기준이나 관점이 달라지면 전혀 새로운 집합이 된다. 그러나 그 집합과 집합 사이의 관계는 밀접하거나 유기적이지 않다. 셋째, 원소와 원소는 서로 유기적인 연관관계를 갖지 않으며, 각자는 동일同一하고 대등對等하다. 어떤 원소가 어느 집합의 구성원이 될 수 있다는 것은 일정한 기준에 일치하기 때문이다. 그러므로 각 원소는 독립적으로 그 집합의 기준에 일치되며, 그 원소들은 서로 협력·협조하지 않는다. 넷째, 집합에는 중심이 없고, 집합은 그 원소를 주재主宰하지 않는다. 집합의 원소들은 어떤 유기적인 관계를 맺고 모인 것이 아니므로 집합은 원소의 울타리 역할만 하고 원소에 대하여 영향력을 미치지 않는다. 마찬가지로 원소와 원소들 사이에도 상호 어떤 영향력을 미치면서 응집력을 발휘하지 않으며, 따라서 어느 원소가 중심적인 역할을 하지 않는다.

집합적 세계관의 윤리적 관점은 다음과 같다. 첫째, 공동체보다는 그 개인이 더 중요하다. 개인이 먼저 존재함으로써 전체가 존재한다고 본다. 이는 공동체의 동질성 유지나 통합은 어려우며, 이기주의나 개인주의와 연결된다. 둘째, 개인들은 서로 협력해야 하는 공동운명체가 아니다. 개인들은 서로 영향력을 미치지 않으므로 각자로부터 자유롭고, 나아가 공동체로부터도 자유롭다. 이에 각 개인의 개성과 자유를 강조한다. 셋째, 개인들은 서로 사랑하지 않으며 이익을 추구하기 위하여 행동한다. 자신의 이익을 위하여 공동체를 구성하거나 해체한다. 민주주의와 자본주의로 발전한다. 넷째, 인간을 중심으로 하며, 다른 만물에 대하여 배타적인 태도를 보인다. 자연은 항상 인간에게 이익을 가져다주어야 한다고 생각한다.

요약하건대 어느 대상을 볼 때, 통체적 세계관은 그 대상은 이미 음과 양이 유기적으로 결합된 통체라고 보는 관점이고, 집합적 세계관은 동일한 속성屬性을 가진 다수의 원소가 모인 집합이라고 보는 관점이다. 이것이 가장 기본적인 가설이며, 이것이 윤리관으로 이어진다.

IV. 인생관人生觀과 윤리倫理

어떤 사람들은 효도孝道나 예의禮儀가 유학의 본질인 것처럼 말한다. 서양철학과 다른 점은 단지 부모에게 효도하고 예의를 잘 지키는 것이라고 보는 것이다. 그러나 그것마저도 시대의 변화에 따라 변통하면 유학이 아니고, 옛 모습을 그대로 지켜야 한다고 생각하는 사람도 있다. 서양 사람들도 부모에게 잘하며, 나름대로 예의를 지키니, 이것과 차별화하기 위해서는 우리의 옛 모습을 그대로 지켜야 한다고 생각하는 것이다. 또 어떤 이는 혈연血緣, 지연地緣, 학연學緣 등 연고주의緣故主義가 유학의 본질인 것처럼 말하면서 공자孔子를 매도하기도 한다.

그러나 이런 것들은 본질일 수 없고, 유학의 가르침을 실행하는 수단일 뿐이다. 효제孝弟는 『논어論語』에서 인仁을 실행實行하는 데 있어서의 근본10)이라고 하였으며, 예의는 『중용中庸』에서 공자는 주례周禮가 지금 사용되는 시왕時王(현재의 왕)의 예禮이므로 이를 따르겠다11)고 하였다. 이처럼 효도나 예의 자체는 유학의 본질을 규정하는 것으로 볼 수 없다. 그렇다면 유학의 본질은 무엇인가? 맹자孟子가 이것을 단적으로 보여 주고 있다.

　　맹자가 양혜왕梁惠王을 만났는데, 왕이 말하기를, "어르신께서 천리千里를 멀게 여기지 않고 오셨으니, 앞으로 우리나라를 이롭게 해 주실 수도 있겠지요?"라고 하자, 맹자가 대답하였다. "왕께서는 하필이면 이익을 말씀하십니까? 단지 인의仁義만 있으면 됩니다. 왕께서 '어떻게 우리나라를 이롭게 할 것인가?'라고 하시면, 대부도 '어떻게 우리 집을 이롭게 할 것인가?'라고 하며, 선비와 서인庶人도 '어떻게 나를 이롭게 할 것인가?'라고 하면서, 윗사람과 아랫사람이 서로 이익을 차지하려고 하여 나라가 위태로워질 것입니다. 만승萬乘의 나라에서 그 임금을 시해하는 자는 틀림없이 천승千乘의 집안일 것이며, 천승의 나라에서 그 임금을 시해하는 자는 틀림없이 백승百

---

10) 論語, 學而2: 孝弟也者, 其爲仁之本與.
11) 中庸, 28章: 吾學周禮, 今用之, 吾從周.

乘의 집안일 것입니다. 일만 중에서 일천을 가지며, 일천 중에서
일백을 가진 것이 많지 않은 것이 아닌데, 진실로 의義를 뒤로 하고
이익을 앞세우면 빼앗지 않고는 만족해하지 않을 것입니다. 인仁하
면서 어버이를 버리는 자는 아직 있지 아니하며, 의義로우면서 임금
을 소홀히 하는 자는 아직 있지 아니하니, 왕께서도 인의仁義만 말씀
하시면 될 터인데, 하필 이익을 말씀하십니까?"12)

맹자와 양혜왕은 어떤 인생관을 갖고 세상을 살아갈 것인지를 논하
고 있다. 양혜왕은 이익을 추구하면서 살겠다는 것인데, 맹자는 이를
부정하고 인의仁義를 바탕으로 살아갈 것을 권하고 있다. 이 대화에서
맹자는 일방적으로 가르치고, 양혜왕은 배우는 처지에 있다. 그렇다면
과연 맹자의 말은 지당하고, 양혜왕의 주장은 매우 부족한 것인가?
적어도 동양에서는 그렇다고 할 수 있다. 그러나 서양에서는 오히려
반대이다. 즉 서양에서는 양혜왕의 말이 맞고, 맹자의 주장이 부족한
것이 된다. 이 대화는 동서양의 세계관과 인생관의 차이를 극명하게
드러낸다.

생각건대 다리를 길게 뻗고 누워 있는 사람을 일으켜 세워서 일하도
록 할 수 있는 힘은 두 가지다. 하나는 사랑이요, 다른 하나는 이익이다.
누군가 사랑하는 사람이 있으면 힘든 줄도 모르고 열심히 일한다. 또
자신에게 이익이 되는 일이면 그 크기에 비례하여 더욱 열심히 일한다.
성선설性善說에 근거하여 사랑에 바탕을 두는 삶을 연구하여 성공적으

---

12) 孟子, 梁惠王上1: 孟子見梁惠王. 王曰: "叟不遠千里而來, 亦將有以利吾國
乎?" 孟子對曰: "王何必曰利? 亦有仁義而已矣. 王曰'何以利吾國?' 大夫曰
'何以利吾家?' 士庶人曰'何以利吾身?' 上下交征利而國危矣. 萬乘之國弑其
君者, 必千乘之家; 千乘之國弑其君者, 必百乘之家. 萬取千焉, 千取百焉, 不
爲不多矣. 苟爲後義而先利, 不奪不饜. 未有仁而遺其親者也, 未有義而後其
君者也. 王亦曰仁義而已矣, 何必曰利?"

로 대안을 제시한 것이 공맹孔孟의 유학儒學이고, 성악설性惡說에 근거하여 이익에 바탕을 두는 삶을 연구하여 계약, 규율, 타협, 절충, 다수결 등의 방법을 개발하여 효과적으로 살 수 있도록 한 것이 서양철학이다. 그러나 사랑과 이익은 어느 하나라도 없으면 살아가기 힘들다. 그러므로 동양이든 서양이든 양자는 항상 같이 있을 수밖에 없다. 그러나 여기에는 우선순위가 있다. 동양에서는 인의仁義에 선차성先次性을 인정하였고, 서양에서는 이익에 선차성을 인정하였다.

본래 인생관은 우주관, 인간관, 가치관 등에 근거하여 도출된다. 그러나 궁극적으로 추구한다면 어떤 것이 먼저라고 단정하기도 어려운 면이 있다. 어쨌든 사랑과 이익의 순서 차이에서부터 비롯한 인생관은 정치, 경제, 사회, 문화, 예술 등에 영향을 미친다. 결국 세계관, 인생관 등은 천지자연과 인간사회를 운영하는 기반인 운영체제(OS: operating system)이다. 이것이 바로 어떤 사람의 정체성을 결정한다.

우리 문화 속에 존재하는 예의나 연고緣故 문제 등은 사랑, 즉 인仁 중심의 문화에서 파생된 문제이고 동양문화의 본질이 될 수 없다. 오늘날 이런 것들이 더 큰 문제점이나 부작용으로 느껴지는 것은 기본 바탕과 맞지 않아 그것을 운용하는 자세가 다른 데서 비롯한다. 즉 연고는 옛날에는 사랑을 느끼고 베풀며 동질감을 느끼는 순서였는데, 지금은 배타적으로 이익 집단을 형성하는 순서가 되었기 때문이다. 옛날에는 의義가 이런 부작용을 억제하는 수단으로 작용하였는데, 오늘날은 그런 수단이 약화되었기 때문에 순기능은 감춰지고 역기능만 부각되고 있는 것이다.

V. 특수윤리特殊倫理의 보편화普遍化 방안方案

앞에서 좀 장황하게 서론적인 문제를 다루었다. 이것은 동서양의 철학, 세계관, 인생관 등이 어떻게 다른가를 보이기 위함이며, 이들이 우리의 정체성과 어떤 관련이 있는가를 보이기 위함이다. 이를 바탕으로 동양철학 전공자의 입장에서 우리나라 윤리교육의 방향에 대하여 의견을 제시해 보고자 한다.

조난심은 8차 도덕과 교육과정의 개정방향을 논하면서 "한국적인 맥락에 근거한 보편윤리의 추구"라는 제하에서 다음과 같이 말하고 있다.

> 학생들은 오늘날 한국이라는 특수한 상황 속에서 살아가고 있다. 도덕윤리의 문제를 논하면서 이러한 상황적 조건을 무시할 수는 없을 것이다. 따라서 도덕과 교육과정에서 다루는 도덕적 문제들이 이러한 한국적 상황과 연관 지어 다루어진다는 것을 당연한 전제로 받아들이면서, 도덕과 교육에서 궁극적으로 추구하려는 것은 세계에 적용할 수 있는 보편윤리를 추구해야 한다는 것이다.13)

또 여론 조사를 근거로 "도덕과 교육과정의 '성격' 개선에 대한 의견"이라는 제하에서 다음과 같이 말한다.

> 도덕과 교육에서 한국인으로서의 특수윤리를 강조해야 할 것인가, 세계시민으로서 보편윤리를 강조해야 할 것인가에 대해 과반수 이상의 교사들이(응답자의 61.6%) 세계시민으로서의 보편윤리를

---

13) 조난심, 『도덕과 교육과정 개정(시안) 연구 개발』(한국교육과정평가원, 2005. 12. 25) 27쪽 참조

강조해야 한다고 응답하고 있다. 이 결과를 반영한다면, 개정하려는 도덕과 교육과정의 성격에서는 세계시민으로서의 보편윤리를 좀 더 강조해야 할 것이다.[14)]

그런데 여론조사 설문지나 다른 내용을 살펴보아도 '한국인으로서의 특수윤리'가 구체적으로 무엇을 의미하는지 분명하지 않다. 단지 위의 내용을 가지고 추측하건대 그대로 세계인에게 제시할 수는 없지만, 한국인이므로 가르치고 배워야 하는 윤리인 것 같다. 이러한 맥락을 음미해 보면 불합리하고 현시대에 맞지 않지만, 우리의 문화이며 우리의 전통이기 때문에 오늘날의 우리가 수용해야 하는 것처럼 보인다. 때로는 보편적 이성과 양심에 기초하지 않은 것이라도 한국인의 정체성을 내세우며 무비판적인 수용을 요구하는 사람도 있는 모양이다.[15)]

이러한 논의가 발생하는 것 자체가 그동안 윤리교육이 상당히 파행적으로 이루어지고 있었다는 것을 의미한다. 적어도 불합리하고 미신적인 것은 전통일 수 없고, 더구나 윤리일 수 없다. 적어도 세계인 앞에 내어놓아서 부끄럽고 감추고 싶은 것은 우리가 고치고 버려야 할 것이지 계승하고 간직할 것은 못 된다. 더구나 어린 학생들에게 윤리라면서 가르칠 수는 없는 것이다. 윤리는 부끄러운 것이라도 우리 조상의 역사이므로 우리가 배워서 알고 있어야 하는 것과는 다른 것이다.

조난심을 비롯한 여러 연구자, 그리고 교육 현장의 교사들로부터 한국인의 특수윤리에 대한 부정적인 의견이 많이 나오는 이유는 무엇인가? 첫째는 전통윤리 혹은 한국윤리라는 이름으로 현행 중고등학교

---

14) 조난심,『도덕과 교육과정 개선 방안 연구』(한국교육과정평가원, 2005. 12. 25) 61쪽 참조
15) 조난심, 위의 책, 98쪽. "가. 보편윤리 대 한국적 특수윤리 문제" 참조

교과서에 언급되어 있는 것들은 대부분 한국윤리로부터 파생된 현상이나 부산물들을 한국윤리의 본질적인 요소인 것처럼 서술한 때문이다. 이런 예로는 전통의례, 온정주의, 연고주의 등이 있다. 둘째는 서양윤리를 기본으로 한 위에 한국적인 문화 현상을 덧칠해 놓았기 때문이다. 이런 예로는 노인 공경, 가족주의, 민족주의 문제 등이 있다. 셋째는 전통문화의 특징이 유불선儒佛仙 삼교三敎의 합일에 있다고 간주하고, 이 셋을 양적으로 균분하여 서술하였기 때문이다. 특히 도교道敎와 도가道家를 구분하지 않고 미신적인 것들까지도 도교에 포함시켜 전통윤리로 소개하였기 때문이다. 넷째는 생소한 동양철학을 자세한 설명도 없이 한문식漢文式으로 되어 있는 개념들을 마구 사용하였기 때문이다. 이것은 교과서를 집필한 사람도 무슨 의미인지를 잘 모른 상태에서 무작정 기술한 측면도 있다.

이에 위의 문제를 해결할 방안을 검토하고자 한다. 첫째 문제는 기본적으로 특수윤리는 엄밀한 의미에서 윤리일 수 없다는 것과, 현상과 본질의 구분을 분명하게 함으로써 해결할 수 있는 문제이다. 전통의례는 현대에 적용하는 데 별 어려움이 없다면 그대로 수용해도 되지만 그렇지 않다면 고집해야 할 이유가 전혀 없다. 또 온정주의나 연고주의는 전통사회에서도 잘못된 것으로 본 것들이지 지금만 불합리한 것은 아니다. 이런 것들을 전통으로 치부하는 것은 근본적으로 잘못된 것이다.

둘째는 서양의 가치기준과 동양의 가치기준이 서로 다른데, 그것을 무시하고 서양의 기준을 당연한 것으로 먼저 제시한 다음 아무런 설명 없이 동양의 문화도 소개하는 것은 양복을 입고 갓을 쓴 것처럼 서로 어울릴 수 없는 것이다. 예를 들어 줄서기를 내세우면서 노인 공경을 동시에 강조하면 실제 상황에서는 갈등하게 된다. 또 개인주의 문화를 기준으로 제시하면서 우리의 가족주의나 민족주의를 강조하면 불합리한 면이 돋보이게 된다. 연고주의는 공평성·공정성을 허물지 않는 범위 안에서 인정되는 것이지 그런 것을 무시하고 추구되는 가치는 아니다. 전통윤리에서 공익公益보다 사익私益을 앞세우는 것은 어떤 경우에도 인정될 수 없다.

셋째, 현재 윤리 교과서에서 전통윤리를 다루는 데 있어서 기본적으로 가지고 있는 대전제는 유불선儒佛仙 삼교합일사상三敎合一思想이다. 그런 전제 아래 대부분의 경우 이 셋을 균등한 가치로 균등한 분량으로 다루고자 하는 것이다. 이것은 기본적으로 종교윤리와 일상생활윤리를 분간하지 않은 데에 문제가 있다. 종교윤리는 종교 생활을 할 때 지킬 필요가 있고, 또 지킬 수 있는 것이라서 일상생활에까지 확장할 수 없는 것도 있다. 그런데 그것을 동일시하는 것은 문제가 있다. 불교나 도교를 생활윤리를 주로 교육해야 하는 교과서에서 무비판적으로 다루는 것은 곤란하다. 최소한 유교와 불교·도교는 그 역할이나 영향에 있어서 역사상으로나 현재에 있어서나 그 차이가 현격하다는 것을 인정해야 할 것이다. 역사상으로 유교는 천 년 이상 정치, 경제, 사회 등의 바탕 역할을 한 사상 체제였다는 것을 인정해야 할 것이다.

넷째, 현재 학생이나 교사들은 한자나 한문을 잘 모르며, 또 사유체계도 이미 서양화되어 있어서 일상생활 용어가 아닌 동양 사상에 나오는 개념들에 대한 접근이 어려운 것이 사실이다. 그런데 여기에 집필자들조차 그 개념들에 대한 정확한 이해 없이 원전에 나오는 한문식 표현을 그대로 옮겨 놓는 것은 문제가 있다. 더 심한 것은 그런 개념을 쉽게 풀어쓴다고 하면서 본래의 뜻과는 전혀 다른 의미로 바꿔 놓는 경우이다. 이것은 우리 동양철학 전공자들의 역량을 제고해야 하는 문제이다. 이는 매우 근본적인 문제로서 단시일에 해결할 수 없는 걸림돌이다.

다섯째는 우리는 이미 어릴 때부터 서양적인 사고방식과 표현 방법을 배워 익숙한데, 그 체제와 일치하지 않는 동양윤리를 간간이 끼워 넣음으로써 체계나 일관성이 없어져 이해하기 곤란하게 되었다. 이에 앞으로는 동양윤리의 체계나 특징을 알 수 있도록 어느 정도 체계적인 설명을 허용해야 할 것이다.

VI. 동서윤리東西倫理의 적용 사례 비교

현행 『윤리와 사상』 교사용 지도서에 아래와 같은 평가 문제를 예시하고 있다. 이에 대한 비교 분석을 통해 동서양윤리의 차이점과 그 적용에 있어서의 문제점을 드러내고 대안을 제시하고자 한다.

---

4. 다음과 같은 경우에 나는 어떻게 행동하는 것이 바람직한지 의무론적 윤리의 입장과 목적론적 윤리의 입장에서 서술하시오.

　　옛날에 친하게 지내던 친구가 오랜만에 찾아왔다. 그런데 그 친구는 범죄 용의자로 지금 경찰에 쫓기고 있다고 하면서, 여러 번의 전과 때문에 이번에 잡히면 감옥에 아주 오래 있을 것이라고 말했다. 그리고 그렇게 되면 병중에 계신 어머니께서 충격으로 쓰러질 것이라고 하였다. 그러면서 며칠만 숨겨 줄 것을 나에게 부탁했다. 얼마 후에 경찰이 우리 집을 찾아왔다. 과연 나는 어떻게 해야 하는가? 경찰에게 친구가 있다고 참말을 해야 하는가, 아니면 친구가 없다고 거짓말을 해야 하는가?

<예시 답안>

· 의무론적 입장: 의무론적 입장은 어떤 이유나 조건에 관계 없이 무조건

> 도덕 명령에 따르는 입장이다. 따라서, 이런 경우에는 '거짓말하지 말아
> 라.'라는 것이 도덕 명령이기 때문에 경찰에게 친구가 집에 있다고 말해
> 야 한다.
> ·목적론적 입장: 목적론적 입장은 도덕 명령에 대한 무조건적인 준수보다
> 는 결과를 더 우선시 하는 입장이다. 따라서, 의도하는 결과를 위하여
> 도덕 명령의 준수에 예외를 둘 수 있다. 위의 경우 내가 친구와 친구
> 어머니를 보호하는 것을 목적으로 했다면, 경찰에게 친구가 집에 없다고
> 거짓말을 해야 할 것이다.16)

이 문제는 서양의 윤리적 입장을 학생들에게 이해시키기 위해 만든
가설이다. 그러나 이 예시문 속에는 우리의 정서적 측면, 결국 유교
윤리적 측면이 배어 있고, 그 때문에 더 갈등하는 것을 엿보게 한다.
물론 이것은 서양에서도 있을 수 있는 일이기는 하다. 이 문제를 아래와
같이 분석해 보고자 한다.

첫째, 어쩌다 한 번 실수로 지은 범죄도 아닌 여러 번의 전과를 가질
만큼 나쁜 친구가 나한테 있는가를 물어야 한다. 공자孔子는 그런 친구
를 사귀지 말라고 하였다.17) 만일 그런 친구를 사귀고 있었다면 나는
지금까지 바른 행동을 하지 못한 것이다. 위의 예시문에서는 누구나
있을 수 있는 일인 것처럼 쉽게 말하고 있지만, 공자의 가르침을 따른다
면 그럴 수 없는 것이다. 또 과거에는 그렇지 않았다 하더라도 그렇게
범죄를 저지르고도 내 앞에 나타날 만큼 염치없는 친구를 두었는가도
검토해야 한다. 평소 나의 처신에 문제가 있는 것이다.

둘째, 찾아온 친구를 병중에 계신 어머니를 걱정하는 효자처럼 묘사
하고 있다는 것이다. 이것은 물론 아무리 극악한 범죄인이라도 부모를

---

16) 고등학교 『윤리와 사상』 교사용 지도서(교육인적자원부, 2003) 173쪽
17) 論語, 學而8: 無友不如己者.

걱정하는 마음이 있는 것은 선한 양심의 발로이니 바람직한 것이다. 그러나 그것이 부모를 핑계로 위기를 모면해 보고자 하는 술수라면 용인되어서는 안 된다. 사실 진정한 효자라면 어머니께 걱정을 끼치는 범죄를 저지르지 않았을 것이다.[18) 이렇게 볼 때 인제 와서 어머니를 핑계 대는 것은 인정하기 곤란한 문제이다. 만일 그가 조금이라도 부모님을 걱정하는 효자라면 처음 죄를 지었을 때 부모님께 솔직히 잘못했음을 고백하고, 달게 벌을 받은 다음, 개과천선改過遷善하여 좋은 사람이 되었어야 한다. 결국 이런 핑계는 용납할 수 없는 것이다.

셋째, 며칠만 숨겨 주는 것은 타당한가이다. 먼저 나는 그 친구에게 어느 정도의 빚이 있는가를 따져야 한다. 즉 나와 그의 친분관계가 그 정도로 평소에 밀접한 것인가를 검토해야 한다. 일반적으로 친구라면 그 정리情理가 천차만별하다. 그러므로 친구라고 해서 모두 그런 힘든 짐을 지어야 하는 것은 아니다. 다음으로는 내가 그 친구를 숨겨 주는 행동이 타당한가를 따져야 한다. 일반적으로 범인을 숨기는 것은 범인은닉죄에 해당한다. 공자는 부자간父子間에 한해서만 범인을 숨겨 줄 수 있다고 하였다.[19)

한편 의무론적으로 친구를 숨겨주지 않는다면 그 친구를 친구로 생각하지 않는 것이 되어 친구라고 하는 전제에 어긋난다. 물론 이 일을 계기로 그 친구와의 의리를 끊을 수는 있을 것이다. 이렇게 처신하기 위한 전제로는 그 친분관계가 미약하여 갚아야 할 은혜가 전혀 없는 경우에 고려해 볼 수 있다. 그렇더라도 처음부터 친구를 잘 사귀지 못한 잘못은 남는다.[20)

---

18) 論語, 爲政6: 孟武伯問孝. 子曰: "父母唯其疾之憂."
19) 論語, 子路18: 葉公語孔子曰: "吾黨有直躬者, 其父攘羊, 而子證之." 孔子曰: "吾黨之直者異於是, 父爲子隱, 子爲父隱, 直在其中矣."

목적론적으로 친구를 숨겨 준다면 나도 범인은닉죄를 짓고 있다는 것을 알아야 한다. 즉 이는 범죄를 호도하고 사회정의를 무너뜨린다는 것을 알아야 한다. 단지 불쌍한 사람을 숨겨 주고, 나아가 그 친구가 효도를 할 수 있도록 도와주는 선행善行은 아니라는 것이다.

이 예시문과 예시 답안에는 어떤 분명한 기본 입장이 없다. 이렇게 행동해도 이론적 근거가 있고, 저렇게 행동해도 이론적 근거가 있다고 보는 것이다. 이는 기준만 바꾸면 전혀 다른 행동을 할 수 있다고 하는 집합적 세계관에 입각한 처신이다. 또 이런저런 이론이 있다는 지식을 전달할 뿐이지 과연 이런 경우에 우리가 어떻게 행동해야 한다는 명쾌한 답도 없다.

생각건대 공자라면 아마도 이 일을 다음과 같이 처리하였을 것이다. 첫째, 나에게는 그런 나쁜 친구가 없다. 만일 나는 그를 친구로 생각하지 않는데 그가 염치없이 나에게 와서 어려운 부탁을 한다면 그런 부당한 부탁은 단호히 거절해야 한다. 둘째, 옛날에는 그런 친구가 아니었는데 어떤 불행한 계기가 있어서 사람이 변하여 범죄자가 되었다면, 그리고 내가 그에게 갚아야 할 큰 은혜가 있다면, 아니 그런 갚아야 할 은혜는 없지만 친분이 깊어 뿌리칠 수 없는 관계라면, 먼저 그 친구의 어머니를 자기가 보살피기로 하고 친구를 설득하여 자수시킬 것이다.

이때 앞으로 몇 년이 될지도 모르는데 친구의 어머니를 봉양하기로 약속하는 것은 그 친구에 대한 사랑이 그만큼 크다는 것이다. 또 그것을 믿고 자수를 선택하는 친구는 또한 나를 그만큼 믿는다는 것이다. 나아가 그 친구는 앞으로 개과천선하여 착한 사람이 되겠다는 다짐이 있어야 하고, 그것을 지켜야 한다. 또 그 친구의 어머니도 그 아름다운 광경

---

20) 論語, 學而13: 有子曰: "信近於義, 言可復也. 恭近於禮, 遠恥辱也. 因不失其親, 亦可宗也."

을 보고 어찌 감동하여 마음을 굳게 먹지 않겠는가? 오히려 자식을 잘못 가르친 것을 후회하고 반성할 것이다.

여기서 친구를 사랑하여 그 부모를 대신 봉양하는 것은 친구를 사랑하는 인仁이다. 친구를 자수시켜 벌을 받게 하고 국가정의, 사회정의를 확립하는 것은 의義이다. 이렇게 함으로써 인과 의가 모두 상하지 않으면서도 일이 잘 처리되었다. 이 결과 자신은 친구의 어머니를 봉양하는 짐을 졌고, 그 친구는 감옥살이를 해야 하는 짐을 졌다. 그러나 두 사람은 우정을 지킬 수 있고, 사회는 정의와 기강을 확립할 수 있게 되었다. 여러 사람에게 이런 아름다운 우정이 알려졌을 때, 국가나 사회는 범인, 즉 그 친구에 대해 정상참작을 할 수도 있을 것이다.

이 정도의 고민과 노력 없이 인과 의, 사랑과 정의를 모두 지킬 수는 없다. 인을 기준으로 하여 말하면, 내 친구도 사랑하고 나의 국가·사회도 사랑한다. 그러므로 친구가 사랑하는 그 어머니도 사랑하여 내가 대신 봉양하고, 국가·사회가 미워하는 범죄자인 내 친구에 대한 사랑을 철회하여 감옥에 보낸다. 이것이 이 상황에서 찾아낸 유일한 길, 즉 도리道理가 아닐까?

서양윤리의 문제점은 서로 다른 입장만 있고, 구체적으로 어떤 상황에서 어떤 입장을 취해야 한다는 지침에는 소홀하다. 그러나 유가윤리는 인仁, 즉 사랑을 대전제로 하여 상황에 따라 적절한 대책을 찾아내고자 한다. 이것이 시중時中의 도리道理, 즉 상황에 맞는 길이다.

VII. 결어結語

현대적인 학교 교육이 이루어지기 시작하면서 모든 교과의 내용,

집필 방향이나 방식 등은 서양식으로 전환되었다. 여기에는 서양이 세계를 제패하면서 그간 동양식의 단점이 드러났기 때문일 것이다. 여기에 우리의 것은 세계적인 보편성이나 정당성을 가질 수 없다는 패배 의식도 더해졌다. 이에 우리의 것은 거의 남김없이 찢겨 나가고 떨어져 나갔다. 조금이라도 동양의 냄새가 나면 그것을 씻어 내려고 애썼다. 우리의 윤리교육도 이 점에 있어서 예외가 아니다. 1960~70년대에 우리는 우리의 도덕이나 정서를 버리고 잊기 위해 애썼다. 우리의 것을 공격하고 욕하는 사람은 시대의 흐름을 아는 지성인으로, 우리의 것을 말하는 사람은 시대정신을 망각한 몰지각한 사람으로 인식되었다. 그러던 것이 최근에 와서 우리의 경제력이 향상되면서 우리의 것을 다시 찾는 사람이 조금씩 늘어나고 있다.

그러나 우리의 정신이나 철학 등은 이미 거의 사라져 다시 찾기 어렵게 되었다. 설혹 조금 남은 것이 있다고 하더라도 그것이 우리의 것인지, 그것이 좋은 것인지조차도 모른다. 그러면서 어쩌다 허울만 남은 것을 주워 가지고 문화재니 사적史蹟이니 하면서 호들갑이다. 물론 이런 것도 중요하다.[21] 그러나 더 중요한 것이 있다. 예를 들어 아버지께서 돌아가시면서 아들 삼형제에게 싸우지 말고 사이좋게 살라고 하면서 금반지 하나씩을 나눠 주었다. 그런데 그 아들들은 매일 서로 싸우면서도, 금반지는 아버지가 주신 것이라며 소중히 간직한다면, 그들은 과연 아버지를 소중히 여기는 효자인가?[22]

오늘날 우리 조상이 남겨 준 철학과 정신이 중요한가? 아니면 유물·유적이 중요한가? 유물 유적이 우리의 정체성을 지켜 주는가, 정신이

---

21) 論語, 八佾17: 子貢欲去告朔之餼羊. 子曰: "賜也, 爾愛其羊, 我愛其禮."
22) 論語, 學而11: 子曰: "父在觀其志, 父沒觀其行, 三年無改於父之道, 可謂孝矣."

우리의 정체성을 지켜 주는가? 아마도 우리의 정체성을 갖자고 하면 우선 편협한 민족주의라고 말할 것이다. 유물 유적을 중심으로 하는 정체성으로는 세계인에게 우리의 것을 말하기 어렵다. 그러나 철학을 말하면 세계인에게 당당하게 우리처럼 사는 것이 좋은 것이라고 말할 수 있다. 그래서 필자는 위에서 동양의 철학과 세계관 등을 장황하게 설명한 것이다.

한번 예를 들어 보자. 요즈음 인터넷에서 어느 홈페이지를 찾아갈 때는 도메인 이름을 이용한다. 그런데 그 주소 체계는 서양식으로 주소를 쓰는 것과 완전히 일치한다. 즉 한국방송공사의 도메인 이름은 www.kbs.co.kr인데, 여기서 www는 주主 컴퓨터의 이름, kbs는 기관의 이름, co는 기관의 유형, kr는 국가 이름이다. 이런 불합리한 체계 때문에 인터넷에서 주소를 찾을 때는 항상 두서너 개의 점點을 지나 뒤로 가서 국가 이름을 찾고 그것을 기점으로 하여 다시 거슬러 올라오며 컴퓨터 이름을 찾는다. 이것을 만일 우리식으로 kr.co.kbs.www로 표현하였다면 앞에서부터 순차적으로 쉽고 빠르게 찾을 것이다. 그런데 이런 주소 체계를 만든 서양 사람들이 표준규격을 만들 때 이런 편리한 방법을 몰랐기 때문에, 인터넷에 연결되어 있는 세계의 모든 컴퓨터로 하여금 지름길을 버리고 시간과 자원을 낭비하면서 불필요한 작업을 하게 하였다.

여기에 우리가 우리의 방식, 우리의 철학을 적극적으로 세계인에게 알려야 하는 이유, 아니 사명이 있는 것이다. 이런 안타까운 현실을 보면서 측은한 마음이 들지 않는다면, 우리는 이미 우리의 정체성을 상실한 것이다. 또 다른 최근의 예를 보자.

덴마크의 한 일간지가 2005년 9월 30일 무하마드를 풍자한 만화를 게재한 일로 이슬람권의 분노를 사고 있다는 소식이 유럽에 전해지자유럽의 여러 나라는 언론의 자유를 내세우며 자신들의 신문에 그 문제의 풍자만화를 게재하고 있다고 한다.[23] 이 일로 해서 이슬람권 국가와 유럽 국가 간에 심각한 갈등은 물론 폭력 사태까지 있었다고 한다. 이는 언론의 자유와 종교적 신념 사이의 가치관 갈등이다.

여기서 유럽인들이 내세운 언론 자유는 과연 이슬람 신자들이 그토록 싫어하는 것을 윽박지르며 무시할 수 있을 만큼 중요한 것인가? 그렇게 해서 그들이 얻는 이익은 무엇인가? 과연 자유란 무엇을 위한 자유인가? 자유, 그 자체로 숭고한 것인가? 유가윤리에서는 이러한 때에 사랑을 기준으로 판단하라고 한다. 과연 유럽인들이 이슬람교도들을 사랑한다면, 그때도 그렇게 할 것인가? 내가 사랑하는 사람이 그렇게도 싫어하는 일이라도 나의 자유를 위해서는 할 수 있는 권리가 있다면서 할 것인가? 우리는 서양인에게 상대를 사랑할 자유는 있어도 까닭 없이 미워하고 괴롭힐 자유는 없다는 것을 알려 줘야 한다. 자유보다 사랑이 더 고귀한 가치라는 것을 가르쳐야 한다. 오늘날 미국인들이 세계를 향해 하고 있는 것을 보면 과연 무엇을 하자는 것인지 알 수 없다. 겉으로는 착한 척하면서 남을 돕는 체하지만, 그 속에 이리의 마음을 간직하고 있다는 것을 알 만한 사람은 다 안다. 그들이 내세우는 자유, 평등, 인권 등의 가치는 단지 구호일 뿐이다. 결국은 자국의 이익을 위한 도구일 뿐이다.

동양은 몇천 년 동안 이런 사랑하는 삶을 살아왔다. 이러한 삶의 방식이 실제로 실천 가능하다는 것을 몸으로 증명하였다. 그동안 과학, 기술, 문화, 예술, 정치, 경제 등을 발전시켰으며, 물론 인권 등도 증진시키면서 자연과 더불어 사이좋게 살아왔다.

---

23) http://www.chosun.com/international/news/200602/200602200510.html 참조

이러한 관점에서 볼 때 앞으로의 윤리 교과는 우리의 삶과 철학을 줄기로 하여 서양의 방법을 도입하여 우리의 정체성이 확립되도록 교육해야 한다. 그렇게 하여 서양 사람들이 우리의 장점을 보고 배울 수 있게 하여야 한다. 만일 당장 이런 입장 도입이 곤란하다면 적어도 서양의 것과 동양의 것을 병행하여 교육하되, 서로 다른 점과 같은 점을 알게 하고, 나아가 장단점이 무엇인지를 알게 하여야 한다. 그리하여 만일 서양의 철학과 윤리가 한계점을 드러낼 때 동양의 것으로 대치할 수 있도록 하여야 한다. 아니면 그들이 한계를 드러내기 전에 동양의 것으로 보완할 수 있도록 하여야 한다. 이렇게 해야 하는 것은 우리의 것이기 때문이 아니라 그것이 세계인에게 희망의 빛을 줄 수 있는 장점이기 때문이다. 우리의 삶의 방식, 우리의 철학보다도 우리와 세계인의 '삶'은 더 소중하다.

우리는 상기해야 한다. 자본주의가 위기를 맞았을 때 수정자본주의로 변신하였다. 이는 서양의 철학과 세계관의 바탕 위에서 이루어진 작은 변신이다. 그러나 그런 변화를 가능하게 하였던 것은 공산주의의 도움이 있었기 때문이다. 공산주의는 거의 소멸하다시피 하였지만, 그 철학은 여전히 우리의 삶에 소금이 되어 우리를 도와주고 있다. 공산주의가 이런 역할을 하지 않았다면 우리의 삶은 더욱 힘들었을 것이다. 이제 동양의 철학과 윤리는 인류를 위해 이것보다 훨씬 더 크고 중요한 역할을 해야 한다. 우리는 그것을 준비해야 한다.

제2장
체용이론體用理論의 체계體系와 그 운용運用

┃개요┃

우리는 눈을 뜨고 있으면 많은 물건이 보인다. 그 겉모습 안에는 내용물이 있다. 밤송이 속에는 밤알이 들어 있다. 이것이 사물 위에서 보는 물상간物上看이다. 밤송이의 모습은 현顯이고 상象이며, 그 속의 보이지 않는 밤알은 미微이고 골자骨子이다. 밤송이 속에는 밤알이 들어 있고, 은행알은 들어 있지 않다. 항상 겉과 속이 일치한다. 이것이 현顯과 미微 사이에는 간격이 없다는 현미무간顯微無間이다. 여기까지가 현미론顯微論이다.

우리의 관심은 겉모습에서 그치지 않고 그 알맹이에 관한 것으로 이어진다. 그 알맹이가 어떻게 활용되고 어떻게 변화·발전하는가? 이것이 내용물을 위주로 보는 리상간理上看이다. 뿌리와 싹으로 자랄 것을 미리 머금고 있는 씨앗인 밤은 본체本體이며 통체統體로서 체體이고, 씨앗의 유전자遺傳子가 흘러 들어가서 모습을 드러낸 뿌리와 싹은 일사一事로서 용用이다. 체와 용에는 항상 같은 유전자가 들어 있다. 이것이 체와 용은 하나의 근원이라는 체용일원體用一源이다. 여기까지는 체용론體用論이다.

체의 유전자가 용으로 흘러 들어가는 것은 유행체용론流行體用論이고, 체의 유전자가 발현하여 모습을 드러내는 것은 발현체용론發現體用論이다.

하나의 형상形象, 즉 현顯에 하나의 알맹이, 즉 골자가 있는 것은 일상현미론一象顯微論이고, 여러 개의 형상에 하나의 골자가 들어 있는 것은 만상현미론萬象顯微論이다.

가시가 돋친 둥그런 밤송이 속에 겉껍질에 싸인 밤알이 있고, 그 안에 또 속껍질이 있고, 그 안에 밤 살과 씨눈이 있다. 이 밤을 땅속에 심으면 뿌리와 싹이 나고 가지와 잎이 자라고 다시 밤이 열린다. 이것이 체용이론이다. 밤송이를 보면 그 안에 밤알이 있음을 알고, 그 밤을 땅에 심으면 싹이 나고 자라서 나중에 많은 밤을 따 먹을 수 있음을 알고, 우리는 밤을 심는다. 이것이 체용논리이다.

여기서 밤송이를 형상이나 기氣로, 유전자를 리理로 바꾸면 성리학에 적용된 체용이론이 된다.

I. 서론緖論

중국의 로사광勞思光은 『중국철학사』의 첫머리[1]에서 중국철학사를 연구·서술함에 있어서 서양의 '논리분석법[邏輯解析法]'을 사용하겠다는 뜻을 분명히 밝히고 있다. 그는 논리분석법을 현미경에 비유한다. 세균은 동서고금을 막론하고 언제나 있었으나 현미경이 발명되기 전까지는 세균을 볼 수 없었다. 그런데 서양인이 현미경을 발견함으로써 비로소 동양에서도 그것을 빌려 세균을 관찰할 수가 있게 되었다. 마찬가지로 서양인이 발명한 논리분석법은 철학 사상을 관찰할 수 있는 도구인데, 중국에서는 그런 도구가 개발되지 못하였으므로 서양의 그것을 빌려 쓰는 것은 피할 수 없다고 한다.

그러나 이 주장은 세균의 모양, 크기 등을 관찰하려고 할 때만 타당하다. 그 세균의 숙주宿主, 천적天敵, 인간에게 끼치는 영향 등을 관찰하고자 하면 현미경만으로는 부족할 것이다. 논리분석법도 마찬가지이다. 서양인이 관심을 가진 문제를 해결하는 데는 논리분석법이 효과적일 수 있겠지만, 동양인이 관심을 가진 문제를 해결하는 데는 적절한 수단이 아닐 수 있다.

동양인이 논리분석법을 개발하여 사용하지 않은 것은 그런 도구의 필요성이 없었기 때문일 것이다. 그렇다면 이제 동양철학을 연구하면서 서양의 도구를 빌려 쓰는 것이 반드시 좋다고만 할 수는 없다. 지금까지 여러 학자가 서양의 도구를 빌려서 동양철학을 연구하고자 하였는데, 이러한 많은 시도는 결국 좋은 결과를 얻지 못하였다. 사유가 철저하지 못하다느니, 모순이 있다느니 하면서 동양철학의 부족한 점

---

1) 勞思光, 『中國哲學史』(友聯出版社, 1985), 序言, 19~21쪽 참조

만 지적하고, 정작 동양철학의 진수는 드러내지 못하였다. 아니 오히려 동양철학의 진의를 왜곡하는 경우가 허다하였다.

이는 당연한 결과이다. 예를 들어 서양인이 현미경을 사용하여 세균의 모습을 알아내고자 하는 동안 동양인은 다른 것, 즉 세균이 인체에 미치는 영향 등을 알고 싶어 하였다. 그래서 동양인은 그런 부분에 관한 서술은 많이 하였지만, 정작 서양인이 알고 싶어 하는 세균의 모습에 대해서는 거의 언급하지 않았다. 그렇다면 이제 현미경을 들고 동양인의 서술을 분석하고 검증하려고 하더라도 성공하기 어려울 것이다. 왜냐하면 동양인은 다른 도구를 가지고 다른 것을 알고 싶어 하였기 때문이다.

이는 철학 사상에서도 마찬가지이다. 서양인이 개발한 논리분석법은 서양인이 관심을 가진 문제를 밝혀내는 데는 가장 유용할지 몰라도 동양인이 알고 싶어 하는 문제를 밝혀내는 데는 잘 맞지 않는다. 결국 동양의 철학사상을 밝히는 데 서양의 도구를 사용한다는 것은 동양인도 서양인들이 알고 싶어 하였던 문제를 똑같이 알고 싶어 하였을 것이라는 가정하에 할 수 있는 주장이다.

그런데 동양 사람이 알고 싶어 하였던 것은 서양 사람의 그것과 같지 않다. 단적인 예로 서양의 철학자들은 어떤 이유에서든 대개 신神의 존재를 인정하지만, 동양의 철학자들은 대개 무신론자無神論者이다. 만일 이 큰 흐름의 차이를 인정한다면 동서양의 연구 방법도 달라야 한다는 것을 인정해야 하지 않을까. 이제 동양의 철학을 연구하고 이해하기 위해서는 동양인이 사용한 도구를 사용하는 것이 바람직하다. 그렇다면 그것이 무엇인가? 필자는 체용이론體用理論이 그것이라고 본다.

II. 체용이론體用理論의 도입導入

중국에서도 선진시대先秦時代에 이미 서양의 논리학과 같은 변학辨學
·명학名學의 싹이 있었다.2) 그러나 그것은 계승·발전되지 못하고 시
들고 말았다. 형식논리학의 기본법칙인 편유편무칙遍有遍無則(law of all
or nothing)은 동서고금東西古今의 진리이고, 직관적으로 자명自明한 것
이다. 그런데 편유편무칙에 기초한 논리학을 발전시키기 위해서는 먼
저 명석明晳·판명判明한 '개념'이 정립定立되어야 한다. '개념'은 어떤
개체個體나 집합集合이 가진 불변적不變的인 속성屬性에 기초하여 사고
상思考上에 고정시킨 것이다. 그리고 한번 정의定義를 거쳐 '개념'이 형
성되면 박제된 동물처럼 나의 사고 속에서 고정된다. 나의 사고 속에서
고정된 '개념'은 다시 그 대상對象도 고정된 것으로 보게 한다. 그러나
그 대상은 항상 변화하며, 그와 관계를 맺고 있는 타자他者도 변화하고
있다. 이렇게 모두가 변화하는 와중渦中에 있는데, 어느 한 대상을, 아니
그 관계까지도 고정하여 보는 것이 과연 바람직한가?

동양에서는 정지停止된 천지자연天地自然이 아니라 변화하는 천지자
연을 보고자 하였고, 그 속에 있는 사람도 그에 따라 변화하면서 조화調
和되기를 추구하였다. 공자孔子가 냇가에 서서 "가는 것이 이와 같구나!
밤낮을 그치지 아니하도다."3) 하니, 주자朱子가 주석註釋한다.

> 천지天地의 조화造化는 가는 것은 지나가고 오는 것은 이어져서
> 한순간도 멈춤이 없으니, 바로 도체道體의 본래 모습이다. 그러나

---

2) 李雲九, 尹武學 共著, 『墨家哲學研究』(成均館大 大東文化研究院, 1995),
 215~227쪽 참조
3) 論語, 子罕, 16章: 子在川上曰, "逝者如斯夫, 不舍晝夜."

가리켜서 보여주기 쉬운 것은 냇물의 흐름만 한 것이 없다. 그러므로 여기서 감탄을 발하여 사람들에게 보여줘서 학자學者가 수시로 성찰 省察하여 털끝만큼의 끊어짐도 없게 하고자 하였다.[4]

공자가 이미 사람들에게 변화하고 있는 천지자연을 보여주고자 하였 고, 주자는 이를 받아 이것이 천도天道의 본래 모습이라고 하였다. 공자 가 보여주고자 한 것은 흐르는 물이 아니며, 그 흐르는 물을 매개로 하여 도道를 보라는 것이다. 즉 우리가 궁극적으로 알아야 할 대상은 도이지만, 그 도를 직접 알 수 없으므로 그 도가 들어 있는 사물을 통해야 한다는 것이다.

주자는 이렇게 변화하고 있는 것을 관찰할 때 어떻게 볼 것인가와 관련하여 다음과 같이 말한다.

이른바 리理와 기氣는 결단코 두 가지 물건이다. 그러나 사물 위에 서 보면(물상간物上看) 이 두 물건은 혼륜渾淪하여 각각 나누어져 다른 곳에 있을 수 없다. 그러나 두 물건이 각각 하나의 물건이 되는 것을 해치지 않는다. 만일 리理 위에서 보면(리상간理上看) 비록 아직 사물 은 없더라도 사물의 리理는 이미 있다. 그러나 단지 그 리理가 있을 뿐이지 아직 이 사물이 실제로 있는 것은 아니다.[5]

이 글은 물론 리理와 기氣의 관계를 설명한 것이지만, 여기서 제시한

---

4) 論語集註, 子罕: 天地之化, 往者過, 來者續, 無一息之停, 乃道體之本然也. 然其可指而易見者, 莫如川流. 故於此發以示人. 欲學者時時省察, 而無毫髮 之間斷也.

5) 朱子大全, 463111, 答劉叔文: 所謂理與氣, 此決是二物. 但在物上看, 則二物 渾淪, 不可分開各在一處. 然不害二物之各爲一物也. 若在理上看, 則雖未有 物, 而已有物之理. 然亦但有其理而已, 未嘗實有是物也.

'물상간物上看'과 '리상간理上看'은 사물을 관찰할 때 가지는 두 관점을 제시한 것이다. 위『논어』주석에서도 드러난 것처럼 물(수水)을 통해 도리道理를 보는 것이 '물상간'이고, 그 도리를 통해 미래의 상象(모습)을 보는 것이 '리상간'이다. 이 '물상간'과 '리상간'의 방법을 체계화體系化하고 일반화一般化한 것이 체용이론인데, 이는 이천伊川 정이程頤가「역전서易傳序」에서 그 강령을 제시하였고, 주자가 이를 정비하였다. 필자는 '물상간'에 입각한 체계를 '현미론顯微論'이라 하고, '리상간'에 입각한 체계를 '체용론'이라 하며, 이 양자兩者를 종합한 이론 체계를 '체용이론體用理論'이라 하고자 한다.

III. 체용이론體用理論의 원리原理

체용이론이 근거하고 있는 원리가 무엇인지를 먼저 밝히고자 한다. 이천伊川의 다음 글이 체용이론의 원리이다.

> 지극히 은미隱微한 것은 리理이고, 지극히 드러난 것은 상象이다. 체體와 용用은 같은 하나의 근원(체용일원體用一源)이고, 현顯과 미微 사이에는 간격이 없다(현미무간顯微無間).[6]

이 글의 의미를 밝히기 위해서는 먼저 체와 용, 현과 미, 일원一源과 무간無間의 뜻을 분명히 밝혀야 한다.

> '체용일원體用一源'은 리理로부터 보면 리理는 체이고 상象은 용인

---

6) 周易, 卷首, 易傳序: 至微者理也, 至著者象也. 體用一源, 顯微無間.

데, 리理 속에 상象이 있으니, 이것이 하나의 근원이라는 것이다.
'현미무간顯微無間'은 상象에서부터 보면 상象은 현顯이고 리理는 미微
인데, 상象 속에 리理가 있으니, 이것이 간격이 없다는 것이다. ……
또 이미 리理가 있은 뒤에 상이 있다고 하였으므로 리理와 상은 한
물건이 아니다. 그러므로 이천伊川은 다만 '하나의 근원임(일원一源)'
과 '간격이 없음(무간無間)'을 말하였을 뿐이다. 그러나 체와 용, 현顯
과 미微의 구분은 없을 수 없는 것이다.7)

리理로부터 보는 '리상간理上看'은 체용론의 체계에 입각하여 보는
것이다. 이때 리理는 체이고 상은 용인데, 이 '리理 속에 상이 있는 것'
이 바로 '일원一源'의 의미라는 것이다. 리理는 도리이니, 어떤 사물이
가는 길, 즉 노선路線이다.8) 상은 드러난 것이니,9) 리理가 드러나서 그
모습만 보이고 아직 형체形體로 굳어지지 않은 것이다.10) 그러므로
"리理 속에 상이 있다"는 것은 어떤 사물에 나갈 노선이 있으면 그
사물은 그 노선대로 가게 되므로, 그 노선 속에 이미 그 미래의 '리상理
象'11)이 예비되어 있다고 할 수 있다. 이것이 바로 '일원一源'의 의미라
는 것이다.
　상象에서부터 보는 '물상간物上看'은 현미론顯微論의 체계에 입각하
여 보는 것이다. 이때 상은 현顯이고 리理는 미微인데, 이 '상 속에 리理

---

7) 朱子大全, 405002, 答何叔京: 體用一源者, 自理而觀, 則理爲體, 象爲用, 而理
　中有象, 是一源也. 顯微無間者, 自象而觀, 則象爲顯, 理爲微, 而象中有理,
　是無間也. …… 且旣曰有理而後有象, 則理象便非一物. 故伊川但言其一源
　與無間耳. 其實體用顯微之分, 則不能無也.
8) 자세한 것은 '제5장 朱子의 理說' 참조
9) 周易, 繫辭傳上, 11章: 見乃謂之象.
10) 朱子語類, 743509, 上繫上, 5章: 象是方做未成形之意.
11) 이하에서 '象'이 體用論的 의미임을 분명히 할 필요가 있는 경우 '理象'이라
　한다. '理象'은 '理로서의 象, 즉 形而上的인 象'임을 의미한다.

가 있는 것'이 바로 '무간無間'의 의미라는 것이다. 여기의 상은 어떤 사물이 가진 모양이나 모습을 모사模寫한 것이다.[12] 즉 어떤 사물 자체가 아니라, 우리에게 보이는, 그 사물과 닮은 모습이다. 그런데 '상 속에 리理가 있는 것'은 어떤 사물이 있으면 그 사물은 '형상形象'[13]을 드러내고 있고, 그 안에는 그 사물의 리理가 있다는 것이다. 이것이 바로 '무간無間'의 의미라는 것이다.

주자는 이를 보다 일반화시켜서 다음과 같이 말하기도 한다.

> 그 '체용일원體用一源'이라고 한 것은, 지극히 은미한 리理로써 말하면 공허하고 적막하여 조짐이 없으나 만상萬象이 이미 분명하고 자세하게 갖춰져 있다는 것이다. 그 '현미무간顯微無間'이라고 한 것은, 지극히 현저顯著한 상으로써 말하면 우리가 접하는 사건과 물건마다 이 리理가 없는 곳이 없다는 것이다. 리理를 말할 때는 체가 먼저이고 용이 나중인데, 대개 체를 말하면 용의 리理는 이미 그 속에 갖춰져 있다. 이것이 일원一源이 되는 까닭이다. 사건을 말할 때는 현顯이 먼저이고 미微가 나중인데, 대개 사건 속에서 리理의 모습을 볼 수 있다. 이것이 무간無間이 되는 까닭이다.[14]

---

12) 周易, 繫辭上傳, 2章, 本義: 象者物之似也.

13) 이하에서 '象'이 顯微論的 의미임을 분명히 할 필요가 있는 경우 '形象'이라 한다. 단 形은 繫辭傳의 "形而上者謂之道, 形而下者謂之器."에서 취한 것이며, 象과 같은 의미이다. 또 形象이 理象과 대비될 때는 '氣象, 즉 氣로서의 象'을 의미한다. 그리고 體用論的 의미와 顯微論的 의미를 겸하는 경우나 번역문에서는 그대로 '象'이라 한다.

14) 性理大全, 015401, 太極圖解, 論: 其曰體用一源者, 以至微之理言之, 則沖漠無眹, 而萬象昭然已具也. 其曰顯微無間者, 以至著之象言之, 則卽事卽物, 而此理無乎不在也. 言理則先體而後用. 蓋學體而用之理已具, 是所以爲一源也. 言事則先顯而後微. 蓋卽事而理之體可見, 是所以爲無間也.

리상간理上看의 체용론에서는, 체體인 리理는 형이상자로서 텅 비고 적막하여 아무런 조짐도 없지만, 용으로서의 리상理象이 그 속에 뚜렷하게 갖춰져 있다는 것이다. 이를 달리 말하면 체 속에 용의 리理가 갖춰져 있다는 것이다. 다음으로 물상간物上看의 현미론에서는, 현顯인 형상形象 속에 미微인 리理가 있다는 것이다. 이를 달리 말하면 현顯 속에서 리理의 모습을 볼 수 있다는 것이다. 여기서 형상形象 대신에 "즉사즉물卽事卽物(사건이나 물건에 나아가서)"이라 하여 '사물'을 말한 것은, 사물이 존재하면 형상形象은 언제나 그 위에 있지만, '사물'이란 말이 더 직접적이고 구체적이므로 이렇게 표현한 것이다. 그래서 현미론에서는 대개 추상적인 형상이라는 말보다는 직접 구체적인 사물을 거론한다. 또 미微 대신에 직접 그 사물의 리理를 말한다. 그러므로 현미론에서는 현顯·미微라는 표현을 거의 사용하지 않는다. 그러나 체용론에서는 구체적인 사물이나 그 리理로 대치代置할 수 없는 부분이 있으므로 체·용이라는 표현을 그대로 사용한다.

한편 위의 인용문에서 하나 주목할 것이 있다. 즉 체용론은 전후前後 두 설명 모두 존재론적으로 말한 데에 비하여, 현미론은 뒤의 설명에서 "가견可見(볼 수 있다)"이라 하여 인식론적으로 말하고 있다. 그러나 이것은 호문互文으로 보아야 할 것이다. 즉 체용론은 존재론적이고, 현미론은 인식론적인 것이 아니라 양자兩者 모두 존재론적인 동시에 인식론적인 것으로 보아야 할 것이다. 결국 체용이론은 존재 원리인 동시에 우리가 어떤 존재를 인식하고자 할 때도 따라야 하는 원리이다.

체용이론이 존재 원리인 동시에 인식의 원리라는 점을 조금 더 밝히고자 한다. 현미론의 원리인 현미무간顯微無間은 내외일치內外一致, 표리일치表裏一致를 의미하는데, 이 세상에 존재하는 어떤 사물이 표면에 나타난 형상形象과 그 이면裏面에 감춰진 리理가 서로 일치하지 않는 그런 사물은 존재할 수도 없다. 예를 들면 네모난 상자箱子가 둥글둥글 굴러가는 리理를 가진다는 것은 상상할 수조차 없다. 네모난 상자가 갈 수 있는 길은 그 모양이 허용하는 범위 안에 있다. 이것이 바로 "상象 속에 리理가 있다"는 '무간無間'의 의미이다. 이런 전제에서 맹자 孟子는 "형색形色은 천성天性이다."15)고 말한 것이다. 그리고 이것을 인식론의 측면에서 보면, 어떤 사물이 현미무간顯微無間, 즉 표리일치表裏 一致하지 않는다면 우리는 인식 자체가 불가능해진다. 밖으로 드러난 모양 이상을 알 수 없을 것이기 때문이다.

체용론의 원리인 체용일원體用一源은 본말일관本末一貫16), 시종일관 始終一貫17)를 의미하는데, 이 세상에 존재하는 어떤 사물이든 나름대로 일관성一貫性을 유지하고 있다. 그 근본根本과 말단末端, 처음과 끝이 모두 동질성同質性을 유지하고 있다. 물론 이때 일관성이나 동질성의 최초 부여자賦與者는 근본과 처음이다. 예를 들면 나무의 가지는 뿌리가 부여한 생기生氣를 부여받아 가지고 있다. 만일 뿌리에서 줄기, 가지, 잎새, 꽃으로 이어지는 사이에 단절斷絶이 있게 되면 그 나무는 생명을 유지할 수 없게 된다.18) 이를 인식론의 측면에서 보면, 어떤 사물의

---

15) 孟子, 盡心上, 38章: 孟子曰: "形色天性也. 惟聖人然後, 可以踐形."

16) 朱子語類, 272208, 論語9: 今人卻是因夫子之說, 又因後人說得分曉, 只是望見 一貫影像, 便說體說用, 却不去下工夫. 而今只得逐件理會, 所以要格物致知.

· 朱子語類, 270714, 論語9: 夫子說一貫時, 未有忠恕. 及曾子說忠恕時, 未有體 用, 是後人推出來. 忠恕是大本, 所以爲一貫. 참조 '本末'은 뒤에서 말하는 流行體用論에 해당한다.

17) 朱子語類, 642319, 中庸3: 蓋誠者物之終始, 却是事物之實理, 始終無有間斷. 自開闢以來, 以至人物消盡, 只是如此. 在人之心, 苟誠實無僞, 則徹頭徹尾, 無非此理. 一有間斷, 則就間斷處, 卽非誠矣. 如聖人至誠, 便是自始生至沒 身, 首尾是誠.

18) 朱子語類, 271608, 論語9: 問: "曾子未聞一貫之前, 已知得忠恕未." 曰: "他只 是見得聖人千頭萬緒都好, 不知都是這一心做來. 及聖人告之, 方知得都是

본체本體가 어떠한가를 보면 그 본체가 어떻게 전개될 것인지를 알게 된다. 이는 미래를 예측할 수 있게 해주는 원리이다. 즉 콩 심은 데 콩 나고 팥 심은 데 팥 난다는 것을 알게 해주는 원리이다.

생각건대 체용일원體用一源과 현미무간顯微無間의 두 원리는 본질적으로 자명自明하며, 우리는 이미 자기도 모르는 사이에 이를 활용하고 있다. 다만 이 원리를 명시적明示的으로 자각自覺하여 적절하게 운용하기 위해서는 조금 더 노력이 필요하다. 또 천지만물天地萬物은 모두 이미 이 원리를 잘 따르고 있으며, 그중의 사람도 물론 그러하다. 다만 사람의 경우에는 다소 복잡한 문제가 있다. 즉 현미론에서는 겉과 속을 다르게 보이려고 노력하는 경우 어떻게 그것을 간파할 것인가가 문제이며, 체용론에서는 얼마나 바람직한 본체를 가지는가가 문제이다. 우리 선현先賢들은 현미론과 관련해서는 찰언관색察言觀色(말을 살피고 얼굴빛을 관찰함), 거경궁리居敬窮理(정신을 차려서 이치를 궁구함) 등 좋은 방법을 개발하고자 노력하였고, 체용론과 관련해서는 존양성찰存養省察, 성의정심誠意正心 등을 통한 수양修養에 힘썼다.

IV. 체용론體用論의 체계體系

체용이론은 리상간理上看하는 시간상의 체용론과 물상간物上看하는 공간상의 현미론顯微論이 입체적으로 종합된 체계이다. 우선 각각의 경우를 나누어 고찰한 다음, 다시 합하여 논하고자 한다. 주자朱子는 체용론에도 두 가지 경우가 있다고 한다.

從這一箇大本中流出. 如木千枝萬葉都好, 都是這根上生氣流注去貫也."

만일 체용을 논한다면 역시 두 측면이 있다. 대개 인仁은 심心에 있고 의義가 밖에 드러난 것으로 말하면, 인仁은 사람의 심心이고, 의義는 사람이 가는 길이니, 인의仁義가 서로 체용이 된다. 만일 인仁을 측은惻隱에, 의義를 수오羞惡에 상대시켜 말하면, 일리一理 중에서 다시 미발未發과 이발已發이 서로 체용이 된다. 19)

체용론에 두 측면이 있는데, 하나는 사람의 마음(인심人心)이 사람의 길(인로人路)을 가는 것과 같은 체용이며, 다른 하나는 더 구체적으로 사람의 사랑하는 마음(인심仁心)이 사랑하는 것(애愛)과 같은 체용이다. 필자는 전자前者를 '유행체용론流行體用論'이라 하고, 후자後者를 '발현체용론發現體用論'이라 하고자 한다.

1. 유행체용론流行體用論

'유행체용론'은 체에 있던 어떤 것이 용으로 관통하여 흐르는 것을 중심으로 하여 명명한 것이다. 여기서 먼저 체와 용을 분명히 할 필요가 있다.

천지天地 사이에는 본래 일기一氣가 유행流行하니, (그 일기一氣의) 동動과 정靜이 있을 뿐이다. 그 유행流行하는 것의 통체統體를 가지고 말하면 단지 건乾이라고만 하더라도 포함하지 않는 것이 없다. 동動·정靜으로 나눈 연후에 음陰과 양陽, 강剛과 유柔의 구별이 있다. 20)

19) 朱子大全, 742508, 玉山講義: 若論體用, 亦有兩說. 蓋以仁存於心, 而義形於外言之, 則曰仁人心也, 義人路也, 而以仁義相爲體用. 若以仁對惻隱, 義對羞惡而言, 則就其一理之中, 又以未發已發相爲體用.
20) 周易本義, 015618, 乾, 文言: 天地之間, 本一氣之流行, 而有動靜爾. 以其流行之統體而言, 則但謂之乾, 而无所不包矣. 以其動靜分之然後, 有陰陽剛柔之

천지天地, 즉 우주宇宙는 하나의 기氣로 되어 있는데, 이 기氣는 항상 유동流動하고 있다. 그런데 이 유동한다는 말은 일동일정一動一靜하는 운동과 정지를 포괄하여 말하는 것이다. 즉 일기一氣의 유동은 정지를 포함한 운동이다. 이런 유동하는 일기一氣의 덕德을 건乾이라고 한다. 그러나 이 일기의 유동 과정을 다시 나누어서 보면 운동도 있고 정지도 있다. 운동과 정지는 서로 다르다. 이런 말류末流에서 보면 음陰과 양陽, 강剛과 유柔의 다름이 있다. 여기서 원류源流라고 할 수 있는 운동·정지를 모두 포괄한 것은 '통체統體'로서 체이고, 말류末流에 해당하는 운동이나 정지는 '유행流行'으로서 용이다. 통체지리統體之理로서의 건도乾道는 동지리動之理와 정지리靜之理를 포괄하고 있다. 이때 건도乾道는 체이고, 동지리와 정지리는 각각 그 건도가 유행한 것으로서 용이다. 또 다른 측면에서 주자는 다음과 같이 말한다.

> 만일 도의道義를 나누어 말하면, 도道는 체이고 의義는 용이다. 체는 그 통체統體를 들어 말하는 것이고, 의義는 일사一事가 처처한 곳에 나아가서 말하는 것이다. 예를 들어 아버지는 사랑하고 자식은 효도하며, 임금은 어질고 신하는 공경하는 이것은 의義이며, 사랑하거나 효도하게 하는 것과 어질거나 공경하게 하는 것은 곧 도道이다.[21]

체體는 통체統體이니, '도道'는 '통체의 리理'이며, 용用은 구체적인 한 가지 일(일사一事)에 관한 것이니, '의義'는 '일사의 리理'이다. 만나

別也.

21) 朱子語類, 523119, 孟子2: 若道義別而言, 則道是體, 義是用. 體是擧他體統而言, 義是就此一事所處而言. 如父當慈子當孝, 君當仁臣當敬, 此義也. 所以慈孝, 所以仁敬則道也.

는 사람이 달라짐에 따라 각각 자慈·효孝·인仁·경敬의 의義를 행하게
된다. 여기서 자·효·인·경으로 각각 달라지는 과정을 고찰해 보면,
처음부터 아버지를 만났을 때는 어떻게 하고 임금을 만났을 때는 어떻
게 해야 한다는 의리義理를 각 경우에 맞춰서 준비하고 있는 것이 아니
라, 단지 언제나 도리道理에 맞도록 하겠다는 자세를 가지고 있다가
각기 다른 경우를 만나면 그에 맞춰서 자慈·효孝를 행한다는 것이다.
처음에 가지고 있던 것은 '통체의 리理'로서의 도道뿐이지만 상황이
달라짐에 따라 그 상황에 맞춰서 각각 다른 의義를 행한다. 그러나
그 각기 다른 의義 속에는 처음의 도道가 흐르고 있다. 비유하자면 도道
를 뿌리로 하여 자慈·효孝의 가지가 뻗은 것과 같고, 도道라는 원류源流
로부터 자·효의 말류末流가 흐르는 것과 같다. 즉 근원지根源地의 이름
은 도道이며, 그 지류支流의 이름은 각각 자·효이다. 그런데 근원지에서
부터 그 지류支流의 이름이 정해진 것은 아니고 단지 근원지에 충만해
있던 것이 각기 다른 상황을 만나서 거기에 맞게 흐르는 것이다. 또
다른 측면에서 주자는 다음과 같이 체용을 말한다.

심心으로부터 말하면, 심心은 체이고 경敬과 화和는 용이다. 경敬을
화和에 대하여 말하면 경敬은 체이고 화和는 용이다. 대저 체용은
끝날 때가 없고, 오로지 이렇게 옮겨가는 것이다. 예를 들어 남쪽에
서 북쪽을 보면 북北은 북北이고 남南은 남南이나, 옮겨가서 여기에
서서 보면 북쪽에도 또한 저절로 남북이 있는 것과 같다. 체용은
고정된 것이 아니다. 여기의 체용은 여기에 있고, 거기의 체용은
거기에 있다. 이 도리는 모두 무궁하여 사방팔방四方八方이 그렇지
않은 곳이 없고, 천 갈래, 만 갈래가 서로 꿰어져 있다. 손가락으로
원을 그리는 시늉을 하면서 또 말하였다. "분명히 한 층이 끝나면
또 한 층이 있다. 가로로 말하여도 그렇고 세로로 말하여도 그렇다.

엎어서 말하건 뒤집어서 말하건 모두 그렇다. 예를 들어 양의兩儀로
말하면 태극은 태극이고 양의는 용이며, 사상四象으로 말하면 양의는
태극이고 사상은 용이며, 팔괘八卦로 말하면 사상은 또 태극이고
팔괘는 또 용이다."[22]

지금까지 말한 체용은 고정된 것같이 보인다. 그러나 체용은 본래부
터 체인 것과 용인 것이 정해져 있는 것이 아니라 상대적이다. 시냇물에
비유하면 최초 발원지發源地로부터 점차 흘러내려 가면서 분기점分岐點
이 생기는데, 이 분기점과 그 아래의 흘러간 지류支流를 가지고 보면
분기점이 체가 되고 그 아래의 지류가 다시 용이 된다는 것이다. 또
도체의용道體義用에서 도를 체로 하였을 때, 자식을 만나면 자애慈愛한
다. 거기서 더 구체적으로 들어가, 자식이 병이 났을 때는 간호해 주고,
세상 물정物情을 모르면 교육한다. 여기서 자애는 체가 되고, 간호와
교육은 용이다. 최상위最上位의 통체統體는 도이고, 자애는 용이다. 자애
는 다시 통체가 되고 간호는 그 용이다. 이것이 위 인용문에서 주자가
말하고자 하는 것이다.

체용이 이렇게 가변적可變的이라는 것을 말하자, 어떤 제자가 "지난
밤에 체용은 정해진 것이 없다고 하신 말씀은 곳에 따라 이렇게 말하는
것입니다만, 만일 만사萬事를 합하여 하나의 큰 체용을 만들면 어떻게
됩니까?" 하고 물었다.

---

22) 朱子語類, 221604, 論語4: 自心而言, 則心爲體, 敬和爲用. 以敬對和而言, 則
敬爲體, 和爲用. 大抵體用無盡時, 只管恁地移將去. 如自南而視北, 則北爲
北, 南爲南. 移向此立, 則北中又自有南北. 體用無定, 這處體用在這裏, 那處
體用在那裏. 這道理儘無窮, 四方八面無不是, 千頭萬緒相貫串. 以指旋曰,
分明一層了又一層, 橫說也如此, 豎說也如此, 飜來覆去說都如此. 如以兩儀
言, 則太極是太極, 兩儀是用. 以四象言, 則兩儀是太極, 四象是用. 以八卦言,
則四象又是太極, 八卦又是用.

체와 용은 정定해지는 것이다. 현재 있는 것은 체이고 나중에 생기
는 것은 용이다. 이 몸은 체이고 동작動作하는 것은 용이다. 천天은
체이고 만물이 이에 의지하여 시작하는 것은 용이다. 지地는 체이고
만물이 이에 의지하여 생生하는 것은 용이다. 양陽에서 말하면 양陽은
체이고 음陰이 용이며, 음에서 말하면 음은 체이고 양이 용이다.23)

질문 요지는 공간을 달리할 수 있는 곳이 있다면 이곳저곳을 말할
수 있겠지만, 만일 그런 것들을 모두 합해서 하나로 만들면 그때는
어떻게 체용을 적용할 것이냐는 것이다. 답변 요지는 두 가지이다. 먼저
체용을 시간상에서 보면 과거는 체이고 현재는 용이며, 현재는 다시
체가 되고 미래는 용이 된다는 것이다. 어떤 하나의 사물이 있을 때
그 사물은 시간의 진행에 따라 여러 방향으로 변화·전개되어 간다.
현재가 체이고 미래가 용이라는 것은 어떤 사물이 현재에 가지고 있는
덕德이 그대로 미래로 이어진다는 것이다. 즉 현재 속에 미래의 모습이
담겨 있다는 것이다. 따라서 체용이 절대적으로 고정된 것은 아니지만,
상대적으로도 정해지지 않는 것은 아니라는 것이다.

다음으로 체용을 공간상에서 보면 천天 전체를 합하여 하나로 보면
그 우주가 체가 되고 거기에 의지하여 만물이 생기는 것은 용이 되고,
지구 전체를 하나로 보면 지구가 통째로 체이고 거기서 생기는 만물은
그의 용이다. 이는 아기 우주는 체이고, 그 아기 우주가 현재의 우주로
변화해 온 것은 용이라는 것이다. 또 양인 천을 체로 하면 음인 지구가
용이 되고, 음인 지구를 체로 하면 양인 천이 용이 된다. 예를 들어

23) 朱子語類, 060317, 性理3: 問前夜說體用無定所, 是隨處說如此. 若合萬事爲
一大體用, 則如何. 曰體用也定, 見在底便是體, 後來生底便是用. 此身是體,
動作處便是用. 天是體, 萬物資始處便是用. 地是體, 萬物資生處便是用. 就
陽言, 則陽是體 陰是用. 就陰言, 則陰是體, 陽是用.

태양의 햇빛이 지구에 내리쬐면 지구는 그를 받아 만물이 소생한다. 햇빛이 체이고 지구 속에 스며든 그 햇빛이 용이다. 이처럼 시간과 공간을 나누어 볼 수도 있고 합하여 볼 수도 있으며, 음과 양도 상황이나 관점에 따라 다르게 볼 수 있다.

　생각건대 유행체용론에서의 체는 통체統體인데, 이는 통일체統一體, 통괄체統括體, 대통체大統體의 의미이며, 용은 일사一事인데, 이는 일지체一肢體, 일부一部, 부위部位의 의미이다. 이는 또 그 관계에서 보면 본원本源과 말류末流, 본체本體와 현상現象의 의미를 함축한다. 통체는 일정한 구조를 가지고 어떤 작용이나 역할을 할 수 있는 어떤 것이다. 예를 들어 어떤 사람을 통체로 보면, 그 몸(체體) 속의 사지四肢와 오장육부五臟六腑 등을 통틀어서 말하는 것으로서 그 속에 있는 어떤 기관이나 부위部位를 염두에 둠이 없이 하나의 통일체統一體로서의 몸을 말하는 것이다. 그런 다음 그 속에 있는 어떤 기관을 가지고 보면 그것은 그 몸속에서 각자 맡겨진 역할을 하고 있다. 그래서 갑甲과 을乙이 체용관계라는 것은 갑은 통괄체統括體이고 을은 그 속의 일지체一肢體라는 것이다. 그런데 이 을의 작용 범위는 갑이 규정한 범위 안에 있으며, 그를 벗어날 수 없다. 한편 리理나 덕德을 통체統體로 할 때도 이와 같다. '통체의 리理'는 통괄자統括者, 혹은 포괄자包括者로서의 리理이고, '일사의 리理'는 그 '통체의 리理' 속의 일부이다. 그런데 통체統體와 일사一事는 본래 리기합理氣合의 사물을 지칭하는 것이지만, 리상간理上看하는 체용론에서는 주로 그것의 리理나 덕을 지목한다.

　또 유행체용론의 통체도 두 가지의 경우가 있다. 하나는 아직 분화分化·발생發生하지 않은 어떤 것을 통체統體로 하는 경우이다. 씨앗이 그 예이다. 이 씨앗은 아직 그 싹이나 뿌리로 분화分化·발생發生하지 않았지만 이미 그 속에 그 가능성이 잠재해 있다. 다른 하나는 이미 분화·발생한 것들을 하나의 통일체로 통괄한 어떤 것을 통체로 하는 경우이다. 나무 전체를 통체로 하고, 그 가지나 잎 등을 일사一事로 하는 것이다.

한편 체용 관계는 유개념類概念과 종개념種概念의 관계와 유사한 면을 가지고 있다. 그러나 통체는 서로 다른 여러 개의 지체肢體들이 그 안에서 서로 유기적 관계를 형성하지만, 유개념은 단지 동일한 징표를 가진 개념들의 집합일 뿐이다. 예를 들어 사람을 통체로 보면 그 속의 많은 개인은 서로 다르면서도 밀접하게 유기적인 관계를 맺으면서 통일적인 '사람공동체'를 형성한다. 그러나 사람을 유개념으로 보면 결국 동일한 속성을 가진 개인들의 집합일 뿐이다.

2. 발현체용론發現體用論

'발현체용론'은 체에 있던 어떤 것이 발현하여 생장生長·변화變化해 가는 것을 중심으로 하여 명명한 것이다. 여기의 체용은 앞의 유행체용론에서의 체용 구분과 다른 면을 가지고 있다.

> 대개 인仁은 온화溫和하고 자애慈愛하는 도리이며, 의義는 절제節制하고 마름질하는 도리이며, 예禮는 공경恭敬하고 절도節度 있게 하는 도리이며, 지智는 분별分別하고 시비是非하는 도리이다. 무릇 이 네 가지를 사람의 심心에 갖추고 있는 것은 곧 성性의 본체本體이니, 아직 발현하지 않았을 때는 막연하여 볼 수 있는 상象이 없다. 그가 발현하여 용이 되는 데 이르면, 인仁은 측은惻隱이 되고, 의義는 수오羞惡가 되고, 예禮는 공경恭敬이 되고, 지智는 시비是非가 된다. 사건事件에 따라 발현함에 각각 맥락이 있어서 서로 섞이지 않으니 이른바 정情이다. 24)

발현체용론에서의 체는 미발未發이고, 용은 이발已發이다. 미발은 어떤 것이 잠재潛在 상태狀態로 있는 것이고, 이발은 그 잠재한 것이 일정한 상황을 만나서 발현하는 것이다. 위 인용문에서 보면 인의예지仁義禮智의 성性은 그것이 아직 잠복 상태로 있는 것이며, 측은·수오·공경·시비의 정情은 그것들이 상황에 따라 각각 발현하여 드러난 것이다. 여기서 인仁·의義·예禮·지智는 모두 통체統體인 인仁의 일사一事로서 용이다. 또 이 일사로서의 인·의·예·지는 각각 미발이고, 그것이 각각 발현한 측은·수오·공경·시비는 이발이다.

발현체용론에는 또 두 가지 경우가 있다. 하나는 위에서처럼 유행체용론의 일사一事를 미발의 체로 하는 경우이고, 다른 하나는 통체統體를 미발로 하는 경우이다. 주자는 이를 종합하여 다음과 같이 말한다.

> '심心의 덕德'을 가지고 전언專言하면, 미발은 체이고 이발은 용이
> 다. '애愛의 리理'를 가지고 편언偏言하면 인仁은 곧 체이고 측은은
> 용이다.[25)]

전언專言은 통체統體를 가지고 말하는 것이고, 편언偏言은 일사一事(일지一肢)를 가지고 말하는 것이다. 전언專言하는 인仁은 인의예지仁義禮智를 포괄한 것이고, 편언偏言하는 인仁은 인의예지 중의 일사一事로서의 인仁이다. 위 인용문에서 앞 문장은 통체統體의 미발과 이발을

---

24) 朱子大全, 742406, 玉山講義: 蓋仁則是箇溫和慈愛底道理, 義則是箇斷制裁割底道理, 禮則是箇恭敬撙節底道理, 智則是箇分別是非底道理. 凡此四者, 具於人心, 乃是性之本體, 方其未發, 漠然無形象之可見. 及其發而爲用, 則仁者爲惻隱, 義者爲羞惡, 禮者爲恭敬, 智者爲是非. 隨事發見, 各有苗脈, 不相殽亂, 所謂情也.

25) 朱子語類, 202701, 論語2: 以心之德而專言之, 則未發是體, 已發是用. 以愛之理而偏言之, 則仁便是體, 惻隱是用.

말한 것이고, 뒷 문장은 일사一事의 미발·이발을 말한 것이다. 이러한 관계를 주자는 다음과 같이 다각적으로 말하기도 한다.

> 조치도가 묻기를, "인의仁義의 체용과 동정動靜은 어떻게 됩니까?" 하니, 답하였다. "인仁은 진실로 체이고 의義는 진실로 용이다. 그러나 인의에는 각각 체용이 있고 각각 동정이 있으니, 스스로 상세하게 증험하라."26)

질문 중에서 체용은 유행체용론을 지칭하고, 동정은 발현체용론을 지칭한다. 답변 중에서 '인이 체, 의義가 용'인 것은 유행체용론의 입장에서 전언專言하는 인仁의 체용을 말한 것이고, '인의仁義 각각에 체용이 있음'은 편언偏言하는 인仁과 의義에 각각 체용이 있음을 말한 것이다. '인의仁義 각각에 동정動靜이 있음'은 발현체용론의 입장에서 말한 것이다. 여기서 미발·이발이라는 말 대신에 동정動靜이나 성정性情이란 말을 사용한 것은 특별히 다른 의미는 없고, 발현체용론을 함축적으로 표현한 것이다.

생각건대 발현체용론은 리상理象과 형상形象이 하나로 합치合致하는 경계이다. 즉 유행체용론이 주로 통체의 리理나 덕德의 유행을 문제로 삼지만, 발현체용론은 그 리理가 기氣 위에서 발현하는 것을 아울러 문제 삼는다. 기氣가 없으면 리理의 발현은 불가능하다. 리理가 발현하였다는 것은 그 리理에 부합符合하는 기氣가 있다는 것을 의미한다.

한편 미발은 통체統體와 통하고, 이발은 일사一事와 통한다. 그러므로 유행체용론과 발현체용론은 모두 체용론에 포괄된다.

---

26) 朱子語類, 062805, 性理3: 趙致道問: "仁義體用動靜何如?" 曰: "仁固爲體, 義固爲用. 然仁義各有體用, 各有動靜. 自詳細驗之."

3. 체용론體用論의 원칙原則

체용론體用論은 두 측면이 있으나, 운용할 때는 동일한 원칙이 적용된다. 체용론은 그 원리인 '체용일원體用一源'에서 도출된 체중유용體中有用(체 속에 용이 있음), 체선용후體先用後(체가 먼저이고 용이 나중임), 체일용수體一用殊(체는 하나이나 용은 다름)의 세 가지 원칙에 의하여 운용된다.

첫째 체중유용體中有用의 원칙에 대하여 주자는 다음과 같이 말한다.

> 체용일원體用一源은 체에 비록 자취는 없으나 그 속에 이미 용이 있다. …… 천지天地는 아직 있지 아니하나 만물은 이미 갖추었다. 이것이 체 속에 용이 있다(體中有用)는 것이다.[27]

체용론은 리상간理上看이니 현재 존재하고 있는 어떤 구체적인 사물을 가지고 말하는 것이 아니라 주로 그 속에 있는 리理나 덕德 등을 가지고 말하는 것이다. 체중유용體中有用은 크게 두 가지 측면에서 말할 수 있다. 하나는 체가 있으면 그 체로 인해 용이 분파分派·분화分化되어 나간다는 것이고, 다른 하나는 용의 성격이나 방향 등은 모두 체가 규정한 범위 안에 있다는 것이다. 전자는 체가 있으면 용으로 유행·발현하지 않을 수 없다는 것이며, 후자는 체가 용을 주재主宰한다는 것이다. 예를 들면 '후厚한 인정人情을 가진 사람'은 자기 앞에 다가오는 어떤 사람에게 매몰차게 모른 척하지 못하고 언제나 후하게 대한다. 자식에게도 후하고, 이웃에게도 후하고, 사기꾼에게도 후하다. 여기서 '후한 인정人情'은 체가 되고, 만나는 사람마다 후하게 하는 것은 그

---

27) 朱子語類, 671212, 易3: 體用一源, 體雖無迹, 中已有用. …… 天地未有, 萬物已具, 此是體中有用.

용이다.

요약컨대 체는 상위上位의 개괄자概括者이고, 용은 일사一事로 유행하는 구체화具體化이다. 그런데 체는 용을 유발誘發함과 동시에 그 유행·발현의 범위를 규정하고 있다. 이것이 체중유용體中有用의 의미이다.

둘째 체선용후體先用後의 원칙에 대하여 주자는 다음과 같이 말한다.

> 대개 반드시 체體가 먼저 확립된 후에 용用이 행할 수 있다. 예를 들어 정자程子가 건곤乾坤의 동정動靜을 논하여 말하기를 '전일專一하지 않으면 곧게 뻗어나갈 수 없고, 합하여 모으지 않으면 발산發散할 수 없다.'는 것도 역시 이런 뜻이다. 28)

체선용후體先用後는 체중유용體中有用에서 파생된 것이다. 체용론은 체가 유행·발현하는 것이므로 체가 먼저 있은 다음에 용이 있게 된다. 근원지로서의 체가 먼저 확립되지 않으면 그 지류支流는 유행할 수 없는 것이다. 또 역逆으로 가지가 무성茂盛하기를 원한다면 그 근본을 먼저 배양培養해야 한다. 한편 체용은 본래 고정된 것이 아니라 가변적인 것이므로 다음과 같이 말하는 경우도 있다.

> 원형元亨은 발용처發用處이고, 이정利貞은 수렴收斂하여 본체本體로 복귀復歸하는 곳이다. 체는 도리어 아래에 있고 용은 위에 있다. 29)

여기서는 체보다 오히려 용을 먼저 말하였다. 이것은 씨앗과 가지와

---

28) 性理大全, 014020, 太極圖解: 蓋必體立而後, 用有以行. 若程子論乾坤動靜, 而曰不專一, 則不能直遂, 不翕聚則不能發散, 亦此意爾.

29) 朱子語類, 692504, 易5: 元亨是發用處, 利貞是收斂歸本體處. 體却在下, 用却在上.

열매의 순서를 가지고 말하는 것이다. 즉 가지와 열매만을 보면 오히려 가지는 유행·발현한 것으로서 용과 같고, 열매는 그것이 한곳으로 모인 것이니 체와 같다. 이렇게 되면 용이 체보다 먼저인 것처럼 보인다. 그래서 용을 먼저 말하고 체를 나중에 말하였다. 그러나 가지는 씨앗의 용이지, 열매의 용은 아니다. 한편 여기서 하나 더 생각할 것은 가지를 체로 하고, 그 열매를 용으로 할 수 있다는 것이다. 무성한 가지는 견실堅實한 열매를 많이 열리게 한다. 이것들은 현재를 체로 하고 미래를 용으로 보는 입장을 응용한 것이다. 다만 위와 같이 용을 먼저 말하는 것은 유행체용론에서만 가능하고 발현체용론에서는 불가하다. 왜냐하면 발현체용론에서는 이발已發 다음에 다시 미발未發이 올 수 없기 때문이다.

생각건대 이 체선용후體先用後의 원칙은 아직 어떤 사물은 존재하지 않고 단지 그에 관한 리理만이 있을 때에도 적용할 수 있는 원칙이다. 예를 들어 초광속비행기超光速飛行機의 리理는 지금 여기 있으나, 그런 비행기는 아직 존재하지 않는다. 이제 그 리理가 유행·발현하면 그런 비행기가 현실 세계에 존재하게 된다. 즉, 통체는 변화·발전의 원동력이며, 용은 그의 실현 과정이며 실현實現이다.

셋째 체일용수體一用殊의 원칙에 대하여 주자는 다음과 같이 말한다.

> 일자一者는 충忠이고, 이로써 꿰는 것은 서恕이다. 체는 하나이고
> 용은 다르다.[30]

이 역시 체중유용體中有用의 원칙에서 파생된 것이다. 통체는 이미 서로 다른 다수多數의 용으로 분파되어 나갈 것을 전제한 것이다. 다만

---

30) 朱子語類, 270203, 論語9: 一者忠也, 以貫之者恕也. 體一而用殊.

서로 다른 다수이면서도 그 속에는 '통체의 리理'가 흐르고 있다는 것이
이 체일용수體一用殊의 원칙이다. 인용문에서 충忠은 자기의 마음을 다
하는, 즉 최선을 다하는 것이고, 서恕는 그런 마음으로 타자를 위해
일하는 것이다. 어떤 타자를 위해 하는 일이 서로 다르지만 최선을
다하는 충忠은 동일하다. 이때 꿰는 꿰미(일관자一貫者)가 바로 체이며,
꿰는 행위가 서恕이다. 이는 또 용이 아무리 다양한 방향으로 분화分化
·분파分派해 가더라도 이들은 모두 하나의 체가 포괄하는 범위 안에서
만 가능하다는 것을 의미한다.

V. 현미론顯微論의 체계體系

체용론體用論이 리理의 유행流行·발현發現 과정을 시간상에서 보는
체계인 반면, 현미론顯微論은 리理와 기氣의 관계를 공간상에서 보는
체계이다. 또 체용론이 아직 어떤 구체적인 사물이 존재하지 않을 때부
터 적용되는 체계인 반면, 현미론은 반드시 어떤 구체적인 사물이 존재
할 때만 적용되는 체계이다. 이 두 체계는 시간과 공간, 리理와 기氣의
입체적인 구조로 종합된다.

현미론에도 역시 두 측면이 있는데, 주자는 다음과 같이 말한다.

①이 도리道理는 나의 몸속에도 있고, 만물萬物 속에도 있으며,
천지天地 속에도 있다. 모두 똑같은 하나의 물건이니, 거치적거림도
없고 막힘도 없다. 나의 심心은 곧 천지天地의 심心이다. ②성인聖人은
시냇물이 흐르는 곳에서도 문득 이 리理를 보았으니, (이 리理는)
어디든 이르지 않는 곳이 없다.31)

①은 여러 사물 속에 동일한 하나의 도리가 있다는 것이고, ②는 하나의 사물 속에서 그 도리를 보았다는 것이니, 이는 현미론에 두 가지의 경우가 있음을 밝힌 것이다. 필자는 후자를 '일상현미론一象顯微論'이라 하고, 전자前者를 '만상현미론萬象顯微論'이라 하고자 한다.

1. 일상현미론一象顯微論

'일상현미론'은 현顯(나타남)의 범위가 하나의 사물, 엄밀히 말하면 하나의 '형상形象'에 한정되어 있다는 측면에서 명명한 것이다.

> 인仁은 곧 측은惻隱한 마음속에 감춰져 있으니, 속에 있는 인仁은
> 바로 그(측은지심惻隱之心)의 골자骨子이다. 32)

측은지심惻隱之心을 '하나의 사물, 하나의 형상形象'으로 하여 거기서 현顯한 하나의 측은惻隱과 그 이면裏面의 미微인 인仁(편언지인偏言之仁)을 연관시킨 것이다. 즉 심心 속에 있는 하나의 측은과 하나의 인仁을 연결하여 고찰한 것이다. 이때 표면表面에 드러난 측은한 정情의 이면에는 그런 형상形象이 드러날 수 있도록 해주는 어떤 것(골자骨子)이 있으며, 이는 그 형상과 같은 덕德이나 성질 등을 가졌다는 것이다. 여기서 측은은 현顯한 형상이고 인仁은 미微한 골자라는 것이다.

결국 일상현미론은 하나의 사물상事物上에 현顯과 미微가 있고, 이 양자兩者는 형상形象과 골자骨子의 관계이며, 서로 일치한다는 것이다.

---

31) 朱子語類, 363607, 論語18: ①這箇道理, 吾身也在裏面, 萬物亦在裏面, 天地亦在裏面, 通同只是一箇物事, 無障蔽無遮礙. 吾之心卽天地之心. ②聖人卽川之流, 便見得也是此理, 無往而非極致.
32) 朱子語類, 743301, 易10: 仁便藏在惻隱之心, 裏面仁便是那骨子.

또 '한 물건'을 좀 더 넓게 설정할 수도 있다.

> 성性은 심心의 리理이고, 정情은 심心의 용이며, 심心은 성性과 정情
> 의 주인主人이다. 33)

앞의 인용문에서는 측은지심만을 '한 물건'으로 하였으나, 여기 인용
문에서는 심心 전체를 '한 물건'으로 하였다. 그런 다음 성性을 골자로,
정情을 형상으로 하였다. 이것은 앞의 발현체용론에서 일사一事와 통체
統體에서 모두 미발·이발을 논하였던 것과 같다. 앞의 인용문은 일사에
해당하고, 여기 인용문은 통체에 해당한다.

여기서 사물 및 현顯과 미微의 관계를 좀 더 고찰하고자 한다. 현顯은
형상形象으로 드러난 것이고, 미微는 그것의 골자骨子이며, 사물은 그
골자와 형상形象을 모두 담지擔持하고 있는 그릇(기器)과 같은 것이다.
골자가 형이상자라는 것과 물건이 리기합理氣合이란 데에 대해서는 논
란의 여지가 없다. 그러나 상象은 순수한 리理나 기氣로 말하기 곤란한
점이 있다.

생각건대 '상象'이 체용론과 현미론에서 그 의미를 달리한다는 점은
이미 Ⅲ장에서 밝혔다. 리상理象은 체용론에서 보면 이미 유행·발현하
여 그 모습을 드러낸 것이다. 이에 더는 갈 곳이 없는 최후의 말단末端이
다. 이 리상理象은 더는 용으로 분파하거나 발현하도록 할 힘이 없다.
따라서 이 리상理象은 리理라고 하더라도 이미 주재력主宰力을 가지지
못한다. 한편 이미 존재하고 있는 어떤 사물에서 보면, 눈에 보이는
형상形象은 크기나 무게 등의 물리력物理力을 가진 존재는 아니다. 따라
서 형상은 기氣라고 하더라도 더는 작용성作用性을 가지지 못한다. 공자

---

33) 朱子大全, 670106, 元亨利貞說: 性者心之理也, 情者心之用也, 心者性情之主也.

도 "형이상자위지도形而上者謂之道 형이하자위지기形而下者謂之器" 34)라
고 하여, '형形'을 기준으로 상하上下를 나누었는데, 이는 '상象'의 양면
성兩面性에 기반한 것이다.

상象은 리理의 발현자發現者로서 리적理的인 모습과 기氣의 모양模樣
을 반영한 기적氣的인 모습을 겸하고 있다. 즉 상象은 사물 속에 있는
리理와 기氣를 모두 드러내 보여주는 것이다. 상象은 주재主宰하지 않는
리理이고, 작용作用하지 않는 기氣이다. 나누어서 말하면 형상形象은 기
氣에 속하고, 리상理象은 리理에 속하는 것이다.35) 그러나 리상과 형상
은 완전히 동일한 하나의 물건이다. 그러므로 많은 철학자가 '상象'
한 자字로 동일하게 표현한 것이다. 따라서 사물이 리기합理氣合이듯이
상象도 리기합理氣合이다.

2. 만상현미론萬象顯微論

'만상현미론'은 현顯의 범위가 하나의 사물상事物上에만 한정된 것이
아니라 여러 사물과 관련되어 있다는 측면에서 명명한 것이다. 결국
이는 여러 개의 '형상形象'을 대상으로 하는 것이다. 다만 이는 여러
물건의 여러 형상만이 아니라, 한 개 물건의 여러 형상일 수도 있다.

> 물이 흘러서 시내(천川)가 되고, 멈춰서 못(연淵)이 되며, 부딪쳐서
> 파랑波浪이 된다. 비록 있는 곳은 다르지만 모두 물이다. 물이 바로
> 골자骨子이며, 그 흐르는 곳과 부딪치는 곳은 모두 드러난 것(현顯)이다.36)

---

34) 周易,「繫辭上傳」, 12章.
35) 朱子도 形象인 '情'을 性之用으로 보기도 하고, 心之用으로 보기도 한다.
性之用은 理이고, 心之用은 氣이다.(朱子語類, 1190306, 訓門人7: 性是心之
體, 情是心之用. 性是根, 情是那芽子.)

시내와 못과 파랑은 세 개의 사물이다. 이들 사물 위에 나타난 흐르고, 멈추고, 부딪치는 형상形象은 서로 다르지만 동일한 하나의 골자가 있다. 만상현미론은 이처럼 서로 다른 여러 개의 사물 위에 나타난 형상 속에 동일한 하나의 골자가 있으며, 이 골자는 여러 형상의 공통적인 요소란 것이다. 이를 더 일반화한 『중용中庸』 12장의 "군자의 도道는 넓으면서도 은미하다(君子之道 費而隱)"에 대하여 주자는 다음과 같이 주석한다.

> 비費는 용用이 넓은 것이며, 은隱은 체體가 은미隱微한 것이다.[37]

비費는 사물과 그에 나타난 형상形象이 무수히 많은 것을 말한 것이고, 은隱은 그 형상 속에 골자骨子인 리理가 숨어 있음을 말한 것이다. 또 『중용』의 같은 장章에 "솔개가 날아서 하늘에 닿고, 물고기가 못에서 뛴다."라고 하였으니, 이는 솔개와 물고기를 물건으로 하고, 그들이 날거나 뛰는 것을 형상으로 하였으며, 그들이 그렇게 하게 하는 것을 은미隱微한 골자로 하였다.[38]

여기서 비費는 일상현미론의 현顯과 같으나 양적量的으로 많다는 의미이고, 은隱은 일상현미론의 미微와 같으나 역시 양적으로 더 많은 형상 속에 편재遍在하여 있다는 의미이다. 주자는 이를 다음과 같이 도식적圖式的으로 말한다.

---

36) 朱子語類, 743107, 易10: 水流而爲川, 止而爲淵, 激而爲波浪. 雖所居不同, 然皆是水也. 水便是骨子, 其流處激處, 皆顯者也.

37) 中庸章句, 35板12, 12章: 費用之廣也, 隱體之微也.

38) 朱子語類, 631713, 中庸2: 鳶飛魚躍費也. 必有一箇什麼物, 使得它如此, 此便是隱.

> 384효爻로부터 총괄總括하면 64괘卦가 되고, 64괘로부터 총괄하
> 면 팔괘八卦가 되고, 팔괘로부터 총괄하면 사상四象이 되고, 사상으로
> 부터 총괄하면 양의兩儀가 되고, 양의로부터 총괄하면 태극太極이
> 된다. 물건을 가지고 논하면, 역易에 태극이 있는 것은 나무에 뿌리가
> 있고, 우산에 꼭지가 있는 것과 같다.[39]

384효의 형상形象은 비費이고, 그 속의 태극은 은隱으로서 골자이다. 이 과정을 정리하면 384효에는 각각 서로 다른 384개의 리理가 있으나, 그 효들을 다시 고찰해 보면 6개씩 분류되며, 이들은 동일한 리理가 있다. 이렇게 하여 384효가 64괘로 총괄된다. 마찬가지로 64괘에는 64개의 리理가 있으나, 그 괘들을 다시 고찰하면 8개씩 분류되며 거기에는 모두 8개의 리理가 있다. 궁극적으로는 음양陰陽 양의兩儀에는 각각 '음의 리理'와 '양의 리理'가 있으나 이들을 다시 고찰하면 하나의 태극을 동일하게 가지고 있다. 결국은 384효의 384개 형상形象에는 384개의 '효의 리理'가 있으나, 그들은 64개의 '(육획)괘의 리理', 8개의 '(삼획)괘의 리理', 4개의 '상象의 리理', 2개의 '의儀의 리理'를 거쳐 하나의 태극으로 총괄된다. 이것이 만상현미론에서 하나의 리理로 개괄概括되는 순서이다. 이는 서양의 논리학에서 종개념種槪念으로부터 최고 유개념類槪念까지 개괄되는 것과 유사하다.

3. 현미론顯微論의 원칙原則

현미론은 두 측면이 있으나, 운용할 때는 동일한 원칙이 적용된다.

---

39) 朱子語類, 752412, 易11: 自三百八十四爻摠爲六十四, 自六十四摠爲八卦, 自
八卦摠爲四象, 自四象摠爲兩儀, 自兩儀摠爲太極. 以物論之, 易之有太極,
如木之有根, 浮圖之有頂.

현미론은 그 원리인 '현미무간顯微無間'에서 도출된 현중유미顯中有微(현顯 속에 미微가 있음), 현표미리顯表微裏(현은 표면에 있고 미는 이면裏面에 있음), 현일미다顯一微多(현한 것은 하나이나 미는 여럿임)의 세 가지 원칙에 의하여 운용된다.

첫째 현중유미顯中有微의 원칙에 대하여 주자는 다음과 같이 말한다.

> 천지天地가 이미 확립確立되면, 이 리理가 또한 있다. 이것이 현顯 속에 미微가 있는 것이다.[40)]

현미론은 물상간物上看하는 것이므로 현미론을 적용하려면 이미 어떤 사물이 존재해야 한다. 여기서는 천지天地가 바로 그 사물이다. 천지天地가 존재하면 거기에는 반드시 형상形象이 나타나는데, 이 드러난 형상은 골자인 미微를 싸고 있다. 그러므로 골자는 형상을 벗어나서 존재할 수 없다. 즉 형상이 드러내고 있는 모습의 범위 안에 골자가 있다.

> 형색形色은 곧 바로 천성天性이니, 형색을 떠나서 별도로 천성이 있는 것이 아니다.[41)]

맹자孟子가 말한 형색形色은 바로 형상形象이니, 이 형상과 천성天性은 일치一致한다. 다만 표면에 드러나서 보이는 것은 형상이고, 그 골자인 천성은 그 이면裏面에 있는 것이므로 형상을 벗어날 수 없다. 이는 표리일치表裏一致, 내외일치內外一致, 상하일치上下一致를 말하는 현미무간顯微無間의 원리에서 바로 도출되는 것이다. 체용론에서 보면 체가

---

40) 朱子語類, 671213, 易3: 天地旣立, 此理亦存, 此是顯中有微.
41) 朱子大全, 300219, 答汪尙書: 形色卽是天性, 非離形色別有天性.

용을 규정하지만, 현미론에서 보면 역逆으로 현顯이 미微를, 즉 형상形象
이 골자를 규정한다. 이것이 현중유미顯中有微의 원칙이다.

둘째 현표미리顯表微裏의 원칙에 대하여 주자는 다음과 같이 말한다.

> 어떤 이가 묻기를, "지성至誠과 지성至聖은 역시 체용으로 말할
> 수 있는 것 아닙니까?" 하니, 답하기를, "체용과는 같지 않다. 다만
> 표리로 말할 수 있다."고 하였다. 42)

지성至聖은 성인聖人의 덕德이 발현發現하여 표면表面에 드러난 것이
고, 지성至誠은 그의 골자로서 이면裏面에 있는 것이다. 표리表裏 대신에
내외內外·상하上下로 말하기도 하는데, 의미하는 바는 같다. 현표미리
顯表微裏의 원칙은 현중유미顯中有微에서 파생된 것으로서 시간성時間性
을 배제하고 현顯과 미微, 즉 형상과 골자가 표리表裏·내외內外·상하上
下의 관계 속에 있다는 것이다. 그러므로 현顯인 형상은 감각기관을
통해 직접적으로 감지感知할 수 있으나, 미微인 골자는 형상을 통해
간접적으로 추리하여 알 수 있는 것이다.

체용론은 시간상의 체계이지만 하나의 사물에 한정되는 것이 아니라
여러 사물을 포괄할 수 있고, 현미론은 공간상의 체계이지만 어느 한
시점時點에만 한정되는 것이 아니라 시점을 달리한 과거의 여러 형상을
포함할 수 있다.

셋째 현일미다顯一微多의 원칙에 대하여 주자는 다음과 같이 말한다.

> 한 물건 속에서 그 마땅히 해야 할 일(소당연所當然)이어서 그만둘
> 수 없는 것과 그 꼭 맞는 원인(소이연所以然)이어서 바꿀 수 없는

---

42) 朱子語類, 644403, 中庸3: 或曰: "至誠至聖, 亦可以體用言否?" 曰: "體用也不
相似, 只是說得表裏."

것을 보지 않음이 없되, 반드시 그 겉과 속, 정밀한 것과 거친 것을
다하지 않음이 없게 해야 한다.[43]

한 사물에는 소당연지칙所當然之則과 소이연지고所以然之故의 두 리理
가 있다. 소당연은 일상현미론으로, 소이연은 만상현미론으로 말하는
것이다. 즉 소당연은 일사一事의 리理이며, 소이연은 여러 일이 복합적
으로 연결되어 있는 속에서의 천리天理이다. 하나의 형상形象은 이런
리理들을 모두 내함內含하고 있다. 이 리理들은 골자로서 여러 층차層次
를 이룬다. 즉 평면적으로 나열된 것이 아니라 하위로부터 상위로 놓여
있다. 이는 유행체용론을 거꾸로 보는 것과 같다. 즉 유행체용론은 최상
위最上位의 체로부터 아래로 내려오면서 분기分岐되고, 그 분기점이 각
각 새로운 체가 되는데, 현미론에서는 최하위最下位의 형상에서부터
역으로 최상위의 골자에 이르기까지 다층多層의 골자가 있는 것이다.
만일 이에 시간성을 적용한다면 체용론은 현재에서 미래의 방향으로
전개되는 것이며, 현미론은 현재에서 과거로 소급하는 것이다. 결국
현일미다顯一微多의 원칙은 각 형상形象은 자신만이 유일唯一하게 가지
고 있는 골자가 있고, 다른 형상과 공유共有하고 있는 골자도 있다는
것이다.

한편 이 현일미다顯一微多의 원칙은 현이미동顯異微同(현은 다르고 미
는 같음)의 원칙을 함축含蓄한다.

    예의禮儀는 삼백 가지이고 위의威儀는 삼천 가지이나, 반드시 인仁
    을 얻어 골자로 삼는다.[44]

---

43) 大學或問, 36板03: 自其一物之中, 莫不有以見其所當然而不容已, 與其所以
    然而不可易者, 必其表裏精粗, 無所不盡.
44) 朱子語類, 980605, 張子之書1: 禮儀三百, 威儀三千, 然須得仁以爲骨子.

예의禮儀와 위의威儀는 현顯한 형상形象이고, 인仁은 미微한 골자이다. 그런데 현顯한 것은 삼백 삼천 가지로 다르지만, 거기에는 동일한 하나의 골자가 있다. 하나의 형상에 하나의 골자가 대응하고, 나아가 서로 다른 두 개의 형상에도 동일한 하나의 골자가 대응한다. 밀접하게 연관 관계를 맺고 있는 것부터 점차 수를 늘려나가도 여전히 동일한 하나의 골자가 있다. 이것이 현이미동顯異微同의 원칙이다. 이는 여러 개의 형상에 있는 최하위의 골자들을 점차 상위로 상승하면서 개괄해 가는 것이다. 그렇게 하였을 때 최상위最上位의 골자는 그 하위의 여러 형상 속에 동일하게 분포해 있다.

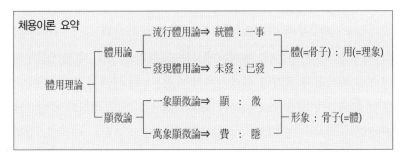

VI. 체용이론體用理論의 운용運用

위에서는 주로 존재론적 측면에서 각각 체용론體用論과 현미론顯微論으로 나누어 고찰하였다. 여기서는 존재론적 측면 이외에 인식론적 측면을 추가함과 동시에 체용론과 현미론을 종합하여 고찰하고자 한다. 이는 시간과 공간의 종합이며, 자연법칙과 사유법칙의 종합이다.

주자는 『역학계몽易學啓蒙』에서 체용이론體用理論의 운용運用 사례事例를 다음과 같이 제시한다.

옛날에 복희씨가 천하를 다스릴 때, 우러러 하늘의 상象을 관찰하고, 구부려 땅의 법法을 관찰하며, 새 및 짐승의 무늬와 천지天地의 마땅함을 관찰하였으며, 가까이는 몸에서 취하고, 멀리는 물건에서 취하였다. 이에 처음으로 팔괘八卦를 지음으로써 신명神明의 덕德을 통通하고 만물의 정情을 분류하였다.45)

역易에는 태극太極이 있으니, 이것이 양의兩儀를 생生하고, 양의가 사상四象을 생하고, 사상이 팔괘八卦를 생한다.46)

주자는 위의 내용에 대하여 아래와 같이 해설한다.

①대개 하늘과 땅 사이에 가득 찬 것은 태극·음양의 묘妙가 아닌 것이 없다. 성인聖人이 이에 우러러보고 굽어 살피며, 멀리서 구하고 가까이서 취함에 진실로 마음속에 초연히 묵계黙契한 것이 있었다. ②그러므로 양의兩儀가 아직 나뉘지 않아서 혼연渾然한 태극일 때부터 양의兩儀·사상四象·육십사괘六十四卦의 리理가 이미 그 가운데에 찬연粲然하였다. ③태극이 양의로 나뉘면, 태극은 본디 태극이고 양의는 본디 양의이다. 양의가 사상四象으로 나뉘면, 양의는 다시 태극이 되고 사상은 다시 양의가 된다. ④이로부터 미루어 나가면, 4로부터 8로, 8로부터 16으로, 16으로부터 32로, 32부터 64로 그리하여 백천만억百千萬億의 무궁한 데까지 이른다. ⑤비록 (괘효卦爻의) 획畵을 그린 데에 드러난 것은 선후先後가 있고 인위人爲에서 나온 것 같으나, 이미 정해진 모양과 이미 이루어진 형세形勢는 진실로 혼연渾然한 가운데 이미 갖춰져 있어서, 그 사이에 털끝만큼의 사려思慮나 작위作爲도 용납하지 않는다.47)

---

45) 周易, 繫辭下傳, 2章: 古者包羲氏之王天下也, 仰則觀象於天, 俯則觀法於地, 觀鳥獸之文, 與地之宜, 近取諸身, 遠取諸物. 於是始作八卦, 以通神明之德, 以類萬物之情.

46) 周易, 繫辭上傳, 11章: 易有太極. 是生兩儀, 兩儀生四象, 四象生八卦.

복희씨伏羲氏는 고개를 들어 위를 볼 때는 천문天文을 관찰하고, 고개를 숙여 아래를 볼 때는 지리地理를 살피며, 날짐승과 길짐승의 생태生態를 관찰하고, 기후와 토질을 살폈다. 아울러 가까이는 자신의 몸에서 취하고 멀리는 다른 물건에서 취하였다. 이런 관찰을 바탕으로 하여 처음으로 팔괘八卦를 지음으로써 만물의 덕德을 알 수 있었고 만물을 분류할 수 있었다. 위로는 하늘부터 아래로는 땅까지, 가까이는 사람의 몸으로부터 멀리는 모든 만물에 이르기까지 모든 것을 살펴본 결과, 그들은 모두 음陰과 양陽으로 총괄할 수 있으며, 이는 다시 태극으로 총괄된다는 것을 알았다. "역易에 태극이 있다."는 말은 이를 한마디로 요약한 것이다. 이는 현미론이다. 사물 하나하나를 분석하는 것은 일상 현미론을 적용한 것이고, 여러 사물을 종합적으로 관찰하여 태극·음양으로 총괄하는 것은 만상현미론을 적용한 것이다.

대개 우레(진震), 물(감坎), 산(간艮), 하늘(건乾)에서는 각각 양陽의 상象을 보았고, 바람(손巽), 불(리離), 못(태兌), 땅(곤坤)에서는 각각 음陰의 상象을 보았다. 우레(☳)는 양陽이 아래에 있어 동動하고, 물(☵)은 양陽이 가운데에 빠져 있고, 산山(☶)은 양陽이 위에 멈춰 있고, 하늘(☰)은 양陽으로만 되어 강건剛健하다. 이들은 겉으로 드러나는 상象은 모두 양陽이며, 양陽이 골자로 있으며, 양陽이 주도主導하는 양괘陽卦들

---

47) 性理大全, 易學啓蒙, 原卦畵第2: ①蓋盈天地之間, 莫非太極陰陽之妙. 聖人於此, 仰觀俯察, 遠求近取, 固有以超然而默契於其心矣. ②故自兩儀之未分也, 渾然太極, 而兩儀四象六十四卦之理, 已粲然於其中. ③自太極而分兩儀, 則太極固太極也, 兩儀固兩儀也. 自兩儀而分四象, 則兩儀又爲太極, 而四象又爲兩儀矣. ④自是而推之, 由四而八, 由八而十六, 由十六而三十二, 由三十二而六十四, 以至于百千萬億之無窮. ⑤雖其見於摹畵者, 若有先後, 而出於人爲, 然其已定之形, 已成之勢, 則固已具於渾然之中, 而不容毫髮思慮作爲於其間也.

이다. 한편 바람(☴)은 음陰이 양陽 밑으로 파고들며, 불(☲)은 음陰이 양陽 사이에 걸려 있고, 못(☱)은 음陰이 두 양陽 위에 있어 즐겁고, 땅(☷)은 음陰으로만 되어 있어 순順하다. 이들은 겉으로 드러나는 상象은 모두 음陰이며, 음陰이 골자로 있으며, 음陰이 주도主導하는 음괘陰卦들이다.48) 그러나 이들을 다시 고찰해 보면 모두 태극이 골자로 들어 있다. 주자 해설 중 ①은 자연이 본래 그러한 것을 성인聖人이 그 형상形象을 면밀히 관찰하여 그 골자를 깨달았다는 것이다.

이렇게 해 놓고 보니 우주 전체가 하나의 태극으로 총괄되었다. 우주는 하나의 큰 물건으로서 대통체大統體이고, 하나의 유기적有機的 통일체統一體이다. 이제 여기서부터 체용론을 적용하기 시작한다. 이때는 아직 음陰과 양陽 둘로 나뉘지 않은 시기時期로서 혼연渾然한 태극뿐이다. 그러나 이 통체 속에는 이미 미래에 전개될 리상理象이 모두 뚜렷이 갖춰져 있다. 이는 통체의 구조를 분석하면 알 수 있는 것이다. 통체는 무구조無構造의 단일체單一體가 아니라 유기적有機的 복합체複合體이므로 분석해낼 수 있다.49) 주자 해설 중 ②는 유행체용론 중의 체중유용體中有用의 원칙을 말한 것이다. 이때 주자 해설 중 ① 속에 있는 태극은 현미론에서 말하는 최상위最上位 골자로서의 태극이고 ② 속에 있는 태극은 체용론에서 말하는 최상위最上位·최시초最始初의 체로서의 태

---

48) 朱子語類, 760617, 周易12: 以通神明之德, 以類萬物之情, 盡於八卦, 而震巽坎離艮兌又摠於乾坤. 曰動曰陷曰止, 皆健底意思. 曰入曰麗曰說, 皆順底意思. 聖人下此八字, 極狀得八卦性情盡.
 · 八卦를 陽四宮과 陰四宮으로 나누는 것은 八卦가 이미 生成된 후에 그 統體의 形象을 통일적으로 관찰하여, 그 象과 德을 가지고 나눈 것이다. 이는 物上看의 顯微論을 적용한 것이다.
49) 形而下者는 무한히 분석해 가더라도 單一者로 되지 않는다. 어떤 것이든 表裏, 上下, 左右 등은 있다. 결국 유기적 복합체란 陰과 陽의 결합구조를 가진 복합체이다.

극이다. 다만 이 양자兩者는 완전히 동일하다. 이를 분명히 하기 위하여 「계사전繫辭傳」에서는 "역易에는 태극太極이 있으니, 이것이 양의兩儀를 생生한다."라고 하여, '태극'을 다시 거론하는 대신에 '이것'이란 대명사를 사용하였다. 현미론의 골자가 바로 체용론의 체로 전환하는 것이다. 이는 현미론과 체용론이 통합되는 자리로서 공간상의 체계인 현미론이 시간상의 체계인 체용론과 통합되는 것이다. 다만 물상간物上看의 현미론에서는 리理와 기氣를 함께 논하지만, 리상간理上看의 체용론은 주로 리理와 덕德을 논한다. 체용론에서는 시간의 선후가 있으므로 미래는 아직 오지 않았고, 그때에는 어떤 사물도 아직 존재하지 않으며, 단지 리理만이 존재한다. 그러므로 주자는 해설 ② 중에서 '양의兩儀·사상四象 등이 있다'고 하지 않고, 그 '리가 있다'고 하였다.

이렇게 '통체의 리理'로서의 태극이 확립되면, 이 태극은 양陽과 음陰으로 분열分裂한다. 이 양陽은 다시 소음少陰과 태양太陽으로 분열하고, 음陰은 다시 소양少陽과 태음太陰으로 분열한다. 이때 태극은 양陽과 음陰 속으로 흘러 들어가고(유행流行), 이 양陽(一)은 소음少陰(☲)과 태양太陽(☰)의 하효下爻로, 음陰(--)은 소양少陽(☳)과 태음太陰(☷)의 하효下爻로 유행한다. 그리하여 최시초最始初의 태극은 양의兩儀를 거쳐 사상四象으로까지 유행한다.50) 주자 해설 중 ③은 이를 설명한 것으로서, 최시초最始初의 태극이 양의兩儀, 사상四象, 팔괘八卦에까지 꿰뚫어 흐름(관류貫流)을 밝힌 것이다. 그리고 ④는 체용이 팔괘, 육십사괘에서 끝나는 것이 아니라 끊임없이 무궁토록 이어져 내려가면서 유행함을

---

50) 朱子語類, 270217, 論語9: 太極便是一. 到得生兩儀時, 這太極便在兩儀中. 生四象時, 這太極便在四象中. 生八卦時, 這太極便在八卦中.
· 太極으로부터 兩儀, 四象, 八卦로 生成되어 가는 것은 太極이 流行·發現하는 과정이다. 이때는 理上看의 體用論이 적용된다.

말한 것이다. 이는 유행체용론이다.

⑤는 이런 설명이 모두 인위적인 것처럼 보이지만 이는 결코 인위人
爲가 아니며 자연이 본래 그러한 것임을 다시 확인하는 것이며, 또
용에 나타난 모양과 형세는 모두 이미 체인 태극 속에 있었던 것이
발현한 것뿐이지 사람이 작위적으로 만들어 낸 것이 아니라는 것을
밝힌 것이다. 이는 발현체용론이다.

생각건대 현미론의 원칙에 따라 통체의 구조를 분석하여, 통체의
덕德과 리理를 알면, 그 후 미래의 전개 과정은 체용론의 원칙에 따라
최시초最始初의 태극이 그대로 유행·발현하는 것이므로 미래를 예측할
수 있다. 현미론을 통하여 현재를 알고, 체용론을 통하여 미래를 안다.
현재는 현미론의 원칙에 따라 존재하고, 미래는 체용론의 원칙에 따라
전개된다.

VII. 결론

체용이론體用理論은 동양의 자연논리학自然論理學이다. 체용론은 연
역법과, 현미론은 귀납법과 유사하다. 각각의 운용 방법도 그러하고,
양자의 상호관계도 그러하다. 그러나 동서 논리의 가장 큰 차이점은
서양의 것이 정적靜的인 데 비하여 동양의 것은 동적動的이고, 서양의
것이 요소要素 중심인 데 비하여 동양은 관계 중심이다. 그리고 서양의
'개념'은 시공을 초월하여 고정되는 데 비하여 동양의 체나 골자는 고
정되지 않는다. 특히 '개념'은 우유적偶有的 속성屬性을 사상捨象한 다음
공통적 속성을 추상抽象하여 만들어지며, 그 '개념'은 외연外延을 원소
로 하는 집합集合의 성질을 갖는다. 따라서 서양의 논리학은 집합集合

(외연外延)의 크기에 따른 종속관계를 기반으로 추리한다.

한편 동양의 자연논리학은 자연법칙인 체용이론에 따라 추리한다. 현미론에서 형상을 통하여 찾고자 하는 골자는 그 형상이 그렇게 되도록 해주는 것이 무엇인가를 찾는 것이고, 그런 힘을 가진 골자가 체용론의 체로 전환되었을 때는 자기전개自己展開하는 힘을 가지고 있으므로 그대로 유행·발현할 것이라는 전제하에 추리하는 것이다.

생각건대 주자의 철학은 철저하게 체용이론에 입각하고 있다. 그러므로 서양의 형식논리학과 같은 논리분석법으로는 도저히 접근할 수 없다. 같은 '용어(글자)'를 사용하면서도 현미론적 관점(물상간物上看)과 체용론적 관점(리상간理上看)에 따라 그 함의含意를 달리한다. 그런데 이것을 분간하지 않고 같은 것으로만 보면서 용어 사용이 정밀하지 못하다고 하는 것은 잘못이다. 결국 동서양의 철학은 관심 분야도 다르고, 연구 방법도 다르고, 그 표현 방법도 다르다.

동양의 철학자들은 이 체용이론에 기반한 체용논리를 자유롭게 구사하였다. 다만 서양의 철학자들처럼 정비된 형식으로 체계화하여 서술하지 않은 것뿐이다. 체용이론은 우리가 항상 접하는 자연현상이고, 여기에 기반한 추리 역시 자연스러운 방식이다. 이론적으로 설명하거나 다듬을 필요도 없이 누구나 잘 알고 사용하였다. 반면 서양의 형식논리학은 인위적으로 만든 것이기에 반드시 체계적으로 정비할 필요가 있었다. 또 체용이론은 자연법칙이니 별도로 배울 필요가 없으나, 형식논리학은 인위적으로 만든 것이어서 배울 필요가 있다. 그런데 어려서부터 서양의 논리학을 배운 현재의 우리는 체용이론이나 체용논리를 잊어버렸다.

제 3 장
체용논리體用論理와
음양론陰陽論

▎개요▎

동양에는 논리학이 없으니 서양의 논리학을 도입하자는 주장도 있고, 혹은 정명론正名論이 논리학이라고 하는 의견도 있다. 하지만 동양인은 자연법칙인 현미론顯微論과 체용론體用論을 논리로 사용하였다고 본다. 이 장章에서는 『논어』에서 사용된 예를 근거로 체용논리학體用論理學의 존재를 밝힌다.

현미론은 밖으로 드러난 겉모습(현顯) 속에 원인이 되는 골자(미微)가 들어 있다는 것이고, 체용론은 현미론의 골자가 체體가 되어, 그 체의 특성을 유지하면서 용用으로 변화·발전한다는 것이다. 현미론과 체용론은 이처럼 서로 밀접하게 연결되어 있으므로 이 둘을 합하여 체용이론이라고 한다. 체용이론은 자연법칙이면서 동시에 사람들의 행동법칙이다. 동양 사람들은 이를 근거로 사유하고 행동하는 것이 논리적이고 합리적이라고 생각한다. 이렇게 사유하고 추리하는 것이 체용논리학이다.

귀납법은 동일률에 따라 동일한 현상들을 모아서 결론을 내리는 방법이지만, 현미론은 상반된 현상 속에 공통된 골자가 있다는 원리이다. 연역법은 대전제 안에서 결론을 끌어내는 방법이지만, 체용론은 체가 상반된 모습으로 변화·발전한다는 원리이다. 이 상반된 모습이 바로 음양이다. 체용이론과 음양론은 유기적으로 융합되어 있다. 『논어』에는 이러한 용례가 풍부하게 들어 있다.

체용논리학은 과거에는 우리나라의 학자들뿐만 아니라 일반인들도 광범위하게 사용하였으나, 최근 서양의 형식논리학이 도입되면서 크게 줄어들었다. 앞으로 형식논리학과 체용논리학을 함께 사용하면 단점은 보완되고 장점은 확대되어 크게 도움이 될 것이다.

I. 서론

동양에는 논리학이 없으니 서양의 논리학을 도입하자는 주장[1]도 있고, 혹은 정명론正名論이 동양 논리학의 출발이라고도 한다.[2] 그러나 정명론은 개념론에 해당하는 것으로서 논리학으로 발전하지도 않았으며, 이를 이용하여 추리하지도 않았다. 그러므로 정명론은 동양의 대표적인 논리학, 특히 유가의 논리학이 될 수 없다. 또 체용론은 불교에서 시작되었다는 주장이 많다. 그러나 인도불교는 서양의 삼단논법과 거의 같은 인명론因明論을 사용하므로 체용론이 인도에서 시작되기는 어렵다.[3] 오히려 인도불교가 중국에 전래되면서 기존의 논리와 달라서 이해하기 어려우니 체용론을 적용하여 재해석하였다. 이에 새로 각색된 중국불교가 탄생할 수 있었다. 또 체용론은 노자老子에게서 시작되었다는 주장도 있으나, 노자가 체용론을 사용하기는 하였지만 공자보다 먼저일 수는 없다. 이에 공맹孔孟 이전부터 유가에서 사용하였고, 동양인이 학술이나 생활 속에서 자주 사용한 논리를 찾아야 한다. 필자는 정이천程伊川과 주자朱子가 정리한 체용이론에 근거를 둔 체용논리학이 공자 이전부터 많이 사용되었고, 지금도 우리의 생활 속에서 항상 사용되고 있는 대표적인 논리학이라고 본다.[4]

---

1) 勞思光, 『中國哲學史』(友聯出版社, 1985), 序言, 19~22쪽 참조
2) 胡適, 『中國古代哲學史』(商務印書館, 1974), 1~100쪽 "我們檢直可以說孔子的正名主義, 實是中國名學的始祖. 正如希臘梭格拉底的'概念說', 是希臘名學的始祖."
3) 강진석은 『體用哲學』(도서출판 문사철, 2011), 43쪽에서 "顧炎武와 李顒은 둘 다 서역에서 전래된 경전 중에는 체용에 관한 직접적 언급이 없다는 사실에 동의한다."고 한다.
4) '제2장 體用理論의 體系와 그 運用' 및 『朱子의 體用理論에 관한 研究』(성균관대학교 박사학위논문, 1992년) 참조

한편 형식논리학의 귀납법은 동일률同一律에 근거하여 동일한 현상을 모아 결론을 내리지만, 현미론은 서로 '상반相反된 현상'에서 하나의 골자나 원인을 찾는다. 연역법은 대전제에서 축소된 결론을 끌어내지만, 체용론은 '상반된 현상'으로 분화分化·발전한다고 본다. 여기서 상반된 현상이 바로 음陰과 양陽이다. 체용이론은 음양론과 유기적으로 융합되어 있다.5)

여기서는 공자나 그 제자들이 『논어』에서 이론을 설명하거나 남을 설득할 때 사용한 근거나 형식이 체용이론 및 음양론이라는 것을 보여서 이들이 논리의 근거로 사용되었다는 것을 밝히고, 나아가 체용논리학의 학문적 완결성을 높이고 적용 범위를 확장하고자 한다.

강진석, 지준호 등 체용론에 관한 논문6)은 많이 있지만 모두 리기설理氣說이나 심성설心性說 등과 연결하여 리기나 심성 등의 관계를 설명하는 범주로 보았다. 특히 체용을 '본체와 작용'으로 보는데, 이는 체용을 미발未發과 이발已發의 관계로만 보는 것이다. 또 체용론만 언급하고 있을 뿐 현미론과 유기적으로 연결하지는 않는다. 특히 체용이론을 자연법칙이나 체용논리로 발전시킨 것은 없다.7)

---

5) 朱子語類, 060318, 性理3: 體用也定, 見在底便是體, 後來生底便是用. 此身是體, 動作處便是用. 天是體, 萬物資始處便是用. 地是體, 萬物資生處便是用. 就陽言, 則陽是體, 陰是用. 就陰言, 則陰是體, 陽是用.

6) 제3장 참고문헌 목록 참조

7) 體用에 관한 논문에서 다루고 있는 體用不二(체와 용은 둘이 아니다), 體用一如(체와 용은 하나다), 卽體卽用 卽用卽體(체이면 곧 용이 되고, 용이면 곧 체가 된다)는 모두 體와 用이 하나인가 둘인가, 서로 분리될 수 있는가 없는가를 논하는 것뿐이며, 體와 用의 구체적인 상호관계에 대해서는 언급이 없다. 立體達用은 '체를 확립하여 용에 도달한다'는 것이니 體先用後(체가 먼저이고 용이 나중이다)와 통하며, 全體大用(완전한 체와 큰 용)은 체용을 확충·확대하여 말하는 것이다. 이들은 대개 체와 용의 관계를 말하였을 뿐, 실생활에서 사용되는 논리로 말하지는 않았다. 또 體字는 肉體, 體質, 骨子,

『논어』에 '체용'이나 '음양'이라는 용어는 나오지 않는다. 그렇다고 하여 이런 사유체계나 이론 체계도 없었다고 부정하는 것은 바람직하지 않다. 특히 현대의 동양철학 전공자들은 과거에 개념을 만들어 체계화하지 않은 것들을 찾아내어 현대에 맞게 정리하고 체계화하는 작업을 해야 한다고 본다. 이런 작업은 서양철학이 갖지 못한 새로운 이론 틀을 제공하여, 인류의 학문과 문화 등의 발전에 크게 이바지할 것으로 생각한다.

II. 체용이론體用理論과 음양론陰陽論의 개요

체용이론은 현미론顯微論과 체용론體用論으로 구성된다.[8] 이것은 우주와 그 안에 존재하는 모든 것들이 따르는 자연법칙이며, 사람들의 행동법칙이다. 현미론은 겉으로 드러난 겉모습(현顯) 안에 그것의 원인인 '골자骨子(미微)'가 숨어 있다는 법칙이다. 즉 겉모습이 콩이면 그 골자, 즉 알맹이도 콩이라는 원칙이다. 겉모습은 콩인데 알맹이는 팥일 수 없다는 원칙이다. 하나의 겉모습에 하나의 알맹이가 있는 것은 일상현미론一象顯微論[9]이고, 두 개 이상의 서로 다른 겉모습에 공통의 알맹이가 있는 것은 만상현미론萬象顯微論이다. 예를 들면 (콩의) '모양'을 주로 하는 일상현미론과 (콩의) '색깔'을 주로 하는 일상현미론에서

골간骨幹, 통체統體, 본체本體 등 여러 의미로 사용되는데, 앞뒤에 用字가 없으면 體用의 體가 아닌 경우가 많고, 體字를 '根/本'으로 바꿔서 의미가 통하면 體用의 體일 가능성이 많다. 결국 문맥을 잘 살펴야 한다.
8) 자세한 것은 '제2장 體用理論의 體系와 그 運用' 참조
9) 一象顯微論, 萬象顯微論, 流行體用論, 發現體用論은 각각 위 논문의 一物上 顯微論, 萬物上 顯微論, 流行的 體用論, 發現的 體用論에 해당한다.

공통의 알맹이는 콩이라는 것이 만상현미론이다. 이것을 「계사전繫辭傳」에서는 역유태극易有太極(역에는 태극이 있다)이라고 요약하였다. 현미론은 표리일치表裏一致와 내외일치內外一致를 인정하는 존재법칙이고 자연법칙이다.

체용론은 본체本體이며 통체統體인 체體가 그 특성을 유지하면서 여러 모습의 용用으로 분화分化·발전한다는 법칙이다. 예를 들어 땅에 콩을 심으면 뿌리와 싹으로 자라는데, 체인 씨앗도 콩이고 용인 뿌리와 싹도 콩이라는 것이다. 씨앗 속에 뿌리와 싹으로 자라날 가능성이 함축되어 있다는 면에서 통체이고, 그것이 유행·발현의 본바탕이라는 면에서 본체이다. 체體는 자신의 특성을 유지하면서 용用인 뿌리와 싹으로 '자라도록' 한다. 용은 그 속에 체의 특성을 간직하면서도 서로 다른 모습으로 분화·발전한다는 점에서 활용活用·운용運用이고, 그것이 현실로 모습을 드러낸다는 점에서 발용發用·발현發現이다. 또 미래의 여러 모습이 함축되어 있다는 점에서 통체이고, 그 통체의 일부가 여러 부분으로 나뉜다는 점에서 용은 일사一事이다. 체가 아직 그대로 있다는 점에서 미발未發이고, 그것이 이제 발현하였다는 점에서 이발已發이다. 체의 특성이 용인 뿌리와 싹으로 흘러서 퍼져나가는 것은 유행체용론流行體用論이고, 그것이 겉으로 발현되어 자신의 모습을 드러내는 것은 발현체용론發現體用論이다.

여기서 체인 씨앗이 콩이면, 용인 뿌리와 싹도 콩의 뿌리이고 콩의 싹이다. 또 콩의 특성이 뿌리와 싹을 통해 발현된 것이다. 이를 현대 과학으로 설명하면, 씨앗에 있던 콩의 유전자가 뿌리와 싹으로 분화된다는 것이 유행체용론이고, 씨앗에 있던 콩의 유전자가 뿌리나 싹으로 드러난 것이 발현체용론이다. 여기서 체와 용은 모두 콩의 '유전자'를 가리킨다. 또 씨앗에 있던 유전자가 싹을 통해 발현되었을 때도 용은

여전히 그 싹에 들어 있는 '유전자'를 가리킨다.10) 이렇게 체가 유행
·발현하는 것을 「계사전」에서는 시생양의是生兩儀(이것이 양의를 생한
다)11)라고 하였다.

현미론顯微論은 현재 및 그 이전의 존재에 관한 법칙이고, 체용론은
미래의 변화·발전에 관한 법칙이다. 현미론의 미는 그대로 체용론의
체로 전환되며, 그 체는 미래의 용을 유발하고, 그 용 속으로 들어간다.
다만 현은 그 미를 담는 기氣, 물질, 언행言行, 모양 등으로서 오감五感의
대상이거나 형이하적인 것이고, 미는 그 현에 들어 있는 내용물로서
리理, 덕德, 마음씨, 성질, 능력 등으로서 오감의 직접 대상이 아니거나
형이상적인 것이다.12) 또 체용론에서 체가 용으로 변화·발전할 때도
역시 그 체·용을 담을 그릇이 필요하지만 체·용은 그릇이 아닌 그
내용물을 가리킨다. 특히 발현체용론에서 미발未發인 체가 이발已發하
면 그 그릇이 크게 드러나는데, 그래도 미발·이발의 주체는 내용물이
지 그릇은 아니다. 여기까지가 현미론과 체용론이 유기적으로 연결된
체용이론의 대강이다. 이를 그림으로 표시하면 아래 그림과 같다.

---

10) 이때 體에 있는 유전자와 用에 있는 유전자는 같은 것인데, 이것을 구분하기
위해 그 유전자를 담고 있는 그릇을 用인 것처럼 표현한다. 여기서 理는
體이고 氣는 用이라는 오해가 생겼고, 또 用을 '作用'으로 보는 잘못도 생겼
다. 體用은 반드시 같은 理, 같은 氣, 같은 德, 같은 마음씨 등이라야 한다.
11) 周易, 繫辭上傳, 11章: 易有太極, 是生兩儀, 兩儀生四象, 四象生八卦. / 本義:
易者陰陽之變.
12) 周易, 繫辭上傳, 12章: 形而上者謂之道, 形而下者謂之器.

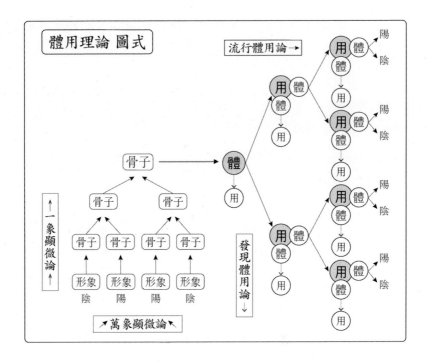

　체용이론은 자연법칙 그 자체를 말하는 것이고, 이 법칙에 근거하여 사유하고 판단·추리하는 사유법칙이나 추리원칙을 '체용논리학體用論理學'이라 한다. 현미론은 주로 대상을 인식하는 근거로 사용하고, 체용론은 미래를 예측하여 대응을 결정하는 근거로 사용한다. 주의할 것은 주자朱子가 체용이론을 잘 정리한 뒤에도 현미론은 현이나 미라는 용어를 사용하지 않고 일상 언어를 그대로 사용하였고, 체용론은 주석할 때 체·용이라는 용어를 사용하였다. 또 현미론을 적용하여 분석한 다음 그 뒤의 일을 말하지 않더라도 자연스럽게 체용론에 따라 전개될 것이라고 가정한다.

　한편 형식논리학에서는 동일률에 근거하여 동일한 현상만을 모은다. 예를 들면 귀납법에서 "A, B, C는 죽는다. A, B, C는 사람이다. ∴ 모든 사람은 죽는다."라고 결론을 내린다. 동일한 현상을 하나의 집합으로 만드는 것이다. 반면 현미론에서는 "이런 모양을 가진 것은 콩이다. 이런 색깔을 가진 것은 콩이다. ∴ 이것은 콩이다."라고 한다. 즉 모양이나 색처럼 서로 다르거나 상반된 것을 종합한다. 모양을 보고 콩인가 의심하고 색깔을 보고 콩임을 확정한다. 여기서 모양은 음陰이고 색은 양陽이다. 물론 이 두 개만으로 부족할 때는 얼마든지 더 확장하여 종합 판단할 수 있다. 또 그 콩을 (체로 하여) 땅에 심으면 외줄기로 자라는 것이 아니라 정반대의 뿌리와 싹으로 갈라져 (용으로) 자란다. 뿌리는 음이고 싹은 양이다. 이처럼 체용이론은 음양론과 하나의 체계로 융합되어 있다.

콩이 싹을 틔우면서 자라는 것은 움직이는 것이니 양이고, 그 자람은 무한정일 수 없고 언젠가는 멈추니 음이다. 즉 양은 '활기차고 활동적인 것'이고, 음은 '조용하고 정태적靜態的인 것'이다. 음양은 이 세상 모든 것을 이 두 가지 특성으로 나누는 것이다. 또 선善과 건강은 양으로, 악惡과 병약病弱은 음으로 분류하는데, 착한 행동을 할 때는 활기차고 동적으로 되고, 악한 행동을 할 때는 어딘가 모르게 주눅이 들고 감추려고 하기 때문이다.

음양론에서는 음양이 고정되어 있는 것이 아니라 무엇과 대비되느냐에 따라서 수시로 바뀐다. 예를 들어 가만히 있는 것은 음이지만, 그것이 움직이면 양이다. 또 주는 자는 양이고, 그것을 받는 자는 음이다. 찬물은 음이지만 더 찬물이 오면 그것은 오히려 양이 된다. 양인 자는 양의 상황을 만나면 더 큰 양으로 변화하고, 음의 상황을 만나면 그에 따라 음으로 변화한다. 웃는 사람을 만나면 나도 웃고, 우는 사람을 만나면 나도 슬프다. 나를 웃긴 사람은 양이고, 그를 따라 웃는 나는 음이다. 음양론에 대한 자세한 논의는 다른 기회로 미룬다.

III. 『논어論語』에 적용된 현미론顯微論

현미론은 격물格物할 때 사용하는 이론적 근거이다. 물건의 겉모습이나 사건 속에서 원인이 되는 골자, 즉 리理나 덕德, 마음씨 등을 찾는 것이 격물이다. 『대학』에서 격물을 말하고서도 구체적인 격물 방법에 대해서는 언급이 없는데, 이 현미론이 그 답일 것이다.

1. 일상현미론—象顯微論의 적용

일상현미론에서 골자를 말하는 방법은 크게 두 가지가 있다. 하나는 그 행동이나 말을 통해서 거기에 한정된 마음씨나 덕德을 말하는 경우와 그보다 더 큰 덕을 말하는 경우가 있다. 물론 후자의 경우 지나친 일반화의 오류가 있을 수 있으나 구체적인 상황에서 자연스럽게 발현된 것인 만큼 평소의 마음이나 덕이 거기에 배어 있을 가능성이 크다고 할 것이다.

> 누가 미생고微生高를 곧다(직直)고 하는가? 어떤 이가 식초를 얻고
> 자 하니, 이웃에서 얻어다 주는구나![13]

노魯나라 사람 미생고는 여러 사람에게서 곧다는 칭찬을 듣고 있었다. 그런데 공자는 어떤 이가 미생고에게 식초를 얻으러 왔는데 자기 집에 없자 이웃에서 얻어다 주는 것을 보고, 미생고는 곧지 못하다고 판단한다. '곧다'는 것은 옳은 것은 옳다고 하고, 그른 것은 그르다고 하고, 있으면 있다고 하고, 없으면 없다[14]고 하는 것인데, 미생고는

---

13) 論語, 公冶長24: 子曰: "孰謂微生高直? 或乞醯焉, 乞諸其鄰而與之."

자기 집에 없는 식초를 옆집에 가서 얻어다 자기 것처럼 주었다. 옆집에
서 얻을 때 자기가 필요한 것처럼 했을 것이고, 줄 때 얻어온 것이라고
말하지 않았을 것이니 곧지 못하다는 것이다. 식초는 귀한 물건이 아니
라서 자기 집에 없다고 하면 그 사람이 다른 데 가서 쉽게 구할 수
있을 터인데, 자기가 생색을 내기 위해 그런 곧지 못한 일을 하였다는
것이다. 식초를 얻어다 준 것은 드러난 겉모습인 현顯이고, 미생고의
곧지 못한 마음은 그 현의 골자인 미微이니, 일상현미론이다.

> 태백泰伯은 덕이 지극하다고 할 만하다. 천하를 세 번이나 사양하
> 였는데, 백성들이 칭송할 수 없게 하였구나![15)

　태백은 태왕太王의 큰 아들인데 상商나라를 정벌하려는 아버지와 의
견을 달리하였다. 또 아버지는 셋째아들 계력季歷의 아들 창昌이 성인의
덕이 있음을 알고 계력에게 자리를 물려주어 창에게 이어지게 하려고
하였다. 이에 태백은 동생 중옹仲雍과 함께 아버지 약을 캐러 간다고
집을 나와서 형만荊蠻으로 가서 오랑캐의 풍속을 따르며 돌아오지 않았
다. 태백은 오랑캐 풍속을 따르며 어리석게 보임으로써 백성들이 그의
훌륭한 점을 알아차리지 못하여 칭찬할 수 없게 만들었다. 이런 훌륭한
행동(=顯) 이면에는 지극한 덕(=微)이 골자로 들어있어서 가능한 것이
다. 여기서 세 번의 양보가 있었으니 만상현미론이라 할 수 있지만,
처음의 생각이 변함없이 드러난 것뿐이므로 이를 중시하여 일상현미론
으로 분류한다.

---

14) 論語, 公冶長24, 集註: 范氏曰: “是曰是, 非曰非, 有謂有, 無謂無曰: 直.”
15) 論語, 泰伯1: 子曰: “泰伯, 其可謂至德也已矣. 三以天下讓, 民無得而稱焉.”

　　효자로구나! 민자건이여! 남들이 그 부모 형제의 말에 이의를
　달지 못하는구나![16]

　민자건의 어머니가 일찍 죽고 아버지가 후처後妻를 얻어서 아들 둘을
두었다. 그 어미가 전처前妻 자식인 민자건의 겨울옷에 갈대꽃을 두어
춥게 한 것을 아버지가 알고, 그 후처를 쫓아내려고 하였다. 이에 민자
건이 "어머니가 있으면 한 아들이 춥고 어머니가 가면 세 아들이 홑옷
을 입는다."[17]고 간하여 계모가 쫓겨나기를 면하게 하였다. 계모가 그
말을 듣고 감동하여 민자건을 친자식처럼 사랑하였다고 한다. 이에
그 부모형제들이 민자건을 효자라고 칭찬하는데, 다른 사람들도 그
말을 부정하지 못하는 것을 보고 공자는 민자건이 정말 효자라고 칭찬
한다. 남들이 그 식구들의 말을 믿어 의심하지 않는 상황(=顯) 속에
진정한 효행(=微)이 있는 것이다.

　　자하가 물었다. "'어여쁜 웃음 보조개 있으며, 아름다운 눈 (흑백
　이) 선명함이여! 흰색으로 채색한다.'고 하니, 무슨 말입니까?" 공자
　가 답하였다. "그림은 흰 바탕이 먼저 있은 다음에 그리는 것이다."
　물었다. "예禮가 나중입니까?" 공자가 답하였다. "나를 일으키는 자
　는 자하로구나! 비로소 더불어 시詩를 논할 만하다."[18]

　이것은 공자와 제자인 자하가 시에 대해 문답하는 내용이다. '그림은
흰색으로 색칠한다.'라고 하는데, 이게 무슨 말이냐고 묻자, 공자는 흰
색이 먼저 바탕으로 있은 다음에 여러 색을 칠해서 그림을 그렸는데,

---

16) 論語, 先進4: 子曰: "孝哉閔子騫! 人不間於其父母昆弟之言."
17) 五倫行實圖, 閔損單衣: 母在一子寒, 母去三子單.
18) 論語, 八佾8: 子夏問: "'巧笑倩兮, 美目盼兮, 素以爲絢兮.' 何謂也?" 子曰:
　　"繪事後素." 曰: "禮後乎?" 子曰: "起予者商也! 始可與言詩已矣."

그 흰 바탕이 오히려 색칠한 것처럼 아름답다는 뜻이라고 설명한다. 결국 흰색 바탕에 그림을 그리니 그 그림이 돋보여서 더 아름답다는 뜻이다. 이 설명을 듣고, 자하는 그럼 예를 행하는 것도 먼저 충성스럽고 미더움이 있은 다음에 예로 꾸미는 것이냐고 묻는다. 이에 공자는 자하가 시의 뜻과 자신의 설명을 금방 알아듣고 다시 예와 연결하여 설명할 줄 아는 것에 대하여 칭찬한다. 공자는 자하의 시어詩語를 이해하는 능력과 이를 다시 다른 학문에 연결하여 연역·발전시키는 능력이 있음을 알고 기뻐하며 칭찬한다. 이 수준 높은 한 번의 문답(=顯) 속에서 자하의 능력(=微)을 찾은 것이므로 일상현미론이다.

일상현미론만으로 전체를 포괄하는 최상위의 골자를 찾는 것이 쉬운 일은 아니지만 하나의 사건에서 하나의 골자를 찾는 것이 그렇게 어려운 일은 아니다. 다만 하나의 사건이라고 하더라도 매우 중요하거나 특별한 의미가 있는 경우에는 전체를 총괄하는 골자로 일반화하여도 무리가 없을 수 있다. 또 공자처럼 혜안을 가졌을 경우 아주 사소한 일에서도 상위上位의 골자를 알아볼 수 있다. 이것은 우리가 평상시에 노력해야 할 일이다. 일상현미론에서 찾은 골자 여럿을 연결하여 상위의 골자를 찾으면 만상현미론이 되므로 일상현미론은 현미론의 기초가 된다.

2. 만상현미론萬象顯微論의 적용

만상현미론은 여러 사건이나 상황을 모아서 공통의 골자를 찾는 것이다. 이때 두 개 이상의 형상形象을 연결하게 되는데, 음과 양의 상반성相反性이 분명할 때도 있고, 유사성이 클 때도 있다.

교묘하게 꾸민 말과 좋게 지어낸 얼굴빛에는 인仁이 적다.[19]

교언영색巧言令色은 자신의 진정眞情을 그대로 표출하는 것이 아니라 인위적으로 노력하여 좋아 보이도록 과장하거나 축소하여 다른 사람의 환심을 사려는 것이다. 적극적인 아부아첨阿附阿諂뿐만 아니라 조금이라도 일부러 꾸미는 것은 모두 교언영색이다. 꾸민 말(=顯1)에는 상대를 추켜세우려는 마음(=微1)이 있으니 양이고, 지어낸 얼굴빛(=顯2)에는 비굴한 마음(=微2)이 있으니 음이다. 이 두 마음(=微1,2)에는 모두 상대를 사랑하는 인이 아닌 사욕私欲(=微)이 공통으로 들어 있다. 몸짓이나 행동 등은 언급하지 않았지만 역시 추가하여 말할 수 있다. 또 말과 얼굴빛이 동시에 드러나는 때에는 일상현미론으로 볼 수도 있다. 또 교언영색에 인이 없음을 알면 그 반대의 직언정색直言正色에 인이 있음을 알 수 있다. 교언영색은 음이고 직언정색은 양이다. 음양론과 현미론은 이렇게 융합되어 운용된다.

> 궐당闕黨의 동자童子가 명령을 전달하는데, 어떤 이가 물었다. "공부에 진보가 있습니까?" 공자가 대답하였다. "나는 그가 앉아 있는 자리를 보고, 어른과 나란히 걷는 것을 보니, 진보하기를 구하는 자가 아니라 속히 이루고자 하는 자이다."[20]

주인과 손님의 명령을 전달하는 젊은 사람은 어른들이 앉아서 이야기할 때는 방구석에 앉아서 기다리는 것이 예禮인데 동자는 어른처럼 바른 자리에 앉고, 길을 갈 때는 뒤를 따라가는 것이 예인데 어깨를 나란히 하여 걸었다. 바른 자리에 앉는 것(=顯1)은 어른처럼 대우받고 싶은 것(=微1)이고, 나란히 걷는 것(=顯2)은 어른과 대등하고 싶은 것(=

---

19) 論語, 學而3: 子曰: "巧言令色, 鮮矣仁!"
20) 論語, 憲問47: 闕黨童子將命. 或問之曰: "益者與?" 子曰: "吾見其居於位也, 見其與先生並行也. 非求益者也, 欲速成者也."

微2)이다. 어른처럼 대우받고 대등해지고 싶은 마음에는 진정한 학문을 완성하여 군자가 되기보다는 빨리 어른이 되고 싶은 마음(=微)이 공통으로 들어 있다. 여기서는 하나의 상황만으로 확정적인 판단을 하기 어려우므로 두 경우를 종합하여 판단하였다. 대개 하나의 상황을 보고 그럴까 하며 의심하고, 다른 상황을 더 보고 나서 확신한다. 앉아 있는 것은 음이고, 걷는 것은 양이다. 대우를 '받고' 싶은 것은 음이고, 대등하고 싶은 것은 양이다.

> 자장子張이 물었다. "영윤令尹인 자문子文은 세 번 출사하여 영윤이 되었으나 기쁜 빛이 없었고, 세 번 그만두었으나 서운한 빛이 없었으며, 그간 맡았던 영윤의 일을 반드시 새로 부임하는 영윤에게 인계하여 주었는데, 어떻습니까?" 공자가 답하였다. "충성스럽다." 물었다. "인仁합니까?" 답하였다. "알지 못하겠다. 어찌 인할 수 있겠는가?"21)

벼슬에 나아갈 때나 물러날 때 모두 좋아하거나 싫어함이 없는 것(=顯1)은 감정을 잘 드러내지 않은 것(=微1)이고, 그만둘 때 후임자에게 인수인계한 것(=顯2)은 남과 나를 구분하지 않는 것(=微2)이다. 감정을 잘 드러내지 않고 남과 나를 구분하지 않은 데에는 공통으로 나라만을 생각하는 충忠(=微)이 들어 있다. 그러나 이런 행동이 모두 도리에 맞고 사심이 없었는지는 알 수 없으므로 인한지도 알 수 없다고 하였다.22)

---

21) 論語, 公冶長18: 子張問曰: "令尹子文三仕爲令尹, 無喜色; 三已之, 無慍色. 舊令尹之政, 必以告新令尹. 何如?" 子曰: "忠矣." 曰: "仁矣乎?" 曰: "未知; 焉得仁?"

22) 論語, 公冶長18, 集註: 其爲人也, 喜怒不形, 物我無間, 知有其國而不知有其身, 其忠盛矣, 故子張疑其仁. 然其所以三仕三已而告新令尹者, 未知其皆出於天理而無人欲之私也, 是以夫子但許其忠, 而未許其仁也.

인을 알려면 다른 사례가 더 추가되어야 한다. 감정을 드러내지 않은 것은 소극적으로 절제하는 것이니 음이고, 인수인계하는 것은 적극적으로 일을 하는 것이니 양이다.

> 군자가 음식을 먹음에는 배부름을 구하지 않고, 거처함에는 편안함을 구하지 않으며, 일하는 데는 민첩하고 말을 하는 데는 신중하며, 도道를 아는 이에게 찾아가서 질정質正을 받으면 배움을 좋아한다고 할 만하다.[23)]

여기서 공자는 다섯 가지 일(=顯)을 열거하는데, 첫째와 둘째는 공부를 하는 것이 아니라 평소 생활에서 배부름과 편안함에 뜻이 없고 학문에만 마음이 있음을 말하는 것이니 음에 속한다. 셋째와 넷째는 부지런히 일하고 말을 신중하게 하려고 노력하는 것이니 양에 속한다. 이러한 네 가지 바탕은 다시 음이 되고, 그 위에 다시 도리를 찾아 배우러 나서는 다섯째는 양이 된다. 또 첫째는 욕구를 절제하는 것이니 음에 속하고, 둘째는 몸의 안일함에 안주하지 않고 할 일을 하려는 것이므로 양에 속한다. 셋째는 일을 부지런히 하는 것이니 양이고, 넷째는 말을 삼가는 것이니 음이다. 이를 정리하면 [(①음+②양)음+(③양+④음)양]음+⑤양이 된다. 음양은 이렇게 상대적으로 나눠지는 것이다. 공자는 이처럼 다섯 가지 현상(=顯)을 보고 거기에는 호학好學(=微)이 골자로 들어 있다고 한다. 배불리 먹지 않는 것을 보고 밥맛이 없는가 하고 의심할 수 있지만, 몸의 편안함을 추구하지 않는 것과 연결해서 보니 그게 아니라 다른 생각을 하고 있다는 것을 추측할 수 있다. 나아가

---

23) 論語, 學而14: 子曰: "君子食無求飽, 居無求安, 敏於事而愼於言, 就有道而正焉, 可謂好學也已."

부지런히 실천하고 말을 삼가는 것을 보니 말과 행동을 일치시키려고 노력한다는 것을 알 수 있다. 여기서 한발 더 나아가 자기가 하는 일을 반성하고 도리를 아는 사람에게 나아가 자기의 잘잘못을 질정 받아 바른길을 가려고 한다. 여기서 확실히 성인聖人이 되는 학문을 좋아한다는 것을 알 수 있다. 공자의 이 말은 '호학'에 대한 정의이기도 하다. 현미론을 통한 정의는 음과 양이 겸비되어야 한다. 형식논리학의 방식으로 개념을 정의하면 '스승을 찾아가서 배우는 것'을 본질로 할 수 있겠지만, 현미론에서는 스스로 노력하는 것(=陰)과 배우는 것(=陽)이 함께 있어야 호학이다.

> 자하子夏가 말하였다. "매일 그 없는 것을 알고, 달마다 할 수 있는 것을 잊어버리지 않으면 배움을 좋아한다고 할 만하다."[24]

아직 모르는 것을 매일 알아내려는 것(=顯1)은 지식을 많이 쌓고 싶은 것(=微1)이고, 이렇게 안 것을 한 달이 지나도 잊지 않으려는 것(=顯2)은 그 분량을 유지하고 싶은 것(=微2)이다. 알아내는 것은 양에 속하고, 잊지 않는 것은 음에 속한다. 자하는 이렇게 음양 두 측면의 공부가 합해져서 '호학好學(=微)'이 된다고 생각한 것이다. 이것은 앞에서 인용한 공자의 정의와 차이가 있다. 공자는 잘못을 바로잡는 것을 중시하고, 자하는 새로 배워 안 것을 잊지 않는 것을 중시한다.

위에서 본 것처럼 현미론은 드러난 현상 속에 있는 골자를 찾는 것이다. 이런 과정에서 그런 현상을 드러낸 주체가 가지고 있는 성질, 마음씨, 능력, 덕, 리理 등을 알 수 있게 되고, 나아가 이것이 그에 대한 정의가 되기도 한다. 그런데 그 정의가 반드시 그러해야 한다고 하는

---

24) 論語, 子張5: 子夏曰: "日知其所亡, 月無忘其所能, 可謂好學也已矣."

것은 아니다. 위의 호학好學의 경우에 공자가 생각하는 호학과 자하가 생각하는 호학이 다르다. 결국 자하의 생각과 공자의 생각이 다른 것이다. 서로 수준이 다를 수도 있고, 입장이나 관점이 다를 수도 있다. 이는 형식논리학에서의 본질적 정의와 비교하면 매우 거친 것처럼 보이지만, 형식논리학에서도 추상과 사상捨象이 이루어지며, 관점에 따라 여러 가지 정의가 존재한다는 것을 고려하면 당연한 일이다. 예외 없이 완전하게 모든 '사람'을 포괄할 수 있는 정의는 존재하기 어렵다는 점에서 보면, 이처럼 수준 차이나 관점에 따라 정의를 달리하는 것은 현실적이고 자연스러운 것이다. 또 현미론에서 골자만 말하고, 체용론과 연결하여 말하지 않았지만, 그 다음의 활용은 충분히 예측할 수 있다.

IV. 『논어』에 적용된 체용론

현미론에서 찾은 골자는 체용론의 체로 전환되면서 그 체가 유행·발현하도록 하는 성질이나 힘 등으로 작용한다. 즉 체가 있으면 저절로 용이 생긴다. 다만 좋은 양의 상황을 만나면 뻗어나가고, 나쁜 음의 상황을 만나면 멈춘다.

1. 유행체용론流行體用論의 적용

유행체용론은 시간이 흐름에 따라 나뭇가지가 자라듯이 가닥가닥 하나씩 갈라져 나가는 것이다. 체體는 통체統體이며 본체이고, 용用은 그 통체 중의 일사一事, 일부一部가 활용되거나 운용되는 것이다. 이 일사는 음陰의 모습을 띠기도 하고 양陽의 모습을 띠기도 하지만, 항상 그 본체인 체의 특징을 간직한다.

> 유자有子가 말하였다. "그 사람됨이 효도하고 형을 공경하면서 윗사람을 불쾌하게 하기를 좋아하는 자는 드물고, 윗사람을 불쾌하게 하기를 좋아하지 않으면서 대들며 싸우기를 좋아하는 자는 있지 아니하다. 군자는 근본에 힘쓰니, 근본이 확립되면 도道가 생기나니, 효도와 형 공경은 인을 행하는 근본인저!"25)

부모에게 효도(=顯1)하고 형을 공경(=顯2)하는 사람은 그 마음씨가 온순溫順(=微, =體)하여26) 윗사람의 기분을 언짢게 하는 일을 좋아하지 않는다(=用1). 더구나 윗사람에게 대들며 싸우고 억지를 부리며 거역하는 것은 더더욱 좋아하지 않는다(=用2). 여기서는 온순한 덕이 체가 되어 부모와 형을 만나서는 효도하고 공경하며, 나아가 이웃 어른 등 윗사람을 만나면 역시 공손하고 예의 바르게 행동한다. 효도는 인仁의 발현으로 양이고, 형 공경은 의義의 발현으로 음이다. 좋아하는 것은 양이고, 싫어하는 것은 음이다. 온순한 덕은 체이고, 그것은 음·양 양쪽의 용에 모두 영향을 미친다.

군자가 도리를 잘 지켜나가려면 근본적인 일에 힘써서 덕을 길러야 한다. 근본적인 덕(=體)이 길러지면 그에 따라서 갈 길, 즉 도(=用)가 저절로 생긴다. 그 덕이 그 길로 가도록 유도하기 때문이다. 그래서 효도와 형 공경은 인을 실천하는 근본이다.

여기서 본말론本末論을 검토해야 한다. 우선 체용과 깊은 관련이 있

---

25) 論語, 學而2: 有子曰: "其爲人也孝弟, 而好犯上者, 鮮矣; 不好犯上, 而好作亂者, 未之有也. 君子務本, 本立而道生. 孝弟也者, 其爲仁之本與!"
26) 論語, 學而2, 集註: 此言人能孝弟, 則其心和順, 少好犯上, 必不好作亂也.

는 두 경우만 논의한다. 하나는 안과 밖, 나와 남으로 나누어지는 '내외본말內外本末'27)이다. 나는 안이고 기본이며, 남은 밖이고 말단이다. 대표적인 예는 『대학大學』의 나의 명덕을 밝힘(명명덕明明德)과 백성을 새롭게 함(신민新民)이다.28) 내가 밝힌 명덕이 기본 토대가 되어 백성의 명덕을 밝혀 백성을 새롭게 한다. 여기서 나의 명덕이 백성을 감화시키며 백성에게로 뻗어나가는 면에서 보면, 나의 명덕은 체體로서 '근본'이다. 그러나 백성을 변화시켰더라도 나의 명덕과 백성의 덕이 완전히 동일하게 이어진 것은 아니라는 면에서 보면, 나의 명덕은 '기본'29)이 될 뿐이다.

다른 하나는 체와 용으로 나누어지는 '체용본말'30)이다. 체는 근본이고 용은 말단이다. 위의 인용문이 그 예이다. 내가 효도하면 그 부모를 사랑하는 마음이 근본이 되어 다른 사람을 사랑하고 물건도 아낀다. 이 사랑의 확장은 남이 개입하지 않고 나의 사랑이 반드시 뻗어나간다. 효도하는 사람의 마음속에 있는 '온순한 덕'이 유행·발현하여 만물사랑으로 이어진다.31) 즉 덕이 체이고 그 덕의 유행·발현이 용이다.32)

---

27) 朱子大全, 392119, 答許順之: 若眞看得破, 便成己成物更無二致, 內外本末一以貫之, 豈獨爲資吾神養吾眞者而設哉?
28) 朱子大全, 150601, 經筵講義: 臣竊謂明德新民, 兩物而內外相對, 故曰本末.
29) '基本'은 주춧돌처럼 맨 밑에 놓이는 바탕이다. 이 기본/基礎/基盤이 갖춰지지 않으면 다음 단계로 나아갈 수 없다. 반면에 '根本'은 나무의 뿌리와 같은 것으로서 좋은 상황을 만나면 저절로 가지와 잎이 나며 자란다. '기본'은 첫 계단과 같은 것으로서 體가 될 수 없고, '근본'은 體이다.
30) 朱子大全, 351605, 答劉子澄: 程夫子曰: "涵養須用敬, 進學則在致知." 此二言者, 體用本末, 無不該備.(程子가 말한 "함양에는 반드시 敬을 써야 하고, 進學은 곧 致知에 있다."는 이 두 마디 말에는 체·용 및 본·말을 갖추지 않은 것이 없다.)
31) 朱子語類, 423011, 樊遲問仁章: 體與用雖是二字, 本末嘗相離, 用卽體之所以流行.

또 효도하는 사람의 온순한 덕은 인仁한 본성에서 왔다. 즉 최상의 통체統體는 인이고, 온순한 덕은 그 일사一事로서 용이다. 이를 나열하면 '인→ 부모사랑→ 이웃사랑→ 만물사랑'[33])으로 이어진다. 그런데 유자有子는 여기서 인을 생략하고 부모사랑인 효도에서부터 시작하였다. 본성인 인을 보존하는 공부는 하기 어려우므로 그보다 수월한 효도와 형 공경을 통해 온순한 덕을 길러 만물사랑으로 유행·발현하도록 안내한 것이다.

> 공자가 말하였다. "삼아! 나의 도道는 하나로써 꿰어져 있느니라." 증자가 답하였다. "예" 공자가 나가시니 제자들이 물었다. "무슨 말인가?" 증자가 답하였다. "선생님의 도는 충忠과 서恕일 뿐이다."[34])

공자는 증자가 모든 일을 하나하나 잘 처리하면서도 그것들이 모두 일관되어 있다는 점을 모르는 것을 알고, 증자를 불러서 내 도道는 일관되어 있다고 알려 준다. 이에 증자는 즉시 알아듣고 동료들에게

---

32) '本'字에는 이외에도 바탕과 정밀의 의미가 더 있다. 즉 "禮之本"은 文質本末로서 '바탕'을 의미하며, "本之則無"는 精粗本末로서 '정밀'을 의미한다. '本'字를 '근본'이라고 해석할 수 있는 것은 體用의 體일 때뿐이고, '바탕, 정밀, 기본' 등의 뜻일 때는 주의를 요한다. 本末論은 內外本末이 대표이고, 學而篇의 '本立道生'은 體用論에 해당한다.

33) 朱子語類, 203419, 有子曰其爲人也孝弟章: 程子謂: '爲仁以孝弟爲本, 論性則以仁爲孝弟之本. 仁是性, 孝弟是用. 性中只有箇仁義禮智, 曷嘗有孝弟來.' 譬如一粒粟, 生出爲苗. 仁是粟, 孝弟是苗, 便是仁爲孝弟之本. 又如木有根, 有榦, 有枝葉, 親親是根, 仁民是榦, 愛物是枝葉, 便是行仁以孝弟爲本." 참조

34) 論語, 里仁15: 子曰: "參乎! 吾道一以貫之." 曾子曰: "唯." 子出, 門人問曰: "何謂也?" 曾子曰: "夫子之道, 忠恕而已矣."

공자의 도는 충과 서일 뿐이라고 풀이한다. 충은 체이고 서는 용이다. 모든 일을 내 일처럼(=恕) 항상 최선을 다한다(=忠)는 것이다. 즉 모든 일은 충으로 일관되어 있다. 공자가 말한 일이관지一以貫之는 체용 관계를 잘 설명한 것이니, 체일용수體一用殊(체는 하나인데 용은 다름)를 의미한다. 꿰는 끈인 일一은 체이고 그 끈으로 여러 일을 꿰는 것은 용이다. 하나로 관통하는 것은 체가 모든 일 속으로 유행流行하는 것이다. 이 공자와 증자의 문답은 간단하지만 유행체용론의 운용 원칙을 간결하고 정확하게 설명하고 있다.

> 공자가 말하였다. "오직 인자仁者만이 남을 좋아할 수 있고, 남을 미워할 수 있다."[35]

사람은 누구나 저절로 남을 좋아하기도 하고 미워하기도 하는데 인자라야만 '할 수 있다'고 하는 이유는 그것을 '공정公正'하게 해야 하기 때문이다. 즉 좋아함과 미워함을 사심私心 없이 사리事理에 맞게 해야 한다는 것이다.[36] 인자仁者가 가진 인은 사랑하는 덕이다. 그런데 이 인덕仁德(=體)은 착한 사람(=陽)을 만나면 뻗어나가고(=陽), 악한 사람(=陰)을 만나면 움츠러든다(=陰). 그래서 미움은 사랑의 절제이다. 사랑은 인仁이고 미움은 의義이다. 이에 인자가 가진 넓은 의미의 인(=體) 속에는 남을 무조건 좋아하는 좁은 의미의 인(=用1)과 남을 미워하는 의(=用2)가 포함되는 것이다. 또 좋아함은 양이고, 미워함은 좋아하지 않는 것이니 음이다.

여기서 체가 어떻게 음·양의 용으로 나뉘고, 음·양의 용 속에서

---

35) 論語, 里仁3: 子曰: "唯仁者能好人, 能惡人."
36) 자세한 것은 '제10장 孔子의 仁思想' 참조

어떻게 영향을 미치는가를 보여준다. 체인 인덕은 그 사람의 모든 언행에 영향을 미치는데, 어느 한 방향으로만 나아가지 않고 사랑(=陽)과 미움(=陰)처럼 상반된 방향으로 나아간다. 이것이 '태극이 양의를 생한다(태극생양의太極生兩儀)'이고 체일용수이니, 하나의 씨앗에서 뿌리(=陰)와 싹(=陽)이 나오는 것과 마찬가지이다. 공자의 이런 표현은 체용론의 가장 대표적인 법칙이고 표현 형식이다.

한편 이것은 인자가 가진 인덕에 대한 정의이기도 하다. 즉 인덕은 항상 음·양 두 방면으로 유행해야지 어느 한쪽으로만 유행하면 안 된다는 것이다. 즉 인자는 모든 사람을 무조건 사랑하는 것이 아니라, 착한 사람은 사랑하고 악한 사람은 미워해야 한다.[37] 비유하자면 나아가기도 하고 물러서기도 해야지 어느 하나만 할 수 있다면 진정한 덕일 수 없다. 뿌리만 나오거나 싹만 나오는 씨앗이 진정한 씨앗일 수 없는 것과 같다. 씨앗 속에 뿌리와 싹이 함유되어 있듯이 체 속에는 음·양의 덕이 녹아들어 있고, 이것이 시간이 지나면서 가일배법加一倍法(두 배씩 불어남)으로 나뉘는 것이다.

> 인하지 않은 자(불인자不仁者)는 오랫동안 곤궁하게 살지 못하고,
> 길이길이 즐겁게 살지 못한다. 인자仁者는 인仁을 편안하게 여기고,
> 지혜로운 자(지자智者)는 인을 이롭게 여긴다.[38]

불인자不仁者가 가진 사심私心(=體)은 춥고 배고프고 견디기 힘든 상황을 만나면 그것을 어떻게든 벗어나려고 도리나 예의를 무시하고 무

---

37) 이것이 형식논리학에서의 '개념'이 항상 동일성에 기반을 두는 것과 다른 점이다.

38) 論語, 里仁2: 子曰: "不仁者不可以久處約, 不可以長處樂. 仁者安仁, 知者利仁."

엇이든 다 하려고 하고(=用1), 반대로 따뜻하고 배부르고 대우받는 좋은 상황을 만나면 자기도 모르는 사이에 교만 방자해지고 무례해진다.(=用2) 힘든 상황에서도 도리와 예의를 지키면서 오래 견디지 못하고, 좋은 상황에서도 그렇게 하지 못한다. 반면에 인자仁者는 어떤 상황에서든 사심私心 없이 도리와 예의에 맞게 사는 것을 편안하게 여기며, 지자智者는 이렇게 하는 것이 이로운 것으로 생각하며 그렇게 살려고 노력한다. 불인자는 나쁜 상황에 적극적으로 대응하므로 양이고, 좋은 상황에서는 은밀히 자기도 깨닫지 못하게 행동하므로 음이다. 이 두 가지 대응은 모두 사심이 근본이며, 체가 용으로 흘러 들어가는 것이다.

2. 발현체용론發現體用論의 적용

발현체용론은 체가 어떤 상황에 처했을 때 거기에 반응하여 대처하는 것이다. 만나는 상황은 다르지만 그 반응에 체의 성격이 투영되어 나타난다. 이때 체용보다 미발未發·이발已發이란 용어로 대신하는 경우도 많다.

> 공자는 상중喪中인 사람 곁에서 음식을 먹을 때는 배부르게 먹은 적이 없다. 공자는 (상가喪家에 가서) 곡哭을 한 날은 노래를 부르지 않았다. 39)

공자는 부모형제 등을 잃고 상중에 있는 사람 옆에서 식사할 때는 배부르게 먹지 못하였다. 그의 슬픔에 동조同調되어 음식이 목에서 내려가지 않고 맛도 없기 때문이다. 또 초상初喪집에 가서 문상問喪을

---

39) 論語, 述而9: 子食於有喪者之側, 未嘗飽也. 子於是日哭, 則不歌.

한 날은 그 슬픔이 아직 남아 있어서 노래를 부르고 싶은 생각이 나지 않았다. 마음속에 본래 있던 후한 인정(人情, =體)이 저절로 그렇게 행동 (=用)하도록 한 것이다. 후한 인정은 미발未發로서 체이고, 그런 행동은 이발已發로서 용이다. 다만 행동 자체가 용이 아니라, 그 행동 속에 들어 있는 '인정'이 용이다. 드러난 '행동'을 통해서만 그 속에 있는 인정(=用)을 알 수 있으므로 편의상 그렇게 말하는 것이다. 아래도 모두 같다.

> 공자가 제齊나라에 있을 때 소악韶樂을 듣고서 (배우는) 석 달 동안 고기 맛을 몰랐으며, 말하기를, "작곡作曲이 이런 경지에 이를 줄은 생각지도 못하였다."라고 하였다. 40)

공자는 순舜 임금이 지은 소악을 제나라에서 처음 듣고 이를 배우면 서 거기에 몰두하여 고기 맛을 모를 지경이었다.(=用1) 또 이렇게 아름 다운 음악일 줄은 몰랐다고 감탄한다.(=用2) 이는 공자가 이미 소악이 진선진미盡善盡美하다41)고 칭찬했던 것과 일치한다. 공자의 음악을 듣 고 아는 이해력과 그 좋아하는 음악을 배우는 노력, 그리고 배우는 데에 쏟는 정성 등이 이 한 구절에 모두 드러나 있다. 이미 가지고 있는 덕은 미발로서 체이고, 언행 속에 들어 있는 덕은 이발한 것으로서 용이다.

> 진陳나라에 있을 때 양식이 떨어져서 수행하는 사람들이 병들어 일어나지 못하였다. 자로가 화가 나서 뵙고 말하기를, "군자도 곤궁 할 때가 있습니까?"라고 하니, 공자가 답하였다. "군자는 진실로

---

40) 論語, 述而13: 子在齊聞韶, (學之)三月不知肉味, 曰: "不圖爲樂之至於斯也."
41) 論語, 八佾25: 子謂韶, "盡美矣, 又盡善也."

곤궁하다. 소인은 곤궁하면 넘친다."42)

공자는 어진 덕을 가지고 바른길만 간다. 이에 좋은 상황에서는 자기 뜻을 펴고 자신도 좋은 상황을 맞이하지만, 나쁜 상황을 만나면 자기 뜻을 펼 수 없고 곤궁한 상황을 만난다. 좋은 씨앗이 좋은 환경을 만나면 싹이 터서 자라지만, 그런 환경을 만나지 못하면 싹이 트지 못하는 것과 같다. 바른길을 갈 수 있는 덕, 그런 의지는 미발로서 체이고, 곤궁한 상황이 닥치더라도 바른길만 가는 행동 속에 있는 덕과 의지는 이발로서 용이다. 앞에서 인용한 '인하지 않은 자(불인자不仁者)'와 여기서 말한 소인은 이와 반대이다. 체가 반대이므로 그 용도 반대이다.

> 악사樂師 면冕이 뵈올 때 섬돌에 이르자, 공자가 말하였다. "섬돌이오." (앉을) 자리에 이르자 공자가 말하였다. "자리요." 다 앉자 공자가 소개하여 말하였다. "아무개는 여기 있고, 아무개는 여기 있소." 악사 면이 나가자 자장子張이 물었다. "악사와 말하는 도리입니까?" 공자가 답하였다. "그렇다. 진실로 악사를 돕는 도리이다."43)

당시 음악을 가르치는 악사는 대개 시각장애인이었다. 이 악사가 공자를 뵈러 왔는데 공자는 친절하게 차례차례 안내하고, 좌중에 앉아 있는 사람들을 한 사람 한 사람 소개하였다. 공자가 장애인을 측은해하며 대우하는 태도와 마음씨가 이토록 지극하다. 아직 드러나지 않은 배려하는 마음씨는 미발한 체이고, 그 언행 속에 들어 있는 마음씨는

---

42) 論語, 衛靈公1: 在陳絶糧, 從者病, 莫能興. 子路慍見曰: "君子亦有窮乎?" 子曰: "君子固窮, 小人窮斯濫矣."

43) 論語, 衛靈公41: 師冕見, 及階, 子曰: "階也." 及席, 子曰: "席也." 皆坐, 子告之曰: "某在斯, 某在斯." 師冕出. 子張問曰: "與師言之道與?" 子曰: "然; 固相師之道也."

이발한 용이다.

> 안연이 죽자 공자가 통곡하였다. 제자들이 말하였다. "선생님께
> 서 통곡하십니다." 답하였다. "통곡하였는가? 이 사람을 위하여 통
> 곡하지 않으면 누구를 위하여서 하겠는가?"44)

공자가 평소 안연에 대하여 자신의 도를 전할 후계자로 생각하며 아꼈는데 불행히도 단명하여 일찍 죽자 이렇게 슬퍼한 것이다. 안연에 대한 평소 애정은 체이고, 통곡 속에 들어 있는 애정은 용이다.

여기서 인용한 것들은 인용문 안에 개괄하는 골자에 대한 언급이 없어서 발현체용론으로 분류한 것이고, 이것을 거슬러 보면 일상현미론이 된다. 발현체용론을 거꾸로 뒤집어 보면 일상현미론이 되고, 일상현미론을 뒤집어 보면 발현체용론이 된다. 또 유행체용론과 만상현미론의 관계도 이와 같다.

성리학에서 발현체용론을 대표하는 형식은 '성性은 체이고 정情은 용'이라는 것이다. 그러나 일반적으로는 성만이 아니라 무엇이든 본체가 될 수 있는 것은 미발의 체가 될 수 있고, 거기서 발현된 것은 이발의 용이 될 수 있다.

V. 『논어』에 적용된 체용논리體用論理

체용이론은 자연법칙이고, 체용논리는 그 자연법칙을 근거로 하는

---

44) 論語, 先進9: 顔淵死, 子哭之慟. 從者曰: "子慟矣!" 曰: "有慟乎? 非夫人之爲慟而誰爲?"

인간의 사유법칙이다. 어떤 일이 자기 앞에 닥쳤을 때, 현미론에 입각하여 상황을 파악하고, 체용론에 입각하여 사태의 변화 추이를 예측한다음, 그에 대한 대응 방법을 선택한다. 먼저 일상현미론에서 골자를찾아 그것을 체로 하여 미래를 예측하고 행동한 사례를 분석한다.

> 제齊나라 사람이 미녀美女와 악공樂工을 보내니, 계환자季桓子가
> 이를 받고 사흘 동안 조회朝會를 하지 않자, 공자는 떠났다.45)

제나라는 공자가 노나라의 법무法務 담당 사구司寇 벼슬을 맡아 나라가 크게 잘 다스려지자, 앞으로 제나라에 위협이 될 것을 염려하여미녀와 악단樂團을 보냈다. 계환자는 이들과 노는 데에 빠져서 정사政事를 소홀히 하였다. 공자는 미녀에 빠져 정사를 소홀히 하는 사건(=顯)속에서 사욕에 빠진 계환자의 마음(=微)을 읽었고, 이 마음(=體)이 앞으로 유지(=用)될 것으로 판단하여 노나라를 떠났다. 이 하나의 사건에서계환자의 마음을 읽은 것은 일상현미론이고, 그 마음이 계속 유지되는것은 체용론이고, 이 체용이론에 근거하여 떠나겠다고 하는 판단은체용논리이다. 여기서는 체용론과 연관된 언급이 생략되었지만 현미론에서 얻은 골자만으로도 그것이 바로 체용론과 연결될 것이 확실하므로 생략 가능한 것이다.

> 위령공이 공자에게 군사의 진(군진軍陣) 치는 것을 물었다. 공자가
> 대답하였다. "제기祭器에 관한 일이라면 일찍이 배웠지만, 군대에
> 관한 일은 아직 배우지 않았습니다." 다음 날 결국 떠났다.46)

---

45) 論語, 微子4: 齊人歸女樂, 季桓子受之. 三日不朝, 孔子行.
46) 論語, 衛靈公1: 衛靈公問陳於孔子. 孔子對曰: "俎豆之事, 則嘗聞之矣; 軍旅
之事, 未之學也." 明日遂行.

위령공이 군사에 관한 일은 잘 알지도 못하고 관심도 없는 공자에게 군사에 관한 일을 물은 것(=顯)은 부국강병을 위해 군사를 동원하려는 의지(=微)를 보인 것이다. 여기서 공자는 위령공의 의지(=體)가 바뀌지 않고 전쟁을 할 것(=用)이니 계속 거기에 있어도 자기의 뜻을 펼 수 없다는 것을 알았다. 이에 공자는 다음 날 결국 위나라를 떠난다. 위령공과의 문답을 통해 위령공의 의지를 알아내는 것은 현미론이고, 이런 의지를 가진 사람이 계속 전쟁하려고 하는 것은 체용론이고, 이에 근거하여 대응 방향에 관해 내린 판단은 체용논리이다.

다음에는 만상현미론에서 골자를 찾아 체용론으로 연결한 다음, 거기에 체용논리를 적용하는 사례를 분석한다.

> 공자가 말하였다. "배우고 때때로 익히면 역시 기쁘지 않겠는가?
> 먼 곳에서부터 오는 벗이 있으면 역시 즐겁지 않겠는가? 남이 (나를)
> 알지 못하더라도 성내지 않으면 역시 군자가 아니겠는가?"[47]

모르는 것을 배우는 것(=顯1)과 그 배운 것을 익히는 것(=顯2)은 겉으로 드러난 일이다. 여기서 말하는 배움과 익힘은 한 번 배우고 익힌 다음 그치는 것이 아니라 지속적으로 많이 배우고 익히는 것을 말한다. 그렇게 하면 기쁘다는 것이다. 모르는 것을 배움(=顯1)에는 후련함(=微1)이 있고, 서툰 것을 자주 익힘(=顯2)에는 흐뭇함(=微2)이 있다. 이 후련함과 흐뭇함은 기쁨(=微)으로 종합된다. 여기서 공자가 말하고자 하는 것은 배우고 익혀서 기쁨을 얻자는 것이 아니라, 배움과 익힘 속에 기쁨이 공통으로 있고, 이 기쁨은 다시 배움과 익힘을 반복하도록

---

47) 論語, 學而』1: 子曰: "學而時習之, 不亦說乎? 有朋自遠方來, 不亦樂乎? 人不知, 而不慍, 不亦君子乎?"

하는 추진력으로 작용하며, 그것이 다른 사람에게까지 알려져서 찾아
오는 사람이 생긴다는 것이다. 여기서 다른 사람이 알 수 있는 것은
그가 '많이 배우고 익힌다'는 것이지, '그가 기쁨을 가지고 있다'는 것이
아니다.

이 기쁨이 체體가 되어, 먼 곳에서부터 자기를 찾아오는 사람을 만나
면 기쁨이 배가되어 즐거움(=用1)이 되고, 혹 자기를 아는 사람이 없더
라도 '성내지 않음(=用2)'이 된다. 이 두 가지 상황을 충족하면 진정
기쁨의 덕이 있는 사람이니 군자가 될 수 있다고 한다.

배움과 익힘의 상황은 현(顯1,2)이고, 그 속에 있는 후련함과 흐뭇함
은 각각의 미(微1,2), 즉 골자이고, 이 두 골자를 총괄하는 골자는 기쁨(=
微)이다. 이 기쁨은 체가 되어 벗이 오는 양陽의 상황과 오지 않는 음陰
의 상황에 각각 배어들어 간다. 이것이 유행체용론이다. 여기에 근거하
여 군자라고 판단하는 것은 체용논리이다. 또 이것은 군자에 대한 정의
이기도 한데, 기쁨의 덕이 양의 상황에서나 음의 상황에서 모두 들어
있어야 한다는 것이다. 즉 양의 상황에서 기쁨보다 더 큰 즐거움이
있어야 하고, 음의 상황에서 기쁨이 줄어들지 않아야 한다. 결국 군자의
조건은 성내지 않는 것뿐만 아니라 즐거움이 같이 있어야 한다.[48] 체용
이론을 이용한 정의는 항상 음과 양으로 상반된 상황에 공통적인 골자
가 있어서 체가 유행해야 한다. 이『논어』첫 번째 장은 현미론, 체용론,
음양론 그리고 체용논리가 종합적으로 잘 적용된 대표적인 용례이다.

> 염유가 물었다. "선생님께서는 위나라 임금을 도울까요?" 자공이
> 답하였다. "알았다. 내가 여쭤보겠다." 들어와서 물었다. "백이伯夷
> 와 숙제叔齊는 어떤 사람입니까?" 공자가 답하였다. "옛날 현인이

---

48) 論語, 學而』1, 集註: 程子曰: 樂由說而後得. 非樂, 不足以語君子.

다." 물었다. "후회하였습니까?" 답하였다. "인을 구하여 인을 얻었
는데 무엇을 후회하겠는가?" 나와서 말하였다. "선생님께서는 돕지
않을 것이다."49)

이때의 위군衛君은 출공出公 첩輒으로 영공靈公의 손자이다. 첩의 아
버지 괴외蒯聵는 할아버지 영공에게 죄를 짓고 국외로 추방되었다. 영
공이 죽은 다음 위나라 사람들은 손자인 첩을 옹립하였다. 이때 국외에
있던 괴외가 입국하여 임금이 되려고 하자, 그 아들 첩이 군사를 동원하
여 저지하였다. 당시 위나라 사람들은 괴외가 아버지에게 죄를 짓고
쫓겨났으니 큰 손자인 첩이 임금이 되는 것을 당연하게 생각하였고,
염유도 그때 위나라에 있던 공자가 이런 첩을 도울까 의심하였다.

자공이 공자를 뵙고 직접 위군에 대해 묻지 않고 백이伯夷·숙제叔齊
에 대해 질문한 것은 그 나라에 있으면서 그 임금을 비난하는 것은
예가 아니기 때문이다. 백이·숙제는 고죽군孤竹君의 첫째와 셋째 아들
인데, 고죽군이 임종할 즈음에 임금 자리를 숙제에게 물려주라고 하였
다. 고죽군이 죽자 숙제는 천륜天倫이라고 하면서 형에게 양보하였고,
백이는 아버지의 명령이라고 하면서 달아났다. 나라 사람들이 둘째
아들을 임금으로 옹립하였다. 그 후 무왕武王이 상商의 천자 주紂를
정벌하려고 할 때 백이·숙제는 말고삐를 잡고 말렸으나 무왕은 상나라
를 멸망시키고 주周나라를 세웠다. 이에 백이·숙제는 주나라의 곡식을
먹는 것이 부끄럽다며 수양산으로 들어가 고사리를 캐 먹다가 죽었다.
이들은 부득이한 상황에서 어쩔 수 없이 양보한 것도 아니고, 한때의

49) 論語, 述而14: 冉有曰: "夫子爲衛君乎?" 子貢曰: "諾; 吾將問之." 入, 曰: "伯
夷叔齊何人也?" 曰: "古之賢人也." 曰: "怨乎?" 曰: "求仁而得仁, 又何怨?
出, 曰: "夫子不爲也."

충동으로 죽음을 택한 것도 아니므로 나중에 후회하지 않았다. 이에 공자는 인仁을 구하여 그 인을 얻었다고 총평하였다.

자공이 백이·숙제에 대한 두 가지 질문을 통해 그들은 현인(=顯1)이 며 후회하지 않았다(=顯2)는 답변을 듣고 그들을 존경하는 공자의 마음 (=微)을 알아낸 것은 만상현미론을 적용한 것이다. 공자의 이런 생각이 어떻게 유행·발현할 것인가는 체용론을 적용하여 예측할 수 있다. 즉 자기 생각과 일치하는 양의 상황을 만나면 나아갈(=陽) 것이고, 반대로 음의 상황을 만나면 멈출(=陰) 것이다. 그런데 백이·숙제는 나라는 물론 목숨까지 버리면서 인을 지킨 현인이지만, 위군 첩은 나라를 차지 하기 위해 천륜을 버린 불효자이다. 그러므로 공자는 현인을 만나면(= 陽) 좋아하고(=陽), 불효자를 만나면(=陰) 싫어할(=陰) 것이다. 이에 공 자는 불효자인 위군 첩을 돕지 않을 것이라고 추리할 수 있다. 이것이 체용논리이다.

VI. 결론

사서삼경四書三經에는 체용이나 음양이라는 말은 나오지 않는다. 주 자는 다음과 같이 말한다.

> 노자老子와 석가釋迦의 병통은 움직이기를 싫어하고 가만있으려 하고, 체는 있는데 용은 없는 데에 있을 뿐이다. 체·용의 구분은 바로 물리物理가 본래 그런 것이지, 저들이 제멋대로 하는 것이 아니 다. 우리 (유가儒家의) 책에서 찾아보면, 비록 체용이란 말은 없지만 '적막하다'와 '아직 발하지 않았다'는 본디 체를 말한 것이고, '느끼어 통한다'와 '지금 막 발한다'는 본디 용을 말한 것이다.[50]

그 체용이 하나의 근원임과 현미가 틈이 없음은 진秦·한漢 이후에
진실로 이 이치를 다한 자는 아직 없지만 사실은 육경六經과 사서四書
가 전한 것에서 벗어나지 않는다.51)

체용이론은 자연법칙이지 사람들이 제멋대로 만들어낸 것이 아니다.
사서삼경에 체용이라는 말은 없지만 '적막하다'와 '느끼어 통한다'는
『주역周易』에서, '아직 발하지 않았다'와 '지금 막 발한다'는 『중용』에
서 말한 발현체용이다. 또 위에서 인용한 『논어』에 나오는 말들도 모두
체용이론에 맞춰 말한 것이다. 다만 사람들은 그런 것들이 체용이론인
줄을 잘 몰랐는데, 정자程子(정이程頤)와 주자가 자세히 정리해 줌으로
써 알게 된 것이다. 그러나 주자가 말한 것처럼 그것은 육경 사서에
본래 있던 것이지 정자가 창안해 낸 것이 아니다. 또 잘 몰랐다는 것도
아주 정교하게 잘 운용하지 못했다는 것이지 기본적인 것은 모든 사람
이 일상적으로 사용하고 있었다. 『논어』에는 위에서 인용한 용례 이외
에도 매우 많은 용례가 더 있다.

또 『논어』에 체와 용을 아울러 말한 것은 없지만 용만 말한 것은
있다.

유자가 말하였다. "예禮의 용用은 온화한 것이 귀하다."52)

---

50) 朱子大全, 544411, 答徐彦章論經說所疑: 蓋老釋之病, 在於厭動而求靜有體
而無用耳. 至於分別體用, 乃物理之固然, 非彼之私言也. 求之吾書, 雖無體
用之云, 然其曰寂然而未發者, 固體之謂也. 其曰感通而方發者, 固用之謂也.
/ 여기서 動靜은 발현체용이고, 體用은 유행체용을 지칭한다. 선유들은 개념
구분을 이런 식으로 한다. 또 體用만 말하면 대개 動靜은 그 속에 포함된다.
51) 朱子大全, 782409, 隆興府學濂溪先生祠記: 其體用之一源, 顯微之無間, 秦漢
以下, 誠未有臻斯理者, 而其實則不外乎六經論語中庸大學七篇之所傳也.
52) 論語, 學而12: 有子曰: "禮之用, 和爲貴."

예禮는 본래 사랑을 표현하게 하는 덕德이다. 본성인 예는 사랑을 표현할 때 상하친소上下親疏 등에 따라 등급을 매기고 절차를 정하게 한다. 인간관계에서 등급을 나누고 차례를 정하는 등의 예는 본래 엄격하고 경건한 것이다. 그러나 이것은 억지로 꾸며서 만든 것이 아니고 자연스러운 사랑에 바탕을 둔 것이므로 그것을 실행할 때는 기쁜 마음으로 할 수 있다.53) 이에 온화한 기운이 드러나는 것이다. 예의 체는 엄격·경건하고 용은 경건하면서도 온화하니, 발현체용이다.

여기의 용은 체용의 용이 분명하고, 주자도 그렇게 주석하였다. 체용을 설명하는 방식이 A는 체이고 B는 용이라고 갖춰서 표현하는 것보다, 이처럼 체나 용을 분리하여 말하는 것이 더 자연스럽다. 앞에서 다루었던 "효도와 형 공경은 인을 행하는 근본인저!"에서도 말단은 생략하고 체가 될 '근본'만 말하였다. 즉 특별히 철학적으로 분석하는 경우가 아니면 체용을 나란히 말하는 것은 오히려 자연스럽지 못한 경우가 많다. 이에 동양철학에서 '체용'이라고 연결된 표현이 없다고 하여 체용이론이나 그런 사유 방법도 없다고 하는 것은 재고할 필요가 있다.54)

여기에 추가로 주자는 체용론을 이용하여 학술적인 개념들을 정의하거나 설명하였다. 주자의 다음 예를 보자.

> 인仁은 심心의 덕이고 사랑의 리理이다. 의義는 심의 절제이고 일의

---

53) 論語, 學而12, 集註: 蓋禮之爲體雖嚴, 然皆出於自然之理. 故其爲用, 必從容而不迫, 乃爲可貴.

54) 朱子語類考文解疑, 6권, 67쪽: 按體用之文, 不見於六經. 但乾卦疏文, 始有之. 佛經多用之耳.(살피건대 체용이라는 말은 육경에는 보이지 않지만 (孔穎達의) 乾卦 疏에 처음 나오고, 佛經에서 많이 사용하였을 뿐이다.)라고 하면서 우리 선유들은 공영달이 처음 體用이란 말을 사용한 것으로 보고 있다. / 孔穎達, 周易注疏: 乾者體用之稱.

마땅함이다. 55)

인과 의를 정의하는 데 체용론의 틀을 이용하였다. '심의 덕'과 '심의
절제'는 통체統體로서 체이고, '사랑의 리'와 '일의 마땅함'은 일사一事
로서 용이다. 통체는 심 전체의 덕을 말한 것이고, '사랑의 리'는 그
통체 중의 일부, 즉 일사의 리를 말한 것이다. 이것은 유행체용이고,
이때 체용을 일관하는 것은 리理이다. 또 체인 인은 성性으로서 미발이
고, '사랑'은 정情으로서 이발이다. 이것은 발현체용이니, 역시 성의
리理가 발현된 것이다. 의義에서 체용을 일관하여 유행·발현하는 것은
의宜(마땅함)이다. 또 인은 마음을 열어서 사랑을 펼쳐 나가는 것이니
양이고, 의는 마음을 닫아 사랑을 절제하는 것이니 음이다. 성性의 사덕
四德으로 보는 인의仁義는 모두 음이고, 사랑과 일은 모두 정情으로서
양이다.

음양론은 동양에서 사용하는 대표적인 자연법칙이고 사유 형식인데,
음양론에 근거하고 있는 『주역周易』의 괘효사卦爻辭에도 음양이란 말
은 나오지 않는다. 나중에 공자가 음양이란 용어와 함께 음양론을 사용
하여 십익十翼을 저술하여 체계화하였다. 체는 그대로 계속 뻗어나가기
만 하는 것이 아니라 가다 서다 하면서 유행·발현한다. 가는 것은 양이
고 서는 것은 음이다. 이때 '가다 서다'는 만나는 상황에 따라 결정한다.
그 상황은 두 가지인데 하나는 자기 자신의 상황이고, 다른 하나는
주변 환경이다. 여기서 자기 상황은 양이고 주변 상황은 음이다. 또
양의 상황을 만나면 나아가고, 음의 상황을 만나면 멈춘다.

좋은 씨앗을 심었을 때 좋은 환경을 만나면 싹이 트고, 나쁜 환경을
만나면 그대로 있다. 또 뻗어나갈 때는 한 줄기로만 나아가는 것이

---

55) 孟子, 梁惠王上1, 集註: 仁者, 心之德, 愛之理. 義者, 心之制, 事之宜也.

아니라 상하/좌우/전후 등 양쪽으로 분기되면서 성장·변화한다. 체인 씨앗은 양이고 밭은 음이다. 다시 좋은 밭은 양이고 나쁜 밭은 음이다. 씨앗은 체이고 좋은 밭을 만나 발아한 싹은 용이다. 체용이론과 음양론은 서로 짝을 이루는 자연법칙이고, 이에 근거하여 체용논리가 적용된다.

국어, 영어, 수학, 과학을 모두 잘하는 사람은 우수한 사원감이다. 이 사람이 우리 회사에 들어오면 그런 실력을 발휘하여 회사 일을 잘할 것이다. 이에 성적을 보고 사원을 선발한다. 나타난 성적은 현顯이고 '우수한 사원감'은 미微이다. 성적을 보고 우수한 사원감이라고 판단하는 것은 현미론을 적용한 것이다. '우수한 사원감'은 체이고 그가 회사에서 실제로 실력을 발휘하는 것은 용이다. 체가 용으로 실현되는 것은 체용론이다. 이것은 자연법칙이다. 현미론으로 판단하고, 그를 체로 하여 용을 예측하고 판단하여 행동하는 것은 체용논리이다.

우리는 얼마 전까지만 해도 본부本部(체體)와 지부支部(용用), 본점과 지점의 체계 속에서 살았는데, 지금은 본부나 지부가 있을 자리에 '중심中心(center)'이 자리 잡았다. 이것은 우리 생활 속의 논리가 체용논리에서 형식논리로 바뀌었다는 것을 의미한다. 물론 형식논리도 우리 생활 속에서 사용되는 자명自明한 것이다. 예를 들면 사과를 담아 놓은 사과 광주리에서 아무거나 하나를 꺼내면 그것은 틀림없이 사과이다. 사과를 모아 담는 과정은 귀납법이고, 광주리에서 하나를 꺼내 보는 과정은 연역법이다. 형식논리는 여러 개체에서 동일한 본질을 찾아 통일적으로 다루는 것이 장점이고, 체용논리는 한 개체의 상반적인 면에서 공통의 골자를 찾아 여러 개체에 확대 적용하는 것이 장점이다.

우리는 일상생활 속에서나 학술에서나 이런 논리가 없으면 살아갈 수가 없다. 그러나 어떤 논리를 주로 사용하느냐 하는 것은 각자의 선택이다. 서양은 체용논리학을 잘 몰랐고, 동양은 형식논리학을 잘 몰랐다. 이제 두 논리학을 함께 사용하면 단점은 서로 보완되고, 장점은 서로 도와서 인류에 큰 도움이 될 것이다.

제4장
주자朱子의 천명설天命說

┃개요┃

　유가儒家 경전經傳에서 말하는 천天은 오늘날의 '우주宇宙'라는 말과 같다. 원시原始의 아기 우주는 시간이 흐르면서 현재의 우주로 변화·성장한다. 아기 우주인 천天은 천과 지구地球로 나뉘고, 다시 지구상에 많은 생명체가 생겨난다. 지구는 우주인 천의 일부이고, 또 지구 안의 모든 생명체는 지구의 일부이다. 이렇게 아기 우주가 성장하는 동안 원시 때의 본성과 체질을 그대로 유지한다. 아기 우주는 체體이고, 현재의 우주는 그 용用이다. 천은 만물을 생生하는 일을 하고 있으니 그 성性은 원元이고, 또 만물을 생하기 위해 잠시도 쉬지 않고 꿋꿋하게 돌아야 하니, 동시에 건乾도 천의 성이다.

　일반적으로 천은 우주천宇宙天이고, 그 우주천이 먼저 있다가 천과 지구로 나뉜 다음, 그 지구를 둘러싸고 있는 모든 것은 대지천對地天이다. 또 지구 위에 어떤 물건이 생긴 다음 그 어떤 물건을 기준으로 하여 자신을 둘러싸고 있는 모든 것은 대물천對物天이다. 다만 대물천은 필요에 따라 가정이나 국가 등으로 범위를 한정하여 말할 수 있다.

　모든 물건은 물질적인 형체가 있고, 그 형체는 할 일이 있다. 그 일을 하러 가야 하고, 가는 길이 리理이고, 그 형체를 이루고 있는 물질이 기氣이다. 과거의 천이 현재의 천으로 성장하는 데 미치는 영향이 명命이다. 과거의 천이 가진 성性이 스스로 성장하는 동력動力이다. 이 성이 현재의 천으로 흐르는(유행流行) 것이 리명理命이다. 리명이 흘러가는 데는 기氣가 필요한데, 과거의 천에 있던 기氣가 현재의 천으로 전이轉移되는 것이 기명氣命이다. 현재의 만물은 모두 과거의 천의 명을 받아서 나왔다. 천은 체이고 명은 용이다. 형이상자로서 그대로 내 속으로 들어온 천의 성은 리명이고, 나의 형체는 천의 형체의 일부를 나누어 받은 기명이다.

　명에는 내가 처음 생겨날 때 천이 주어서 받은 명(소품지명所稟之命)도 있고, 살아가면서 천이 내 주위를 형성하면 어쩔 수 없이 만나는 명(소치지명所値之命)도 있다. 그때 내가 도리에 맞게 살면서 만나는 명은 정명正命이고, 내가 잘못하여 만나는 명은 비정명非正命이다.

I. 서론序論

철학에서 우주론宇宙論은 인간관人間觀, 윤리관倫理觀 등에 지대한 영향을 미치는 중요한 위치를 갖는다. 그러므로 먼저 우주론을 밝혀야만 그 철학의 전 체계를 파악할 수 있다. 성리학性理學에 있어서도 이 점은 마찬가지이다. 특히 성리학은 전 체계의 정합성整合性을 중시하는 철학이므로 더욱 우주론의 이해가 선행先行되어야 한다. 그러므로 성리학의 체계적 이해는 우주론으로부터 시작하는 것이 순리적이다.

천명설天命說은 성리학의 우주론이다. 그러므로 천명설을 밝히는 것은 성리학에서 제시하는 우주의 형성과정, 존재양상存在樣相, 천인관계天人關係 등을 밝히는 것이다. 그런데도 지금까지 유가儒家의 천天을 주재천主宰天, 상제천上帝天, 자연천自然天이라고 하면서 개념적概念的이거나 초월적超越的으로만 다루려고 하였다. 그런 결과 성리학에서의 우주론은 밝혀지지 못했고, 또한 공맹孔孟 등이 말하는 천天과도 서로 부합하지 않는 면이 많았다.

이에 필자는 대표적 성리학자인 주자朱子의 천명설을 밝혀 성리학의 우주론을 밝히고자 한다. 여기서 밝혀진 천명설을 가지고 사서四書·삼경三經 등의 천명설에 적용하여 보면, 그들의 주장이나 이론이 매우 합리적이며 이해 가능한 것이라는 점을 쉽게 알 수 있을 것이다. 나아가 다른 성리설性理說도 보다 체계적이고 정합적으로 이해할 수 있을 것이다.

한편 필자는 주자의 천명설을 밝히는 데에 있어서 체용이론體用理論을 사용할 것임을 밝힌다.

II. 주자朱子의 천설天說

1. 천天의 형체形體와 성정性情

먼저 천天1)의 형체形體2)가 가지는 특징을 고찰하고 그에 근거하여 천天의 성정性情을 밝히고자 한다. 주자朱子는 천天을 하나의 사물事物3)로 본다.

> 천지天地는 곧 큰 만물이며, 만물은 곧 작은 천지天地이다. 4)

여기서 주자가 천을 사물이라고 하는 말은 매우 중요한 규정이다. 주자는 이미 천을 구체적 존재로 상정하고 있다는 것을 뜻한다. 다만 다른 점은 사람이나 산山이나 나무 등은 작은 사물이고 천은 큰 사물이라는 것이다. 천이 사물인 이상 리理와 기氣로 나누어 고찰할 수 있다. 먼저 천의 기적氣的인 측면을 밝힘으로써 그 리理를 알 수 있다. 주자는 천의 형체에 대하여 말한다.

> 천天은 커서 바깥이 없다. 조화造化와 발육發育이 모두 그 사이에 있다. 5)

---

1) '天'은 '하늘'이라고 번역하는 것도 괜찮으나, 용어의 운용에 곤란한 점이 있으므로 그대로 '天'으로 쓴다. 또 하늘이라고 하면 땅(地)과 대비되는 측면이 크게 부각되어 부적절한 면도 있다.
2) 天의 形體는 天의 形態, 質料, 運動 등 物理學的인 측면을 주로 가리킨다. 形體는 顯微論에서 事物을 形象과 骨子로 나눌 때 形象에 해당한다.
3) 필자는 '事物'이라는 용어를 '理'와 '氣'가 합해져서 현실 세계에 존재하는 것을 가리킬 때 쓴다. 또 事物은 事件과 物件을 함께 지칭하며, 萬物은 '모든 물건'을 지칭한다.
4) 朱子語類, 682407, 易4: 天地便是大底萬物, 萬物便是小底天地.

천의 형체는 너무나 커서 천 밖으로 벗어날 수 없다. 우주宇宙[6]는
시간과 공간의 결합을 의미하고, 천은 그 시간과 공간을 채우고 있는
'모든 것'을 통칭한다. 인간이 사는 곳도 천이며, 다른 동물이나 식물,
나아가 해와 달, 그리고 수많은 별이 사는 곳도 모두 천이다. 나아가
천은 만물이 사는 장소일 뿐만 아니라 그 만물 모두를 한 덩어리로
묶은 전체全體이다. 결국 우주 안에 있는 모든 것을 한 덩어리로 보아
천이라고 하는 것이다. 이에 천은 오늘날 국어에서 사용하는 '우주'라
는 말과 같다.

우주 전체를 천이라는 유일자唯一者로 보기 때문에 천 밖으로 나갈
수 없다. 따라서 천의 바깥 모양이 둥근 것인지 아니면 네모난 것인지도
알 수 없다. 그러므로 천 안에서 쳐다본 천의 안쪽 모양과 그 천의
운동 양상을 가지고 천의 모양을 추측할 뿐이다.

> 천天의 운행運行은 쉬지 않고 밤낮으로 빠르게 돌아간다. 그러므로
> 지구가 그 가운데에 박혀 있는데, 만일 천天을 한 순간이라도 멈추게
> 한다면 지구는 틀림없이 아래로 떨어질 것이다. [7]

천은 밤낮없이 지속해서 회전운동을 하고 있다. 만일 천이 이런 회전
운동을 잠시라도 멈춘다면 그 속에 있는 지구는 아래로 떨어질 것이다.
그러므로 천은 운동하고 있는 존재로서 운동 상태는 있어도 정지 상태
는 없다. 천 밖에 있는 누가 시켜서 그런 것이 아니라, 스스로 그렇게

5) 朱子大全, 701909, 讀蘇氏紀年: 天大無外, 造化發育, 皆在其間.
6) 許愼 撰, 段玉裁注, 說文解字注, 宙條: 訓詁家皆言上下四方曰宇, 往古來今
曰宙.
7) 朱子語類, 010702, 理氣上: 天運不息, 晝夜輥轉. 故地摧在中間, 使天有一息
之停, 則地須陷下.

운동하고 있다.

　이제 천의 형체形體가 가지는 특징을 종합하면 '광대무변廣大無邊(넓고 커서 끝이 없음)함과 지속적인 운동'이다. 천이 가지는 이 두 가지 외형적 특징을 통해 천의 성性을 추측할 수 있다.

> 문: '건乾은 천天의 성정性情인데, 건건불식健健不息(굳세어 쉬지 않음)
> 한 것을 건乾이라 한다.'는 말은 왜 성정性情을 합하여 말했습니
> 까?
> 답: 성정性情 두 자字는 항상 서로 어울려 있다. 정情은 곧 성性의
> 발發인데 성性이 아니면 어떻게 정情이 있겠는가. 건건불식健健不
> 息(하는 정情)은 성性이 아니면 어떻게 가능하겠는가.[8]

　천의 성性은 건乾(건건불식健健不息)이다. 천의 성이 본래 건건불식하기 때문에 시키는 자가 없어도 스스로 그렇게 건건불식하는 정을 가진다. 천의 성性·정情이 모두 건건불식이다. '광대무변(끝없이 넓고 큼)함과 지속적인 운동'을 특징으로 하는 천은 건건불식한 성·정을 가진다.

　한편 건건불식한 성·정을 가진 천은 왜 그런 성·정을 가졌는가. 건은 천의 궁극적인 성은 아니다. 왜냐하면 건건불식한 성에 대하여 다시 그 존재이유存在理由를 물을 수 있기 때문이다. 말하자면 건건불식한 성 위에 다시 성이 있다는 것이다. 그런데 그 성은 외형적外形的인 천에서만 찾아지는 것이 아니라 천이 하는 일이 무엇인가를 다시 물을 때 구체적으로 밝혀지는 문제이다.

---

8) 朱子語類, 680609, 易4: 問乾者天之性情, 健而無息之謂乾, 何以合性情言之.
曰性情二字, 常相參在此. 情便是性之發, 非性何以有情. 健而不息, 非性何
以能此.

천지天地는 만물萬物을 생生하는 것으로써 심心을 삼는다. 천天은
지구를 싸고 있으면서 특별히 하는 일은 없고, 오직 만물을 생生할
뿐이다.9)

천이 하는 일은 만물을 생하는 것이다. '생하다'는 생성生成 · 생산生産
한다는 의미와 생활生活의 의미를 갖는다. 즉 만물을 생성 · 생산하여
그 속에서 살아가게 한다는 것이다. 천 안에 있는 모든 것을 차별 없이
생하게 하는 것이 천이 하는 일이다. 천이 생물生物하는 일을 하게 하는
것이 바로 천의 궁극적인 성性이며, 건乾의 성이다.

대개 천지天地의 심心에는 네 가지 덕德이 있으니 원元 · 형亨 · 이利
· 정貞이며, 원元이 그 운행을 통섭統攝하지 않는 것이 없다.10)

원은 천의 궁극적인 성인 동시에 건의 성이다. 즉 천에는 건과 원,
두 개의 성이 있다. 그러나 두 개의 성이 서로 충돌하는 것은 아니다.
건은 천으로 하여금 부지런히 쉬지 않고 운동하는 임무를 부여하고,
원은 부지런히 운동하면서 만물을 생하도록 하는 임무를 부여한다.
단 일반적으로 천의 성을 원으로 말하는 것은 건보다 원이 더 궁극적인
성이기 때문이다. 천은 기氣를 형체形體로 하고, 원과 건을 성으로 하는
사물事物이다.11)

---

9) 朱子語類, 530412, 孟子3: 天地以生物爲心, 天包著地, 別無所作爲, 只是生物
 而已.
10) 朱子大全, 672603, 仁說: 蓋天地之心, 其德有四, 曰元亨利貞, 而元無不統其
 運行焉.
11) 여기서 元을 위주로 하면 人物性同論이 되고, 乾을 위주로 하면 人物性異論
 이 된다. 국어에서는 元이나 仁을 '本性'이라 하고, 乾을 '性質'이라 한다.
 물을 예로 들면, 물이 만물을 生하고 살리는 元/仁은 本性이고, 그 물이 아래

생각건대 사물로서의 천은 만물을 생하는 리理인 원元을 그 궁극적인 성으로 가지며, 이 성을 실현하기 위해 건건불식한 건을 이차적인 성으로 가진다. 바꿔 말하면 만물을 생하기(원성元性) 위해서 건乾한 성이 필요하고, 이 성을 실현하기 위하여 광대무변하고 지속적인 운동을 할 수 있는 형체를 가지는 것이 필요하다.

다만 위에서는 지地와 대대對待되는 대지천對地天을 주로 말하였으나 넓은 의미의 천, 즉 우주천宇宙天은 지地를 포함한다.12) 즉 우주천은 대지천과 지地로 되어 있으며, 그 천天·지地는 또 만물로 구성된다. 그러므로 우주천은 만물을 포함한다. 천명天命, 천하天下 등의 천은 우주천이며, 지와 병칭竝稱하는 천지天地의 천은 대지천으로서 지를 제외한 모든 것이다.13) 여기서 지地 대신에 임의의 어떤 물건으로 바꾸면 대물천對物天이 된다. 천인관계天人關係나 다음에 다루게 될 명命과 관련지어 말하면 명命을 받는 자(즉 물건)를 제외한 모든 것은 천, 즉 대물천이다.

한편 구체적인 임의의 사물을 기준으로 하여 보면 그 사물의 존재 이전에는 대물천對物天을 말할 수 없다. 그러므로 이런 경우는 천을 우주천의 의미로 사용하며, 또 그 사물이 이미 존재하더라도 그 사물의 현재 상태 이전은 역시 현재 상태가 존재하지 않으므로 우주천이 된다.14) 다만 현재에서만 천을 대물천의 의미로 사용할 수 있다. 결국

로 내려가는 것은 性質이고, 그 물의 맑음이나 흐림은 '氣質'이다. 필자는 여기서 本性을 궁극적인 性, 性質을 이차적인 性이라고 하였다.

12) 朱子語類, 010708, 理氣上: 天包乎地, 天之氣又行乎地之中. 故橫渠云, 地對天不過.

13) 朱子語類, 010714, 理氣上: 季通云, 地上便是天.

14) 이런 경우의 宇宙天은 자신을 포함한 것인데, 결국 현재의 자신이 미래의 자신을 결정하는 측면을 포함한다. 자세한 것은 命說 참조

일반적으로 천은 체용론體用論에서 말하는 체體로서 우주천이 위주이고, 어떤 사물(아我, A)이 존재한 이후에 그 사물의 입장에서 그 자신을 제외한 타자他者 전체(비아非我, Ā)는 대물천이다.[15]

2. 천성天性의 발현發現

위에서는 천天의 형체形體와 그 성정性情에 대하여 고찰하였다. 다음에는 그 성性이 만물 속에서 발현發現되는 실상을 고찰하고자 한다. 위에서 천天은 건乾과 원元을 그 성性으로 가진다고 하였으므로, 이 두 성性이 발현되는 양상을 밝혀야 한다. 먼저 건乾을 체體로 하여 발현되는 용用을 주자朱子는 다음과 같이 말한다.

> 굳세어 쉬지 않는 것은 체體이고, 해가 가고 달이 오며, 추위가 가고 더위가 오는 것은 용用이다.[16]

건乾은 체體이고, 그 건乾한 것이 형체形體에서 발현한 것은 용用이다. 해와 달, 더위와 추위가 끊임없이 운행하는 것은 건건불식한 체가 이미 있어서 그를 뒷받침하기 때문이다. 여기서 해와 달은 천의 일부一部로서 천이 운행하는 모습이 그 해와 달의 교대交代나 더위와 추위의 교차交叉로서 나타난 것이다. 건건불식한 본체本體는 성性으로서 체이고,

---

15) 필자는 天을 宇宙天, 對地天, 對物天으로 나눈다. 즉 天은 우주 전체를 지칭할 때, 지구를 제외한 모든 것을 지칭할 때, 특정 사물을 제외한 모든 것을 지칭할 때가 있다. 다만 對地天은 對物天의 특수한 경우이다. 다만 對物天의 범위를 어디까지 포함할 것인지는 문맥에 따라 다르다. '民心이 天心이다'라고 할 때의 對物天은 자기 나라 백성까지를 天으로 보는 것이다.

16) 朱子語類, 945620, 周子之書: 乾乾不息者體, 日往月來, 寒往暑來者用.

그 건건健健함이 해와 달의 교대交代가 빈틈없이 이루어지는 것과 더위와 추위의 교차가 지속적으로 해마다 이루어지는 속에 나타난 것은 정情으로서 용用이다. 주의할 것은 해와 달, 더위와 추위의 왕래교차往來交叉가 용用이 아니라 해와 달, 더위와 추위의 왕래교차가 건건불식健健不息한 것이 용用이라는 점이다. 또 천이 건건불식한 것은 전체全體로서의 천에서는 관찰하기 어렵고, 그 부분인 해와 달, 더위와 추위에서 관찰할 수 있는 것이다. 체體에서 체體를 직접 아는 것이 아니라 용用을 통해 체體를 미루어 알 수 있는 것이다.

원元을 체體로 하여 발현되는 용用을 주자朱子는 다음과 같이 말한다.

> 사시四時가 운행하고 백 가지 물건이 생생生生하는 것은 천리天理가
> 발현發現하고 유행流行하는 실상이 아닌 것이 없으니, (천天이) 말해
> 주지 않아도 알 수 있는 것이다.[17]

여기서의 천리天理는 원元을 가리킨다. 원元은 체體이고, 그 원元이 발현하여 사시가 운행運行하고 만물이 생생生生하는 것은 용用이다. 여기서는 사시의 운행을 건乾의 발현發現으로 보는 것이 아니라 사시가 운행함으로써 어떤 일이 이루어지는가를 위주로 보면 원의 발현이 되는 것이며, 만물의 생생도 단순히 건건불식하여 끝없이 생생하는 측면으로만 보면 건의 발현이지만, 그것이 만물을 생生하는 일이라는 것을 위주로 보면 원의 발현이다. 즉 원을 천의 성으로 할 때, 그 정情으로서의 용用은 만물생생萬物生生인 것이다. 그러므로 원과 건을 성으로 갖는 천은 발현의 본체이다.

---

17) 論語集註, 172908, 陽貨: 四時行, 百物生, 莫非天理發見流行之實, 不待言而可見.

미발자未發者로서의 천은 체이고, 이발자已發者인 사시의 운행과 만물의 생생은 용이다. 단 천은 항상 건건불식하므로 미발未發이 없으나, 굳이 미발을 말할 때는 동지이전冬至以前을 체로 하고 그 이후以後를 용으로 말할 수 있다.[18]

요약건대 천 중에서 건을 체로 할 때는 사시 운행과 만물생생이 건건불식한 측면을 용으로 하며, 원을 체로 할 때는 사시 운행과 일월왕래日月往來가 만물을 생하는 측면을 용으로 한다. 결국 하나의 천에 건과 원의 두 성이 있으며, 이들 각각에 대해서 정情, 즉 발현을 말할 수 있다. 즉 천의 성은 건과 원으로 대표되며, 그 각각에 대하여 발현을 말할 수 있다.

3. 천天과 만물萬物의 관계關係

위에서는 천天의 성性인 건乾과 원元이 발현하는 측면을 검토하였다. 다음에는 천이 유행流行·변화變化하면서 만물과 어떤 관계를 갖는가를 고찰하고자 한다. 먼저 천이 사물이라면 그 사물이 있기 이전은 어떠하였는가.

> 우주宇宙 사이에는 하나의 리理가 있을 뿐인데, 천天은 이를 얻어서 천天이 되고 지구는 이를 얻어서 지구가 된다. 무릇 천天·지地 사이에서 생生한 것은 또한 각각 이를 얻어 성性을 삼으니, 이(성性)를 크게 나누면 삼강三綱이 되고, 이를 세분細分하면 오상五常이 된다. 대개 이 모든 것에는 이 리理가 유행流行하여 있지 않은 곳이 없다.[19]

---

18) 周易本義, 093516, 復: 天地生物之心, 幾於滅息, 而至此乃復可見. 在人則爲靜極而動, 惡極而善, 本心幾息, 而復見之端也.

19) 朱子大全, 700607, 讀大紀: 宇宙之間, 一理而已. 天得之而爲天, 地得之而爲

여기서의 천은 대지천對地天인데, 이 천보다 앞서 무엇이 있었다는 것이다. 이는 천과 지地로 나뉘기 이전의 것으로서 미분화未分化된 우주천宇宙天이다. 우주천이 나뉘어 대지천과 지로 된 것이다. 그런데 주자朱子는 이 우주천을 또 다른 하나의 사물이라고 하지 않고 단지 시공간時空間을 의미하는 우주라고 한 것이다. 이는 천지를 기점基點으로 하여 논술하기 위함이다.

미분화未分化된 전체全體, 즉 하나의 통일자統一者로서의 우주천이 천天·지地로 나뉘고 다시 삼강三綱, 오상五常으로 분화分化되는 과정에서 일관되게 유행流行하는 것이 있는데, 그것은 우주천 속에 있는 천리天理이다. 이 천리가 곧 우주천의 성이다. 이 우주천의 리理가 대지천, 지地, 대물천對物天, 만물萬物의 성性과 일치한다. 왜냐하면 우주천의 일리一理를 그들이 받아 성性으로 삼았기 때문이다. 여기서 말하는 천과 만물의 관계는 우주천이 만물로 분화分化된 것으로서 미분화未分化된 것과 분화分化된 것의 관계이며, 전체와 부분의 관계이다.

다음에서는 천을 사물, 리理, 기氣의 측면으로 나누어 만물과의 관계를 고찰하고자 한다. 먼저 주자는 리기합理氣合의 사물事物로서의 천이 체體가 되고 만물이 용用이 되는 측면을 다음과 같이 말한다.

> 천天은 체體이며, 만물이 이에 의지하여 시작하는 것은 용用이다. 지地는 체體이며, 만물이 이에 의지하여 생장生長하는 것은 용用이다.[20]

地, 而凡生於天地之間者, 又各得之以爲性. 其張之爲三綱, 其紀之爲五常, 蓋皆此理之流行, 無所適而不在.
20) 朱子語類, 060319, 性理3: 天是體, 萬物資始處便是用. 地是體, 萬物資生處便是用.

이는 천과 만물이 체용의 관계에 있다는 것을 말한 것이다. 만물은 천으로부터 처음으로 존재할 씨앗을 얻고, 지로부터 생육生育할 양식糧食을 얻어 형체形體를 이룬다. 결국 만물은 선재先在하는 천天·지地로부터 모든 것을 나눠 받는 것이다. 그래서 천·지는 모체母體가 되고 만물은 그로부터 분화分化되어 나온 존재存在이다.

위와 같은 내용은 다시 리理와 기氣로 분석하여 말할 수 있다. 먼저 주자는 천이 가진 기氣가 유행流行하는 측면에서 말한다.

> 천天은 일기一氣가 유행하는 것일 뿐인데, 만물이 스스로 생장生長하고 스스로 형색形色을 갖는다.[21)]

천 전체는 하나의 기氣가 유행하는 것이며, 이 일기一氣는 만물까지도 관철貫徹하고 있다. 즉 천의 기氣는 만물의 기氣와 같은 것이다. 다만 이합집산離合集散에 의한 결합結合 양상이 다를 뿐이다. 그러나 본질적으로 같은 기氣이다. 또 우주천의 입장에서 볼 때 만물은 천을 이루는 부분이다. 그런데 이 부분과 전체는 일기一氣로서 결합되어 있어 서로 동질적同質的인 요소를 갖는다는 것이다.

또 주자는 천이 가진 리理가 유행流行하는 측면에서 말한다.

> 천天은 또 리理가 나온 곳이다.[22)]

만물 속에 있는 리理, 즉 성性은 모두 천으로부터 나온 것이다. 즉 천은 사물들이 갖는 모든 리理의 발원처發源處이다.[23)] 그뿐만 아니라

---

21) 朱子語類, 450303, 論語27: 天只是一氣流行, 萬物自生自長自形自色.
22) 孟子集註, 130108, 盡心上: 天又理之所從以出者也.
23) 周易本義, 012007, 乾: 乾元, 天德之大始. 故萬物之生, 皆資之以爲始也.

천의 리理와 만물의 리理는 같다. 왜냐하면 천이 가진 일리一理가 만물에 유행한 것이기 때문이다.

생각건대 천과 만물은 같은 리理와 기氣를 가지며, 만물은 천의 부분이다. 또한 사물과 사물의 빈 공간도 사실은 비어 있는 것이 아니라 기氣로써 채워져 연결되어 있다.[24] 그러므로 우주 안에 있는 모든 것을 한 덩어리로 보아 천이라 할 수 있는 것이며, 단지 보다 밀접하게 결합된 형체를 기준으로 볼 때만 물건과 물건을 분리하여 볼 수 있는 것이다.

한편 모체母體이며 전체인 천은 만물에 대하여 단지 하나로 연결되어 있을 뿐만 아니라 만물의 생生에 대하여 막대한 영향을 미친다.

> 상제上帝는 천天의 주재主宰이다.[25]

상제上帝는 천이 만물 최고最高의 주재자主宰者가 되는 측면을 의인화擬人化하여 말하는 것이다.[26] 이런 측면에서 상제를 천의 별칭別稱으로 쓰는 것이며, 이는 천이 만물에 영향을 끼치는 측면을 강조한 것이다. 이때 천을 사물, 리理, 기氣 등으로 관점을 달리하여 볼 수 있는 것과 마찬가지로 상제도 사물, 리理, 기氣 등으로 나누어 볼 수 있다. 일반적으로 상제천上帝天이니 주재천主宰天이니 인격천人格天이니 하는 것은 모두 천의 이러한 측면을 주로 말하는 것인데, 이는 천의 한 측면을

---

24) 朱子語類, 010710, 理氣上: 地却是有空闕處. 天却四方上下, 都周匝無空闕, 逼塞滿皆是天. 地之四向底下, 却靠著那天. 天包地, 其氣無不通. 恁地看來, 渾只是天了. 氣却從地中迸出, 又見地廣處.

25) 詩傳, 160819, 文王之什, 文王, 朱子註: 上帝天之主宰也.

26) 朱子語類, 252408, 論語7: 如父子有親, 君臣有義. 雖是理如此, 亦須是上面有箇道理, 敎如此始得. 但非如道家說, 眞有箇三淸大帝, 著衣服如此坐耳.

말한 것일 뿐이다. 여기에 신비적이거나 종교적인 의미를 지나치게 강조하는 것은 온당하지 않다.27)

천설天說을 종합하건대 천은 리기理氣가 합습하여 이루어진 하나의 사물이다. 그러나 사물 중에서는 가장 크고 먼저 생성生成된 존재이며, 오직 하나뿐이기 때문에 절대적으로 공평무사公平無私하고 지성무식至誠無息한 존재이다.28) 이러한 천은 관점에 따라 여러 가지로 말할 수 있다.29) 첫째, '푸른 하늘'이라고 할 때는 선재先在하는 우주천과 지상地上의 만물과 구분되는 대지천對地天이나 대물천對物天을 지칭한다. 둘째, 주재자主宰者라고 할 때는 천이 지구地球나 만물에 대하여 미치는 영향력影響力을 주로 지칭한다. 셋째, 단순히 리理라고 할 때는 사물로서의 천이 가지는 순선무악純善無惡·지성무식至誠無息을 지칭하거나, 그에 내재內在하는 리理만을 지칭한다.30) 그러나 궁극적으로 말하면 천은 우주천이며, 이는 대지천과 대물천을 포함한다. 또 주재자나 리理는 우주천이 갖는 기능機能이나 역할役割을 강조하여 말하는 것이다.31) 그러므로 주재자나 리理라고 할 때에도 우주천과 무관無關하게 말하는 것은 타당하지 않다.32)

---

27) 朱子語類, 010613, 理氣上: 蒼蒼之謂天. 運轉周流不已, 便是那箇. 而今說天有箇人在那裏批判罪惡, 固不可. 說道全無主之者, 又不可. 這裏要人見得.
28) 中庸章句, 84板13, 20章: 誠者眞實無妄之謂, 天理之本然也.
29) 朱子語類, 010615小, 理氣上: 也有說蒼蒼者, 也有說主宰者, 也有單訓理時.
30) 論語集註, 032220, 八佾: 天卽理也.
31) 朱子語類, 792018, 尙書2: 天固是理, 然蒼蒼者亦是天, 在上而有主宰者亦是天, 各隨他所說.
32) 朱子語類, 050107, 性理2: 問……天卽理也, 命卽性也, 性卽理也, 是如此否. 曰然. 但如今人說天非蒼蒼之謂, 據某看來, 亦捨不得這箇蒼蒼底.

III. 주자朱子의 명설命說

1. 명命의 의미意味

여기의 명命은 천명天命이니, 천天이 내리는 명령命令이다. 주자는 명자命字의 뜻을 묻는 질문에 대하여 다음과 같이 답한다.

> 명命은 천天이 부여付與하는 것을 이름이니, 이른바 천天의 명령命令을 명命이라고 한다.[33]

명령命令하는 주체主體는 천天이고, 그 명령을 받는 객체客體는 만물萬物이다. 그런데 천天도 의지적意志的으로 명령하고자 하는 것이 아니며, 만물 역시 그 명령을 수용하고자 하는 것도 아니다.[34] 주는 자도 주려는 생각이 없고 받는 자도 받고자 하는 생각이 없으면서도 양자兩者가 서로 명령을 주고받는 것이 임금과 신하가 명령을 주고받는 것과 비슷하다.

> 대개 리理로서 말하면 천天이라 하고, 사람의 입장에서 말하면 명命이라 하는데, 실은 한 가지이다.[35]

천은 명령하는 주체의 편에서 말하는 것이며, 명은 명령을 받는 객체의 편에서 말하는 것이다. 그러나 결국 주고받는 내용은 같은 것이므로

---

33) 朱子語類, 610716, 孟子11: 或問命字之義, 曰命謂天之付與, 所謂天令之謂命也.
34) 孟子, 091812, 萬章上: 莫之爲而爲者天也. 莫之致而至者命也.
35) 孟子集註, 091818, 萬章上: 蓋以理言之謂之天, 自人言之謂之命, 其實則一而已.

천리天理와 명은 사실상 같다는 것이다. 여기서 주자가 '사람의 입장에서 말한다'는 표현은 쓰면서도 '천의 입장에서 말한다'고 표현하지 않고 '리理로서 말한다'고 한 이유는 크게 두 가지로 말할 수 있다. 하나는 선재先在하는 천으로부터 명을 받아 어떤 사물이 존재한 이후라야 비로소 명이라는 말을 쓸 수 있기 때문이다. 즉 어떤 사물이 존재하기 이전에는 천으로부터 어떤 명이 주어졌는지 알 수 없고, 따라서 명이란 용어는 쓸 수 없다. 사람이라는 존재가 있고 난 뒤에 비로소 명이 성립한다. 다른 하나는 천은 만물을 포괄한 우주천宇宙天인데 천 전체가 만물에 유행流行하는 것이 아니고 천 중의 지극히 일부만이 어떤 사물에 명으로 주어지기 때문이다. 위와 같은 두 가지 이유로 사람을 기준으로 명을 설정한 것이다. 즉 명 자체는 어떤 사물의 입장에서 말하는 것이고, 천 전체가 명으로 주어진 것이 아니라 그중 일부의 리理가 사람에게 주어진 것이다. 또한 그래서 천리天理와 명은 일치할 수 있는 것이다. 결국 구체적으로 받은 자의 편에서 구체적으로 말하는 것이 명이다. 체용론體用論에 입각하여 본다면 천은 체體이고 명은 그 체가 유행하는 용用이다.

한편 천명이 다른 명령과 다른 점은 선택의 여지가 없는 절대적絕對的인 지상명령至上命令이라는 점이다.

> 명命은 태어날 즈음에 받은 것이므로 지금 바꿀 수 있는 것이 아니다. 천天은 하고자 함이 없이 하는 것이므로 내가 반드시 기약期約할 수 없다. 다만 순순히 받아들여야 할 뿐이다.36)

---

36) 論語集註, 121715, 顔淵: 命稟於有生之初, 非今所能移. 天莫之爲而爲, 非我所能必, 但當順受而已.

명은 내가 태어나기 이전에 천이 나에게 어떤 존재가 되라고 명령을 내린 것이므로 지금 나의 존재가 불만족스럽다 하여 바꿀 수 있는 것이 아니다. 왜냐하면 내가 지금 여기 존재하는 것 자체가 그 명에 근거한 것이므로 그 명을 부정하고 바꾸려고 한다면 나 자신의 존재를 근본부터 부정하는 것이 되기 때문이다. 또 천은 어떤 의도나 목적을 가지고 계획된 행위를 하는 의지적意志的 존재가 아니라 단지 건건불식健健不息하는 무의지적無意志的 존재이기 때문에 내 마음대로 나에게 유리한 방향으로 그 운행을 변경할 수 없다. 즉 반드시 나의 의도대로 천의 운행을 이끌어 갈 수 있는 것은 아니다. 결국 나는 천명天命을 지상명령으로서 절대적으로 받아들일 수밖에 없는 것이다.

한편 이 인용문을 분석하면 두 가지 다른 측면이 있다. 이 인용문은 『논어』 안연편顏淵篇의 "죽고 사는 것에는 명命이 있고, 부귀富貴는 천天에 있다."[37]라는 구절句節에 대한 주석인데, '죽고 사는 것에 명이 있다'라는 것은 내가 태어날 즈음에 받은 것을 주로 말하고, '부귀는 천에 있다'라는 것은 내가 태어난 다음 부지런히 노력하여 부귀해지고자 하여도 천이 있으므로 반드시 내가 뜻한 대로 되지는 않는다는 것이다.

> 이 명자命字에는 두 가지 이론이 있는데, 하나는 받은 것으로써
> 말하는 것이고, 다른 하나는 만나는 것으로써 말하는 것이다.[38]

죽고 사는 명(사생유명死生有命)은 태어날 때 받은 명이고, 부귀의 명(부귀재천富貴在天)은 태어난 후에 살아가면서 만나는 명이라는 것이다. 받은 명(소품지명所稟之命)은 선천적先天的인 명이고, 만나는 명(소

---

37) 論語, 121714, 顏淵: 死生有命, 富貴在天.
38) 朱子語類, 610511, 孟子11: 此命字有兩說, 一以所稟言之, 一以所值言之.

치지명所値之命)은 후천적後天的인 명이다. 그러나 만나는 명(소치지명
所値之命)은 받은 명(소품지명所稟之命)에 근거하여 있는 것으로서 받은
명(소품지명所稟之命)이 더 근원적이다.39)

요약건대 명은 천의 만물에 대한 영향影響40)을 만물의 입장에서 말하
는 것이다. 또 천은 우주천宇宙天이요 대물천對物天이니, 어떤 사물보다
선재先在하는 우주 환경, 지구 환경, 국가·사회 환경과 같은 뜻으로
쓸 수 있고, 이것들이 어떤 사물에 미치는 영향이 바로 명이다. 그런데
이런 천이 만물에 대하여 미치는 영향을 만물이 선택하거나 거부할
수 없으므로 절대적인 명령으로서 받아들이는 것이다. 이는 만물의
입장에서 보면 운명運命이나 숙명宿命이라고 할 수 있을 것이다. 그러나
명은 만물의 행동을 제한制限·억압抑壓하는 방향으로만 영향을 미치는
것은 아니다. 오히려 만물의 행동을 권장勸獎·지지支持하는 면이 더
많다.

2. 리명理命과 기명氣命

위에서 명命은 천天이 만물에 미치는 영향인데, 거기에는 '태어날
때 주어지는 명命(소품지명所稟之命/받은 명)'과 태어난 이후에 '지속적
으로 주어지는 명命(소치지명所値之命/만나는 명)'의 두 종류가 있다는
것을 고찰하였다. 다음에는 먼저 소품지명所稟之命에 대하여 분석하고
자 한다. 소품지명所稟之命에는 또 크게 두 측면이 있다. 하나는 리理의
측면에서 말하는 리명理命이고, 다른 하나는 기氣의 측면에서 말하는

---

39) 朱子語類, 601606, 孟子10: 盡其道而死者, 順理而吉者也. 桎梏死者, 逆理而
  凶者也. 以非義而死者, 固所自取. 是亦前定, 蓋其所稟之惡氣, 有以致之也.
40) 朱子語類, 981414, 張子之書1: 命是以其流行者而言, 命便是水恁地流底.

기명氣命이다.

> 명命에는 두 종류가 있다. 기氣로써 말하는 것이 있으니, 후厚·
> 박薄, 청淸·탁濁 등 받은 것이 같지 않다. 예를 들면 이른바 "도道가
> 장차 행行해지거나 장차 폐지閉止되는 것은 명命이다."라고 한 것이
> 나, "얻거나 얻지 못하는 데에는 명이 있다고 하였다."라고 한 것
> 등이 이것이다. 리理로서 말한 것이 있으니, 천도天道가 유행流行하여
> 부여附與한 것이 사람에게 있으면 인의예지仁義禮智의 성性이 된다.
> 예를 들면 이른바 "50세에 천명天命을 알았다."라고 한 것이나, "천天
> 이 명命한 것을 성性이라 한다."라고 한 것 등이 이것이다. 양자兩者는
> 모두 천天이 부여한 것이므로 다 명命이라고 한다.[41)]

천은 본래 리기합理氣合의 사물事物이므로 리理와 기氣를 모두 가지고
있으며, 따라서 만물에 대하여 리적理的인 측면과 기적氣的인 측면에서
모두 영향을 미칠 수 있다. 그런데 천도天道가 유행하여 만물의 성이
된 측면에서 말하면 리명理命이고, 천기天氣가 유행하여 만물의 기질氣
質이 된 측면에서 말하면 기명氣命이다.[42)]

『중용中庸』수장首章에서 말하는 "천명지위성天命之謂性(천이 명령한
것을 성이라 한다)" 중의 천명天命은 리명理命이다. 이는 임금이 신하에
게 어떤 관직을 맡아 어떤 일을 하라고 명령할 때, 그 맡긴 임무任務를
위주로 말하는 것과 같다. 또 『맹자孟子』「만장상萬章上」에서 말하는

---

41) 朱子語類, 610717, 孟子11: 命有兩般. 有以氣言者, 厚薄淸濁之稟不同也. 如
所謂道之將行將廢命也, 得之不得曰有命是也. 有以理言者, 天道流行付而
在人, 則爲仁義禮智之性. 如所謂五十而知天命, 天命之謂性是也. 二者皆天
所付與, 故皆曰命.

42) 朱子語類, 580413, 孟子8: 命有兩般. 得之不得 曰有命, 自是一樣. 天命之謂
性, 又自是一樣. 雖是兩樣, 却只是一箇命.

"득지부득왈유명得之不得曰有命(얻거나 얻지 못하는 데에는 명이 있다고 말하였다)" 중의 명은 기명氣命이다. 이는 임금이 신하에게 관직을 맡길 때, 월급이나 유임留任 기간 등의 문제를 위주로 말하는 것과 같다.[43]

먼저 리명理命에 대하여 좀 더 분석하면 다음과 같다.

리理는 천天의 골자骨子이고, 명命은 그 리理의 용용用이다.[44]

리理는 천의 골자이다.[45] 천은 리理가 있음으로써 그 존재가치와 존립근거存立根據가 있는 것이다. 만일 천에 리理가 없다면 천은 존재해야할 이유가 없다. 그 리理가 만물에 유행流行하여 역시 만물의 골자를 이룬다. 이때 천의 리理가 유행하는 것이 리명理命이다. 단 한 가지 여기서 부언附言할 것은 천의 리理 전체全體는 총체적總體的이고 포괄적包括的인 데 비하여 명으로 유행하고 있는 리理는 부분적部分的이고 구체적具體的이라는 사실이다. 왜냐하면 천은 우주천이나 대물천으로서 만물을 포함한 큰 사물이지만 명을 받는 자는 그 부분으로서 구체적인 그어떤 사물이므로 천의 리理 전체를 줄 수도 받을 수도 없기 때문이다. 다만 천의 리理나 그 사물의 리理는 모두 '원元'이라는 면에서 일치한다.

또 리理는 기氣로부터 구속당하지 않고 유행할 수 있으므로 천의 리理나 만물의 리理는 완전히 일치할 수 있다.

---

43) 朱子語類, 580416, 孟子8: 天便如君, 命便如命令, 性便如職事條貫. 君命這箇人, 去做這箇職事. 其俸祿有厚薄, 歲月有遠近, 無非是命. 天之命人, 有命之以厚薄脩短, 有命之以淸濁偏正, 無非是命.
44) 朱子語類, 050110, 性理2: 理者天之體, 命者理之用.
45) 위 引用文에서 理와 天과 命이 삼각관계를 이루고 있으므로 理와 天, 혹은 命과 理는 體用關係가 아니라, 顯微論에 해당한다.

천명天命은 천天이 부여賦與한 바른 리理이다. 46)

리理는 형이상자形而上者로서 리理 자체는 기氣에 의하여 침탈당하지 않는다. 즉 아무리 멀리까지 유행하여도 리理 자체는 순수한 형이상자 이므로 변질變質되지 않는다. 그러므로 체體로서의 천이 가진 리理와 그 리理가 유행한 사물 상에 있는 리理는 완전히 동일하다. 그러나 리理 는 형이상자이기 때문에 독립적으로 유행할 수 없고, 반드시 기氣에 담긴 다음에야 유행할 수 있다. 따라서 리理의 유행은 담는 그릇인 기氣에 의하여 차등이 있게 된다. 이것이 바로 기명氣命이다.

바른 명命은 리理에서 나오고, 변칙적變則的인 명命은 기질氣質에서 나오는데, 결국은 모두 천天이 부여賦與한 것이다. 47)

리理는 순수한 형이상자로서 시공時空을 초월하여 항상 동일할 수 있으나, 기氣는 형이하자形而下者로서 본래 많은 차별상差別相을 가지며, 이러한 차별상은 또한 리명理命을 그대로 받아들일 수 없는 요인이 된다. 천이 가지는 기氣가 다양한 만큼 그 기氣가 만물로 유행할 때 다양한 차별상을 가진다.48)

다음에는 기명氣命의 차별상에 대하여 고찰하고자 한다.

문: 선생께서 명命에는 두 종류가 있으니, 하나는 빈부貧富, 귀천貴賤,

---

46) 論語集註, 161511, 季氏: 天命者, 天所賦之正理也.
47) 朱子語類, 042919, 性理1: 命之正者, 出於理. 命之變者, 出於氣質. 要之皆天 所付予.
48) 朱子語類, 591518, 孟子9: 天氣晴明舒豁, 便是好底氣, 稟得這般氣, 豈不好. 到陰沈黯淡時, 便是不好底氣, 稟得這般氣, 如何會好. 畢竟不好底氣常多, 好底氣常少.

생사生死, 수요壽夭이고, 다른 하나는 청탁淸濁, 편정偏正, 지우智
愚, 현불초賢不肖인데, 하나는 기氣에 속하고 다른 하나는 리理에
속한다고 하셨으나, 제가 보건대 두 종류가 모두 기氣에 속하는
것 같습니다. 대개 지우智愚, 현불초賢不肖, 청탁淸濁, 편정偏正도
역시 기氣가 하는 것입니다.
　답: 진실로 그렇다.49)

　기명氣命은 다시 크게 두 종류로 나눌 수 있는데, 하나는 사물의 기적
氣的인 측면을 좌우左右하는 기氣이며, 다른 하나는 리적理的인 측면을
좌우하는 기氣이다. 기적氣的인 측면이라는 것은 앞에서 말한 건乾의
유행流行 정도를 좌우하는 것을 주로 의미하며, 리적理的인 측면이라는
것은 원元의 유행流行 정도를 좌우하는 것을 뜻한다. 부연하면 만물이
천으로부터 받은 리명理命, 구체적으로 말하면 원元과 건乾은 기氣에
실려 발현되는데 그 받은 기氣의 종류나 상태가 어떠한가에 따라 그
리명理命을 발현시키는 데 차이가 생긴다. 그 기氣의 종류를 나누면
하나는 원元을 발현시키는 데 영향을 미치는 기氣이고, 다른 하나는
건乾을 발현시키는 데 영향을 미치는 기氣이다. 전자前者는 대개 편전통
색偏全通塞·청탁수박淸濁粹駁으로 나뉘고, 후자後者는 대개 후박미악厚
薄美惡·고저장단高低長短으로 나뉜다. 기氣의 차별상差別相은 매우 다양
하여 일일이 열거할 수 없지만 중요한 것을 말하면 대개 위와 같다.
주자는 기氣의 차별상과 리理의 상관관계를 다음과 같이 말한다.

　모두 천天이 명령한 것이다. 정교하고 빼어난 기氣를 받으면 성인

49) 朱子語類, 042716, 性理1: 問先生說命有兩種, 一種是貧富貴賤死生壽夭, 一
種是淸濁偏正智愚賢不肖. 一種屬氣, 一種屬理. 以儕觀之, 兩種皆似屬氣.
蓋智愚賢不肖, 淸濁偏正, 亦氣之爲也. 曰固然.

聖人이 되고 현인賢人이 되니, 곧 완전한 리理를 얻은 것이고, 바른 리理를 얻은 것이다. 청명淸明한 것을 받은 자는 곧 총명聰明하고, 돈후敦厚한 것을 받은 자는 온화溫和하고, 청고淸高한 것을 받은 자는 곧 귀貴하고, 풍부豊富한 것을 받은 자는 부유富裕하고, 장구長久한 것을 받은 자는 장수長壽한다. 쇠퇴하고 탁박濁薄한 것을 받은 자는 곧 어리석고 악惡하고 가난하고 천賤하고 요절天折한다. 천天에는 그런 기氣가 있어서 한 사람이 태어날 때는 곧 많은 것들이 그를 따라온다.50)

원元의 리理를 발현시키는 데 관여하는 기氣는 편전통색偏全通塞·청탁수박淸濁粹駁인데, 전全한 氣를 받은 자는 원元의 리理 전량全量을 받아 발현시킬 수 있고, 통通한 기氣를 받은 자는 대상에 따라 차별을 두지 않고 언제나 그 리理를 잘 발현시킬 수 있으며, 청淸한 기氣를 받은 자는 그 리理를 잘 알 수 있으며, 수粹한 기氣를 받은 자는 그 리理를 잘 실행할 수 있다. 편색탁박偏塞濁駁한 기氣를 받은 자는 그 반대이다. 편전통색偏全通塞은 받는 량量의 문제로서 리理의 존부存否와 관련이 있고, 청탁수박淸濁粹駁은 그 질질質의 문제로서 리理의 존재存在 정도程度와 관련이 있다. 사람은 전통全通한 기氣를 받았으며, 성인聖人은 청수淸粹한 기氣를 받았다. 청수한 정도에도 많은 차이가 있으므로 그 조합組合 방식에 따라 성인聖人·군자君子·범인凡人·소인小人 등의 차이를 가져온다.

한편 후박미악厚薄美惡·장단고저長短高低 등은 건乾의 리理를 발현시

---

50) 朱子語類, 042812, 性理1: 都是天所命. 稟得精英之氣, 便爲聖爲賢, 便是得理之全, 得理之正. 稟得淸明者便英爽, 稟得敦厚者便溫和, 稟得淸高者便貴, 稟得豊厚者便富, 稟得久長者便壽. 稟得衰頹薄濁者, 便爲愚不肖爲貧爲賤爲夭. 天有那氣, 生一箇人出來, 便有許多物隨他來.

키는 데 주로 관여하는 기氣이다. 즉 이는 얼마나 오랫동안 성인聖人일
수 있는가, 얼마나 높은 지위에서 성인일 수 있는가, 얼마나 물질적物質
的 풍요를 누리는 성인일 수 있는가 등을 좌우하는 기氣이다. 결국 성인
의 수요귀천빈부壽夭貴賤貧富 등에 관여하는 것이다.[51] 그러나 이러한
것들은 그가 성인이 되거나 못 되거나 하는 문제와는 직접적인 관계가
없다.

다만 원元의 리理에 관여하든, 건乾의 리理에 관여하든 모두 기氣임에
는 다름이 없으므로 양자兩者 모두 기명氣命이다. 굳이 말을 만든다면
원元의 리理에 관여하는 명命은 기중리명氣中理命, 건乾의 리理에 관여하
는 기氣는 기중기명氣中氣命이라 할 수 있을 것이다.

생각건대 천이 명령함에 있어 리명理命과 기명氣命을 따로따로 주는
것이 아니라 리理를 기氣에 실어서 주는 것이다.[52] 그러므로 리명理命과
기명氣命은 원칙적으로 분리할 수 없다. 다만 측면을 달리하여 분석해
보는 것뿐이다.[53] 그렇다 하더라도 리理를 기氣에서 분리하여 순리純理
로 말하는 것은 관점의 문제에 국한하지 않는 그 이상의 의미를 갖는다.
즉 아무리 기명氣命이 불리不利한 상황이라도 리명理命을 실현해야 할
당위성當爲性이 그 순리純理, 즉 리명理命으로부터 주어지기 때문이다.
이것이 또한 숙명론宿命論에 안주하지 못하도록 하는 한 측면이다.

---

51) 朱子語類, 043208, 性理1: 敬子問自然之數. 曰有人稟得氣厚者則福厚, 氣薄
者則福薄, 稟得氣之華美者則富盛. 衰颯者則卑賤, 氣長者則壽, 氣短者則夭
折, 此必然之理.

52) 朱子語類, 050112, 性理2: 天所賦爲命, 物所受爲性. 賦者命也, 所賦者氣也.
受者性也, 所受者氣也.

53) 朱子語類, 042714, 性理1: 安卿問, 命字有專以理言者, 有專以氣言者. 曰也都
相離不得. 蓋天非氣, 無以命於人. 人非氣, 無以受天所命.

3. 정명正命과 비정명非正命

위에서는 만물이 태어나는 처음에 받는 소품지명所稟之命의 리명理命
과 기명氣命에 대하여 고찰하였다. 다음에는 천天과 만물이 변화하는
중에 계속되는 소치지명所值之命의 측면을 살펴보고자 한다. 지속적으
로 이어지는 천의 명과 관련하여 주자는 다음과 같이 말한다.

> 천天은 함이 없이 하는 것이니, 그도 또한 어찌 의도意圖가 있었겠
> 는가. 오직 리理가 이와 같을 뿐이다. 예를 들어 겨울에 춥고 여름에
> 더운 것은 상리常理(일상적이며 정상적인 리)가 당연히 이러한 것이
> 다. 가령 겨울에 덥고 여름에 추운 것은 곧 상리를 잃은 것이다.
> 또 묻기를, "상리를 잃은 것은 모두 사람이 그렇게 되도록 한 것입니
> 까, 아니면 우연偶然입니까?"라고 하니, 답하기를, "사람이 그렇게
> 되도록 한 것도 있고, 또 우연히 그럴 때도 있다."라고 하였다.[54]

천이 하는 명은 어떤 목적이 있어서 그런 것이 아니라 본래 스스로
계속해서 유행하는 중에 만물에 영향을 미치는 것이다. 그러나 이때
상리常理대로 되는 것도 있고, 그렇지 못한 것도 있다. 이는 천이 우연히
그렇게 하는 때도 있고, 인간이 그렇게 하도록 하는 때도 있다. 이를
세분하여 주자는 다음과 같이 말한다.

> 만일 도道대로 행行하면 길吉하고 악惡을 좇으면 흉凶한 것은 천天도
> 정명正命을 얻은 것이요 사람도 정명正命을 얻은 것이다. 만일 도道대
> 로 행行하였으나 불길不吉하면 천天이 도리어 그 정명正命을 잃은 것이

---

54) 朱子語類, 790918, 尙書2: 天莫之爲而爲, 他亦何嘗有意, 只是理自如此. 且如
冬寒夏熱, 此是常理當如此. 若冬熱夏寒, 便是失其常理. 又問失其常者, 皆
人事有以致之耶, 抑偶然耶. 曰也是人事有以致之, 也有是偶然如此時.

다. 예를 들어 공자孔子나 맹자孟子 같은 성현聖賢이 세상에 쓰임을
받지 못하였는데, 성현은 또한 그 정도正道를 순순히 받들지 않은
것이 없으니, 이는 성현으로서는 이미 정명正命을 얻은 것이다. 만일
천天의 입장에서 볼 때, 저쪽(성현聖賢)은 순리적順理的으로 감동感動
하였는데 이쪽(천天)은 리理를 거슬러 반응反應하였다면 이는 천天
자신이 그 정명正命을 잃은 것이다.[55]

천과 만물의 상호 영향관계 속에서 천도 정명과 비정명이 있으며,
사람도 정명과 비정명이 있다. 정명과 비정명의 기준은 리理이다. 천이
나 사람이 리理에 맞게 하였으면 그 결과의 길흉화복吉凶禍福에 관계없
이 정명이며, 리理에 어긋나게 하였으면 역시 길흉화복에 관계없이 비
정명이다. 천은 만물이 선행을 하였을 때는 복福으로 갚는 것이 정명正
命이나, 천天도 하나의 사물일 뿐 정확한 판단력과 의지를 가지고 항상
정도正道를 행하는 것은 아니다. 그러므로 천은 공평무사한 존재로서
정명으로 응할 때가 많지만, 실수하여 비정명을 내릴 수도 있는 것이다.
아무리 그렇다고 하더라도 천의 명은 나의 의지로 바꿀 수 없다.[56]
그러므로 언제나 사람이 정명대로 하였는가가 문제일 뿐이다. 결국
사람의 행위가 문제될 뿐이다. 이하에서 사람의 정명과 비정명에 대하
여 논하고자 한다.

사람과 만물이 살아가는 데 있어서 길흉화복吉凶禍福은 모두 천天이

55) 朱子語類, 601619, 孟子10: 若是惠迪吉, 從逆凶, 自天觀之, 也得其正命, 自人
得之, 也得其正命. 若惠迪而不吉, 則自天觀之, 却是失其正命. 如孔孟之聖
賢而不見用於世, 而聖賢亦莫不順受其正, 這是於聖賢分上已得其正命. 若
就天觀之, 彼以順感, 而此以逆應, 則是天自失其正命.
56) 孟子集註, 024010, 梁惠王下: 聖賢之出處, 關時運之盛衰, 乃天命之所爲, 非
人力之可及.

명命한 것이다. 그러나 오직 오게 하지 않아도 오는 것이라야 비로소
정명正命이다.[57)]

만물의 생생生生에는 길흉화복吉凶禍福이 있는데, 이 경우 인위적人爲
的으로 그렇게 되도록 하지 않았는데도 그렇게 되는 것이 정명正命이다.
그러므로 자신이 잘못하여 생기는 예견된 불행不幸은 정명이 아니며,
잘못이 없는 성인聖人이 만나는 명命은 항상 정명이다.[58)] 여기서 정명
과 비정명의 차이는 천에 있는 것이 아니라 자신에게 있다. 즉 자신이
천리天理대로 하였을 때 닥쳐오는 명은 항상 정명이며, 자신이 천리대
로 하지 않았을 때 닥쳐오는 명은 항상 비정명이다. 천이 건건불식하여
항상 변화하는 중에 있으므로 만물도 그에 따라 항상 변화하는 과정
중에 있다. 이때 음陰과 양陽의 상호 간에 감응관계感應關係가 형성되는
데, 자신의 행위에 대한 천의 반응이 명이다. 단 자신의 행위가 정당할
때는 천의 반응이 자신에게 이롭거나 불리不利하거나 모두 정명이며,
자신의 행위가 정당하지 못할 때에 오는 천의 반응은 모두 비정명이
다.[59)] 결국은 자신이 살아가면서 만나는 환경이 대물천이며 이는 끊임
없이 나에게 명을 내린다. 주자는 구체적인 예를 들어 말한다.

부자父子는 친親함이 있는데, 서로 사랑하는 이도 있고, 또한 서로
사랑하지 않는 이도 있으며, 깊이 서로 사랑하는 이도 있고, 또한

---

57) 孟子集註, 130608, 盡心上: 人物之生, 吉凶禍福, 皆天所命. 然惟莫之致而至
者, 乃爲正命.
58) 朱子語類, 601612, 孟子10: 敬之問莫非命也. 曰在天言之, 皆是正命. 在人言
之, 便是不正之命. 問有當然而或不然, 不當然而或然者如何. 曰如孔孟老死
不遇, 須喚做不正之命始得. 在孔孟言之, 亦是正命. 然在天之命却自有差.
59) 朱子語類, 601706, 孟子10: 有不以罪而枉罷者, 亦是命. 有罪而被罷者非正
命. 無罪而被罷者是正命.

조금 서로 사랑하는 이도 있다. 이것이 곧 명命이다.[60)]

아버지와 아들은 각자 기명氣命을 가지고 있다. 그러므로 그에 따라서 원元, 즉 인仁의 발현에 차이가 있다. 그런데 여기서는 아버지와 아들이 만나서 이루어지는 사건事件의 경우를 가지고 논하고자 한다. 아버지는 어떤 아들을 만나는가, 또 아들은 어떤 아버지를 만나는가에 따라서 그 명이 달라진다. 즉 아버지가 지극히 아들을 사랑하더라도 아들이 그 사랑을 받은 만큼 모두 보답하지 않을 수도 있으며, 아들은 극진히 아버지를 사랑하더라도 아버지가 그 아들의 사랑을 제대로 받아들이지 않을 수도 있다. 어떤 아버지, 어떤 아들을 만나는가 하는 것은 후천적後天的으로 주어지는 명이지만, 이에 따라 그 반응도 달라지는 것이다. 그래서 양자兩者 간에 사랑이 있고 없음이나 얕고 깊음(유무천심有無淺深)에 차이가 생기는 것이다. 여기서 아버지는 아버지의 도리道理를, 아들은 아들의 도리를 다하면 상대가 어떤 반응을 하는가에 관계없이 모두 정명이며, 각자가 자신의 도리를 다하지 못하면 그 상대의 반응에 관계없이 비정명이다. 이 관계를 좀 더 확대하여 자기가 사는 국가·사회 환경 등과 관련지어 말할 수 있다. 이런 측면에서 주자는 제자의 질문에 답한다.

> 문: 부귀富貴에는 명命이 있습니다. 만일 후세後世의 못된 사람(비부鄙夫)이나 소인小人이 요순삼대堯舜三代와 같은 세상을 만난다면 어떻게 부귀富貴할 수 있겠습니까?
> 답: 요순삼대와 같은 세상을 만난다면 부귀富貴할 수 없으나, 후세에서는 부귀富貴할 수 있으니, 곧 명命이다.

---

60) 朱子語類, 611004, 孟子11: 父子有親, 有相愛底, 亦有不相愛底, 有相愛深底, 亦有相愛淺底, 此便是命.

156 청야晴野의 주자철학朱子哲學 연구研究

문: 그렇다면 기품氣稟이 일정一定하지 않습니까?
답: 이런 기氣로 이런 시대를 만난 것은 그의 명命이 좋은 것이며,
   이런 시대를 만나지 못하면 곧 그와 반대이다.[61]

　이미 존재하는 환경은 음陰이며 새로 투여投與되는 자신은 양陽이다.
또한 자신이 속한 환경은 음陰이며, 새로 투여되는 사물은 양陽이다.
따라서 한 사물은 언제나 음양의 대대對待와 그 조화調和 속에 존재한
다. 자기가 어느 시간과 공간에 투여되느냐에 따라서 동일한 자질資質
을 가졌다 하더라도 그 발휘되는 역량은 다르다. 즉 소인이 요순시대堯
舜時代와 같이 정도正道가 서 있는 세상에 투여되면 자신의 사리사욕私
利私慾과 권모술수權謀術數가 통하지 않으므로 빈천貧賤할 수밖에 없다.
그러나 그가 만일 사도邪道가 횡행橫行하는 세상에 투여된다면 요순시
대와는 정반대의 환경이 제공되므로 오히려 부귀를 누릴 수도 있다.
이는 자신을 양陽의 측면에서 말한 것이지만, 입장을 달리하여 자신이
음陰이 되는 상황을 생각하면, 자신을 포함한 시공간時空間 속에 새로운
제삼자第三者가 끊임없이 투여된다. 이런 제삼자는 다시 자신의 존재
조건을 다르게 바꿔 놓을 수 있다. 이때 투여되는 제삼자의 영향력에
따라 자신의 진로進路가 수정될 수 있다. 자신이 어떤 시공간時空間 속에
투여되는가 하는 것도 명이며, 어떤 제삼자가 투여되어 다가와서 나의
존재 환경을 바꿔 놓는가 하는 것도 명이다. 역시 자신이 정도正道를
가고 있는 동안에 다가오는 환경은 정명이며, 사도邪道를 가고 있을
때 다가오는 환경은 비정명이다. 그러나 그 환경이 나에게 길흉화복을

---

61) 朱子語類, 043303, 性理1: 問富貴有命, 如後世鄙夫小人, 當堯舜三代之世, 如
　　何得富貴. 曰當堯舜三代之世, 不得富貴, 在後世則得富貴, 便是命. 曰如此
　　則氣稟不一定. 曰以此氣遇此時, 是他命好, 不遇此時便是背.

가져다주는 문제는 내가 어쩔 수 없는 것이다.

생각건대 소치지명所値之命 즉, 정명과 비정명의 문제에서도 리명理命과 기명氣命을 나누어 말할 수 있다. 즉 자신에게 돌아오는 리적理的인 명을 말할 수 있다. 그러나 그것은 처음의 소품지명所稟之命에서의 리명理命이 유행하는 범위 안에 있는 것으로서 기명氣命을 통해 추측할 수 있으므로 여기서는 생략한다.

IV. 주자朱子의 천명설天命說

위에서는 주자의 천설天說과 명설命說을 나누어 고찰하였다. 여기서는 『중용中庸』 수장首章의 "천명지위성天命之謂性"에 대한 주자의 주석註釋을 중심으로 하여 천설과 명설을 종합적으로 고찰하고자 한다. 주자는 『중용장구中庸章句』에서 다음과 같이 주석하였다.

> 천天은 음양陰陽·오행五行으로써 만물을 화생化生한다. 기氣로써
> 형체形體를 이루고, 또한 리理를 부여하였으니, 명령한 것과 같다.[62]

여기서 천은 우주천이다. 이 우주천은 앞으로 생生할 어떤 물건을 기준으로 보면 그 만물이 아직 생하지 않았으므로 그 만물보다 선행先行하는 선천先天이다. 이 선천으로서의 우주천이 만물을 생할 때는 음양오행陰陽五行을 가지고 한다. 즉 음적陰的인 요소要素와 양적陽的인 요소를 결합시켜 만물을 생성生成한다. 그런데 천도 사물이며 음陰·양陽도 사물

---

62) 中庸章句, 02板15, 1章: 天以陰陽五行, 化生萬物. 氣以成形, 而理亦賦焉, 猶命令也.

이다. 즉 천도 리기합理氣合이며 음·양도 각각 리기합이다. 즉 사물로서의 천이 자신의 일부를 가지고 재조합再組合·재결합再結合시켜 새로운 만물을 만들어 낸다. 여기서 천이 만물을 만들어 내는 것은 사람이 물건을 만드는 것과 비슷하나, 단지 인간처럼 계획하고 조정하는 사려작용思慮作用 없이 만드는 점이 다르다. 그러므로 주자는 화생이라 한 것이다.

"기氣로써 형체形體를 이루고(기이성형氣以成形)" 이하以下는 만물이 화생한 이후에 현미론顯微論의 입장에서 리기理氣를 분석한 것이다. 즉 새로 화생한 어떤 물건을 분석하면 천으로부터 받은 기氣를 가지고 형체를 이루었고, 역시 천으로부터 받은 리理로써 성性을 이루었다는 것이다. 따라서 기氣를 먼저 말하고 리理를 나중에 말한 것은 사물 상에서 현미론顯微論의 관점에서 말하였기 때문이지 기氣가 먼저이고 리理가 나중인 것은 아니다. 천天이 유행할 때는 리理와 기氣가 동시에 유행하는 것이지 각기 독립적으로 유행하는 것은 아니다.[63]

이 구절은 두 가지 의미를 동시에 말하고 있다. 즉 하나는 만물은 기氣를 형체形體로 하고 리理를 골자骨子로 하여 이루어졌다는 것이며, 다른 하나는 그 리理와 기氣는 모두 천天으로부터 받은 것이라는 것이다. 여기서 후자後者의 의미는 또한 천으로부터 리理와 기氣를 받을 때 자신의 자의적自意的인 선택을 통해 받은 것이 아니라 천이 주는 대로 거부할 수 없는 지상명령至上命令으로 받았다는 것이다.

또 위 인용문에서 "또한 리理를 부여하였으니(리역부언理亦賦焉)"를 나중에 말한 데는 다른 이유가 있다. 이는 위 인용문 다음에 이어지는 내용을 검토하면 알 수 있다. 주자는 위 인용문에 이어서 말한다.

---

63) 中庸章句, 02板19小, 1章: 天命與氣質, 亦相衮同. 纔有天命, 便有氣質, 不能相離, 若闕一便生物不得. 旣有天命, 須是有此氣, 方能承當得此理. 若無此氣, 則此理如何頓放. 天命之性, 本未嘗偏, 但氣質所稟, 却有偏處.

이에 사람과 만물이 태어남에 각기 그 부여賦與받은 리理를 가지고
건순健順, 오상五常의 덕德을 삼았으니 이른바 성性이다.64)

"기이성형氣以成形"을 먼저 말하고 "리역부언理亦賦焉"을 나중에 말
한 다음, 뒤에서 그 리理를 받아 만물이 성性으로 삼았음을 밝히기 위하
여 리理를 나중에 말한 것이다. 즉 어세語勢를 맞추기 위하여 리理를
나중에 말하였다는 것이다. 그런데 이러한 문장 구조를 갖게 한 데는
또 이유가 있다. 여기서의 천명天命은 기명氣命이 아니라 리명理命이라
는 것을 밝히려는 것이다.

'천天이 명命한 것을 성性이라 한다.'의 명命은 순수한 리理로써
말한 것이다. 그러나 천天이 명命한 것은 필경 모두 기氣를 떠날 수
없다. 다만 『중용中庸』의 이 구절은 곧 리理로써 말한 것이다.65)

위에서 이미 밝힌 대로 리명理命과 기명氣命은 분리할 수 없으나,
어디에 중점을 두어 말하느냐에 따라 명을 리理나 기氣로 나누어 볼
수 있는데, 여기서의 명은 리명理命이라는 것이다.
또 천이 변화하면서 앞으로 생길 만물에 대하여 명령하는 양상은
위에서 이미 언급한 바와 같이 사람처럼 의식意識을 가지고 주재主宰하
는 것은 아니다.

오직 큰 근원으로부터 흘러나오는 모양이 그런 것 같을 뿐이지,
정말로 이를 부여賦與하는 자가 있는 것은 아니다. 어찌 사람이 위에

---

64) 中庸章句, 02板17, 1章: 於是, 人物之生, 因各得其所賦之理, 以爲健順五常之
德, 所謂性也.
65) 朱子語類, 042806, 性理1: 天命謂性之命, 是純乎理言之. 然天之所命, 畢竟皆
不離乎氣. 但中庸此句, 乃是以理言之.

서 이를 분부分付할 수 있겠는가. 『시경詩經』과 『서경書經』에서 말한
것은 곧 사람이 위에서 이렇게 하는 것 같다. 예를 들면 상제上帝가
진노震怒하였다는 것 등이다. 그러나 이것도 역시 오직 리理가 이와
같을 뿐이다. 천하天下에 리理보다 높은 것이 없으므로 상제上帝라고
이름하였다. '위대하신 상제上帝께서 백성에게 충衷을 내렸다.'의 '내
렸다'는 말에는 곧 주재主宰의 의미가 있다.[66]

천이 주재하는 양상樣相은 체體인 천이 용用인 만물로 유행하는 것뿐
이다. 그러므로 천이 만물을 생하는 양상도 무無에서 유有를 탄생시키
는 것이 아니라, 단지 있던 것을 다른 모양으로 변화시키는 것뿐이다.
그러므로 화생化生이라 하였다. 또 여기서 거듭 밝혀야 할 것은 리理나
기氣는 단독적으로 우주나 만물의 본체本體가 아니라는 것이다. 리理나
기氣는 천이 가지고 있는 일부 요소일 뿐이다. 이 천이 변화를 거듭함에
따라 동시에 그 내부內部도 끊임없이 변화한다. 즉 만물생생萬物生生은
천의 변화 양상이다.

생각건대 천은 리기합理氣合의 사물이며 이 사물은 끊임없이 변화하
고 있다. 그 변화하는 와중에 만물이 생겨나는 것이다. 그때 천은 앞으
로 생겨날 모든 사물에 막대한 영향력을 행사한다. 즉 리理로써 그
존재근거存在根據를 부여하며, 기氣로써 그 리理를 담아 실현할 형체形體
를 부여한다. 이러한 천의 만물에 대한 영향력影響力 행사를 명이라
하며, 다만 천이 하는 명이기 때문에 천명天命이라 하는 것이다.

---

66) 朱子語類, 041002, 性理1: 只是從大原中流出來, 模樣似恁地, 不是眞有爲之
賦予者, 那得箇人在上面分付這箇. 詩書所說, 便似有箇人在上恁地, 如帝乃
震怒之類. 然這箇亦只是理如此, 天下莫尊於理, 故以帝名之. 惟皇上帝, 降
衷于下民, 降便有主宰意.

V. 결론結論

천은 끝없이 넓고 크며(광대무변廣大無邊) 지속적으로 운동·변화하는 존재이며, 만물을 생하는 원元의 리理를 갖는다. 이 우주공간을 가득 채우고 있는 천은 처음에 어떤 물체로 분화分化되지 않은 단순히 균질적均質的인 혼연渾然한 일자一者였다. 이것이 점차 분화分化되면서 천과 지地로 나뉘고 다시 점점 변화하여 많은 천체天體로 나뉘었고, 그중의 지구地球 상에는 현재와 같은 많은 생명체와 무생물이 생겼다. 그러나 최초의 선천先天에 있던 많은 다양한 요소들이 이합집산離合集散하면서 생겨난 사물들은 선천先天으로부터 리理와 기氣를 나눠 받았다. 그러나 그 사물들은 자의적自意的으로 천으로부터 리理와 기氣를 받은 것이 아니라 주는 대로 임금(상제上帝)의 명령처럼 순순히 받았을 뿐이다. 그러나 그 명령은 한 번으로 끝난 것이 아니라 나를 둘러싸고 있는 환경이 되어 지속적으로 나에게 영향을 미치고 있다.

이를 전문 용어를 사용하여 정리하면 최초의 천은 선천先天이요 우주천宇宙天이고, 지구地球와 대립되는 천天은 후천後天이요 대지천對地天이며, 후에 지구상에 존재하는 어떤 사물을 기준으로 하면 대물천對物天이다. 처음 생겨난 어떤 사물의 입장에서 보면 천天은 자신에게 지속적으로 영향을 미치고 있는데, 이는 상제上帝의 지상명령과 같다. 여기서 그 명命을 분석하여 보면 처음 태어날 때 받은 명령은 소품지명所稟之命이며, 살아가면서 만나는 명령은 소치지명所値之命이다. 소품지명所稟之命은 또 리理를 위주로 말하는 리명理命과 기氣를 위주로 말하는 기명氣命으로 나눌 수 있고, 소치지명所値之命은 자신의 가는 길이 정도正道이면 그 행위로 인해서 오는 천天의 반응은 언제나 정명正命이고, 정도正道가 아니면 비정명非正命이다. 이때 천天의 반응이 자신에게 이롭게 돌아

오는가 아니면 불리하게 돌아오는가는 관계가 없다. 즉 나의 책임이
아니라 천天의 책임이다.

또 천天을 리理로 말하는 것은 사물로서의 천天 속에 내재하는 리理를
위주로 말한 것이며, 상제천上帝天이나 주재천主宰天, 인격천人格天 등으
로 말하는 것은 천天이 만물에 미치는 영향을 의인화擬人化하여 표현하
는 것이지 이 세상에 현실로 존재하는 만물 이외에, 우주 밖에 어떤
신비하고 알 수 없는 존재가 실제로 있는 것은 아니다. 또 천天의 주재主
宰는 언제나 공평무사하고 지성무식至誠無息하기는 하지만, 사람처럼
생각하고 판단하는 사유思惟 능력이 있어서 그렇게 하는 것은 아니다.
천天은 감정을 가진 존재가 아니므로 어떤 것을 특히 좋아하거나 미워
함이 없이 공평무사할 뿐이다.

특히 사람의 입장에서 볼 때 가장 직접적으로 자신에게 영향을 미치
는 존재는 인간사회인데, 이 인간사회는 대물천對物天 중의 일부一部이
며, 이들이 형성한 여론이 나에게 영향을 미칠 때 그것은 천명天命이다.
여기서도 물론 위에서 말했던 리명理命, 기명氣命, 정명正命, 비정명非正
命 등을 모두 적용하여 말할 수 있다. 주자가 말하는 천天이나 천명天命
등은 이와 같은 것이며, 주자설朱子說의 입장에서 보면 공맹孔孟의 천관
天觀이나 천명설天命說도 이와 같을 뿐이다.

생각건대 주자의 천설天說과 명설命說은 결국 주자의 우주관이다. 즉
천天이 곧 우주이고, 천天이 운동·변화하는 중에 그 안에 존재하는
것들에게 미치는 영향이 바로 천명天命이다. 이러한 천天과 천명 속에서
인간은 어떻게 살아가고 있으며, 또 어떻게 살아가야 하는가 하는 것이
문제이다. 주자는 이러한 우주론 위에 자신의 성리설性理說을 정합적整
合的으로 체계화하였다.

제5장
주자朱子의 리설理說

▌개요▌

리理는 사물이 그 길로부터 왔고, 또 그 길로 가는 최적노선最適路線이며 최선노선最善路線이다. 또 현재 가고 있고 또 앞으로도 가야 하는 최적노선이다. 이상은 체용론으로 말한 것이다. 또 리理는 사물의 존재가치이다. 이는 두 가지 의미를 포함하는데, 하나는 어떤 사물이 가진 존재이유이며, 다른 하나는 존재이유에 적합한 존재방식이다. 이상은 현미론顯微論으로 말한 것이다. 체體에서 용用으로 유행流行한 최적노선(리理)은 사물이 존재한 이후에는 그 사물의 존재가치로 전환한다. 역逆으로 용用인 사물에 있어서의 존재가치(리理이며 그 사물의 골자)는 선행先行하는 체體에서 온 것이다. 최적노선과 존재가치는 완전히 동일同一한 것이며, 보는 관점에 따라 다르게 말한 것뿐이다.

체용론으로 말하면 최초 최고의 체體를 우주천으로 할 때 그 천天에는 천성天性이 있고, 그 천성天性 속에는 많은 리理가 있다. 이 천이 시간의 변화와 더불어 자신의 성性을 수행해 가는 모든 길이 도道이고, 그 성性과 도道 중에 있는 가닥 가닥의 최적노선이 리理이다. 그래서 천성天性 속의 일리一理가 만물萬物·만사萬事로 유행·발현한다.

리理가 먼저 놓여 있으므로 그 리理를 갈 수 있는 물건이 생겼고, 그 리理를 받아 생긴 물건은 타자와 더불어 리理 위에서 작용과 반작용을 한다. 천天은 그 물건이 그 리理를 갈 수 있도록 그런 모습, 재질才質, 물리력物理力, 물리법칙物理法則 등을 부여하였다.

한편 현미론으로 말하면 어떤 사물의 모습, 재질, 물리력, 물리법칙 등의 체질體質 속에는 골자骨子로서의 리理가 있다. 리理를 가진 사물은 언제나 존재가치를 가지는데 거기에는 존재이유와 정해진 존재방식이 있다. 어떤 사물은 이런 모습, 재질, 물리력, 물리법칙을 체질로 가졌기 때문에 그런 리理, 즉 존재가치를 가진다.

I. 문제제기問題提起

오늘날 주자철학朱子哲學을 형식논리적形式論理的인 방법으로 해명하고자 하는 노력을 다각적으로 시도하고 있다. 중국의 로사광勞思光은 주자朱子의 리理를 '시공時空의 결정決定을 초월超越한 형상形相 및 법칙法則'[1]으로 정의定義하였다. 또 이 리理는 '개별의個別義(일물지리一物之理)'와 '공동의共同義(공공지리公共之理)'가 있는데, 일물지리一物之理(성性)는 사물事物의 형상形相(Form)과 본질本質(Essence)에 해당하고, 공공지리公共之理(태극太極)는 순수형상純粹形相에 해당한다고 하였다. 또 공동의로서의 리理인 태극太極이 총섭總攝(총괄總括)의 뜻인지 총화總和(총합總合)의 뜻인지 명확하지 않다고 하였다. 풍우란馮友蘭은 주자의 리理는 일반一般(보편普遍)으로서 특수特殊(기氣)에 대하여 규정성規定性을 가지며, 나아가 플라톤의 이데아(Idea)나, 아리스토텔레스의 형상인形相因 및 목적인目的因과 일치一致하는 점이 있다[2]고 하였다. 또 진래陳來는 주자의 리理는 '사물事物의 본질本質과 법칙法則'으로서 아리스토텔레스의 형상形相과 유사類似한데, 형상은 주로 사물의 모습과 공통점共通點(공상共相)이 위주이며, 주자의 리理는 규범模範과 법칙法則이 위주[3]라고 하였다.

이들은 대개 주자가 사용하고 있는 논리나 설명 방법에 근거하여 이해하려는 노력을 기울이지 않고 형식논리적인 방법에 근거하여 접근하고 있다. 그렇게 하여 얻은 결론은 주자의 용어 사용이 엄밀하지 못하고, 진술에 있어서 서로 모순되는 경우가 많으며, 사실과도 부합하

---

1) 勞思光, 『中國哲學史』 第3卷 上冊(友聯出版社, 1983), 第4章 (D) 참조
2) 馮友蘭, 『中國哲學史新編』 第5冊(人民出版社, 1988), 第54章 참조
3) 陳來, 『宋明理學』(遼寧敎育出版社, 1992), 第3章 第3節 참조

지 않는 경우가 있다는 것이다. 이들은 많은 노력을 기울였음에도 불구하고 주자철학의 참된 의미를 밝혀내지 못하고, 오히려 주자철학이 논리적論理的 정합성整合性이나 엄밀성嚴密性을 갖추지 못한 것으로 단정하였다.

필자는 주자의 체용이론體用理論을 도입하여 리설理說을 분석하고자 한다. 단 본론本論에서는 주자의 리설理說을 체계적으로 서술하는 데 중점을 두고 위에서 제기한 문제들에 대해서는 결론 부분에서 재론再論하고자 한다. 이는 주자의 리설理說을 먼저 체계적으로 밝힌 다음에 그들의 주장을 검토하는 것이 편리하기 때문이다.

II. 체용론體用論으로 본 리理의 의미意味

주자는 '리理'라는 용어를 유가儒家의 체용이론體用理論을 사용하여 설명하였지, 서양철학의 형식논리를 사용하지는 않았다. 이에 체용이론을 가지고 주자의 글을 분석하여 '리理'를 설명하고자 한다.

> "리理는 한 올의 선線과 같아서 조리條理가 있다. 이 대바구니와 비슷하다." 그 위의 한 가닥을 가리키면서 말하기를, "한 가닥이 이렇게 간다." 하고, 또 다른 한 가닥을 가리키면서 말하기를, "한 가닥이 이렇게 간다. 또 대나무의 결(문紋)과 같다. 종縱으로도 하나의 리理이며, 횡橫으로도 하나의 리理이다." 하였다.4)

---

4) 朱子語類, 060209, 性理3: "理如一把線相似, 有條理, 如這竹籃子相似." 指其上行蔑曰: "一條子恁地去." 又別指一條曰: "一條恁地去. 又如竹木之文理相似, 直是一般理, 橫是一般理."

리理는 선선과 같은 것으로서 점點이나 면面과 달리 조리條理가 있다. 조리條理가 있다는 말은 대개 다음의 세 가지 의미를 포함한다. 첫째는 실타래처럼 가닥 지을 수 있다5)는 것이며, 둘째는 문란紊亂하지 않고 질서와 차례가 있다6)는 것이며, 셋째는 각 가닥은 끊어져 있는 것이 아니라 혈관血管처럼 이어져서 일정한 흐름이 있다7)는 것이다. 주자가 비유로 든 대바구니는 이러한 세 가지 의미를 모두 충족한다.

리理는 조리條理가 있는 선선일 뿐만 아니라, 무늬도 있다. 이 무늬는 주로 종선縱線과 횡선橫線으로 이루어진 정자井字 모양의 선선 무늬이다. 주자가 비유로 든 대나무의 마디는 횡적橫的인 것이고, 그 세로결은 종적縱的인 것이다.8) 위와 같이 리理를 선선에 비유하여 말할 때, 또 다음과 같은 의미가 있다고 주자는 말한다.

> 리理에는 조리條理도 있고, 무늬도 있다. 무늬가 그쪽으로 갔다면 자신도 그쪽으로 가고, 무늬가 그쪽으로 가지 않았다면 자신도 그쪽으로 가지 않는다. 반드시 무늬가 있는 곳을 찾아서 그 리理에 밀착하여 가야 한다.9)

5) 朱子大全, 404614, 答何叔京: 天理旣渾然. 然旣謂之理, 則便是箇有條理底名字. 故其中所謂仁義禮智四者, 合下便各有一箇道理, 不相混雜. 以其未發, 莫見端緒, 不可以一理名, 是以謂之渾然, 非是渾然裏面, 都無分別. 而仁義禮智, 却是後來旋次生出四件有形有狀之物也. 須知天理只是仁義禮智之摠名, 仁義禮智, 便是天理之件數.
6) 朱子大全, 301607, 答汪尙書: 其文理密察, 有條不紊乃如此.
7) 朱子語類, 060204, 性理3: 只是這箇道理, 自然血脈貫通.
8) 여기서 縱線은 個體와 그 局部가 서로 관계를 맺는 線을 의미하며, 橫線은 對等한 個體와 個體가 서로 관계를 맺는 線을 의미한다. 예를 들면 개인과 개인, 손(手)과 손, 사람과 소나무 등은 橫의 關係이고, 개인과 그의 四肢, 손과 그 손가락, 韓國民 전체와 그중의 한 사람 등은 縱的關係이다.
9) 朱子語類, 060206, 性理3: 理是有條理, 有文路子. 文路子當從那裏去, 自家也從那裏去, 文路子不從那裏去, 自家也不從那裏去. 須尋文路子在何處, 只揍

사물은 조리條理와 정자형井字形 무늬를 이루고 있는 선線을 따라간
다는 것이다. 선이 그어진 곳으로 사물이 간다는 것이다. 결국 이 선은
'노선路線'과 같다. 즉 리理는 사물이 가는 노선이다. 사물이 어느 길로
부터 왔고, 어느 길을 가며, 가야 하는가를 물을 때 그 답으로 주어지는
것이 바로 노선으로서의 리理이다.

> 아울러 (장자莊子의) '백정白丁이 소 잡는 이야기'를 논論하다가,
> "넓고 넓어서 칼날이 지나고도 남는 틈이 있다."라는 말에 이르러
> (주자는) 말하기를, "리理가 그 이름을 얻은 것은 이것 때문이다."라
> 고 하였다.10)

이 글은 주자가 장자莊子 양생주편養生主篇에 대하여 논의論議하다가
말한 내용이다. 장자가 백정의 입을 빌려 말하는 '넓은 틈'은 바로 칼날
이 지나는 통로通路이다.11) 이 통로는 칼날이 다니는 노선인데, 리理라
는 명칭은 여기서 유래하였다는 것이다.

노선으로서의 리理에 대하여 두 가지 측면을 생각할 수 있다. 하나는
어떤 사물 자신이 다니는 노선의 측면, 즉 주체적主體的인 측면에서만
고려하는 노선이며, 다른 하나는 어떤 사물이 다른 사물과 만날 때
가는 노선, 즉 주체가 객체客體와 관계를 맺을 때의 노선이다. 전자前者
는 물건物件 상에 있는 리理, 즉 물리物理(재물지리在物之理)이고, 후자後
者는 사건事件 상에 있는 리理, 즉 사리事理이다. 위의 예를 가지고 말하

著理了行.
10) 朱子語類, 1251702, 老氏: 因論庖丁解牛一段, 至恢恢乎其有餘刃曰: "理之得
名以此."
11) 周易, 224907, 繫辭上, 本義: 會謂理之所聚而不可遺處, 通謂理之可行而无所
礙處. 如庖丁解牛, 會則其族而通則虛也.

면 칼날 자신이 가는 노선의 측면에서만 말하는 리理는 칼의 물리物理
(재물지리在物之理)이고, 칼로 소를 잡을 때의 사건事件이 가는 노선의
측면에서 말하는 리理는 소를 해체하는 사리事理이다.

이 물리物理와 사리事理를 조금 더 구체적으로 말하면 다음과 같다.

> 문: 고목枯木에도 리理가 있습니까?
> 답: 조금이라도 물건物件이 있으면 곧 리理가 있다. 천天은 붓을 생生
> 한 적이 없으며, 사람이 토끼털로 붓을 만든다. 붓이 있자마자
> 곧 리理가 있다.12)

리理는 어떤 물건이 가는 노선이다. 그 물건은 자연물自然物일 수도
있고 인공물人工物일 수도 있다. 또 생명을 가진 물건은 물론 생명을
갖지 않은 무생물에도 리理가 있다. 결국 우주 안에 있는 모든 물건에는
리理가 있다. 또 유기적有機的으로 짜인 하나의 완전한 물건에만 리理가
있는 것이 아니라 그 물건의 한 국부局部에도 리理가 있다.

> 천지만물天地萬物 중에 리理가 있지 않은 것은 없다. 손에는 손의
> 리理가 있고, 발에는 발의 리理가 있다. 손으로 들지 않고 발로 가지
> 않는다면 어떻게 그 리理를 다할 수 있겠는가.13)

리理는 한 독립체獨立體로서의 사람 속에 있는 것은 물론 그 신체身體
의 일부인 손이나 발에도 있다. 이는 두 가지 측면에서 생각할 수 있다.
하나는 한 독립체의 국부도 역시 각각 독립성을 가진다는 것이며, 다른

---

12) 朱子語類, 040807, 性理1: 問枯槁有理否? 曰: 才有物, 便有理. 天不曾生箇筆,
   人把兔毫來做筆, 才有筆, 便有理.
13) 朱子語類, 151605, 大學2: 天地萬物, 莫不有理. 手有手之理, 足有足之理, 手
   足若不擧行, 安能盡其理.

하나는 독립체인 사람도 결국 우주 전체에서 보면 하나의 국부라는 것이다. 이를 종합하면 최상最上의 독립체는 우주이며, 그 속에 있는 모든 것은 모두 각기 독립성을 유지하는 우주의 국부들이라는 것이다. 그래서 전체나 그 국부는 모두 각자 노선을 가지는 것이다. 이것이 물리物理이다.

한편 하나의 주체主體가 타자他者를 만나 적극적으로 관계를 맺는 측면을 위주로 하면 사건이 되는데, 이 사건도 나름대로 노선을 가진다.

> 천하의 사건事件(일)은 크건 작건, 어둡건 밝건 리理가 있지 않은 곳이 없다. 리理 없는 사건도, 사건 없는 리理도 있지 않으니, 안과 밖으로 말할 수 없다.[14]

물건과 물건이 만나더라도 각자各自가 독립적으로 존재할 뿐 적극적으로 관계를 맺지 않을 때는 각각 물건이 되지만, 어느 하나가 주체가 되어 적극적으로 관계를 맺어 나갈 때는 상대相對는 객체가 되고, 그 관계는 처리해야 할 '일거리', 즉 사건이 된다.[15] 즉 주체가 객체를 만나면 어떤 반응을 하게 되는데, 주체의 입장에서 보면 이 반응이 바로 일, 즉 사건이 되는 것이다.[16] 예를 들어 두 사람이 서로 만났을

---

14) 朱子大全, 711806, 偶讀謾記: 天下之事, 巨細幽明, 莫不有理. 未有無理之事, 無事之理, 不可以內外言也.

15) 朱子語類, 150105, 大學2: 眼前凡所應接底都是物. 事事都有箇極至之理, 便要知得到.

16) 朱子大全, 582719, 答陳器之: 蓋四端之未發也, 雖寂然不動, 而其中自有條理, 自有間架, 不是儱侗都無一物. 所以外邊感, 中間便應. 如赤子入井之事感, 則仁之理便應, 而惻隱之心, 於是乎形. 如過廟過朝之事感, 則禮之理便應, 而恭敬之心, 於是乎形. 蓋由其中間衆理渾具, 各各分明. 故外邊所遇, 隨感而應, 所以四端之發, 各有面貌之不同.

때 어느 한 사람이 아버지를 만났다고 한다면 자신은 아들이 되고 이 양자兩者는 부자父子 관계가 된다. 여기서 독립적인 '두 사람'을 별개別個로 보면 그들은 각각 '사람'이라는 물건이 되고, 부자 관계를 맺은 측면에서 보면 사건이다. 그러나 이것은 상대적이며 정도程度의 문제이다. 즉 양자兩者가 만나 어느 정도의 관계도 맺지 않는 때는 없으므로 물건은 객체가 아직 다가오지 않아서 주체의 반응을 불러일으키지 않은 경우를 말하는 것이며, 사건은 어떤 객체가 주체와 일정한 관계를 맺으며 다가와 주체의 반응을 불러일으키는 경우를 말하는 것이다.

여기서 주체가 객체를 상대하러 갈 때 가는 길이 사건의 노선이며, 이것이 사리이다. 단 사리는 물건의 리理 속에 이미 포함되어 있다. 왜냐하면 물건의 리理는 통체統體로는 말할 수 있으나 일사一事(부분部分)로서는 말할 수 없기 때문이다. 즉 사람의 리理 속에는 이미 신하, 아들, 동생, 친구로서의 리理도 포함되어 있다. 여기서 상대가 임금이면 자신은 신하가 되고, 아버지이면 아들이 되고, 형이면 동생이 되고, 친구이면 자신도 친구가 된다.[17] 입장이 달라질 때마다 가는 노선이 각각 달라진다. 이것이 사리이며, 이는 주체가 객체와 만나는 길이요 노선이다. 이처럼 통체와 일사가 나뉘고, 통체가 일사를 포함하는 것은 주체와 객체의 입장을 바꿔도 마찬가지이다. 결국 사리는 물건의 리理 중에서 구체적인 경우의 노선이다. 그러므로 사리는 물건의 리理 속에 포함된다. 따라서 물건의 리理는 체體이고 사리는 용用이다.[18]

생각건대 리理는 노선이니, '사事·물物'이 가는 길이다. 이 노선은

17) 朱子語類, 070117, 學1: 小學是事, 如事君事父事兄處友等事, 只是教他依此規矩做去. 大學是發明此事之理.
18) 大學章句, 07板01小: 問事物何分別? 朱子曰: 對言則事是事, 物是物. 獨言物, 則兼事在其中……以己之一物, 對天下之萬物, 便有簡內外本末.

조리가 있고, 종횡縱橫으로 교차되어 있다. 그런데 노선으로서의 리理는 정태적靜態的인 것이 아니라 동태적動態的이다. 형식논리학에서 말하는 개념槪念은 타자他者와 관계가 없고, 오직 자신이 보편적이고 필연적必然的으로 가지는 성질이나 특징을 말한다. 즉 그 물건이 가지는 가장 중요한 '요소要素'를 위주로 한다. 그러나 리理는 물리物理이든 사리事理이든 항상 타자와의 관계 속에서 말해진다. 즉 물리란 그 리理를 담지擔持하고 있는 물건이 앞으로 어떤 상대와 만날 때 어떤 노선을 가야 하는가 하는 것을 말하는 것이므로 상대를 전제前提하지 않고는 리理를 말할 수 없으며, 사리는 이미 양자가 만나 서로 어느 한 노선을 가고 있음을 말하는 것이다.

또 개념은 사상捨象과 추상抽象이 동시에 이루어져 어떤 사물이 가진 본질적本質的 요소 중의 일부만을 표상表象하는 것이지만, 주자의 체용론體用論에서는 어느 하나도 버리지 않고 모두 포함한다. 예를 들어 사람을 '이성적理性的 동물動物'이라고 정의할 때 사람이 가진 감성적感性的이고 의지적意志的인 특징 등은 모두 버려지지만, 사람의 리理가 어떤 것이라고 할 때는 보편적이고 필연적인 것은 물론 우연적이고 특수한 것까지도 모두 포함한다. 체용론에서의 체體는 이와 같이 모든 요소를 미분화未分化된 상태로 모두 포함한다. 노선으로서의 리理도 체體인 경우는 이와 같다. 따라서 '사람'을 (보편普遍)개념槪念으로 이해할 때와 체體로서의 개체個體(물건物件)[19]로 이해할 때 그 용어 속에 포함되어 있는 내용은 큰 차이가 있다.

---

19) 朱子가 말하는 사람(人)은 각 개인 전체가 공통적으로 가지는 本質을 抽象하여 만든 槪念이 아니라, 모든 사람이 모인 하나의 集團, 하나의 個體로 본다.

III. 리理와 천天·명命·성性·도道의 관계關係

이 절節에서는 천天, 명命, 성性, 도道 등과 리理의 관계를 분명히 함으로써 리설理說이 갖는 의미를 더욱 명확히 하고자 한다.

천天과 명命은 사물事物의 이름이다. 천天은 우주천宇宙天으로서 우주 전체를 지칭하며, 명命은 천이 그 내부에 있는 만물에 대하여 끼치는 영향력影響力이다.[20] 천은 그 내부의 만물에 대하여 어떠한 일을 해야 할 것인지를 지정指定한다. 이것이 성性이다. 그러므로 『중용中庸』 수장首章에서 "천이 명령한 것을 성이라 한다."라고 하였다. 이 성은 만물의 직분職分이요 직무職務다. 즉 천으로부터 부여받은 임무任務이며, 타자他者와 분담한 역할役割이다.[21] 이 임무를 수행해 가는 길이 도道이다. 그러므로 『중용』에서 "성性대로 하는 것을 도道라 한다."고 하였다. 즉 사물이 가야 할 길은 주어진 임무의 범위 안에 있고, 자신의 임무가 아닌 일을 하는 것은 자신이 갈 길이 아니다. 이것이 도이다.[22]

각자가 맡은 임무·역할은 성이고, 그 성을 수행해 가는 길은 도이다.[23] 이렇게 볼 때 우주천도 결국 만물 중의 하나이므로 천은 천대로

20) 天命說에 대하여는 '제4장 朱子의 天命說' 참조

21) 朱子語類, 041013, 性理1: 天命之謂性, 亦是理. 天命如君之命令, 性如受職於君. 氣如有能守職者, 有不能守職者,. 某問"天命之謂性, 只是主理言. 才說命, 則氣亦在其間矣. 非氣則何以爲人物? 理何所受?" 曰: "極是極是. 子思且就總會處言, 此處最好看."

22) 朱子語類, 1001209, 邵子之書: 器之云: "若說道者性之形體, 却分曉" 曰: "恁地看, 倒了. 蓋道者, 事物常行之路, 皆出於性, 則性是道之原本."

23) 朱子語類, 621614, 中庸1: 諸家多作行道人上說, 以率性便作修爲, 非也. 率性者, 只是說循吾本然之性, 便自有許多道理. 性是箇渾淪底物, 道是箇性中分派條理. 循性之所有, 其許多分派條理卽道也. 性字通人物而言. 但人物氣稟有異, 不可道物無此理.

성과 도가 있다. 이것이 천성天性·천도天道이다. 또 우주천을 형성하는 만물은 만물대로 성과 도가 있다. 이는 각 물건에 따라 인성人性·인도人道, 우성牛性·우도牛道, 석성石性·석도石道 등이며, 이를 일반화一般化하면 물성物性·물도物道이다.[24]

여기서 성을 주고받는 명령계통命令系統을 논론論할 수 있다. 과거의 선천先天은 현재의 우주천에게 성을 명령하고, 우주천은 다시 인人·우牛·마馬 등에게 성을 명하고, 전체로서의 인人은 일개인一個人에게 성性을 명하고, 일개인一個人은 또 자신의 오장육부五臟六腑에 각각 성을 명한다.

이 각 단계의 성性에 따라 도道가 있다. 그러나 오장육부의 성性은 일개인의 성을 벗어나지 않고, 일개인의 성은 인성人性을 벗어나지 않고, 인성人性은 천성天性을 벗어나지 않는다. 이들은 각각 개체個體와 그 국부局部의 관계 속에 있다. 이때 성이나 도는 일이관지一以貫之를 말하기 곤란하다. 그러나 도의 일부인 리理는 일관一貫을 말할 수 있다.[25] 왜냐하면 성이나 도는 본래 각자의 성 전체와 도 전체를 말하는 것이지만, 리理는 처음부터 분석하여 최소 단위로 말하는 것이기 때문이다.[26] 천天의 성 속에 만 가지의 일이 있고 그 일을 각각 일리一理라고 한다면, 천도天道는 만리萬理를 묶어서 도道라 하는 것이고,[27] 천성天性은 그 만리萬理가 모여 있는 곳이다.[28] 천天의 만 가지 일 중에서 인人에

---

24) 朱子語類, 622015, 中庸1: 人與物之性皆同, 故循人之性則爲人道. 循馬牛之性, 則爲馬牛之道. 若不循其性, 令馬耕牛馳, 則失其性, 而非馬牛之道矣. 故曰通人物而言.

25) 朱子語類, 060105, 性理3: 道是統名, 理是細目.

26) 朱子大全, 遺集011118, 性理吟: 道: 如何率性名爲道. 隨事如由大路行. 欲說道中條理具. 又將理字別其名.

27) 朱子大全, 513412, 答黃子耕別紙: 道與性字, 其實無甚異. 但性字是渾然全體, 道字便有條理分別之殊耳.

게 천千 가지 일을 명하였다면 인人은 천리千理를 받아 가진 것이고, 그 천리千理를 합쳐서 인도人道라고 하는 것이다. 인人 전체가 일개인에 게 백百 가지 일을 명하였다면 일개인은 백리百理를 가진 것이고 그 백리百理를 합쳐서 모모某某의 도라고 하는 것이다. 그 이하도 마찬가지 이다.29) 천의 일리一理가 일개인에게까지 유행流行한 것이다. 여기서 일개인이 가는 길 전체는 (인人)도道이고, 그가 구체적으로 어떤 객체客 體를 만나기 위해 가는 길은 리理이다.

> 성性이 있으면 곧 많은 도리道理가 모두 그 속에 있다. 심心에 있는
> 것을 성性이라 부르고, 사건事件에 있는 것을 리理라 부른다. 30)

성은 많은 리理가 모여 있는 곳이다.31) 자신에게 명령한 자로부터 리理가 유행해 와서 성에 모였다가 일정한 상황, 즉 어떤 리理가 발현發 現해야 할 조건이 되면 그 리理가 발현하는 출발점出發點이다. 성性 속의 많은 리理 중에 어떤 일리一理가 발출發出할 것인가는 주체와 객체의 관계에 의하여 결정된다. 주체의 성 속에도 많은 리理가 있고 객체의 성 속에도 많은 리理가 있는데, 그 양자가 만날 때 어떤 리理끼리 연결할 것인가를 결정해야 한다.

---

28) 朱子大全, 410308, 答馮作肅: 蓋理便是性之所有之理, 性便是理之所會之地..

29) 朱子語類, 970716, 程子之書3: 問: "一段說性命, 下却云 '見於事業之謂理'. 理字不甚切." 曰: "意謂理有善有惡, 但不甚安." 良久又曰: "上兩句正是天命 之謂性, 下一句是率性之謂道. 中庸是就天性上言, 此是就事物上言, 亦無 害."

30) 中庸章句, 02板13小, 1章: 有是性, 便有許多道理, 總在裏許. 在心喚做性, 在 事喚做理.

31) 孟子集註, 130902, 盡心上: 此言理之本然也. 大則君臣父子, 小則事 物細微, 其當然之理, 無一不具於性分之內也.

자신이 물건의 리理가 이와 같음을 알았다면 그 리理의 자연自然함으로 인因하여 이에 응應하면 곧 내외內外의 리理가 합습하는 것을 본다. 눈앞의 사사물물事事物物에 모두 지극至極한 리理가 있다. 예를 들어 한 포기의 풀, 한 그루의 나무, 한 마리의 날짐승이나 길짐승에 모두 리理가 있다.……그 때가 아니면 한 그루 나무도 베지 않고, 한 마리 짐승도 죽이지 않으며, 배태胚胎한 것을 죽이지 않고, 어린 것을 죽이지 않으며, 둥지를 덮치지 않는다. 이것이 바로 내외內外의 리理가 합습한 것이다.32)

주자는 여기서 격물치지格物致知의 문제와 관련지어 말하였으나, 이는 자각능력自覺能力을 가진 사람을 중심으로 본 것뿐이며, 다른 만물萬物은 물론 사람처럼 자각능력을 가지고 있는 것은 아니지만 능동적能動的으로 객체와의 만남에서 리理에 맞도록 반응한다. 위의 인용문에서 '내內'는 주체이고 '외外'는 객체이다. 주체가 객체와 만나 리理를 설정設定하는 측면을 보면, 각 주체는 자신이 가진 리理와 객체가 가진 리理 중에서 상황에 맞도록 선별選別한다.

대개 어떤 물건이 타자와 만날 때 어떤 노선을 가야 할 것인지는 이미 모두 예비하고 있다.33) 그러나 어떤 노선과 노선이 연결되어야 하는가는 항상 처결處決(선택選擇·결정決定)해야 한다.

도道는 체體이고 의義는 용用이다. 정자程子가 "물건에 있는 것은 리理가 되고, 물건(의 리理)을 처결處決하는 것은 의義가 된다."고 하였으니, 도道는 물건과 내가 공동共同으로 그리고 자연스럽게 가지

---

32) 朱子語類, 151812, 大學2: 自家知得物之理如此, 則因其理之自然而應之, 便見合內外之理. 目前事事物物, 皆有至理. 如一草一木, 一禽一獸, 皆有理.……非其時不伐一木, 不殺一獸, 不殺胎, 不殀夭, 不覆巢, 此便是合內外之理.

33) 註17) 參照.

고 있는 리理이며, 의義는 결단력決斷力과 자제력自制力을 가진 내 심心
이 이 리理를 처결處決하는 것이다.34)

도가 체體라는 것은 도는 '미분화未分化된 전체(통체統體)'로서 모든
리理를 이미 내부에 포함하고 있다는 것이며, 의義가 용用이라는 것은
그 도 중의 일리一理가 어떤 사건을 만나 유행流行·발현發現한다는 것
이다. 이제 성과 관련지어 말하면 성 속에는 이미 모든 방향으로 갈
노선이 가닥 지어져 있다. 이 가닥 지어진 노선이 성 속의 리理로서
이는 조리條理와 무늬가 있다. 이것이 성즉리性卽理의 의미이기도 하다.
즉 성즉리는 성과 리理가 동일개념同一槪念이라는 것이 아니라, 성 속에
있던 리理가 성을 기점起點으로 하여 유행·발현한다는 것이며, 성(임
무)에 의해 그 물건이 갈 노선이 정해진다는 것이다. 성이 미발未發의
상태로 있을 때는 단지 많은 리理를 내부에 포함하고 있는 것이며,
어떤 사건을 만나 성 속의 일리一理가 발현할 때 비로소 리理라고 한다
는 것이다. 그러나 미발未發의 상태로 성 속에 있는 리理(체體)와 사건을
만나 발현하는 리理(용用)는 본래 일원一源(하나의 근원)이라는 것이
다.35)

또 위 인용문에서 '물건에 있는 리理'는 객체의 성 속에 있는 리理를
말한다. 그런데 나의 성에도 많은 리理가 있고 객체의 성에도 많은
리理가 있으니 그중에서 어떤 리理가 발현되어야 하는가는 주어진 상황
에 따라 선택·결정되어야 한다. 이것이 바로 처물위의處物爲義이다. 예
를 들어 아버지는 사람으로서 많은 임무를 가지고 있으며, 그중에는

---

34) 朱子語類, 523307, 孟子2: 道是體, 義是用. 程子曰: "在物爲理, 處物爲義."
道則是物我公共自然之理, 義則吾心之能斷制者, 所用以處此理者也.
35) 朱子語類, 050116, 性理2: 性卽理也. 在心喚做性, 在事喚做理.

자식을 자애慈愛할 임무가 있다. 그러나 자애慈愛한다는 것도 매우 포괄
적인 말이다. 이것을 구체화하기 위해서는 자식이 가지고 있는 리理가
무엇인가를 분석해야 한다. 즉 자식이 어떤 노선으로 갈 수 있고 가려
하는가를 알아서 이 상황에 맞게 처결하는 것이 자식을 자애하는 것이
다. 이것이 또한 위에서 말하는 합내외지리合內外之理이다. 여기서 문제
가 되는 것은 아버지가 가진 리理와 자식이 가진 리理 중에서 서로
일치하는 리理가 있는가이다.36) 예를 들면 자식이 돈을 필요로 하고
아버지가 돈을 가지고 있다면 이는 서로 일치된 노선을 갈 수 있다.
아버지가 자식에게 돈을 줄 리理가 없고, 자식이 아버지로부터 돈을
받을 리理가 없다면 양자는 서로 돈 때문에 만날 리理는 없는 것이다.

이 절節에서 천天→명命→성性→도道로 유행流行하는 과정過程을 말한
것은 '유행체용론流行體用論'에 입각하여 체體(통체統體) 속의 일리一理
가 용用(일사一事)인 만물萬物로 유행하는 모습을 말한 것이다.

Ⅳ. 사물事物의 골자骨子로서의 리理

리理가 노선을 의미할 때 그것이 사물에 대하여 어떤 역할을 하는지
를 고찰하고자 한다. 여기서는 이미 사물이 존재한 이후에 그 사물에
대하여 논의하는 것이므로 현미론顯微論이 적용된다.

---

36) 朱子語類, 970703, 程子之書3: 問: "性卽理" 如何? 曰: "物物皆有性, 便皆有
其理." 曰: "枯槁之物, 亦有理乎?" 曰: "不論枯槁, 他本來都有道理." 因指案
上花瓶云: "花瓶便有花瓶底道理. 書燈便有書燈底道理. 水之潤下, 火之炎
上, 金之從革, 木之曲直, 土之稼穡, 一一都有性, 都有理. 人若用之, 又著順他
理始得. 若把金來削做木用, 把木來鎔做金用, 便無此理."

> 천하天下의 물건에는 반드시 각각 그러한 까닭(연고然故)과 당연當
> 然한 준칙準則이 있으니 이른바 리理이다. 37)

천하天下의 모든 물건에는 각각 소이연所以然과 소당연所當然이 있으
니, 이것이 리理이다. 소이연은 까닭·원인原因이니 어떤 물건이 왜 존재
하는가 하는 존재이유·존재근거이며, 소당연所當然은 준칙準則·당위當
爲이니 어떤 물건이 어떤 모습으로 존재해야 하는가 하는 존재방식
·존재규범이다. 즉 모든 사물에 리理가 있다는 것은 모든 사물에 각각
존재이유와 존재방식이 있다는 것이다.

노선으로서의 리理가 어떻게 사물의 존재이유와 존재방식의 역할을
하는가 하는 문제를 조금 더 자세히 밝히고자 한다.

> 이 리理가 있으면 비로소 이 사물事物이 있다. 비유하자면 초목草木
> 의 씨앗이 있으면 비로소 거기서 초목草木이 자라나며, 사람이 이런
> 마음을 가지고 그 일을 하면 비로소 그 일을 이루는 것과 같다. 만일
> 이런 마음이 없다면 어떻게 이 일을 이룰 수 있겠는가. 38)

리理는 만물萬物에 대하여 생물生物의 씨앗과 같은 역할을 한다. 씨앗
속에는 그 생물이 무엇으로 어떻게 자라나서 무슨 일을 할 것인가 등의
모든 정보情報가 담겨 있다. 마찬가지로 모든 사물이 가진 리理에도
이러한 정보情報가 모두 들어 있다. 그러나 그 정보는 구체적으로 자세
히 써 놓은 것이 아니라 하나의 노선을 제시할 뿐이다. 그러나 그 노선

---

37) 大學或問(景文社), 11板15: 至於天下之物, 則必各有所以然之故, 與其所當
   然之則, 所謂理也.
38) 朱子語類, 131717, 學7: 有是理, 方有這物事. 如草木有箇種子, 方生出草木.
   如人有此心去做這事, 方始成這事. 若無此心, 如何會成這事.

으로부터 그 모든 것을 연역演繹해 낼 수 있다. 이는 사람이 어떤 물건을 만들려고 할 때, 그 물건의 노선, 즉 용도用途가 결정되면 부수적附隨的인 것들은 그로부터 연역하여 결정할 수 있는 것과 같다. 예를 들어 글씨 쓸 붓이 필요하다고 생각하면, 그 크기, 모양, 재료材料 등은 그 용도에 따라서 결정된다. 결국 어떤 사물의 노선 속에는 그러한 모든 정보가 들어 있는 것과 마찬가지이다. 그런데 노선이란 어떤 사물 자신이 결정하는 것이 아니라 선재先在하는 천天이 결정하여 부여하는 것이다. 천이 결정한 노선은 사물 자신自身의 존재이유가 된다. 여기서 노선은 어떤 사물의 존재 이전以前부터 이후以後까지 변함없이 일관一貫하는 측면을 체용론體用論으로 말하는 것이고, 존재이유는 어떤 사물이 이미 존재한 이후에 왜 존재하는가를 현미론顯微論으로 말하는 것이다.

나아가서 노선은 그 사물이 생긴 이후에 어떻게 존재해야 할 것인가 하는 존재방식도 결정한다.39) 즉 초목草木의 씨앗 속에는 자라난 이후에 초목이 어떤 일이나 작용作用을 하면서 살아갈 것인가 하는 정보까지도 담고 있고, 사람이 어떤 용도로 만든 물건은 어떤 방식으로 존재할 것인가도 결정되어 있는 것과 같다. 그런데 존재방식은 그 존재이유와 일치한다. 왜냐하면 모든 사물은 존재이유에 맞는 방식으로 존재해야 하기 때문이다. 따라서 소이연과 소당연은 그 내용에 있어서 항상 서로 일치한다.40)

그 갈 노선에 적합하게 만들어진 물건은 그 노선을 갈 수 있고, 그렇게 하는 것이 자연스러우므로 필연적으로 그 노선을 가게 된다. 이것이

---

39) 朱子語類, 230302, 論語5: 此事此物當然之理, 必有所從來. 知天命, 是知其所從來也. 上蔡云: '知性之所自出, 理之所自來', 最好.

40) 朱子大全, 524509, 答汪長孺別紙: 見得不容已處, 便是所以然.(不容已處는 곧 所當然處이다.)

리理의 능연能然(그렇게 할 수 있다), 자연自然(저절로 그렇다), 필연必然 (반드시 그렇다)이다. 나아가 이런 존재이유를 가지고 있는 물건이 어떤 상황을 만나 그 노선을 거부하거나 변개變改하려는 것은 자신의 존재이유, 존재근거를 부정하는 것이므로 마땅히 그 노선을 가야 한다. 그것만이 자신의 존재이유를 충족하는 것이고, 또 자신이 할 수 있는 일은 그것뿐이므로 그 노선을 가는 것이 자연스럽기 때문이다. 이것이 리理의 자연성自然性과 당연성當然性이다.41) 그러나 리理는 항상 이 네 측면을 겸兼한다.42)

다음에서 소이연과 소당연, 즉 존재이유와 존재방식에 대하여 조금 더 고찰하고자 한다.

> 무릇 일(사건事件)에는 진실로 '마땅히 그렇게 해야 하고 그렇게 하지 않는 것을 용납할 수 없는 것'이 있다. 그러나 또 마땅히 그 까닭은 무엇인가를 탐구探求해야 한다. 그 까닭(소이연所以然)은 리理이다. 리理가 이와 같으므로 바꿀 수 없다. 또 예를 들어 사람에게는 어린애가 우물에 빠지려는 것을 보면 모두 깜짝 놀라고 측은해 하는 마음이 있다. 이것이 그 일의 '마땅히 그렇게 해야 하고 그렇게 하지

---

41) 朱子大全, 574319, 答陳安卿: (理有能然, 有必然, 有當然, 有自然處, 皆須兼之. 方於理字, 訓義爲備否? 且擧其一二, 如惻隱者, 氣也. 其所以能是惻隱者, 理也. 蓋在中有是理然後. 能形諸外爲是事. 外不能爲是事, 則是其中無是理矣, 此能然處也. 又如赤子之入井, 見之者, 必惻隱, 蓋人心是箇活底. 然其感應之理必如是, 雖欲忍之, 而其中惕然, 自有所不能以已也. 不然則是槁木死灰, 理爲有時而息矣, 此必然處也. 又如赤子入井, 則合當爲之惻隱, 蓋人與人類, 其待之理, 當如此, 而不容以不如此也. 不然則是悖天理, 而非人類矣, 此當然處也.……又如所以入井而惻隱者, 皆天理之眞, 流行發見, 自然而然, 非有一毫人爲預乎其間, 此自然處也.)

42) 朱子大全, 574503, 答陳安卿: (能然必然者, 理在事先. 當然者, 正就事而直言其理. 自然, 則貫事理言之也. 四者皆不可不兼該)

않는 것을 용납할 수 없는 것'이다. 그러나 그렇게 한 까닭이 무엇인
가 하는 데는 반드시 바꿀 수 없는 도리道理가 있다.[43]

어떤 물건이 이미 존재하게 되면 그는 다른 물건을 만나 서로 관계를
맺으면서 일(사건事件)을 시작한다. 어떤 물건이 다른 물건에 대응하는
데는 일정한 방식이 있다. 그러나 그 방식은 이미 주어져 있는 것이지
자의적恣意的으로 선택할 수 있는 것은 아니다. 이것이 당위성當爲性이
며, 그 사건의 준칙準則이다. 또 이는 그렇게 하지 않고는 못 배기는
자연성自然性이다.[44] 그러나 여기에는 반드시 이유가 있으며, 그 이유
는 바꿀 수 없다. 그런 존재방식, 대응방식對應方式이 바로 자신의 존재
이유이기 때문이다. 그런데 자신의 존재이유는 자신이 결정하는 것이
아니라 선천적先天的으로 천天이 결정한 것이기 때문에 후천적後天的으
로 바꿀 수 없는 것이다. 존재이유, 존재근거, 존재방식, 대응방식 등은
모두 리理가 사물 속에서 가지는 역할役割이며, 리理의 의미意味이다.
현미론顯微論으로 말하면 사물事物의 형체形體는 체질體質이고, 그 사물
의 존재이유·존재방식은 골자骨子이다.

---

43) 朱子語類, 183305, 大學5: 凡事固有所當然而不容已者, 然又當求其所以然者
何故. 其所以然者, 理也. 理如此, 故不可易. 又如人見赤子入井, 皆有怵惕惻
隱之心, 此其事所當然而不容已者也. 然其所以如此者何故, 必有箇道理之
不可易者.
44) 朱子語類, 183209, 大學5: 理之所當爲者, 自不容已. 孟子最發明此處. 如曰:
"孩提之童, 無不知愛其親, 及其長也, 無不知敬其兄," 自是有住不得處.

V. 리理와 물리법칙物理法則의 관계

이 절節에서는 어떤 물건이 이미 존재한 상태에서 그 물건이 가지는 자연적自然的 물리법칙物理法則과 노선으로서의 리理와의 관계를 고찰하고자 한다.

> 의식衣食·동작動作은 다만 물건物件이며 그 물건의 리理가 곧 도道이니, 물건을 가지고 바로 도道라고 부르면 안 된다. 또 예를 들어 이 의자椅子에는 네 짝의 다리가 있어서 앉을 수 있으니, 이것이 의자의 리理이다. 만일 다리 한 짝을 제거하면 앉을 수 없으므로 곧 그 의자의 리理를 잃을 것이다. 형이상形而上은 도道가 되고 형이하形而下는 기器(그릇)가 된다는 것은 이 형이하의 기器 중에 문득 그 형이상의 도道가 있다는 것을 말하는 것이다. 만일 형이하의 기器를 가지고 형이상의 도道로 만들면 안 된다.[45]

여기서 주자가 '물物'이라고 한 것은 물리법칙物理法則에 의해서 작용作用·반작용反作用하는 것을 의미하고, '도道'라고 한 것은 리理를 말한다. 추우면 옷을 입고, 배고프면 먹는 것은 사람이 살아가는 방식이며, 물리법칙의 지배 아래 있는 것으로서 육체肉體를 가진 인간이 피할 수 없는 필연법칙必然法則이다. 그러나 물리법칙에 따르는 행위가 곧 리理대로 가는 것은 아니다. 물리법칙은 오히려 다양한 가능성을 가지고 있다. 즉 옷이나 음식은 언제 어디서 무엇을 어떻게 입고 먹어야

---

45) 朱子語類, 622218, 中庸1: 衣食動作只是物, 物之理乃道也. 將物便喚做道, 則不可. 且如這箇椅子有四隻脚, 可以坐, 此椅之理也. 若除去一隻脚, 坐不得, 便失其椅之理矣. 形而上爲道, 形而下爲器. 說這形而下之器之中, 便有那形而上之道. 若便將形而下之器 作形而上之道, 則不可.

하는가 하는 문제 등이 있다. 추우면 입어야 하고, 배고프면 먹어야 하는 것은 피할 수 없는 물리법칙이지만 거기에는 아직도 많은 선택의 여지餘地가 있다. 많은 선택지選擇肢 중에서 오직 하나만이 최적最適·최선最善의 것이며 그것만이 리理이다.

여기서 사람과 음식이 만나 일으키는 사건事件(일)에는 언제나 사리事理가 있는데, 이 사리는 주체인 사람이 가지고 있는 리理와 객체인 대상對象이 가지고 있는 재물지리在物之理(물리物理)가 만날 때 어떤 리理끼리 연결할 것인가는 선택의 문제이다. 물론 여기에는 선택할 수 있는 경우와 선택할 수 없는 경우가 있으나, 선택할 수 없을 때는 그것이 바로 리理이고 선택할 수 있는 경우에는 그중에서 최적最適·최선最善의 것이 리理이다.

어느 것이 가장 적절適切하고 최선最善인가 하는 문제는 고려해야 할 요소가 많으나 기본적으로 말할 수 있는 것은 양자의 존재이유가 무엇인가를 분석하여, 양자의 존재이유가 모두 충족되도록 하는 것이라고 할 수 있다. 다만 언제나 물리법칙이 허용하는 범위 안에서의 선택이라는 점이다. 물리법칙이 허용되지 않는 곳에는 리理도 없다. 형이하의 기물器物 속에 리理가 있다는 것은 이를 포함하여 말하는 것이다. 즉 물리법칙을 떠나 존재하는 물건은 없으므로 기氣, 기器, 물건物件은 단순히 물질로 이루어진 덩어리만을 말하는 것이 아니라, 물질과 그것에 적용되는 물리법칙까지 포함한다.[46]

생각건대 의자의 모양과 그 물리력物理力을 생각해 보면 튼튼한 네

---

46) 단 氣는 理에 상대되는 용어로서 純 物質的인 것을 주로 指稱하나, 物理法則이나 理를 완전히 배제한 純氣로 말하기는 곤란하다. 器는 物質과 그 物理法則을 포함할 때 주로 사용하며, 物은 氣와 理를 모두 포함하는 경우에 주로 사용한다.

다리와 넓적한 편목으로 되어 있어서 사람이 그 위에 앉는 것 외에도 때로는 몽둥이를 대신하는 무기로 사용할 수 있고, 마른 나무로 되어 있으므로 장작長斫 삼아 불을 땔 수도 있다. 이것은 의자가 여러 가지 능력能力(물리력物理力)을 가지고 있기에 가능한 일이다. 물리력物理力과 물리법칙의 측면에서만 보면 의자는 여러 노선을 갈 수 있으나 사람과의 관계 속에서 최적·최선의 노선은 하나이다. 사람과 의자, 그리고 제3의 할 일 등의 관계를 종합적으로 검토해 보면 의자는 사람이 거기 앉아서 일하는 것이 가장 적절하고 가장 좋다. 이렇게 할 때만 의자의 존재이유가 충족되며, 다른 방식으로 이용되는 것은 의자의 존재이유가 아니다. 그러므로 의자의 최적노선, 즉 리理는 사람이 앉는 것이다.

여기서 의자의 '존재가치存在價値'를 생각할 수 있다. 의자가 갈 수 있는 여러 가지 길(물리법칙物理法則) 중에서 사람이 앉는 것이 가장 가치 있는 일이고 그것이 의자의 존재이유라는 것이다. 만일 실내室內에 있는 의자가 그런 존재가치를 갖지 않았다면 거기 있을 이유가 없는 것이다.

어떤 물건이 자신의 존재이유를 충족하는 방향으로 작용할 때 비로소 가치 있는 것이 되고, 그것이 바로 리理라는 것이다. 그러므로 어떤 물건이 존재할 가치를 갖기 위해서는 반드시 그 존재이유에 맞아야 하며, 또 그런 방향으로 작용作用(존재방식)해야 한다. 그러므로 리理는 체용론體用論으로 말하면 최적노선이며, 현미론顯微論으로 말하면 존재가치이다.

한편 의자의 다리 하나가 부러졌을 때도 거기에 리理가 있는가. 이런 문제와 관련하여 주자는 다음과 같이 말한다.

> 마른 물건에 생의生意가 없다고 하면 좋으나 생리生理가 없다고

하면 안 된다. 예를 들어 썩은 나무는 쓸모가 없고, 다만 아궁이에 넣을 수 있을 뿐이니, 이는 생의生意가 없다. 그러나 어떤 나무를 불에 태우면 이 어떤 기氣가 역시 각각 다르다. 이것은 이 리理가 원래 이런 것이다.[47)]

썩은 나무에도 리理가 있다고 하였으니, 의자의 한 다리가 부러졌을 때도 리理[48)]가 있는 것은 당연하다. 결국 왜 썩었고, 왜 다리가 부러졌는가를 따져서 그 존재이유를 물어야 한다. 그렇게 한 천天은 이미 그에게 성性을 부여하였을 것이기 때문이다. 인간의 입장에서 보면 무가치無價値한 것처럼 보이더라도 다른 물건들의 입장에서 보면 충분한 존재가치가 있는 것도 있다. 그러므로 주자는 마른 나무를 태울 때 각기 다른 냄새가 난다고 하였다. 서로 다른 냄새가 난다는 것은 결국 각기 다른 리理가 있기 때문이라는 것이다. 궁극적으로 이 세상에 존재이유와 존재가치가 없는 것은 하나도 없다는 것이며, 이것을 리理라고 하는 것이다.

또 하나 여기서 생각해야 할 것은 물리物理(재물지리在物之理)와 사리事理(재사지리在事之理)의 문제이다. 위에서 의자, 부채, 사람 등의 리理는 각각 재물지리의 측면에서 말하였다. 그러나 이는 상대가 없는 입장에서는 존재이유를 말할 수 없다. 즉 사람은 비인간非人間들에게 그 존재가치를 인정받고, 의자나 부채는 사람에 의하여 존재가치를 인정받는다. 또 어떤 다른 물건도 역시 타자로부터 그 존재가치를 인정받는다.

---

47) 朱子語類, 040803, 性理1: 枯槁之物, 謂之無生意, 則可. 謂之無生理, 則不可. 如朽木無所用. 止可付之爨竈, 是無生意矣. 然燒甚麼木 則是甚麼氣 亦各不同 這是理元如此.
48) 물론 다리가 부러지기 전의 椅子가 가졌던 理와는 다른 理임.

그런데 어떤 물건이든 자신이 일정한 물리법칙에 따라 작용함으로써 존재가치를 인정받는다. 만일 그런 물리법칙에 따라 존재하는 물건이 아니라면 리理도 있을 수 없다. 그러나 우주 간의 어떤 물건도 물리법칙에 따르지 않는 물건은 없으므로 그들은 모두 리理를 갖는 것이기도 하다. 다만 리理는 존재가치이기 때문에 그 물리법칙에 따라 작용하는 방식 중에서 최적·최선의 것이 바로 리理이다. 그러나 어느 것이 최적·최선의 것인가를 판정하는 것은 그 물건을 자신의 상대로 삼아서 존재가치를 평가하는 자가 결정할 문제이다. 즉 존재가치를 담지擔持하고 있는 물건 자신이 독립적으로 자신의 존재가치를 평가할 수는 없는 것이다.

어느 노선이 최적·최선인가 하는 것은 항상 우주천宇宙天이나 대물천對物天의 입장에서 판단되어야 한다. 이것이 천리天理와 인욕人欲의 차이이다. 자주적自主的인 능력이 없는, 즉 순수하게 물리법칙에 따라서 작용作用과 반작용反作用을 하는 무생물無生物은 항상 자신의 최선의 노선으로 간다. 그러나 자주적自主的인 선택력이 있는 동물, 그중에서도 특히 인간은 자기 자신에게만 최선인 방식으로 작용·반작용하는 경우가 있다. 이것은 자신의 물리력과 물리법칙만을 고려한 것이며, 천天의 입장에서 자신의 존재이유나 존재가치를 고려하지 않은 것이다.

VI. 결론結論

1. 결어結語

리理는 사물이 그 길로부터 왔고, 또 그 길로 가는 최적노선最適路線

이며 최선노선最善路線이다. 또 현재 가고 있고 또 앞으로도 가야 하는 최적노선이다. 이상은 체용론으로 말한 것이다. 또 리理는 사물의 존재가치이다. 이는 두 가지 의미를 포함하는데, 하나는 어떤 사물이 가진 존재이유이며, 다른 하나는 존재이유에 적합한 존재방식이다. 이상은 현미론으로 말한 것이다. 체體에서 용用으로 유행流行한 최적노선(리理)은 사물이 존재한 이후에는 그 사물의 존재가치로 전환한다. 역逆으로 용用인 사물에 있어서의 존재가치(리理이고 그 사물의 골자)는 선행先行하는 체體에서 온 것이다. 최적노선과 존재가치는 완전히 동일同一한 것이며, 보는 관점에 따라 다르게 말한 것뿐이다.

체용론으로 말하면 최초 최고의 체體를 우주천으로 할 때 그 천天에는 천성天性이 있고, 그 천성 속에는 많은 리理가 있다. 이 천이 시간의 변화와 더불어 자신의 성性을 수행해 가는 모든 길이 도道이고, 그 성과 도道 중에 있는 가닥 가닥의 최적노선이 리理이다. 그래서 천성天性 속의 일리一理가 만물萬物·만사萬事로 유행·발현한다.

리理가 먼저 놓여 있으므로 그 리理를 갈 수 있는 물건이 생겼고, 그 리理를 받아 생긴 물건은 타자와 더불어 리理 위에서 작용과 반작용을 한다. 천天은 그 물건이 그 리理를 갈 수 있도록 그런 모습, 재질才質, 물리력, 물리법칙을 부여하였다.

한편 현미론顯微論으로 말하면 어떤 사물의 모습, 재질, 물리력, 물리법칙 등의 체질體質 속에는 골자骨子로서의 리理가 있다. 리理를 가진 사물은 언제나 존재가치를 가지는데 거기에는 존재이유와 정해진 존재방식이 있다. 어떤 사물은 이런 모습, 재질, 물리력, 물리법칙을 체질로 가졌기 때문에 그런 리理, 즉 존재가치를 가진다.

2. 제가설諸家說 비판批判

앞에서 제기한 문제를 차례대로 검토하고자 한다. 먼저 노사광勞思光은 주자의 리理를 '시공時空의 결정決定을 초월超越한 형상形相 및 법칙法則'이라고 정의하였는데, 이는 아래와 같이 몇 가지로 나누어 검토할수 있다.

첫째 시공의 결정을 초월한다는 것은 시공의 제약을 받지 않는 보편성普遍性과 필연성必然性을 말하는 것인데, 리理가 기氣를 주재主宰하는 측면에서 볼 때 지극히 타당하다. 그러나 여러 노선 중에서 최적·최선의 노선을 리理로 한다는 측면에서 보면 시공의 제약을 받지 않는다는 말은 오히려 오해를 가져올 소지素地가 있다. 어떤 사물이 가지고 있는 리理는 언제 어디서나 필연적으로 하나뿐인 것은 아니다. 사물에는 많은 리理가 있는데, 그 사물이 처處한 상황에 따라 최적의 리理가 유행·발현한다. 그러므로 주자의 리理를 아리스토텔레스의 형상形相이나 플라톤의 이데아처럼 항상 동일同一한 보편자普遍者나 본질本質로 해석하는 것은 무의미無意味하다. 왜냐하면 리理가 기氣로부터 규정規定당하는 것은 아니지만 리理 자체自體는 상황에 따라 달라질 수있기 때문이다.

둘째, 아리스토텔레스의 '형상'은 사물의 모습과 구조構造 및 그 기능機能을 가리키며, 이는 운동運動·생성生成의 4원인 중 하나이며, 작용인作用因 및 목적인目的因과 일치할 수 있다.49) 이것이 주자의 리理와 다른점은 다음과 같이 세분하여 말할 수 있다.

---

49) 아리스토텔레스의 철학은 『아리스토텔레스의 철학사상』(W. 브뢰커 著, 金珍 譯, 범우사, 1987.) 및 『철학자 아리스토텔레스』(J. L. 아크릴 著, 한석환譯, 서광사, 1992.)를 주로 참고하였음.

a. 형상은 직접적으로 사물의 모습과 구조 및 그 기능을 지시하지만, 리理는 사물의 모습, 구조, 기능 등을 그로부터 연역해 낼 수는 있으나 직접적으로 그런 것들을 지시하지는 않는다.

b. 형상은 요소要素 중심이지 관계關係 중심이 아니다. 형상이 목적인과 결부될 때는 관계와 전혀 무관한 것은 아니지만, 원칙적으로 타자와의 관계를 전제로 하는 것은 아니다. 그러나 리理는 어떤 사물이 다른 사물과 맺을 관계에 따라서 동태적動態的으로 그 사물의 구조나 기능 등이 결정되는 것이다. 따라서 집의 형상은 항상 동일하지만, 집의 리理는 상대相對나 상황에 따라 다를 수 있다.

c. 아리스토텔레스의 형상을 그의 목적론目的論과 연계시키면, 각 개체個體 안의 국부局部와 그 개체個體 전체全體는 목적론적으로 설명할 수 있으나, 하나의 개체와 다른 개체들 간에서는 목적론적으로 설명하기 곤란하다. 아리스토텔레스는 이 문제에 대해서 분명한 언급이 없는 것 같다. 그러나 주자의 리理는 오히려 개체와 개체 사이의 리理가 먼저 성립하고 그 다음에 개체 안의 국부와 개체 전체 사이의 관계가 성립한다. 이는 관계중심설關係中心說과 요소중심설要素中心說의 차이이다.

d. 형상이 작용인과 일치한다는 것, 즉 제작자製作者의 생각 속에 형상이 먼저 있다고 하는 것은 형상이 관념적觀念的이라는 것을 의미한다. 그러나 주자의 리理는 제작자가 왜 그런 형상을 생각하는가 하는 문제에 관한 답변으로 주어지는 것이지 그 생각 자체이거나 그 내용은 아니다. 즉 리理는 사람이나 천天으로 하여금 그런 생각을 하도록 하는 자이다.

e. 형상은 같은 사람일 경우 갑甲과 을乙이 항상 동일하다. 그러나 리理는 다를 수 있다. 갑과 을이 공동으로 가지는 리理도 있고, 개별적으

로 가지는 리理도 있다. 결국 리理는 갑이 하는 일과 을이 하는 일의 같은 점과 다른 점을 설명할 때 모두 사용할 수 있으나, 형상은 같은 점만을 설명한다.

f. 사물의 형상은 그 사물이 생성될 때까지와 그 사물이 존속하는 동안에는 적용될 수 있으나, 그 이후에 어떤 방식으로 존속해 가고 궁극적으로 어떻게 변화해 갈 것인가에 대해서는 지시하는 바가 없다. 즉 가능태可能態인 질료質料에서 현실태現實態의 사물로 생성·변화해 가는데 제일질료第一質料에는 형상이 없고, 순수형상純粹形相에는 질료가 없다. 그러나 리理는 없는 곳이 없다. 즉 돌의 리理 속에 이미 집의 리理가 함유含有되어 있고, 집의 리理 속에 집의 미래상未來象에 대한 리理도 이미 함유되어 있다. 이는 체용론으로 말하는 것이다.

g. 아리스토텔레스는 사물을 정의定義할 때 '류類'는 질료質料이고 '종차種差'는 형상이라고 하는데, 주자의 리理는 종차種差라고 할 수 없다. 왜냐하면 일물일사지리一物一事之理는 종차와 같은 측면도 있지만, 공공지리公共之理는 종차라고 할 수 없기 때문이다. 더구나 주자는 류類와 종차를 가지고 사물을 정의하지는 않는다.

h. 형상은 부분으로 나눌 수 없으나 리理는 부분으로 나눌 수 있다. 예를 들어 사람의 형상은 심장이나 손, 발 등의 형상을 포함하지 않는다. 그러나 사람의 리理는 심장, 손, 발 등의 리理를 포함한다. 사람의 리理를 말할 때는 그 국부의 리理를 종합한 전체의 리理를 가지고 말하는 것이지 그 국부인 심장, 손, 발 등의 리理를 떠나서 별도로 사람의 리理가 존재하는 것은 아니다. 즉 통체統體(전체全體)의 리理는 그 국부의 리理를 함유含有한다.

셋째, 형상은 구체적인 상황에서 어떻게 존재해야 하는가 하는 당위當爲의 문제에 대해서는 언급이 없다. 그러므로 로사광勞思光은 리理를 형상과 같다고 하는 데서 그치지 않고 '법칙'을 언급한다. 그렇다면 주자가 리理를 형상의 의미로 사용하기도 하고 법칙의 의미로 사용하기도 한 것인가. 이에 대해서 로사광勞思光은 분명한 언급이 없다. 또 그가 여기서 말하는 법칙은 형이상적 법칙과 도덕규범道德規範을 모두 의미하는 것으로 보이는데,50) 주자는 두 법칙을 애당초 분리하지 않았다. 즉 자연의 리理와 사람의 리理를 양분兩分하여 차이를 두지 않았다. 따라서 자연의 리理와 사람의 리理를 통일적으로 말할 수 있다.

넷째, 로사광勞思光은 공동의共同義로서의 리理는 총섭의總攝義의 태극太極 및 천도관天道觀과 연결하고, 개별의個別義로서의 리理는 성性 및 본성관本性觀과 연결하였다.51) 그러면서 주자는 이 두 의미의 리理를 혼용하였을 뿐 통일시키거나 체계화하지 못하였다고 하였다. 그러나 주자는 공동의로서의 리理(리일지리理一之理)는 체용론의 체體로, 개별의로서의 리理(분수지리分殊之理)는 용用으로서 말한 것이다. 따라서 리일지리理一之理(공유지리公共之理)는 단지 하나의 리理만을 지시하는 것이 아니라 그 속에 미분화未分化된 채로 만리萬理를 모두 함유含有하고 있는 것이며, 이 리理가 용用으로 유행·발현하면서 분수지리分殊之理(일물지리一物之理)로 되는 것이다. 그런데 체體는 용用을 주재하므로 리일지리理一之理는 분수지리分殊之理를 총섭總攝(주재主宰)하는 것이다. 체용론에서 보면 이러한 것은 결코 모순이 아니다. 주자의 리理는 요소적要素的, 개념적概念的인 용어가 아니다. 단 태극太極을 총섭總攝의 뜻으로 본다고 하더라도 플라톤의 선善의 이데아(Idea of Good)처럼

---

50) 勞思光, 앞의 책, 329쪽: 朱氏所說之理 有時取形上規律義 有時取道德規範義.
51) 朱子의 理說을 두 측면으로 나누어 層을 달리할 뿐, 그것의 有機的 關係를 밝히지 못한 것은 勞氏의 또 다른 한계이다.

각 리理의 공통점만을 추상한 류類는 아니다. 또 총화總和(총합總合)라고 하더라도 이미 나누어져 있던 것을 다시 합合한 것은 아니며, 아직 나뉘지 않은 전체全體라는 의미에서의 합合이다.

풍우란馮友蘭이 리理를 특수特殊(기氣)에 대하여 규정성規定性을 갖는 일반一般(보편普遍)으로 본 것은 여러 '종種·류類'의 사물이 보이는 차별성差別性을 설명하는 방편으로 보려는 것인데, 이는 리理가 기氣에 대하여 갖는 당위성當爲性을 개념적으로 해석하려는 것이다. 그러나 이는 주자가 형식논리적 유개념類槪念 및 종개념種槪念을 통한 분류나 구분에 대하여 언급한 것이 없다는 것을 간과한 것이다. 즉 위와 같이 되려면 동물의 리理는 사람이나 사람의 리理를 포함하여야 하는데 그런 식으로 말한 적이 없다. 만일 리理를 형식논리적으로 해석하려면 생물→동물→사람의 순서로 포섭관계包攝關係가 밝혀져야 한다. 그러나 주자는 동물과 사람의 차이를 기氣의 편전통색偏全通塞으로 인한 리理의 제한制限(이는 현미론으로 말한 것임)으로 설명하거나, 리理가 다양하므로 사물도 다양하다(체용론으로 말한 것임)고 하였지, 그들의 포섭관계로 설명하지 않았다.

또 리理가 기氣를 규정規定한다고 하더라도 본질적本質的인 측면에서만 그런 것이 아니라, 우유적偶有的이거나 미연적未然的인 것도 그러하다. 이는 체體 속에 이미 모든 측면을 함유含有하고 있기 때문이다.

진래陳來가 주자의 리理를 사물의 본질과 법칙으로 보는 것은 주자의 리理가 물리법칙을 함유하고 있다는 측면에서 보면 타당한 측면이 있다. 그러나 시공時空의 제약을 떠나서 항상 동일하게 적용되는 것만을 의미한다면 주자의 견해와 다른 것이며, 특히 본질이나 법칙이 물리적 본질이나 법칙을 의미한다면 주자의 주장과는 크게 다르다.

생각건대 주자철학을 형식논리로 설명하려는 시도는 부분적으로는 의미가 있을 수도 있겠으나, 주자철학에 대한 전체적·체계적인 이해를 방해하는 면도 있다. 주자철학 고유固有의 사유법칙思惟方法이며 논리論理인 체용이론體用理論을 이해해야만 비로소 주자철학을 바르게 이해할 수 있을 것이다.

제 **6** 장
주자朱子의 리기설理氣說

┃개요┃

　주자朱子는 리기설理氣說을 체용론體用論과 현미론顯微論을 사용하여 입체적立體的으로 서술하였다. 체용론으로는 리선기후理先氣後, 리유동정理有動靜, 리강기약理強氣弱이라 하였고, 현미론으로는 리기무선후理氣無先後, 리무동정理無動靜, 기강리약氣強理弱이라 하였다. 즉 체용론에서 리理를 최적노선最適路線으로 보면, 리理는 강력強力하게 기氣의 동정動靜을 선도先導하며, 현미론에서 리理를 존재가치存在價値로 보면, 기氣는 리理를 싣고 동정動靜하되 기氣의 역량力量에 따라 존재가치의 실현 여부가 결정된다는 것이다.

　예를 들어 지금 나는 아버지를 부를 일이 생겼다. 아버지를 부르는 것이 최선이다. 이것이 내가 지금 갈 길이니, 이것이 리理이다. 이 리理가 내 입을 움직여서 아버지라는 말이 나오게 한다. 아버지는 그 말을 듣고, 자신을 부르는 말의 음파 속에서 그 의미를 알아낸다.

　여기서 아버지를 부를 리理가 먼저 있었으니, 리선기후理先氣後이다. 입을 움직이게 하는 리理가 먼저 있었고, 말이 끝나면 입을 다물게 하는 리理도 있었으니, 리유동정理有動靜이다. 그 리理에 맞춰 아버지라는 말을 하기 위해 기氣가 그 리理대로 움직였으니, 리강기약理強氣弱이다. 이상은 체용론으로 분석한 것이다. 아버지라는 말의 음파를 중간에서 가로채어 보면 거기에는 아버지라는 의미를 이미 담고 있으니, 리기무선후理氣無先後이다. 나의 입에서 아버지 귀로 날아가는 것은 음파이고, 그 의미는 그 음파 속에 가만히 있을 뿐이니, 리무동정理無動靜이고 기유동정氣有動靜이다. 리理가 기氣인 입을 움직여서 소리가 나오게 하기는 하였으나, 이(치齒)가 빠져서 발음을 정확히 하지 못하였으니, 기강리약氣強理弱이다. 이상은 현미론으로 분석한 것이다. 인공물人工物은 물론 자연물自然物의 생성과 운용도 마찬가지이다.

　주자의 리理는 어떤 상황에서도 기氣처럼 움직이지 않는다. 또 리理가 선도하지 않으면 기氣는 제멋대로 움직일 수 없다. 성리학에서는 리理를 주어로 하고 기氣를 목적어로 말하므로 이해하기 어려운데, 이것을 기氣를 주어로 리理를 목적어로 바꿔보면 이해하기 쉬울 것이다.

I. 서론緖論

주자朱子는 리기설理氣說을 기본으로 하여 자신의 철학 체계를 세웠다. 그런데 이 두 개념의 관계에 관한 주자의 진술이 서로 모순된 것처럼 보이는 경우가 있다. 이러한 문제를 해결하기 위한 노력을 여러 측면에서 시도하였다. 조선시대朝鮮時代의 대학자大學者인 남당南塘 한원진韓元震(1682~1751)은 『주자언론동이고朱子言論同異攷』를 저술하여 본격적으로 이 문제를 다룬 바 있으며, 그 이후 여러 학자가 이 문제에 관심을 보였고, 현대의 국내외 학자들도 이 문제를 해결하기 위하여 노력하였다.

여기서 얻은 결론은 대개 몇 가지로 요약될 수 있는데, 첫째 주자설朱子說 자체에 극복할 수 없는 모순이 있다고 보는 경우, 둘째 초년설初年說과 만년설晩年說의 차이로 보는 경우, 셋째 관점觀點의 차이로 보는 경우, 넷째 주자설에 대한 후학後學의 이해 부족으로 보는 경우 등으로 요약될 수 있다.[1]

그러나 필자의 생각으로는 위의 견해들이 타당한 면도 있고 부당한 면도 있지만, 전체적으로 주자의 철학 체계와 논리를 정확하게 이해하지 못하여, 부당하게도 주자철학이 많은 문제점을 안고 있는 것처럼 보는 경우가 있는 것 같다. 또 관점의 차이로 보아 모순이 없는 것으로 이해하기는 하였으나, 그 상호간의 관계를 체계적으로 연결하여 이해하는 데는 실패하였다. 이에 필자는 주자철학이 본래 체계적이고 정합적整合的인 구조構造를 가지고 있다는 것을 체용이론體用理論을 이용하여 밝혀보고자 한다.

---

1) 南塘集, 朱子言論同異攷, 010102, 理氣: 朱子言論, 多有前後異同, 有一得一失而不可兩存者, 有語雖不同而意實相通者, 有本無異同而學者看作異同者.

II. 리理·기氣의 본질적本質的 특징特徵

필자는 '제5장 주자朱子의 리설理說'에서 리理를 '최적노선最適路線'과 '존재가치存在價値'로 규정하였다. 여기에서는 그에 근거하여 먼저 리理와 기氣의 본질적 특징을 고찰하고자 한다.

주자가 사용하는 리理·기氣의 본질적 특징은 아래와 같이 몇 가지로 요약할 수 있다.

첫째, 기氣는 작용성作用性이 있으나, 리理는 작용성이 없다.

> 형이상자形而上者는 리理이고, 조금이라도 작용作用이 있으면 곧 형이하자形而下者이다. 2)

이 진술은 주자가 「계사전繫辭傳」의 "형이상자를 도道라 하고, 형이 하자를 기器(그릇)라 한다."3)는 말과 관련하여, 형이상자와 형이하자의 구분점을 밝힌 것이다. 작용성의 유무有無에 의하여 도道·기器가 구분되는 것처럼, 리理·기氣도 작용성의 유무에 의하여 구분된다는 것이다.

> 대개 기氣는 엉켜 맺히고 조작造作할 수 있으나, 리理는 도리어 정의情意(감정)도 없고 계탁計度(헤아림)도 없고 조작造作(만듦)도 없 다. 다만 이 기氣가 엉켜서 모인 그 속에 문득 리理가 있다. 4)

작용성을 갖는 기氣는 무엇을 조작하고, 외부의 감촉感觸에 대하여

---

2) 朱子語類, 753019, 易11: 形而上者是理, 才有作用, 便是形而下者.
3) 周易, 229510, 繫辭上傳: 形而上者謂之道, 形而下者謂之器.
4) 朱子語類, 010401, 理氣上: 蓋氣則能凝結造作, 理却無情意, 無計度, 無造作.
   只此氣凝聚處, 理便在其中.

능동적能動的으로 반응한다. 또 무엇을 판단하고5) 생각하여6) 주체적主
體的으로 운동할 수 있다. 그러나 리理는 그런 작용, 즉 운동성運動性이
없다. 물리적物理的인 작용력作用力의 유무는 리理와 기氣를 구분하는
가장 중요한 기준이다. 이는 본질적인 성질로서 어떤 상황이나 어떤
의미로도 항상 그러하다.

둘째, 기氣는 형체形體와 형적形迹이 있으나, 리理는 그런 것이 없는
정결공활淨潔空闊(깨끗하고 공활함)한 노선路線이다.

> 리理는 다만 하나의 정결공활淨潔空闊한 세계로서 형적形迹이 없으
> 며, 또 그는 조작造作할 수도 없다. 그러나 기氣는 점점 쌓이고 엉켜서
> 만물萬物을 생생한다. 그러나 이 기氣가 있으면, 리理가 바로 그 속에
> 있다.7)

기氣가 작용성을 갖고 있다면 형체와 형적을 가지고 있어야 하는
것은 필연적인 귀결이다. 만약 형체, 형적, 형질形質, 형상形狀, 형색形
色8) 등이 없다면 작용을 일으킬 수 없기 때문이다. 기氣의 작용은 이러
한 형체와 형질 등을 통해서 행해지고 드러난다. 우주 공간을 가득
채우고 있는 것은 모두 기氣이며, 리理는 어느 자리를 차지하고 있는
시時·공간적空間的인 존재가 아니다. 또 기氣는 고정된 모양과 색깔

---

5) 朱子大全, 503907, 答程正思: 蓋知覺運動者, 形氣之所爲. 仁義禮智者, 天命
之所賦.

6) 朱子語類, 041309, 性理1: 凡人之能言語動作, 思慮營爲, 皆氣也, 而理存焉.
故發而爲孝弟忠信仁義禮智, 皆理也.

7) 朱子語類, 010404, 理氣上: 若理, 則只是箇淨潔空闊底世界, 無形迹, 他却不
會造作. 氣則能醞釀凝聚生物也. 但有此氣, 則理便在其中.

8) 朱子語類, 010118, 理氣上: 曰: "發育是理發育之否?" 曰: "有此理, 便有此氣
流行發育. 理無形體." 曰: "所謂體者, 是强名否?" 曰: "是." 曰: "理無極, 氣有
極否?" 曰: "論其極, 將那處做極."

등을 가진 것만을 가리키는 것이 아니라9) 변화무쌍變化無雙한 모습을 가지며, 인간의 감각기관을 통하여 쉽게 감지感知할 수 없는 것들도 있다.10)

셋째, 기氣는 많은 차별상差別相을 가지지만, 리理는 그런 차별상이 전혀 없는 순수純粹한 것이다.

> 대개 리理는 순수純粹하고 지극히 선善하나, 기氣는 뒤섞여서 고르
> 지 않다.11)

리理는 정결공활한 것이므로 순수하지만 기氣는 잡박雜駁하여 많은 차별상을 가진다. 음기陰氣, 양기陽氣,12) 목기木氣, 금기金氣13) 등처럼 성질性質상으로도 구분할 수 있으며, 편전통색偏全通塞(치우치거나 완전함, 통하거나 막힘),14) 청탁수박淸濁粹駁(맑거나 흐림, 순수하거나 잡박함)15) 등처럼 기능機能상으로도 구분할 수 있다. 또 대소장단大小長短

---

9) 中庸章句, 132板16, 33章: 蓋聲臭有氣無形, 在物最爲微妙.
10) 周易, 224119, 繫辭上, 6章, 本義: 蓋天之形, 雖包於地之外, 而其氣常行乎地之中也.
11) 朱子大全, 644820, 答或人: 盖理則純粹至善, 而氣則雜糅不齊.
12) 朱子語類, 040815, 性理1: 草木都是得陰氣, 走飛都是得陽氣. 各分之, 草是得陰氣, 木是得陽氣, 故草柔而木堅. 走獸是得陰氣, 飛鳥是得陽氣.
13) 朱子語類, 042505, 性理1: 人性雖同, 稟氣不能無偏重. 有得木氣重者, 則惻隱之心常多, 而羞惡辭遜是非之心爲其所塞而不發. 有得金氣重者, 則羞惡之心常多, 而惻隱辭遜是非之心爲其所塞而不發. 水火亦然.
14) 朱子語類, 040505, 性理1: 以其氣而言之, 則得其正且通者爲人, 得其偏且塞者爲物. 是以或貴或賤而有所不能齊者, 蓋以此也.
15) 朱子大全, 612318, 答歐陽希遜: 氣稟之殊, 其類不一, 非但淸濁二字而已. 今人有聰明通達, 事事曉了者, 其氣淸矣, 而所爲或未必皆中於理, 則是其氣之不淳也. 人有謹厚忠信, 事事平穩者, 其氣醇矣, 而所知未必能達於理, 則是其氣之不淸也. 推此類以求之, 才自見矣.

(크거나 작음, 길거나 짧음) 한열향취寒熱香臭(차거나 뜨거움, 향기나 악취)16) 등처럼 크기, 길이, 온도, 냄새, 맛 등으로 구분할 수도 있다. 분류 기준에 따라 얼마든지 다양하게 나눌 수 있으며, 또 본래 두 가지 이상의 성질이 복합되어 있다. 이 기氣는 우주 안의 삼라만상森羅萬象이 가지는 모든 차별상의 기초이다.

넷째, 기氣는 취산聚散(모이고 흩어짐)과 생사生死가 있으나, 리理는 그런 것은 없고 단지 기氣 위에 의지해 있는 골자骨子(내용内容)일 뿐이다. 주자는 기氣의 이합집산離合集散에 대하여 다음과 같이 말한다.

> 무릇 모이고 흩어지는 것은 기氣이다. 리理는 단지 기氣 위에 머물러 있어 애당초 엉켜 맺혀서 저절로 하나의 물건이 되는 것이 아니다. 다만 사람으로서 마땅히 그러해야 할 것이 곧 리理이니, 모인다거나 흩어진다고 말할 수 없다.17)

기氣가 모이면 형태를 갖춰 어떤 물건이 되고, 그 기氣가 흩어지면 그 물건의 모양도 사라진다. 그러나 리理는 형체가 있는 기氣와는 달리 이합집산으로 말할 수 없다. 그렇다 하더라도 기氣에 얹혀 있는 리理가 기氣의 이합집산과 전연 무관할 수도 없다. 리理는 언제나 기氣의 골자가 되어 이합집산하는 기氣 위에 있다. 또 기氣의 이합집산은 어떤 사물의 생사를 의미하는데, 주자는 이에 대하여 다음과 같이 말한다.

> 성性은 다만 리理이니, 모인다거나 흩어진다는 말을 쓸 수 없다.

---

16) 朱子語類, 041704, 性理1: 問: "理無不善, 則氣胡爲有清濁之殊?" 曰: "才說著氣, 便自有寒有熱, 有香有臭."

17) 朱子語類, 030605, 鬼神: 夫聚散者, 氣也. 若理, 則只泊在氣上, 初不是凝結自爲一物. 但人分上所合當然者便是理, 不可以聚散言也.

그 모이면 살고 흩어지면 죽는 것은 기氣일 뿐이다. 이른바 정신精神
과 혼백魂魄에 지각知覺이 있다는 것은 모두 기氣가 하는 것이다. 그러
므로 모이면 있고 흩어지면 없다. 그러나 리理는 애당초 모이면 있고
흩어지면 없는 것이 아니다.18)

기氣가 모여들어 불어나면 어떤 물건이 살아나고, 기氣가 다시 태허
太虛로 돌아가 흩어지면 죽는다.19) 즉 어떤 물건의 생사는 곧 그 물건의
기氣가 이합집산함을 의미한다. 그러나 리理는 본래 이합집산하는 것이
아니므로 생사生死나 유무有無라는 말로 설명할 수 없다.

한편 기氣는 형태에 따라 기氣·질質·형形으로 나눌 수 있다. 이 좁은
의미의 기氣는 기체氣體와 유사하고 국어에서는 대개 이것만을 기氣라
한다. 공기, 화기, 숫기, 전기, 자기磁氣, 사기土氣, 자외선, 방사선放射線
등이 포함된다. 질은 액체液體, 형은 고체固體와 유사하다.

지금까지 기氣는 적극적인 측면을 진술하였으나, 리理는 소극적, 즉
기氣가 가지지 않은 측면만을 주로 말하였다. 리理가 가지는 적극적인
측면은 이미 앞 장章에서 밝힌 바 있다. 다만 위와 같이 소극적으로
진술되는 리理가 어떻게 최적노선이나 존재가치로서 기氣와 관계를 맺
는가 하는 것은 아래에서 밝혀질 것이다.

---

18) 朱子大全, 452506, 答廖子晦: 性只是理, 不可以聚散言. 其聚而生, 散而死者,
氣而已矣. 所謂精神魂魄, 有知有覺者, 皆氣之所爲也. 故聚則有, 散則無. 若
理, 則初不爲聚散而有無也.
19) 中庸章句, 58板01, 17章: 氣至而滋息爲培, 氣反而游散則覆.

III. 리기理氣의 선후문제先後問題

리기理氣의 선후문제先後問題는 주자朱子 리기설理氣說의 정합성整合性을 논할 때 가장 먼저 해결해야 할 문제 중의 하나이다. 주자는 리선기후理先氣後(리가 먼저이고 기가 나중임)라고도 하고, 리기무선후理氣無先後(리기에는 선후가 없음)라고도 하였다. 그러므로 형식논리로 접근한다면 모순이라고 할 수밖에 없다. 그러나 주자는 형식논리에 입각하여 자기의 철학을 진술하지 않았다. 필자는 여기서 체용이론體用理論을 그 대안으로 제시하여 이 문제를 해결하고자 한다.

주자가 리기설 등을 논하는 이론은 체용론體用論과 현미론顯微論 두 가지이다. 그런데 체용론은 본래 리理는 리理끼리, 기氣는 기氣끼리 즉 동질적同質的인 것끼리 체용體用을 논하는 것이므로 리기理氣의 선후문제를 다룰 때 그대로 적용할 수는 없다. 그러나 체선용후體先用後(체가 먼저이고 용이 나중임)의 원칙에 의하여 체體인 리理와 용用인 리理는 선후先後를 말할 수 있으며, 그 리理의 소재처所在處는 언제나 기氣이므로 체體인 리理이든 용用인 리理이든 모두 기氣 위에 있다. 이때 체인 리理는 아직 유행流行·발현發現하지 않았지만 씨앗과 같은 존재로서 리理가 중시되고, 용인 리理는 이미 유행·발현한 것이므로 리理를 반영하고 있는 기氣를 중시하여 말하면 리기理氣의 선후문제와 관련하여 체용론을 활용할 수 있다. 주자가 말하는 리선기후理先氣後는 바로 이런 측면에서 말하는 것이다.

한편 이미 어떤 사물이 존재하는 상황에서 적용시키는 현미론顯微論에서 보면 리理는 골자骨子이고 기氣는 체질體質이다. 그런데 골자와 체질은 현표미리顯表微裏(현은 겉에 있고 미는 안에 있음)의 관계이지 선후 관계는 아니다. 따라서 이 때의 리理와 기氣는 리기무선후이다.

이제 이런 필자의 주장을 주자의 설명을 인용하여 확인하고자 한다. 먼저 리理와 기氣의 본질本質 및 그 역할役割에 대하여 주자는 다음과 같이 말한다.

> 천지天地 사이에 리理와 기氣가 있다. 리理라는 것은 형이상적形而上 的인 도道(도로道路)이며 만물萬物을 생성生成하는 근본根本이고, 기氣 라는 것은 형이하적形而下的인 기器(그릇)이며 만물萬物을 생성하는 재료이다. 그러므로 사람과 만물이 생길 때에 반드시 이 리理를 받은 후에 성性이 있고, 반드시 이 기氣를 받은 후에 형상形狀이 있다. 그 성과 그 형상이 비록 자신의 몸(형체形體)을 벗어나지 않지만, 도道와 기器 사이의 구분은 매우 분명하므로 혼동해서는 안 된다.[20]

위 인용문은 주자가 리理·기氣의 본질 및 그 역할을 가장 간명簡明하게 정의한 내용이다. 우주는 리理와 기氣로 이루어졌음을 천명한 다음, 리理는 형이상形而上의 노선路線이고 기氣는 형이하形而下의 그릇임을 분명히 하고 있다. 이렇게 볼 때 우주를 채우고 있는 것은 모두 기氣뿐이며 리理는 공간空間을 채우는 물질적인 것은 아니다. 그러나 리理는 만물을 생성하는 근본이고, 기氣는 만물을 생성하는 재료이다.

근본根本은 초목草木의 뿌리인데, 초목은 뿌리가 땅속에서 예비豫備한 대로 자라난다. 리理가 만물을 생성하는 근본이라는 것은, 뿌리가 초목의 생장生長을 예비하듯이 리理가 만물의 생성을 예비한다는 것이다. 즉 노선路線으로서의 리理는 그 물건을 무엇으로 어떻게 만들 것인

---

20) 朱子大全, 580517, 答黃道夫: 天地之間, 有理有氣. 理也者, 形而上之道也, 生物之本也. 氣也者, 形而下之器也, 生物之具也. 是以人物之生, 必稟此理, 然後有性. 必稟此氣, 然後有形. 其性其形, 雖不外乎一身, 其道器之間, 分際 甚明, 不可亂也.

지 등을 결정하는 역할을 한다. 그러므로 리理는 언제나 어떤 물건이 생성되기 이전에 존재하여 그 물건이 생성될 방향 등을 설정한다. 그런 다음 어떤 물건이 생성되고 나면, 다시 그 물건에 내재內在하여 그 물건이 갈 노선을 지시한다. 여기서 두 가지 방법이 생기는 것이다. 즉 하나는 체용론體用論으로서 아직 어떤 물건의 존재存在 이전以前에서 존재 이후以後를 생각하는 것이며, 다른 하나는 현미론顯微論으로서 이미 존재하는 어떤 물건에서 골자와 체질을 나눠 보는 방법이다.

　이른바 리理와 기氣는 결단코 두 가지 물건物件이다. 그러나 사물事物 위에서 보면(물상간物上看) 이 두 물건은 혼륜渾淪하므로 나누어져 각기 다른 곳에 있을 수 없으나, 두 물건이 각각 하나의 물건이 되는 것을 해치지는 않는다. 만일 리理 위에서 보면(리상간理上看) 비록 아직 사물은 없더라도 사물의 리理는 이미 있다. 그러나 단지 그 리理가 있을 뿐이지 아직 이 사물이 실제로 있는 것은 아니다. 대저 이런 곳 등을 보아서 반드시 분명히 인식해야 하고 또 시종始終을 겸해 보아야만 비로소 잘못되지 않는다. 다만 「태극도太極圖」에 대하여 희熹가 주해註解한 제1단第一段을 보면 곧 이런 뜻을 볼 수 있을 것이다.21)

---

21) 朱子大全, 463111, 答劉叔文: 所謂理與氣, 此決是二物. 但在物上看, 則二物渾淪, 不可分開各在一處. 然不害二物之各爲一物也. 若在理上看, 則雖未有物, 而已有物之理, 然亦但有其理而已, 未嘗實有是物也, 大凡看此等處, 須認得分明, 又兼始終, 方是不錯. 只看太極圖熹所解第一段, 便見意思矣.

・ 陳來는 『朱熹哲學硏究』(文津出版社, 中華民國 79) 第1部分 理氣論 第1章 理氣先後에서 朱子의 「太極圖說解」는 44세 경의 初年說로서 理先氣後 사상이 아직 없었고, 위 인용문은 62세에 쓴 것으로 理先氣後 사상이 있다고 한다. 그러나 위 인용문에서 朱子는 자신의 「太極圖說解」를 보면 앞의 주장을 이해할 수 있을 것이라고 한다. 이에 근거하여 보면 陳來가 理氣先後問題에 대한 朱子說에 初晚의 차이가 있다고 보는 것은 잘못임을 알 수 있다.

물상간物上看은 어떤 물건이 이미 존재할 때 거기서 리理와 기氣를 분석하는 것이고, 리상간理上看은 아직 어떤 물건은 존재하지 않고 그 리理만이 존재할 때 그 리理를 분석하는 것이다. 물상간物上看 즉, 현미론으로 보면 리기무선후이고, 리상간理上看 즉, 체용론으로 보면 리선기후라는 것이다.

그렇다면 어떤 물건이 아직 존재하지 않을 때 그 리理는 어디에 있는가? 그 어떤 물건을 기준으로 하여 선천先天에 있다. 즉 그 물건이 생기게 된 환경 속에 있는 것이다. 예를 들어 모자帽子의 리理는 현미론에서 보면 모자 속에 있다. 그런데 그 모자가 아직 만들어지지 않았다면 그 모자의 리理도 없다. 그러나 그 모자는 어디서 어떻게 왜 만들어졌는가? 추운 겨울 머리를 따뜻하게 하려는 사람이 추위를 이기려고 만든 것이다. 이때 모자가 만들어지기 이전에 모자의 리理는 추위를 견디기 어려운 환경 속에 있던 것이다. 그러나 이 환경 속에 있는 리理는 모자의 리理가 이미 유행流行·발현發現해 있는 것이 아니라 잠재潛在 상태로 즉 체體로서의 리理만 있는 것이다.

그런데 이 체로서의 리理는 있다고도 없다고도 하기 어려운 측면이 있다. 분명 거기서 발단發端이 되어, 즉 뿌리(근본根本)가 되어 모자가 생긴 것이므로 모자의 리理가 전혀 없다고 할 수 없으나, 그 모자가 아직 만들어지지 않아서 유행·발현하지 않은 리理를 있다고 하기도 어렵다. 그러므로 주자朱子는 두 관점을 제시하는 것이다.

> 문: '태극太極이 동動하여 양陽을 생生하고 정靜하여 음陰을 생生한다.' 는 말에서 리理가 먼저이고 기氣가 나중인 것을 볼 수 있습니까?
>
> 답: 비록 그렇지만, 꼭 그렇게 이해할 필요는 없다. 양자兩者는 있으면 함께 있다.

문: 아직 물건이 하나도 있지 않을 때는 어떻습니까?

답: 거기에는 천하 공공公共의 리理는 있으나, 어떤 하나의 물건이
    갖추고 있는 리理는 아직 없다.[22]

태극太極으로부터 음양陰陽이 나뉘는 순서로 보면 리선기후이다. 어떤 구체적인 물건은 그 기氣의 취산聚散에 따라 생사유무生死有無가 있으나, 그 기氣 자체가 우주 안에서 사라지는 것은 아니고 영원히 우주 안에서 순환 반복적으로 취산한다. 그러므로 기氣가 있는 한 리理는 그 기氣 속에 있다. 즉 리理도 영원하고 기氣도 영원하다.[23] 다만 선후나 유무를 말하는 것은 어떤 구체적인 사물의 리理나 기氣를 기준으로 말하는 것이다.[24] 인류가 이 지구상에 태어나지 않았을 때 구체적인 사람의 리理는 존재하지 않았으나, 사람이 태어나지 않으면 안 되는 환경은 있었다. 그 환경, 즉 인류의 선천先天은 인류에게 노선을 부여하여 갈 길을 정定하였다. 그렇게 하는 것이 인류 이전의 환경, 즉 선천이 가진 천하天下 공공公共의 리理였던 것이다. 이 선천의 리理가 인류가 어떤 성질과 형색形色을 가져야 할 것인가를 결정하였고, 그 노선에 따라 인류가 태어난 것이다. 이를 주자는 리생기理生氣라고 한다.

'태극太極이 음양陰陽을 생생生한다'는 것은 '리理가 기氣를 생생한다'

---

22) 朱子語類, 941011, 周子之書: 問: "太極動而生陽, 靜而生陰, 見得理先而氣後." 曰: "雖是如此, 然亦不須如此理會, 二者有則皆有." 問: "未有一物之時如何?" 曰: "是有天下公共之理, 未有一物所具之理."

23) 性理大全, 011902小, 太極圖: 當初元無一物, 只有此理. 有此理, 便會動而生陽, 靜而生陰, 靜極復動, 動極復靜. 循環流轉, 其實理無窮, 氣亦與之無窮.

24) 朱子大全, 490903, 答王子合: 動靜無端, 陰陽無始, 本不可以先後言. 然就中間截斷言之, 則亦不害其有先後也.

는 것이며, '음양陰陽이 이미 생생生하면 태극太極은 그 가운데 있다'는
것은 '리理가 다시 기氣 안에 있다'는 것이다.[25]

음양도 본래 고정된 것이 아니라 항상 상대적인 것이므로 천양지음
天陽地陰(천은 양이고 지구는 음임) 이전에 또 다른 기준에 의한 음양이
있었다. 그러므로 음陰도 양陽도 아닌 '음양이 아직 나눠지지 않은 세계'
는 원천적으로 존재하지 않는다. 그러나 인류가 탄생하기 이전의 선천
을 체體로서의 리理, 즉 태극이라고 본다면 남자와 여자는 '남자는 양이
고 여자는 음(남양여음男陽女陰)'으로서 비로소 음양陰陽이 나눠지는 것이
므로 태극이 음양을 낳는다고 한 것이다. 이것이 곧 리생기理生氣라는
것이니 리理가 무無에서 유有를 창조하듯이 기氣를 생한다는 것은 아니
다. 인류를 기준으로 본다면 남녀가 있기 이전에 이미 천지天地 등 만물
이 있었으므로 이런 기氣를 이용하여 남녀를 만들게 하였다는 것이다.
자연물自然物이든 인공물人工物이든 선재先在하는 리理와 기氣는 언제나
있었다. 인류의 리理가 먼저 생긴 다음 그 리理에 따라서 남녀의 성질과
형색形色 등이 결정되었고, 그래서 비로소 남녀라는 인류의 기氣가 모인
것이다. 이것을 주자는 리생기理生氣라고 표현한 것이다. 즉 리생기는
유리무기有理無氣(리는 있고 기는 없음)의 상태로 독존獨存하던 리理가
기氣를 만들어 낸 것이 아니라, 다른 형색形色으로 되어 있던 기氣를
모아서 새로운 형색의 물건을 만들었다는 것이다. 위 인용문에서 앞
구절은 체용론으로 리생기를 말한 것이고, 뒤 구절은 현미론으로 리기
무선후를 말한 것이다.

위에서는 어떤 물건이 생성되는 과정에서 리기理氣의 선후문제를

---

25) 性理大全, 010413小, 太極圖: 太極生陰陽, 理生氣也. 陰陽既生, 則太極在其
中, 理復在氣之內也.

말하였다. 다음으로 어떤 물건이 소멸消滅하는 과정에 대하여 주자는
다음과 같이 말한다.

> 문: 리理가 있으면 바로 기氣가 있으니, 선후先後를 나눌 수 없을
> 것 같습니다.
> 답: 요컨대 역시 리理가 먼저 있다. 다만 오늘 리理가 있고 내일 갑자
> 기 기氣가 있다고 말할 수는 없으나, 역시 선후先後는 있어야
> 한다. 또 만일 산하山河와 대지大地가 모두 함몰陷沒되어도 필경
> 리理는 도리어 그 속에 있다.[26)]

어떤 사물의 소멸消滅은 바로 다른 어떤 사물의 생성을 유발誘發하므
로 그 소멸 과정은 생성 과정과 마찬가지이다. 다만 어떤 물건이 소멸해
야 할 환경이 되면 역시 먼저 리理가 생긴다.[27)] 그러면 그 리理가 그
물건을 소멸시키고 어떤 새로운 사물이 생성되도록 인도引導한다. 그래
서 어떤 한 사물의 소멸은 다른 어떤 사물의 생성이 되는 것이다. 위
인용문에서 산하대지山河大地, 즉 천지가 소멸하면, 다른 형색의 어떤
사물이 생성되는 것이지 기氣 자체가 소멸하여 사라지는 것은 아니다.

---

26) 朱子語類, 010407, 理氣上: 問: "有是理便有是氣, 似不可分先後?" 曰: "要之,
 也先有理. 只不可說是今日有是理, 明日却有是氣. 也須有先後. 且如萬一山
 河大地都陷了, 畢竟理却只在這裏."
· '理가 氣보다 먼저 있는 것인데도 오늘 理가 있고 내일 갑자기 氣가 있다고
 말할 수 없는 이유'는 오늘 있었던 理와 내일 있게 되는 氣가 서로 斷絶되지
 않음을 말하는 것이다. 즉 오늘의 理가 지속적으로 내일의 氣를 誘導하여
 있게 하는 것이므로 양자 사이에 단절이 있는 것은 아니다.
27) 朱子語類, 1000603, 邵子之書: 凡物才過到二之半時, 便煩惱了, 蓋已漸趨於
 衰也. 謂如見花方蓓蕾, 則知其將盛; 旣開, 則知其將衰; 其理不過如此. 謂如
 今日戌時, 從此推上去, 至未有天地之始; 從此推下去, 至人消物盡之時. 蓋
 理在數內, 數又在理內. 康節是他見得一箇盛衰消長之理, 故能知之.

문: 고목枯木에도 리理가 있습니까?

답: 물건이 있자마자 바로 리理가 있다. [28)]

고목枯木은 살아 있던 나무가 말라 죽은 것이다. 그 고목은 이제 썩어서 거름이 되거나, 아궁이에 넣어져 재로 변할 것이다.[29)] 리理도 달라지고[30)] 형색도 변하지만 여전히 기氣는 남아 있는 것이고, 기氣가 있는 한 리理도 있는 것이다.

생각건대 리기선후의 문제는 체용론으로 말하면 리선기후이고, 현미론으로 말하면 리기무선후이다. 그런데 위에서 고찰한 바와 같이 리선기후의 리理는 체로서의 리理이고, 리기무선후의 리理는 용으로서의 리理이다. 그러나 체용일원體用一源(체와 용은 하나의 근원임)이므로 두 리理는 실질적으로 같다.[31)] 이제 체용론과 현미론의 관계를 이해하면

---

28) 朱子語類, 040807, 性理1: 問: "枯槁有理否?" 曰: "才有物, 便有理.."

29) 朱子語類, 040803, 性理1: 枯槁之物, 謂之無生意, 則可. 謂之無生理, 則不可. 如朽木無所用. 止可付之爨竈, 是無生意矣. 然燒甚麼木, 則是甚麼氣, 亦各不同, 這是理元如此.

30) 朱子大全, 552107, 答李時可: 凡有一物, 則其成也, 必有所始. 其壞也, 必有所終. 而其所以始者, 實理之至而向於有也. 其所以終者, 實理之盡而向於無也. 若無是理, 則亦無是物矣. 此誠所以爲物之終始, 而人心不誠, 則雖有所爲, 皆如無有也.

· '理가 달라졌다'는 것은 어느 한 사물의 理가 끝나고, 거기서부터 새로운 理가 시작하여 변화를 先導한다는 것이다. 예를 들어 사과나무가 꽃을 피우고 열매를 맺을 수 있을 때는 사과나무의 理가 존재하지만, 枯木이 되어 사과나무로서의 노선을 갈 수 없을 때는 그 나무는 베어져 땔감이나 거름 등으로 써야 한다. 이때는 이러한 理가 생겨난 것으로 본다. 살아 있는 사과나무의 理와 고목이 된 사과나무의 理는 다른 것이다. 그러나 사과나무든 고목이든 비록 각기 다른 理이지만 理는 있는 것이다. 路線인 理는 본래 시작과 끝(始終)이 있는 것이다.

31) 朱子가 體·用을 나누면서도 다시 그 體·用은 一源임을 강조하는 이유가 여기에 있다.

다음과 같은 주자의 말은 쉽게 이해할 수 있다.

> 문: 리理가 먼저 있고, 기氣가 나중에 있습니까?
> 답: 리理와 기氣는 본래 선후先後를 말할 수는 없다. 그러나 위로 추구해 올라가면 도리어 리理가 앞에 있고 기氣가 뒤에 있는 것 같다.[32]

현미론으로 말하면, 리理는 골자이고 기氣는 체질로서 리기무선후이다. 그런데 이때의 리理는 존재가치로서 존재방식과 존재이유로서의 의미를 갖는다. '추상거推上去(찾아 올라감)', '추기소종래推其所從來(그 온 곳을 찾음)'[33] 등은 이미 존재하는 사물 속에 있는 용인 리理를 통하여 체인 리理를 찾는 것이다. 즉 현재 사물의 리理가 어디에 뿌리를 두고 있는가를 추구推究하는 것이다. 이는 현미론 위에서 체용론을 말하는 전형적인 방법이다.[34]

---

32) 朱子語類, 010312, 理氣上: 或問理在先氣在後. 曰: "理與氣本無先後之可言. 但推上去時, 却如理在先, 氣在後相似."

33) 朱子語類, 010308, 理氣上: 或問: "必有是理, 然後有是氣, 如何?" 曰: "此本無先後之可言. 然必欲推其所從來, 則須說先有是理. 然理又非別爲一物, 卽存乎是氣之中. 無是氣, 則是理亦無掛搭處."

34) 體用論과 顯微論의 종합적 관계는 제2장과 제3장을 참조. 이 문제를 좀 더 설명하면 다음과 같다. 體인 理를 A라 하고 用인 理를 b라 하며, 先天의 氣를 X라 하고 구체적인 어떤 사물의 氣를 y라 한다면, X속에 A가 있고 y속에 b가 있다.

	體	體에서 用으로 流行	用
理	A ≡	→	一 b
氣	X ≋	÷	∭ y

體	用에서 體를 推上去	用	
A ≡	←---	一 b	理
X ≋	←---	∭ y	氣

· 理는 體인 A 속에 있던 ≡중의 一者인 一이 用인 b 속으로 그대로 流行하여 옮겨갔는데, 氣는 體인 X 속에 있던 ≋중의 一者인 ~이 도중에 변형·추가되어 用인 y 속에서 ∭로 바뀌었다. A와 b는 形而上者로서 변형 없이 體에서

중국의 진래陳來는 주자가 이 문제와 관련하여 서술한 것은 크게 두 측면으로 나누어 볼 수 있는데, 하나는 관점의 차이를 가지고 말한 것이며, 다른 하나는 주자의 연령에 따른 학설의 변화라고 한다.[35] 관점의 차이에서 보면 본원론本源論과 구성론構成論으로 나눌 수 있는데, 구성론에서는 리기무선후의 리기이원론理氣二元論이고, 본원론에서는 리선기후의 일원론一元論이라고 한다. 그리고 초년初年과 만년晩年의 나이에 따른 주장의 변화로 보면, 40세 전후의 초년에는 리기무선후를 주장하였고, 60세 이후 67세 경까지는 리선기후 및 리생기理生氣를 주장하였고, 68세이후 만년에는 이론상理論上의 리선기후를 주장하였다고 한다.

진래陳來는 종縱과 횡橫이 어떻게 정합성整合性을 가지면서 일관된 주장을 할 수 있는가 하는 문제에 대해서는 엄밀한 분석이 없고, 또 만년 정론定論인 '이론상으로 먼저 있다'는 주장이 그 이전의 주장과 무리 없이 연결되는가, 혹은 그 이전以前의 주장을 버렸는가 등의 문제에 대한 단안이 없다.

생각건대 주자는 자신의 리기설理氣說이 초년과 만년에 차이가 있다고 분명하게 말한 적은 없는 것 같으며, 필자가 보기에도 리기理氣의 문제에 관한 한 초년과 만년의 차이가 없는 것 같다. 진래陳來는 자기의

用으로 流行할 수 있으나 X와 y는 形而下者로서 본래 變質·變形한다. A의 三을 분석하면 b의 一을 알 수 있고, b의 一을 推究하면 A 속에 있었던 것을 안다. 또 理先氣後는 b先y後나 A先X後가 아니라 [A三中의 b一]先y後를 말하는 것이며, 理氣無先後는 A와 X, b와 y가 先後가 없음을 말하는 것이다. 단 여기서 주의할 것은 體인 A는 三로 用인 b는 一로 표시하기는 하였으나, 그것이 산술적으로 4 : 1을 의미하지는 않는다는 점이다. A三은 아직 分化되지 않은 채로 b一을 含有한다. 體는 본래 未分化된 全體이다.

35) 陳來, 앞의 책, 참조

주장을 입증하기 위하여 지나치게 주자설을 단장취의斷章取義한 점이 있는 것 같다.

　위에서 분석한 것처럼 주자는 체용론에서 리선기후를, 현미론에서 리기무선후를 말하였고, 이는 「태극도설해太極圖說解」를 지은 40여 세의 초년기初年期부터 만년까지 일관되게 견지해 온 입장이며, 그 주장하는 바 의미도 분명하다.

IV. 리기理氣의 동정문제動靜問題

　리理에 동정動靜이 있는가 없는가 하는 문제는 리기설氣說에 있어서 매우 중요한 문제인데, 주자는 리理에 동정이 있다고도 하고, 동정이 없다고도 하여, 후학後學들을 곤혹스럽게 한다. 이에 리기理氣의 동정문제에 대하여 주자가 어떤 입장에서 어떤 의미를 취하였는가를 분명히 밝힐 필요가 있다.

　　리理에 동정動靜이 있으므로 기氣에 동정動靜이 있다. 만일 리理에 동정動靜이 없다면 기氣가 어떻게 동정動靜할 수 있겠는가. 또 목전目前에 있는 것을 가지고 논한다면 인仁은 바로 동動이고, 의義는 바로 정靜인데, 이것이 또 기氣와 무슨 관련이 있는가.36)

　정가학鄭可學(자字: 자상子上, 1152~1212)이 리理는 무형無形한 것이기 때문에 동정의 차이가 없는 것이라는 질문에 대하여, 주자는 위와 같이

36) 朱子大全, 564318, 答鄭子上: 理有動靜, 故氣有動靜. 若理無動靜, 則氣何自而有動靜乎. 且以目前論之, 仁便是動, 義便是靜, 此又何關於氣乎.

리理에 동정이 있으므로 기氣에 동정이 있는 것이라고 한다. 앞 절에서
리理의 가장 기본적인 특징은 작용성作用性이 없는 것이라고 하였다.
그렇다면 리理에 동정이 있다는 주자의 이 말은 작용성이 없다는 말과
정면으로 배치한다. 이런 모순을 해결하기 위해서는 먼저 리理 자신이
동정하지 않으면서도 어떻게 기氣를 동정하게 하는가 하는 점을 고찰
하여야 한다.

> 문: '태극太極이 동동動하여 양양陽을 생생生한다'는 것은 이 동동할 리理가
>   있으면 곧 능히 동동해서 양양陽을 생생生한다는 것입니까?
> 답: 이 동동할 리理가 있으면 곧 능히 동동하여 양양陽을 생생生하고, 이
>   정靜할 리理가 있으면 곧 능히 정靜하여 음음陰을 생생生한다. 이미
>   동동하면 리理는 또 동동하는 중에 있고, 이미 정靜하면 리理는
>   또 정靜한 중에 있다.
> 문: 동정動靜하는 것은 기氣입니다만, 이 리理가 있어 기氣의 주인이
>   되면, 기氣가 문득 그와 같을 수 있는 것입니까?
> 답: 그렇다. 이미 리理가 있으면 곧 기氣가 있고, 이미 기氣가 있으면
>   리理는 또한 기氣 가운데 있다. [37)]

주렴계周濂溪 「태극도설太極圖說」의 "태극太極이 동동動하여 양양陽을 생
생生하고, 동동動이 끝가서 정靜하며, 정靜하여 음음陰을 생生한다."라는 말의
의미는 리理인 태극이 스스로 동정한다는 것이 아니라, 동동할 리理가
있으면 기氣가 그 리理 때문에 동동하고, 정靜할 리理가 있으면 기氣가
그 리理 때문에 정靜한다는 것이다. 즉 리理는 동동할 리理나 정靜할

---

37) 朱子語類, 941120, 周子之書: 問: "太極動而生陽, 是有這動之理, 便能動而生
陽否?" 曰: "有這動之理, 便能動而生陽. 有這靜之理, 便能靜而生陰. 旣動,
則理又在動之中. 旣靜, 則理又在靜之中." 曰: "動靜是氣也, 有此理爲氣之
主, 氣便能如此否?" 曰: "是也. 旣有理, 便有氣. 旣有氣, 則理又在乎氣之中."

리理가 되는 것이지, 리理가 스스로 동動하거나 정靜하여 기氣를 움직이게 하는 것은 아니라는 것이다. 결국 리理가 기氣처럼 작용성을 가지고 동정하는 것은 아니다.

생각건대 리理는 최적노선最適路線이니, 최적노선이 있으면 기氣는 그 노선으로 모인다. 그래서 어떤 사물을 생성한다. 이때 리理에 동정이 있다는 것은 동動하는 것이 최적노선이거나 정靜하는 것이 최적노선인 경우가 있다는 것이다. 기氣는 최적노선인 리理를 버리고 다른 노선으로 가지 않는다. 리理는 노선을 제시할 뿐 자기 스스로 동動하거나 정靜하여 기氣를 움직이게 하는 것은 아니다. 그러나 기氣가 동動하거나 정靜하는 것은 결국 최적노선의 선도先導에 의하여 그렇게 된 것이므로 리理가 동動하게 한 것이나 마찬가지이다. 주자가 리理에 동정이 있으므로 기氣에 동정이 있다고 한 것은 바로 이런 의미이다. 이것은 체용론으로 말한 것이다.

한편 주자는 위 인용문 "이미 동動하면 리理는 또 동動하는 중에 있고" 이하에서 동정지리動靜之理(동과 정의 리)로 인하여 기氣가 동정한 후에는 리理가 다시 그 기氣 속에 있다는 것을 말하였다. 이때의 리理에는 동정이 없다고 한다. 이는 현미론으로 말한 것인데, 주자는 리理와 기氣의 관계를 다음과 같이 말한다.

> 문: '동정動靜하는 것은 태우는 기틀이다'는 것은 무슨 말입니까?
> 답: 태극太極은 리理이고 동정動靜하는 것은 기氣이다. 기氣가 가면 리理도 간다. 양자兩者는 항상 서로 의지하여 서로 떨어진 적이 없다. 태극太極은 사람과 같고, 동정動靜은 말과 같다. 말은 사람을 태우는 것이고, 사람은 말을 타는 것이니, 말이 한번 드나들면, 사람도 함께 드나든다.[38]

실제로 동정하는 것은 기氣이고, 리理인 태극은 그 기氣를 타고 있을 뿐이다. 사람이 말을 타고 드나들듯이 리理는 기氣를 타고 동정한다. 사람이 말 위에 앉아 있기만 한 것처럼 리理도 기氣를 타고 있기만 하고 자신이 움직이지는 않는다. 즉 이때의 리理는 최적노선으로서 동動하거나 정靜할 방향을 제시하는 것이 아니라, 그 기氣가 동정하는 데 대하여 존재가치를 부여한다. 즉 기氣가 동動하든 정靜하든 모두 존재이유가 있기 때문이며, 또 그 존재이유를 충족하는 방식으로 동정한다. 이는 말이 동정하는 것은 사람이 탔기 때문이며, 사람이 가고자 하는 방향으로 말은 가고 있는 것과 같다.

요약하건대 체용론으로 말하면 리理는 최적노선이니 동動하는 것이 최적最適·최선最善일 경우도 있고, 정靜하는 것이 최적·최선일 경우도 있다. 이때의 리理에는 동정이 있다고 한다. 현미론으로 말하면 리理는 존재가치이니, 리理가 기氣의 골자이고, 그 리理는 기氣의 존재에 대하여 존재가치로서의 의미를 갖는다. 그래서 기氣는 그 존재가치를 충족하는 방식으로 존재한다. 이때는 기氣가 이미 리理가 제시한 방향, 즉 노선路線을 가고 있는 것이므로, 기氣가 동動할 것인가 정靜할 것인가에 대하여 다시 방향 제시를 하지 않는다.[39] 그러므로 이때의 리理에는 동정이 없다고 한다.

진래陳來의 "리理는 기氣 동정의 근거가 된다"는 말은 현미론에서

---

38) 朱子語類, 941506, 周子之書: 問動靜者所乘之機. 曰: "太極理也, 動靜氣也. 氣行則理亦行, 二者常相依而未嘗相離也. 太極猶人, 動靜猶馬. 馬所以載人, 人所以乘馬. 馬之一出一入, 人亦與之一出一入."

39) 그러나 顯微論에서 말한 存在價値로서의 理는 즉시 體用論에서의 最適路線으로 전환되는 것이므로 이를 起點으로 하여 다시 理先氣後를 적용할 수 있다. 客觀對象은 循環無窮하여 間斷이 없고, 단지 우리의 관찰에 區劃이 있는 것뿐이다.

존재이유를 물을 때, 리理에 근거가 있으므로 기氣가 동정하였다고 하는 것으로서 리선기후와 기氣를 동정하게 하는 리理의 선도성先導性을 충분히 이해하지 못한 말이다. 이렇게 되면 리理가 주어主語가 되어 '리理가 동動하여 기氣를 동動하게 한다'는 말은 쓸 수 없고, '리理에 동動할 근거(동지리動之理)가 있으므로 기氣가 동動한다'라고만 할 수 있게 된다.

또 진래陳來는 '리유동정理有動靜 고기유동정故氣有動靜(리에 동정이 있으므로 기에 동정이 있다.)'과 마찬가지로 '기유동정氣有動靜 고리유동정故理有動靜(기에 동정이 있으므로 리에 동정이 있다.)'도 가능한 것처럼 말하고 있는데, 이는 주자의 리설理說을 크게 오해한 것이다. 현미론으로 말하는 리理는 존재가치로서 기氣를 통해 드러나고 인지認知할 수 있다. 그래서 기氣가 동動할 때에 비로소 '동動할 리理가 있었구나!' 하고 안다는 것이다. 그러나 그때의 리理를 주자는 동動한다고 하지 않는다. 그러므로 '기유동정氣有動靜 고리유동정故理有動靜'이란 말은 쓸 수 없는 것이다. 만일 진래陳來처럼 '리유동정理有動靜 고기유동정故氣有動靜'과 '기유동정氣有動靜 고리유동정故理有動靜'이 모두 가능하다면 이는 리理가 주主가 되기도 하고 기氣가 주主가 되기도 하여 일정하게 어떤 것이 일차적一次的인 존재인지를 말할 수 없게 된다. 그러나 주자는 리理가 기氣에 종속되는 것을 인정하지 않았다. 리理가 기氣를 타고 기氣의 동정에 힘입어 동정한다고 하더라도 리理가 주인主人이 되는 것에는 변함이 없다.

V. 리기理氣의 강약문제强弱問題

리理의 선도先導에 의하여 기氣가 취산聚散·동정한다면 리기합理氣合
으로 만들어진 사물事物은 반드시 리理대로 되어야 할 것이다. 그렇게
되면 리理의 특성만 드러나고 기氣의 성질은 드러나지 않을 것이다.
이것을 굳이 말한다면 리강기약理强氣弱(리는 강하고 기는 약함)이라고
해야 할 것이다. 그러나 리理는 기氣를 완전히 장악할 수 없는 근원적인
한계를 가지고 있는데, 이를 기강리약氣强理弱(기는 강하고 리는 약함)
이라고 한다. 여기서 리기理氣의 강약문제, 즉 주도권主導權의 문제가
생긴다. 과연 리理가 기氣를 주재主宰하는가, 아니면 기氣가 리理를 주재
하는가?

> 문: 만일 기氣는 이러한데 리理가 그렇지 않다면, 이는 리理와 기氣가
> 서로 떨어진 것 같습니다.
> 답: 기氣는 비록 리理가 생생生한 것이지만, 이미 생출生出한 다음에는
> 리理가 그를 관섭管攝하지 못한다. 만일 리理가 이미 기氣에 우거
> 寓居하면, 일상에서의 운용運用은 모두 이 기氣를 따르니, 다만
> 기氣는 강강强하고 리理는 약弱하다.[40]

리理는 본래 하나의 최적노선으로서 기氣가 갈 방향을 지시하는 것
이지 어떤 물리적인 힘을 가지고 기氣를 제어하는 것도 아니며, 물리법
칙처럼 기氣가 도저히 어길 수 없는 그런 법칙을 말하는 것도 아니다.
단지 물리법칙이 허용하는 범위 안에서 최적의 노선을 제시하는 것이

---

40) 朱子語類, 042008, 性理1: 問: "若氣如此, 理不如此, 則是理與氣相離矣!" 曰:
"氣雖是理之所生, 然既生出, 則理管他不得. 如這理寓於氣了, 日用間運用
都由這箇氣, 只是氣强理弱."

다. 그러므로 처음부터 기氣는 리理가 제시하는 최적노선을 갈 수도 있지만 최적노선이 아닌 최악노선最惡路線으로 갈 수도 있는 것이다.

또한 기氣는 본래 편전통색偏全通塞, 청탁수박淸濁粹駁 등의 물리적인 차이를 가지고 있으므로 리理가 제시한 최적노선을 가고자 하여도 갈 수 없는 근원적 한계를 가지고 있다. 예를 들어 밤낮없이 공부하는 것이 최적노선이라고 가정하더라도 사람은 육체적 한계 때문에 그렇게 할 수 없다. 사람이 온고지신溫故知新하는 능력을 갖추는 것이 최적노선이기 때문에 사람은 공부를 할 수 있도록 만들어졌다. 그러나 밤낮없이 공부하는 것은 애당초 최적노선으로 설정될 수 없다. 그러므로 적당히 공부하고 적당히 쉬는 것, 즉 일동일정一動一靜하는 것이 최적노선이 되는 것이다. 그러나 어느 정도가 적당한 것인가는 역시 기氣의 역량을 고려하여 설정되어야 한다. 결국 기氣가 다시 리理를 설정하는 것이다. 이런 면에서 본다면 기氣에서 초연超然한 리理는 무의미하기까지 하다. 언제나 기氣의 물리적인 힘을 고려한 위에서의 리理라야만 진정한 최적노선일 수 있는 것이다.41) 리理와 기氣의 관계에는 필연적으로 이런 문제가 있으므로 주자는 다음과 같이 말한다.

> '덕德은 외롭지 않다'는 것은 리理를 말한 것이고, '반드시 이웃이 있다'는 것은 사건事件을 말한 것이다.42)

덕德이 있는 사람은 외롭지 않다는 것은 선善한 사람에게는 선善한 사람이 벗하러 오고 악惡한 사람에게는 악惡한 사람이 벗하러 온다는

---

41) 朱子語類, 041708, 性理1: 氣升降, 無時止息. 理只附氣. 惟氣有昏濁, 理亦隨
   而間隔.
42) 朱子語類, 274817, 論語9: 德不孤, 以理言. 必有隣, 以事言.

것이다. 이것은 선덕善德이든 악덕惡德이든 덕이 있으면 그와 같은 덕을
가진 사람들끼리 모이는 것이 최선最善의 길이다.43) 그러나 실제로 그
런 벗이 와서 외롭지 않은가는 별개의 문제이다. 이것을 주자는 실제의
일로서 말한 것이라고 하는 것이다. 즉 리理와 사건은 일치하는 때도
있고, 일치하지 못하는 때도 있다는 것이다.44) 다만 리理와 사건이 일치
하는 것이 정상正常이고 일치하지 않는 것은 비정상非正常이다.45)

또 리기理氣가 반드시 일치하지 않는 것은 어떤 물건이 생성된 이후
에만 그런 것이 아니라 처음 생성될 때부터 그런 한계는 있다. 예를
들어 영원히 마모되지 않는 칼을 만들고자 하여도 그런 물질物質을
찾을 수 없다. 그러므로 주어진 상황이나 조건에서 최대한 마모되지
않는 칼을 만들 수밖에 없다. 이것은 리理가 기氣에 의하여 처음부터
제약을 받는 것이다. 그래서 리理는 득중정得中正, 시중時中이 중요하다.
시중時中하지 못한 리理는 리理가 아니다. 즉 최적노선이 아니다. 결국
최적노선이란 고정되어 있는 것이 아니라 주어진 상황하에서의 최적노
선일 뿐이다. 주어진 상황, 즉 물리적인 기氣의 제약 아래 있는 리理를
말한다면 기강리약氣强理弱이다.

결론적으로 말한다면 리理와 기氣는 상호 의존하고 상호 견제하면서
존재한다. 만일 리理가 갈 방향을 처음부터 제시하지 않는다면 기氣는

---

43) 朱子語類, 274818, 論語9: 論語中德不孤是同聲相應, 同氣相求. 吉人爲善, 便
自有吉人相伴, 凶德者亦有凶人同之, 是德不孤必有隣也.
44) 朱子語類, 143001, 大學1: 問: "夫子非不明德, 其歷諸國, 豈不欲春秋之民皆
止於至善? 到他不從, 聖人也無可奈何." 曰: "若使聖人得位, 則必須緩來動
和." 又云: "此是說理, 理必須是如此. 且如致中和, 天地位, 萬物育. 然堯有九年
之水, 想有多少不育之物. 大德必得名位祿壽也, 豈箇箇如此! 只是理必如此.
45) 朱子語類, 643116, 中庸3: 或問: "大德必得其位, 必得其祿, 必得其壽. 堯舜不
聞子孫之盛, 孔子不享祿位之榮, 何也?" 曰: "此或非常理. 今所說, 乃常理也."

어디서 어떻게 왜 존재해야 할지 갈피를 잡을 수 없다. 그러므로 기氣는 언제나 리理가 제시한 노선의 큰 범위 안에 있게 된다. 그러나 리理는 기氣가 가지고 있는 역량의 범위 안에서 최선의 노선을 제시하는 것이니, 리理는 기氣의 역량 범위 안에 있는 것이다.46)

이를 체용이론을 가지고 나누어 말한다면, 체용론으로 말하면 리강기약理强氣弱이고, 현미론으로 말하면 기강리약氣强理弱이다. 즉 리생기理生氣의 입장에서 보면 기氣는 리理로부터 존재근거를 얻어 존재하는 것이므로 리理를 떠날 수 없다. 그러나 현미론으로 보면 리理의 실현은 항상 기氣에 의해서 이루어지는 것이므로 기氣가 없이는 리理의 존재 자체도 무의미한 것이 된다. 그러므로 리理는 기氣로부터 필연적으로 제약을 받게 되어 있는 것이다. 따라서 리기강약理氣强弱의 문제는 리기理氣의 정의로부터 필연적으로 도출되는 문제이다.

또 여기서 자세히 논하지는 않겠지만, 리理는 항상 순선純善한데 현실적으로 악惡이 존재하는 이유는 무엇인가 하는 문제도 위의 문제와 동일 선상線上에서 해결될 수 있다.47)

VI. 결론結論

주자는 자신의 철학을 철저하게 체용론과 현미론이라는 두 법칙을 사용하여 입체적立體的으로 서술하였다. 다만 그는 하나의 글에서 두

---

46) 註 27) 참조
47) 性理大全, 022003小, 通書解1: 問: "天地之性旣善, 則氣稟之性如何不善?" 曰: "理固無不善, 纔賦於氣質, 便有淸濁偏正剛柔緩急之不同. 蓋氣强而理弱, 管攝他不得."

법칙을 모두 드러내어 말한 것도 있고, 하나만 드러내어 말한 것도 있다. 「태극도설해太極圖說解」 중의 태극동이생양조太極動而生陽條[48]는 두 법칙을 모두 드러내어 말하고, 또 그 관계까지도 분명히 말한 대표적인 경우이다. 이를 분석하면 다음과 같다.

"태극지유동정太極之有動靜…… 분지소이일정이불이야分之所以一定而不移也"는 체용론으로 리선기후理先氣後와 리유동정理有動靜을 말하는 것이며, "개태극자본연지묘야蓋太極者本然之妙也…… 음양형이하지기야陰陽形而下之器也"는 현미론으로 리기무선후理氣無先後와 리무동정理無動靜을 말하는 것이다. 그리고 "자기저자이관지自其著者而觀之" 이하는 현미론으로 동정음양動靜陰陽의 차별상差別相이 있지만 리理는 항상 거기 있음을, "자기미자이관지自其微者而觀之" 이하는 체용론으로 충막무진沖漠無眹한 속에 이미 모든 리理가 먼저 있음을 말하는 것이다. 그리고 "수연추지어전雖然推之於前 …… 숙능식지孰能識之"는 체용론과 현미론을 상호 연계시켜 관찰觀察·인식認識의 한계限界와 객관대상客觀對象의 순환무궁循環無窮함을 말하고 있다.

그런데 중국의 진래陳來는 주자가 하나의 글에서 두 관점을 사용하여 상반되게 서술하고 있는 내용을 모두 취取하려 하지 않고, 자기 편의대

---

48) 性理大全, 011509, 太極圖: 太極之有動靜, 是天命之流行也, 所謂一陰一陽之謂道, 誠者聖人之本, 物之終始, 而命之道也. 其動也, 誠之通也, 繼之者善, 萬物之所資以始也. 其靜也, 誠之復也, 成之者性, 萬物各正其性命也. 動極而靜, 靜極復動, 一動一靜, 互爲其根, 命之所以流行而不已也. 動而生陽, 靜而生陰, 分陰分陽, 兩儀立焉, 分之所以一定而不移也. 蓋太極, 者本然之妙也. 動靜者, 所乘之機也. 太極, 形而上之道也. 陰陽, 形而下之器也. 是以自其著者而觀之, 則動靜不同時, 陰陽不同位, 而太極無不在焉. 自其微者而觀之, 則沖漠無眹, 而動靜陰陽之理已悉具於其中矣. 雖然推之於前而不見其始之合, 引之於後而不見其終之離也. 故程子曰: "動靜無端, 陰陽無始, 非知道者孰能識之."

로 단장취의斷章取義함으로써 주자설朱子說을 곡해曲解하였다. 이는 주자철학은 물론 동양철학을 이해하는 데에서 가장 경계해야 할 점이다. 이러한 단장취의는 동양철학을 갈래갈래 나눠 놓기만 하고 하나의 옹근 철학으로 만들지 못하는 잘못을 범한다.

또 중국의 강광휘姜廣輝는 주자가 69세 이후에 리선기후理先氣後 주장을 취소하였다[49]고 하나, 이는 주자가 초년初年부터 일관되게 견지하고 있는 이론을 전혀 모르고 하는 말이다. 로사광勞思光은 존유성存有性의 관점에서 보면 리선기후이고, 운행運行상에서 보면 리기무선후라고 하였다.[50] 로사광勞思光의 존유성은 진래陳來의 이론상설理論上說과 유사한데, 이는 리기理氣 관계를 단지 관념적觀念的이고 논리적論理的으로만 이해하려는 것으로서 주자의 리생기理生氣·리우기理寓氣(리가 기 속에 우거함) 주장을 바르게 이해하지 못한 것이다. 또 그는 두 관점을 이원화二元化하기만 하고 다시 체계화하지 못하였으니, 그것이 입체적立體的인 체계를 가지고 있음을 이해하지 못하는 것은 당연하다.

생각건대 주자는 체용론으로 리선기후, 리유동정理有動靜, 리강기약理强氣弱이라 하였고, 현미론으로 리기무선후, 리무동정理無動靜, 기강리약氣强理弱이라 하였다. 이는 체용론에서 리理를 최적노선으로 보면, 리理는 강력하게 기氣의 동정을 선도先導하며, 현미론에서 리理를 존재가치로 보면, 기氣는 리理를 싣고 동정하되 기氣의 역량力量에 따라 존재가치의 실현 여부가 결정되기 때문이다.

이처럼 주자의 리기설理氣說은 철저하게 정합적 구조를 이루고 있다. 다만 이는 평면적平面的인 구조構造가 아니라 입체적인 구조를 가지기 때문에 형식논리를 가지고 접근하려고 하면 모순투성이로 보인다. 만

---

49) 姜廣輝, 『理學과 中國文化』(上海人民出版社, 1994), 159~160쪽.
50) 勞思光, 『中國哲學史』(友聯出版社, 1983) 3卷 上冊. 294~297쪽.

일 굳이 형식논리를 가지고 접근하고자 한다면, 체용론으로 서술된 것만을 모아 리생기理生氣·리재기理宰氣(리가 기를 주재함)의 측면을 분석하고, 현미론으로 서술된 것만을 모아 리우기理寓氣·기재리氣載理 (기가 리를 싣다)의 측면을 분석한다면 모순을 피할 수 있을 것이다. 그러나 이렇게 각각 다른 입장에서 서술된 것을 개별적으로 이해한 다음 다시 그 양자를 종합해야 할 것이다. 그러나 그 종합은 형식논리만 을 가지고는 쉽지 않을 것이며, 필경 리理·기氣가 양면성兩面性을 갖는 다고 단정하기 쉽다. 그러므로 필자는 체용이론을 가지고 주자의 리기 설理氣說을 분석·이해해야 하며, 그리하여 입체적이고 정합적 구조를 밝혀내야 한다는 것이다.

제7장
주자朱子의 태극설太極說

┃개요┃

'태太'자는 크다는 뜻이고, '극極'자는 지극하여 더는 갈 곳이 없다는 뜻이다. 태극은 '가장 지극至極하고 궁극적인窮極的인 것이어서 더는 갈 곳이 없는 최상위最上位의 것'이며, 그래서 사방四方의 표준이 된다. 만물에는 각자의 리理가 있고, 그것이 서로 관계를 맺으면 그 관계의 리理가 있다. 그 양자가 함께 가는 길이 태극의 리理이다. 이것은 현미론이다. 또 최상위의 리理인 태극은 점차 음陰·양陽으로 유행하고 동動·정靜으로 발현한다. 즉 태극의 리理는 음의 리理와 양의 리理로 분화分化하는 속으로 유행하며, 그것들이 정하거나 동하는 속에서 발현한다. 이것은 체용론이다.

예를 들어 아버지는 딸에게 자애롭고 딸은 아버지에게 효도한다. 이렇게 서로 어울리는 속에 친함이 있다. 부자자효父慈子孝(부모는 자애롭고 자식은 효도함)이며, 부자유친父子有親이다. 부모와 자식 사이에 '친함'이 태극이다. 이 친함 때문에 아버지는 딸에게 자애롭고 딸은 아버지에게 효도한다. 아버지의 자애와 딸의 효도 속에 친함이 들어 있다.

음과 양이 통합된 속에 있는 리理는 통체태극統體太極이고, 음·양이 각자 동일하게 가지고 있는 리理는 각구태극各具太極이다. 여기서는 음양 통체 및 음과 양이 같은 측면을 말한다. 하나의 통체태극이 다시 음과 양으로 분화되어 서로 달라진다. 같은 것은 리일理一이고 다른 것은 분수理一分殊이다.

부모와 자식의 친함은 통체태극이고, 자애와 효도 속에 있는 친함은 각구태극이다. 친함은 리일理一이고, 자애와 효도는 서로 다른 분수分殊이다.

역유태극易有太極은 음과 양이 무수히 변화하는 후천後天 세계 속에 이들을 총괄하는 태극이 있다는 것이고, 무극이태극無極而太極은 형상形象이나 형체가 없어 아무것도 보이지 않고 들리지 않는 선천先天세계에 있는 태극이다. 이상은 현미론으로 말한 것이다. 이 태극이 새로운 상황을 만나면, 그 태극이 음·양으로 유행하고 동·정으로 발현함을 서술한 것이 시생양의是生兩儀이고, 이 태극의 적극적인 주재를 말한 것이 태극동이생양太極動而生陽이다. 이상은 체용론으로 말한 것이다.

I. 서론緒論

주자朱子는 『주역周易』 「계사전繫辭傳」의 "역유태극易有太極 시생양의是生兩儀 양의생사상兩儀生四象 사상생팔괘四象生八卦"라는 구절句節에서 언급된 '태극太極'을 매우 중요한 철학 용어로 사용하고 있다. 그런데 주자의 이 용어에 대한 현대 학자들의 이해는 매우 분분하다. 중국의 로사광勞思光은 주자의 태극이 천지만물天地萬物의 리理를 총섭總攝(총괄總括)한다는 것인지, 총화總和(총합總合)한다는 것인지 명확하지 않으며, 이 점에 있어서 주자는 명확한 논증이나 해설을 제시하지 못하였다고 한다. 나아가 이를 억지로 정합적整合的으로 이해하려고 해서는 안 된다고 하면서, 주자철학朱子哲學에 본래 모순이 있다고 한다.[1]

풍우란馮友蘭은 태극을 "천지만물天地萬物의 리理의 총화總和이며, 천지만물의 최고표준最高標準"이라고 함과 동시에 "천지만물의 최고표준이 되는 측면에서 말하면 플라톤의 선善의 이데아(Idea of Good)와 같다"[2]고 한다. 이는 로사광勞思光이 지적한 것처럼 총섭總攝의 뜻과 총화總和의 뜻을 혼용混用하고 있는 것인데, 이 양자兩者가 어떻게 모순 없이 연결되는지는 분명한 설명이 없다.[3]

진래陳來는 태극을 만리萬理의 총합總合으로 보면서도 그 총합은 집합集合이나 각종 구체적인 원소元素를 포함하는 총체總體나 전체全體가 아니라 총규율總規律(법칙法則), 보편규율普遍規律, 일반규율一般規律이라고 한다. 또 태극은 우주宇宙의 본체本體이기도 하고 우주의 궁극적窮極的 본원本源이라고도 한다.[4] 그러나 이러한 것들이 어떻게 서로 정합

---

1) 勞思光, 『中國哲學史』 第3卷 上冊(友聯出版社, 1983), 298~301쪽 참조
2) 馮友蘭, 『中國哲學史』(中華書局, 1992), 899쪽 참조
3) 勞思光, 앞의 책, 298쪽 참조

적整合的으로 종합綜合될 수 있는지는 명쾌하게 설명하지 못했다. 주자의 용어 사용이 엄밀하지 못하다는 것인지, 아니면 두세 가지 의미를 혼용하였다는 것인지에 대해서는 분명한 설명이 없다.

일본의 대빈호大濱晧는 태극은 "천지만물天地萬物에 내재內在한 리理를 종합하여 이름한 것"으로서, 리理와 동일同一하며, 리理처럼 형체形體를 초월超越하고 장소場所를 초월한 '무無'와 같은 존재存在라고 한다.5) 대빈호大濱晧 역시 주자가 천지만물에 내재內在한 리理를 어떻게 종합하였는지, 또 리理와 완전히 같은 것인지, 어떤 차이가 있는지는 분명하게 밝히지 않았다.

위와 같이 여러 학자가 주자의 태극설太極說에 대하여 다름대로 해석하며 이해하고자 하였으나, 주자의 본의本義를 정확하게 정합적으로 이해하지 못한 것 같다. 여기에는 여러 가지 이유가 있을 수 있겠으나, 그중에서 가장 중요한 것은 주자의 사유思惟 방식을 이해하지 못하고 서양철학적인 방법으로 접근하려고 하기 때문이며, 따라서 주자의 철학 체계를 개관하지 못하기 때문으로 판단된다.

이에 필자는 체용이론體用理論에 입각하여 주자의 철학에 접근해야만 주자의 철학을 정합적으로 바르게 이해할 수 있다는 전제하에 주자의 태극설을 분석·고찰하고자 한다.

---

4) 陳來, 『朱熹哲學硏究』(文津出版社, 中華民國79), 57~59쪽 참조
5) 大濱晧, 『朱子の 哲學』, 40~53쪽. 飜譯에는 『범주로 보는 주자학』을 참조하였음.

II. 태극太極의 자의字意

'태극太極'의 철학적 의미를 논하기 전에 먼저 태극의 자의字意를 분석할 필요가 있다. 이는 육상산陸象山(이름: 구연九淵, 자字: 자정子靜, 1139~1193)과의 논쟁에서 중요한 쟁점 중의 하나였다. '태太'자가 '대大'자의 의미를 가진다는 점에 대해서는 대개 이의異議가 없다. 다만 문제가 되는 것은 '극極'자의 의미이다.

허신許愼의『설문해자說文解字』에 "극동야極棟也"[6]라 하였고,『이아爾雅』[7)에 "극지야極至也"라 하였으며,『광아廣雅』[8)에 "극중야極中也"라고 하였다. 이러한 여러 가지 사전적 의미 중에서 어떤 의미를 취할 것인가는 결국 자신의 철학 체계나 그 철학적 입장을 따를 수밖에 없다.

주자와 '극極'의 의미에 대하여 논란을 벌인 육상산陸象山은 황극皇極이 홍범구주洪範九疇의 중간中間에 있으므로 그런 이름을 얻은 것처럼, 태극도 중中의 의미가 있다고 한다. 즉 태극도 황극皇極처럼 대중大中의 뜻이며, 이는 지극至極하다는 뜻을 겸한다고 한다.[9) 한편 상산象山과 그 철학 체계가 다른 주자는 극極을 중中으로 해석하는 것을 극구 반대하고 '지극至極'의 의미로 해석한다.

---

6) 許愼 撰, 段玉裁 注, 說文解字注, 第6篇上, 31板左(256쪽) /極은 용마룻대/宗도리이다. 종도리를 대들보(梁)라고 하기도 함. 특히 上梁의 梁은 본래 종도리인데, 이를 대들보라고 부르는 것임.
7) 爾雅注疏, 釋詁, 第2頁下(2568쪽) /極은 지극이다.
8) 王念孫, 廣雅疏證, 卷第5上, 釋言, 93쪽. /極은 가운데이다.
9) ① 象山全集, 020918, 與朱元晦2: 極亦此理也. 中亦此理也. 五居九疇之中而曰皇極, 豈非以其中而命之乎. ② 象山全集, 021004, 與朱元晦2: 蓋同指此理, 則曰極, 曰中, 曰至, 其實一也. ③ 象山全集, 230702, 荆門軍上元設廳講義: 皇大也, 極中也. 洪範九疇五居其中, 故謂之極. 是極之大, 充塞宇宙, 天地以此而位, 萬物以此而育.

중中은 극極으로 해석할 수 없다. 극極에는 중中의 뜻이 없다. 그러
나 중中에 있는 것이 곧 지극至極한 곳으로서 사방四方이 표준標準으로
삼으므로 이로 인해 중정中正이 되었다. 예를 들어 옥극屋極은 역시
중中에 있을 뿐이지만 사방이 표준으로 삼는다. 10)

'극極'자는 지극至極하다는 뜻이지 불편부당不偏不黨한 중정中正의 뜻
은 아니다. 11) 지극至極하기 때문에 중中이지, 중中이기 때문에 지극至極
한 것은 아니다. 지극至極한 것이 중앙中央에 있게 되면 사방四方에서
거기에 질정叱正하여 바른 방향으로 나아가게 된다. 또한 지극至極한
것은 편벽되고 치우친 것이 없고 모든 조화造化의 기준이 되므로 표준
標準의 뜻을 겸한다. 12) 그러나 중中과 표준標準을 혼동해서는 안 된다.

> 문: 선생께서는 황극皇極의 극極은 중中으로 해석할 수 없으며, 단지
>   표준標準의 뜻으로 해석할 수 있다고 하십니다만, 치우치지 않고
>   편당을 짓지 않으며, 어긋나지 않고 기울지 않는다면 역시 중정
>   中正의 뜻이 있습니다.
> 답: 사의私意가 없을 뿐이다.
> 문: 표준標準의 뜻은 무엇입니까?
> 답: 이는 성인聖人이 자신의 몸을 바르게 하여 백성의 준칙準則을
>   세우는 것이다. 13)

---

10) 朱子語類, 792820, 尙書2: 中, 不可解做極. 極無中意, 只是在中, 乃至極之所,
   爲四向所標準, 故因以爲中. 如屋極, 亦只是在中, 爲四向所準.
11) 朱子大全, 361512, 答陸子靜: 極是名此理之至極. 中是狀此理之不偏. 雖然同
   是此理, 然其名義, 各有攸當.
12) 朱子大全, 361520, 答陸子靜: 太極固無偏倚, 而爲萬化之本. 然其得名, 自爲
   至極之極, 而兼有標準之義, 初不以中而得名也.
13) 朱子語類, 792805, 尙書2: 問: "先生言'皇極'之'極'不訓中, 只是標準之義. 然
   '無偏無黨', '無反無側', 亦有中意." 曰: "只是箇無私意." 問: "'準標之義'如

표준은 단지 공평무사公平無私한 객관적 준칙으로서 사의私意가 없다
는 것이지 중中은 아니다. 이는 극極을 중中으로 보아 중용中庸이나 시중
時中의 뜻으로 풀이하는 것을 차단하려는 답변이다. 사실 상산象山이
극極을 중中이라 할 때는 이런 의미를 포함하는 것으로 본다.14) 그러나
주자는 극極이 표준標準이 되는 것은 사실이나 그것은 지극至極에서
오는 부차적인 의미이지 극極의 일차적 의미는 아니며, 더구나 곧바로
표준을 중中으로까지 비약하면 안 된다는 것이다. 표준은 지극한 덕德
을 갖춘 성왕聖王이 자신을 바르게 하여 중앙中央에 있으면 백성들이
이를 보고 표준으로 삼는 것이지, 임금이 단지 중앙에 있으므로 표준이
되는 것은 아니다. 그렇다면 지극의 일차적 의미는 무엇인가.

> 태극太極은 오직 극진極盡하게 이르러서 다시 갈 곳이 없다. 지극히
> 높고 묘妙하며, 지극히 정심精深하고 신묘神妙하여 더는 갈 곳이 없
> 다.15)

지극은 지극히 높고 묘하며, 지극히 정심精深(정밀하고 심오함)하고
신묘神妙하여 더 갈 곳이 없다는 것이다. 그 이상 어떤 것도 보탤 수
없으며, 그 이상 어떤 것도 생각할 수 없는 최상最上의 것이다.

> 성인聖人의 생각은 바로 궁극窮極하고 지극至極하여 붙일 만한 이름
> 이 없으므로 단지 태극太極이라고 하였다. 천하天下의 지극한 것을
> 들어서 여기에 보탤 것이 없다고 말한 것과 같으며, 애당초 중中을

何?" 曰: "此是聖人正身以作民之準則."
14) 象山全集, 290315, 黃裳元吉黃離元吉: 子思之言中, 不獨有大中之說, 而又有
時中之論. 蓋中而非其時, 則烏在其爲中也.
15) 朱子語類, 940603, 周子之書: 太極只是極至, 更無去處了. 至高至妙, 至精至
神, 更沒去處.

가지고 명명命名한 것이 아니다.16)

주자의 의도意圖는 지극至極은 가장 궁극적이어서 '더 갈 데가 없는 것'이라는 데에 있다. 즉 '갱무거처更無去處' 넉 자字가 지극의 의미이며, 극極의 본의本意라고 보는 것이다.17)

> 황극皇極을 역시 천하天下의 가운데에 세우면 사방이 몰려들어 더 갈 곳이 없다. 이쪽으로 옮겨도 안 되고 저쪽으로 옮겨도 안 된다. 단지 중앙中央에 있으면 사방四方이 함께 몰려와 여기에 이른다.18)

황극皇極은 임금으로서 모든 백성의 지극처至極處이며, 옥극屋極은 종도리로서 모든 서까래가 와서 모이는 지극처至極處이며, 북극성北極星은 여러 별이 향하여 도는 지극처至極處라는 것이다.19) 이 극極은 모든 것이 모여드는 중앙이므로 다른 곳으로 옮겨갈 수 없다. 태극의 극極도 바로 이런 뜻이라고 한다.

> 태극太極은 밖에서부터 밀고 들어와서 여기에 도달到達하여 끝났으므로 더는 갈 곳이 없다. 이것이 태극太極이라고 한 까닭이다.20)

---

16) 朱子大全, 361018, 答陸子靜: 聖人之意, 正以其究竟至極, 無名可名. 故特謂之太極, 猶曰舉天下之至極, 無以加此云爾. 初不以其中而命之也.

17) 朱子語類, 792907, 尙書2: 極之爲義, 窮極極至, 以上更無去處.

18) 朱子語類, 940605, 周子之書: 皇極, 亦是中天下而立, 四方輻湊, 更沒去處; 移過這邊也不是, 移過那邊也不是, 只在中央, 四畔合湊到這裏.

19) 朱子大全, 遺集013202, 性理吟, 皇極: 以極爲中義未安, 示民標準有相關. 萬殊本本源源地, 一理亭亭當當間. 棟木在中群木拱, 辰星居所衆星環. 九章統會歸諸五, 千古箕疇彝訓頒.

20) 朱子語類, 982618, 張子之書1: 太極者, 自外面推入去, 到此極盡, 更沒去處, 所以謂之太極.

바깥에서 안으로, 사방에서 중앙으로 몰려드는 심장부心臟部가 태극이다. 태극의 극極과 황극의 극極은 같은 의미이다. 따라서 태극은 황극, 민극民極, 옥극屋極, 북극성北極星 등에 비교될 수 있는데, 이때 '극極'자는 모두 '갱무거처更無去處(더는 갈 곳이 없음)'의 의미이다.

생각건대 주자가 '극極'자를 지극至極이 아닌 다른 뜻으로 해석하는 것을 크게 반대하는 것은 갱무거처更無去處 넉 자字를 도출하기 위해서이다.[21] 결국 태극의 자의字意에서 도출할 수 있는 것은 '가장 지극至極하고 궁극적인窮極的인 것이어서 더 이상 갈 곳이 없는 최상위最上位의 것'이라는 것이다. 반면에 상산象山처럼 '극極'을 '중中'의 의미로 보면 이런 의미를 도출할 수 없게 된다.

III. 주자朱子 태극설太極說의 구조構造

주자의 태극설太極說은 두 가지 측면에서 분석할 수 있다. 하나는 이미 존재하는 어떤 사물을 동일한 시간時間에 체질體質과 골자骨子로 나누어 보는 현미론顯微論 관점이며, 다른 하나는 어떤 사물이 존재하기 이전부터 시간적 흐름에 따라 보는 체용론體用論 관점이다. 다음에서는 이 두 관점을 적용해 주자 태극설의 체계를 분석·고찰하고자 한다.

1. 태극설太極說의 현미론顯微論 체계體系

주자는 태극을 리理인 골자로, 그 태극을 담고 있는 기氣를 체질로

---

21) 朱子語類, 792904, 尙書2: 若只說中, 則殊不見極之義矣.

본다.

> 대개 태극太極은 본연本然의 미묘微妙한 것이고, 동정動靜은 타는
> 기틀이다. 태극太極은 형이상形而上의 도道이고, 음양陰陽은 형이하形
> 而下의 그릇이다. 그러므로 그 드러난 것으로부터 보면 동動과 정靜은
> 때가 같지 않고, 음陰과 양陽은 위치位置가 같지 않으나, 태극太極은
> 있지 않은 곳이 없다.[22)]

위의 글에서 '드러난 것으로부터 본다'는 것은 현미론을 적용하여
체질을 통해서 골자를 관찰한다는 것이다. 이처럼 주자는 태극은 형이
상의 리理이고, 그 태극을 싣고 음양陰陽·동정動靜하는 것은 형이하形而
下의 기氣라고 본다. 또 "동정부동시動靜不同時"는 '동動하는 것과 정靜
한 것은 시간을 달리한다'는 것이며, 이는 '동動의 리理'와 '정靜의 리理'
가 서로 다르다는 것을 함축한다. 마찬가지로 "음양부동위陰陽不同位"
는 '음陰인 것과 양陽인 것은 서로 그 존재하는 공간이 다르다'는 것이
며, 이는 또 '음陰의 리理'와 '양陽의 리理'가 서로 다르다는 것을 함축한
다. "태극무부재太極無不在"는 동動하는 것이나 정靜한 것이나, 음陰인
것이나 양陽인 것이나 모두 그 속에 태극이 있다는 것이다. 이는 동動의
리理와 정靜의 리理, 음陰의 리理와 양陽의 리理 속에는 이미 태극이
내재內在한다는 것을 함축한다. 바꿔 말하면 음陰의 리理 속에는 양陽의
리理가 들어 있지 않고, 양陽의 리理 속에는 음陰의 리理가 들어 있지
않지만 음陰의 리理나 양陽의 리理 속에 태극은 내재內在한다는 것이다.
이는 태극이 동정음양動靜陰陽을 모두 일관한다는 것이며, 그들을 태극

---

22) 性理大全, 011515, 太極圖解: 蓋太極者, 本然之妙也. 動靜者, 所乘之機也.
太極形而上之道也, 陰陽形而下之器也. 是以自其著者而觀之, 則動靜不同
時, 陰陽不同位, 而太極無不在焉.

이 포괄한다는 것이다. 주자의 다음 글은 이러한 내용을 보다 단적으로
설명하고 있다.

> 태극太極·음양陰陽·오행五行은 원형이정元亨利貞을 가지고 보면 매
> 우 좋다. 태극太極에서 보면, 원형이정元亨利貞이 모두 그 위에 있다.
> 음양陰陽에서 보면, 이정利貞은 음陰이고 원형元亨은 양陽이다. 오행五
> 行에서 보면, 원元은 목木이고, 형亨은 화火이고, 이利는 금金이고,
> 정貞은 수水이다.23)

여기서 태극과 원형이정元亨利貞은 리理이고, 음양오행陰陽五行은 기
氣이다. 그런데 원형이정은 각각 목화금수木火金水의 리理이고, 태극은
그 원형이정을 모두 포괄하는 리理라는 것이다. 이를 다시 세분하여
말하면 384효爻→ 64괘卦→ 8괘卦→ 사상四象→ 양의兩儀→ 태극의 순서
로 개괄概括된다.24) 즉 384효의 리理는 64괘의 리理로 개괄되며, 64괘의
리理는 8괘의 리理로, 8괘의 리理는 사상의 리理로, 사상의 리理는 양의
의 리理로, 양의의 리理는 다시 태극으로 개괄된다는 것이다.

이러한 순서는 주자의 현미론에서 일상현미론一象顯微論을 통하여
만상현미론萬象顯微論으로 개괄해 가는 형식을 전형적으로 적용하고
있다. 또한 이는 현미론의 현일미다顯一微多(현저한 것은 하나인데 은미
한 것은 많음)25)를 그대로 보여 주고 있다. 이것을 보다 구체적으로

---

23) 朱子語類, 941708, 周子之書: 太極陰陽五行, 只將元亨利貞看甚好. 太極是元
亨利貞都在上面; 陰陽是利貞是陰, 元亨是陽; 五行是元是木, 亨是火, 利是
金, 貞是水.

24) 朱子語類, 752412, 易11: 自三百八十四爻摠爲六十四, 自六十四摠爲八卦, 自
八卦摠爲四象, 自四象摠爲兩儀, 自兩儀摠爲太極.

25) 朱子語類, 150514, 大學2: 以理之淺深言, 理會一重又一重. 只管理會, 須有極
盡時.

오륜五倫을 들어 설명하면 다음과 같다.

부자父子 관계에서 아버지가 가는 도리는 자애慈愛하는 것이며, 자식이 가는 도리는 효도孝道하는 것이다. 이는 각각 일상현미론一象顯微論을 적용한 것이다. 다음 양자兩者를 합하여 만상현미론萬象顯微論에서 보면 부자간父子間에는 서로 친해야 한다. 여기서 '친親함'은 부자 관계에 있어서의 지극처至極處이다. 바꾸어 말하면 부자자효父慈子孝(부모는 자애롭고 자식은 효도함)하는 것도 결국은 서로 친함이 있기 때문이다. 나아가 나를 중심에 놓고 말하면 나는 아버지이면서 동시에 아들이고, 또 동시에 국민의 한 사람이고, 아내의 남편이며, 동생의 형이고, 형의 동생이며, 친구의 친구이다. 이렇게 관계를 확대해 가면 오륜五倫의 모든 관계가 성립한다. 그렇게 될 때 나는 오륜의 친의별서신親義別序信(친함, 정의, 분별, 차례, 신의)의 도리를 한 몸에 모두 가지고 있다. 이것은 모든 인간관계를 개별적으로 말할 때의 도리이다. 이제 이런 개별적인 도리를 일관一貫하는 하나의 도리가 있다. 이 일관하는 하나의 도리가 바로 인간관계에서의 태극이다. 다른 한편으로 나는 모든 인간관계의 중심에만 서 있는 것이 아니라 우주의 중심에도 서 있다. 즉 다른 동식물을 비롯한 만물과도 일정한 관계를 맺으며 살아간다. 이런 우주 내의 모든 만물과 관계를 맺을 때도 역시 하나의 일관하는 도리가 있다. 이것이 바로 태극이다.

> 문(중리仲履): 태극太極은 바로 인심人心의 지극한 리理입니까?
> 답: 사사물물事事物物에 모두 하나의 극極이 있으니, 이는 도리道理 중의 지극至極한 것이다.
> 문(장원진蔣元進): 예를 들어 임금의 인仁이나 신하의 공경恭敬이 바로 극極입니까?
> 답: 이는 일사일물一事一物의 극極이다. 천지만물天地萬物의 리理를 총

괄總括한 것이 바로 태극太極이다. 태극太極은 본래 이런 이름이 없고, 단지 하나의 별호別號이다.26)

군인신경君仁臣敬(임금은 인하고 신하는 공경함)은 군신君臣 각자의 도리로서 각각의 극極이다. 이것을 군신 공통의 도리로 확대하면 군신유의君臣有義가 된다. 이를 더 확대하면 천지天地 사이 만물의 리理를 모두 포괄하는 리理가 있을 것이니, 이것이 태극이다.

대개 이른바 태극太極이라고 하는 것은 천지만물天地萬物의 리理를 합슴하여 하나로 이름 붙인 것일 뿐이다. 그릇(기器)과 형체形體가 없을 때도 천지만물의 리理가 여기에 있지 않은 것이 없다. 그러므로 '무극無極이지만 태극太極이다'고 하였다. 천지만물의 리理를 갖추었으나 그릇과 형체가 없다. 그러므로 '태극太極은 본래 무극無極이다'고 하였다. 이것이 어찌 일반 백성의 일상적인 것을 떠나서 별도로 하나의 물건이 되겠는가. 음양오행陰陽五行의 심오深奧한 조화造化는 진실로 이 리理이며, 인의예지仁義禮智나 강유선악剛柔善惡도 역시 이 리理이다.27)

위의 두 인용문을 종합하여 보면 천지만물天地萬物의 리理를 모두 합슴한 것이 태극인 것처럼 보인다. 이런 이유로 로사광勞思光은 총천지

---

26) 朱子語類, 941403, 周子之書: 仲履云: "太極便是人心之至理." 曰: "事事物物皆有箇極, 是道理之極至." 蔣元進曰: "如君之仁, 臣之敬, 便是極." 曰: "此是一事一物之極. 總天地萬物之理, 便是太極. 太極本無此名, 只是箇表德."

27) 朱子大全, 782411, 隆興府學濂溪先生祠記: 蓋其所謂太極云者, 合天地萬物之理而一名之耳. 以其無器與形而天地萬物之理, 無不在是, 故曰: "無極而太極." 以其具天地萬物之理, 而無器與形, 故曰: "太極本無極也." 是豈離乎生民日用之常而自爲一物哉. 其爲陰陽五行造化之蹟者, 固此理也. 其爲仁義禮智剛柔善惡者, 亦此理也.

만물지리總天地萬物之理의 '총總'자를 총섭總攝의 의미로 해석해야 할 것
인지 총화總和의 뜻으로 해석해야 할 것인지에 대하여 논란論難하였다.
총섭總攝의 뜻을 취하면 태극은 '만물萬理의 리理'로서 만리萬理의 공통
점을 모은 류類가 되고, 총화總和의 뜻을 취하면 '만리萬理의 총화總和'
로서 만리萬理의 선접選接으로 구성되는 또 하나의 류類가 되는데, 주자
는 어느 쪽을 취할 것인지 명확한 언급이 없다고 하였다.28) 그러나
이런 오해는 주자의 사유 방식이나 서술 방식을 터득하지 못한 데서
오는 것이다. 즉 주자의 현미론顯微論을 이해하면 이런 문제는 간단히
해결된다.

생각건대 일상현미론一象顯微論으로부터 만상현미론萬象顯微論으로
개괄하는 것은 양자兩者(갑甲과 을乙)를 합合하여 두 개의 원소元素를
갖는 새로운 하나의 집합集合을 만드는 것이 아니다. 그렇게 되면 태극
에 대하여 지극至極이나 갱무거처更無去處라고 해석하기 어렵게 된다.
앞에서 인용한 원형이정元亨利貞을 가지고 보면, 원형이정은 각각 네
개의 리理이지만 이를 개괄하면 원元·형亨은 '양陽의 리理'가 되고 이利
·정貞은 '음陰의 리理'가 된다. 이 '음陰의 리理'와 '양陽의 리理'는 다시
태극으로 개괄된다. 물론 이 개괄하는 방식은 서양 논리학의 종개념種
概念에서 유개념類概念을 도출하는 것과 유사한 면이 있다. 이렇게 본다
면 풍우란馮友蘭이 태극을 선善의 이데아(Idea of Good)와 같다고 하는
것은 일리一理 있는 말이다.29)

위와 같이 생각한다면 "총천지만물지리總天地萬物之理"의 '총總'자는
총섭總攝, 총괄總括의 의미로 해석하는 것이 타당하며, "합천지만물지
리合天地萬物之理"의 '합合'자는 융합融合의 의미로 사용하는 것이 옳을

28) 勞思光, 앞의 책, 298~301쪽 참조
29) 理와 이데아의 차이점에 대해서는 '제5장 朱子의 理說' 참조

것 같다. 만일 '합合'자를 집합集合에서 원소元素를 모으듯이 합한다는
의미로 해석한다면 다른 곳에서의 주자 이론과 모순된다. 융합融合의
의미로 본다면 두 개의 리理를 총괄하여 하나의 리理로 한다는 의미를
가질 수 있으니 만상현미론萬象顯微論이 적용될 수 있다.

또 앞의 인용문에서 태극을 표덕表德, 즉 별호別號라고 하였는데, 이
는 태극이라는 것이 별도로 있는 것이 아니라 어떤 리理가 가진 특별한
덕德, 즉 '매우 선善하고 지극히 좋은 덕德'30)을 표시하기 위하여 별명別
名을 붙였다는 것이다. 결국 리理 중에서 가장 지극至極하고 최상위最上
位에 있으며, 그래서 모든 천지만물의 리理를 총괄하는 리理만을 특별히
태극이라고 이름하였다는 것이다. 그러나 '지극한 리理'인 태극과 일반
적인 리理, 즉 '일사一事의 리理'는 리理가 가지는 일반적인 특징이나
역할 등에서는 전혀 차이가 없다. 다만 태극은 일사일물一事一物의 리理
를 모두 총괄하고 있다는 점이 다를 뿐이다.

2. 태극설太極說의 체용론體用論 체계體系

위에서는 현미론에 입각하여 '일사一事의 리理'로부터 '태극의 리理'
를 도출하는 과정과 그 태극의 의미를 고찰하였다. 이제 이런 태극이
구체적으로 어떤 역할을 하는가를 체용론으로 분석해야만 위에서 밝혀
진 태극의 의미가 더 구체적으로 밝혀질 것이며, 리理와 태극의 차이점
도 더 분명하게 드러날 것이다.

체용이론體用理論에 있어서 현미론의 골자骨子는 바로 체용론의 체體
가 된다. 또 현미론의 최상위最上位의 골자는 체용론에서도 최상위의

---

30) 朱子語類, 940820, 周子之書: 太極只是箇極好至善底道理.……周子所謂太
極, 是天地人物萬善至好底表德.

체體가 된다. 이제 태극은 현미론에서 최상위의 골자였으므로 체용론에서도 최상위의 체體이다. 그렇다면 최상위의 체體인 태극은 어떤 의미를 갖는가. 체體는 용用을 주재主宰한다. 즉 체體는 용用이 용用으로 유행流行·발현發現하도록 한다.

> 아직 양의兩儀로 나뉘기 이전에는 혼연渾然한 태극太極이지만 양의兩儀·사상四象·육십사괘六十四卦의 리理가 이미 그 가운데(태극太極)에서 찬연粲然하다. 태극太極이 양의兩儀로 나뉘면, 태극太極은 태극太極이고, 양의兩儀는 양의兩儀이다. 양의兩儀가 사상四象으로 나뉘면, 양의兩儀는 또 태극太極이 되고, 사상四象은 또 양의兩儀가 된다. 이렇게 미루어 가면 사상四象이 팔괘八卦로, 팔괘八卦가 십육十六으로, 십육十六이 삼십이三十二로, 삼십이三十二가 육십사괘六十四卦로 되어 백천만억百千萬億의 무궁無窮한 데까지 이른다. 비록 괘획卦畫으로 그려 낼 때 보인 것은 선후先後가 있고 인위적人爲的으로 한 것 같으나, 이미 정해진 모양과 이미 이루어진 형세는 진실로 이미 혼연渾然한 (태극太極) 중에 갖추어져서 그 사이에 털끝만큼도 자기 생각이나 작위作爲를 용납하지 않는다.[31]

'혼연渾然한 태극'이라는 것은 백천만억百千萬億의 무궁無窮한 리理가 모두 하나의 태극 속에 총괄되어 있어, 많은 리理가 집합集合의 원소元素처럼 분별 가능한 상태로 있는 것이 아니라 하나로 융합되어 있다는

---

31) 性理大全, 150110, 易學啓蒙, 原卦畫: 自兩儀之未分也, 渾然太極, 而兩儀四象六十四卦之理, 已粲然於其中. 自太極而分兩儀, 則太極固太極也, 兩儀固兩儀也. 自兩儀而分四象, 則兩儀又爲太極, 而四象又爲兩儀矣. 自是而推之, 由四而八, 由八而十六, 由十六而三十二, 由三十二而六十四, 以至于百千萬億之無窮. 雖其見於摹畫者, 若有先後, 而出於人爲. 然其已定之形, 已成之勢, 則固已具於渾然之中, 而不容毫髮思慮作爲於其間也.

것이다.

> 문(양문숙梁文叔): 태극太極은 동정動靜을 겸兼하고 있습니까?
>
> 답: 동정을 겸兼하는 것이 아니다. 태극太極에 동정이 있다. 희노애
> 락喜怒哀樂이 미발未發한 때에도 태극太極이 있고, 희노애락이
> 이발已發한 때에도 태극이 있다. 다만 하나의 태극이 이발할
> 즈음에는 유행流行하고, 미발일 때에는 거두어 저장한다.32)

태극이 동정을 겸한다고 하면, 태극은 별개別個의 동動하는 일과 정靜
하는 일을 겸직兼職하고 있다가 상황에 따라 이 일도 하고 저 일도
하는 것과 같다. 이때의 동動과 정靜은 서로 밀접한 연관관계를 가지지
않은 서로 다른 두 가지 일일 수도 있다. 그러나 태극 속에 있다고
하는 모든 리理는 하나의 리理로 총괄되고 일관되어 있다.

> 태극太極으로부터 만물萬物이 화생化生하기까지 다만 하나의 도리
> 道理가 포괄包括하는 것이지, 이것이 먼저 있고 난 뒤에 저것이 있는
> 것이 아니다. 다만 통체統體인 하나의 큰 근원이 체體로부터 용用까
> 지, 은미隱微로부터 현저顯著까지 도달到達하는 것이다.33)

태극이 하나의 큰 근원이 되어, 여기로부터 모든 용用이 나온다. 이
큰 근원 속에는 천지만물의 리理가 모두 함유含有되어 있다. 이때 태극

---

32) 朱子語類, 941008, 周子之書: 梁文叔云: "太極兼動靜而言." 曰: "不是兼動靜,
太極有動靜. 喜怒哀樂未發, 也有箇太極; 喜怒哀樂已發, 也有箇太極. 只是
一箇太極, 流行於已發之際, 斂藏於未發之時."
33) 朱子語類, 940920, 周子之書: 自太極至萬物化生, 只是一箇道理包括, 非是先
有此而後有彼. 但統是一箇大源, 由體而達用, 從微而至著耳. / 여기서 "由體
而達用"은 流行體用論을, "從微而至著耳"는 發現體用論을 말한다.

은 '동動의 리理'와 '정靜의 리理'를 각각 분별하여 가지고 있는 것이 아니라, 아직 분화分化되지 않은 상태로 함유하고 있다. 그러나 이 태극이 용用으로 유행流行·발현發現할 때, 때로는 '동動의 리理'로 되기도 하고 때로는 '정靜의 리理'로 되기도 하므로 '태극에 동정動靜이 있다.'34)고 한다. 혼연한 태극 속에 천지만물의 리理가 찬연하게 있다고 하는 것은 바로 이처럼 모든 천지만물의 리理가 녹아들어 하나로 있다는 것이다. 그러나 체용론에서는 체體가 먼저 있고 용用이 나중에 있게 되므로35) 용用의 리理가 먼저 있어서 그것이 다시 체體 속으로 녹아들어 가는 것은 아니다. 앞 절節에서 현현顯한 용用이 먼저 있었던 것처럼 말한 것은 사물을 관찰·인식하는 순서이지 태극이 유행·발현하는 순서는 아니다.

그렇다면 혼연한 태극 속에 녹아들어 있던 천지만물의 리理가 어떻게 천지만물로 유행·발현하는가. 주자는 이와 관련하여 다음과 같은 비유를 들어 설명한다.

> 태극太極은 한 그루의 나무가 자라나서 나뉘어 줄기와 가지가 되고, 또 나뉘어 꽃을 피우고 잎을 내면서 생생生生하기를 끝없이 하는 것과 같다.36)

땅속에 묻힌 씨앗은 태극과 같다. 이 씨앗이 자라나면서 줄기가 나오

---

34) 朱子大全, 451509, 答楊子直: 蓋謂太極含動靜, 則可.(以本體而言也) 謂太極有動靜, 則可.(以流行而言也).
35) 朱子語類, 941216, 周子之書: 問: "太極動而生陽, 是陽先動也. 今解云'必體立而用得以行' 如何?" 曰: "體自先有. 下言'靜而生陰', 只是說相生無窮耳."
36) 朱子語類, 752420, 易11: 太極如一木生上, 分而爲枝幹, 又分而生花生葉, 生生不窮.

고 가지가 벋고 잎이 나고 열매를 맺는다. 씨앗 속에 줄기, 가지, 잎, 꽃이 이미 있었다고는 할 수 없지만, 그렇다고 그런 싹이 없었다고 할 수도 없다. 태극이 천지만물의 리理를 모두 함유하고 있다는 것도 결국 이와 같은 것이다. 이 생명력은 성장하면서 줄기와 가지로 벋어나 가는데, 그 순서는 뿌리에서부터 꽃까지 순차적으로 이루어진다. 즉 생물의 체세포體細胞가 분열하듯이 가일배법加一倍法(2^n)으로 분화해 나 간다. 태극이 천지만물의 리理로 유행·발현하는 것도 이런 자연 현상 과 같으며, 태극이 만물의 화생化生을 총괄하는 것도 이와 비슷하다. 씨앗이 가진 태극의 내용을 '생명력'이라고 한다면, 일반적으로 말하는 태극의 내용은 무엇인가.

> 성誠은 곧 이른바 태극太極이다. [37]

이는 주렴계周濂溪가 『통서通書』에서 "성誠은 성인聖人의 근본이다." [38] 라고 한 것에 대한 설명이다. 성인聖人의 일거수일투족一擧手一投足은 모두 성誠을 바탕으로 하며, 그 성誠이 유행·발현하는 것이다. 성인聖人 의 희노喜怒는 언제 어디서나 이 성誠의 발현이며, 성誠을 가지고 있으므 로 희喜하거나 노怒하는 것이다. 이때 태극으로서의 성誠 속에 모든 희노애락喜怒哀樂의 정情이 이미 있었다고 할 수 있는 것이다. 그러나 처음부터 이런 일에는 희喜를, 저런 일에는 노怒를 하고자 준비하고 있었던 것은 아니다. 그러므로 태극을 혼연하다고 하는 것이다.

성위태극性爲太極(성이 태극이다)이나 도위태극道爲太極(도가 태극이 다), 심위태극心爲太極(심이 태극이다)이라고 한 것도 위와 같은 맥락에

서 이해해야 한다.

> 성性은 태극太極으로서 혼연渾然한 체體이니, 본래 이름을 붙여 말
> 할 수 없다. 다만 그 가운데에 만리萬理를 함유含有하였으며, 그 리理
> 중의 큰 것을 개괄하면 네 가지이니, 이름하여 인의예지仁義禮智이
> 다.39)

성性이 태극이라는 것은 성性이 태극처럼 최상위最上位의 체體로서
모든 용用을 주재한다는 것이다. 모든 만물萬物의 유행·발현은 이 성性
때문에 일어나는 것이다. 그러나 성性 역시 태극과 마찬가지로 구체적
인 어떤 임무任務/본성本性이 이러이러하게 있다는 것이 아니라, 임무/
본성으로서의 성性이 있으면 그로부터 가야 할 많은 노선路線(리理)이
생겨서 유행·발현하게 된다.

> 문: 강절康節은 이르기를, '도道가 태극太極이다'라고 하고, 또 이르기
> 를, '심心이 太極이다.'라고 하였는데, 도道는 천지만물天地萬物의
> 자연自然한 리理를 가리켜서 말한 것이고, 심心은 사람이 이 리理
> 를 얻어서 한 몸의 주인으로 삼은 것을 가리켜서 말한 것입니까?
> 답: 진실로 그렇다. 그러나 태극太極은 다만 하나일 뿐이고 상대자相
> 對者가 없다.40)

도道나 심心이 태극이라고 하는 것도 성性의 경우처럼 혼연한 체體로

---

39) 朱子大全, 582713, 答陳器之: 性是太極渾然之體, 本不可以名字言. 但其中含
　　具萬理, 而綱理之大者有四. 故命之曰仁義禮智.
40) 朱子語類, 1000920, 邵子之書: 或問: "康節云: '道爲太極.' 又云: '心爲太極.'
　　道, 指天地萬物自然之理而言; 心, 指人得是理以爲一身之主而言?" 曰: "固
　　是. 但太極只是箇一而無對者."

서 말하는 것이다. 즉 도道는 여러 노선路線이 융합融合된, 그러나 구체적으로 분별되지는 않은 리理를 말하는 것이며, 심心은 일신一身의 주재자主宰者로서의 역할을 가지지만 역시 구체적으로 이런 때는 이렇게 한다는 식으로 고정화된 그런 주재자는 아니다. 여기서 성性, 도道, 심心은 어떤 상대자相對者를 용납하지 않는 최고의 유일한 절대자絶對者이며, 또한 그런 의미에서 태극이라고 하는 것이다.

생각건대 체용론에서의 태극은 최상위最上位의 체體로서 하위下位의 용用을 주재한다. 결국 태극을 리理라고 하는 것도 이런 최상위의 '일관一貫하는 리理'를 말하는 것이다. 물론 이 일리一理는 천지만물의 모든 리理를 총괄할 수 있는 주재력主宰力을 가진 리理라야 한다. 즉 구체적인 어떤 일사일물一事一物에 국한된 리理가 아니라 그런 모든 리理를 포괄할 수 있는 리理이다. 한편 이런 능력을 갖춘 태극은 구체적으로 어떤 것이라고 한정되어 있는 것은 아니다. 서양 논리학에서 최고유개념最高類槪念이 어느 하나로 규정되어 있는 것이 아니라, 각 영역에 따라 최고유개념을 달리 말할 수 있는 것처럼, 태극도 각 경우에 따라 다르게 말할 수 있다. 즉 성誠, 성性, 도道, 심心 등이 태극이 될 수 있는 것은 물론이려니와 경敬[41]이나 인仁, 의義, 천명天命 등도 태극으로 말할 수 있다. 이런 이유로 주자는 태극을 만선지호저표덕萬善至好底表德 (모든 선이나 지극히 좋음이란 뜻의 다른 표현)이라고 하는 것이다. 즉 어떤 것을 태극의 내용으로 하든 '선善하고 좋은' 것을 포함해야 한다는 것이며, 태극이란 그런 덕德을 가진 리理라는 것이다. '지극한 리理'인 태극은 그런 덕德을 가진 최상위의 리理이고, '일사一事의 리理'

---

41) 朱子大全, 404702, 答何叔京: 未發之前, 太極之靜而陰也. 已發之後, 太極之動而陽也. 其未發也, 敬爲之主, 而義已具. 其已發也, 必主於義, 而敬行焉, 則何間斷之有哉.

즉 하위下位의 리理는 구체적인 상황에서의 최적노선最適路線으로서의
리理인 것이다.

IV. 주자朱子 태극설太極說의 전개展開

위에서 밝힌 바와 같이 주자 태극설의 구조는 체용이론을 적용하면
매우 분명하게 정리할 수 있다. 그런데 주자의 태극설 자체에 대하여
바르게 이해하지 못하므로 통체태극統體太極·각구태극各具太極, 리일분
수理一分殊, 역유태극易有太極, 무극이태극無極而太極 등에 대하여 여러
학자의 의견이 매우 분분하다. 이에 위에서 밝혀진 태극설의 구조를
적용하여 그 의미를 명확히 하고자 한다.

1. 통체統體·각구各具와 리일분수理一分殊

주자가 태극설과 관련하여 제시한 통체統體·각구各具와 리일분수理
一分殊(리는 하나이나 나누어진 것은 다름)은 모두 리理와 리理의 관계
를 밝힌 것이다. 먼저 통체·각구는 지극至極한 최상위最上位의 태극이
어떻게 천지만물 속에 분포分布되었는가를 말하는 것이다.

통체태극統體太極(통째로 하나의 태극임)과 각구태극各具太極(각각
하나의 태극을 갖춤)은 주자가 주렴계周濂溪의 『태극도설太極圖說』을
주석하면서 제시한 이론이다.[42] 통체태극은 천지만물 전체를 일자一者
로 하여 태극을 말하는 것이며, 각구태극은 사사물물事事物物 각자가

---

42) 性理大全, 013316, 太極圖解: 蓋合而言之, 萬物統體一太極也. 分而言之, 一
物各具一太極也.

모두 완전한 하나의 태극을 가지고 있다는 것이다.

> 문: 『통서通書』 리성명장理性命章의 주석에서 이르기를 '그 근본으로
> 부터 말단末端까지 하나의 실리實理인데 만물이 이를 나누어 체體
> 로 삼았다. 그러므로 만물이 각각 하나의 태극太極을 가지고 있
> 다.'고 하셨습니다. 그렇다면 이 태극太極에 분열分裂이 있습니
> 까?
>
> 답: 본래 다만 하나의 태극太極이로되 만물이 각각 받은 것이 있으며,
> 또 스스로 각자가 태극太極을 완전하게 갖추고 있을 뿐이다. 예컨
> 대 달이 하늘에 있는 것은 단지 하나뿐이지만 강호江湖에 산재하
> 게 되면 곳에 따라 보이는 것이지, 달이 이미 나누어졌다고 할
> 수 없는 것과 같다. 43)

여기서 근본은 체體이고 말단은 용用이다. 근본에 있는 체體가 말단
까지 유행·발현한 것이다. 이때 체體는 어떻게 분열하지도 않으면서
말단까지 유행·발현하는가. 체용론體用論에서 체體와 용用은 일원一源
(하나의 근원)이고, 그 같은 성질이 용用까지 유지된다. 예를 들어 성誠
(정성精誠)을 체體로 하였을 때 그 나타나는 현상은 희喜일 수도 있고,
노怒일 수도 있다. 그러나 희喜이든 노怒이든 그 속에는 언제나 성誠이
배어 있다. 만일 희노喜怒 속에 성誠이 배어 있지 않다면 그 희노는
성誠의 용用이 아니다. 그렇다면 희노로 분화되기 이전의 체體 속에
있던 성誠과 희노로 분화分化된 후의 희喜나 노怒 속에 있는 성誠은
그 질적質的인 면에서 전혀 다름이 없다. 이때 희노로 분화되기 이전의

---

43) 朱子語類, 945407, 周子之書: 問: "'理性命'章注云: '自其本而之末, 則一理之
實, 而萬物分之以爲體, 故萬物各有一太極.' 如此, 則是太極有分裂乎?" 曰:
"本只是一太極, 而萬物各有稟受, 又自各全具一太極爾. 如月在天, 只一而
已; 及散在江湖, 則隨處而見, 不可謂月已分也."

성誠을 통체태극이라 하고, 희喜나 노怒 속에 있는 성誠을 각구태극이라고 하는 것이다. 주자가 각구태극을 월영만천月映萬川(달빛이 만 곳의 냇물에 비침)44)에 비유한 것은 이것을 나타내는 것이다.

부자유친父子有親을 가지고 설명해 보면 부자자효父慈子孝(부모는 자애롭고 자식은 효도함)는 부자父子 각자의 극極이고, '친親함'은 부자 공동의 극極이다. 그런데 아버지의 자애慈愛 속에도 자식과의 친함이 들어 있고, 자식의 효도 속에도 부모와의 친함이 들어 있다. 여기서 부자 공동의 '친親함'은 통체태극에 해당하고, 자애慈愛와 효도孝道 속에 있는 '친함'은 각구태극에 해당한다. 물론 부자 공동의 '친함'과 자애나 효도 속에 있는 '친함'은 그 내용상 완전히 동일하다. 이 부자 관계를 모든 인간관계 나아가 천지만물天地萬物과의 관계로 확장하면 친함이 궁극적인 극極이 될 수도 있다. 그렇다면 이때 천지만물 공동의 극極으로 삼은 '친함'이 통체태극이 되고, 천지만물 각자가 가지고 있는 '친함'은 각구태극인데, 이는 천지만물 공동의 태극인 '친함'과 완전히 동일하다. 이때 태극으로서의 성誠이나 '친함'은 물질적인 것이 아니므로 공유公有하여도 그 질質과 량量에 있어서 아무런 차이가 없다. 그러므로 주자는 월인만천月印萬川(달빛이 만 곳의 냇물에 도장을 찍음), 인쇄印刷,45) 곡식의 씨앗과 열매46) 등에 비유하는 것이다.

---

44) 朱子語類, 945314, 朱子之書: 鄭問: "理性命章何以下分字?" 曰: "不是割成片去, 只如月映萬川相似."

45) 朱子語類, 27102, 里仁篇下: '陰陽五行, 化生萬物, 五殊二實, 二本則一', 亦此意. 又云: "如千部文字, 萬部文字, 字字如此好, 面面如此好, 人道是聖賢逐一寫得如此. 聖人告之曰, 不如此. 我只是一箇印板印將去, 千部萬部雖多, 只是一箇印板."

46) 朱子語類, 941206, 周子之書: 自上推而下來, 只是此一箇理, 萬物分之以爲體, 萬物之中又各具一理. 所謂乾道變化, 各正性命, 然總又只是一箇理. 此理處處皆渾淪, 如一粒粟生爲苗, 苗便生花, 花便結實, 又成粟, 還復本形. 一

생각건대 통체태극과 각구태극은 각각 태극이 있는 곳은 다르지만 그 내용에 있어서는 같음을 말하는 것이다. 이는 서양철학에서 최고유개념最高類概念을 '존재存在'로 할 경우 그 개념의 외연外延 전체가 '존재存在'를 속성으로 가지지만, 마찬가지로 그 외연 하나하나도 역시 '존재'라는 속성을 가지는 것과 유사한 점이 있다.

리일분수설理一分殊說은 정이천程伊川이 장횡거張橫渠의 『서명西銘』에 대하여 논평하면서 제시한 이론이다. 이는 태극설과 밀접한 연관관계를 가지고 있다. 리일理一은 통체태극의 입장에서 말하는 것이며, '분수의 리(분수지리分殊之理)'는 각구태극에서 태극이 아닌 그 하위下位의 리理가 서로 다른 것을 말하는 것이다.

> 정이천程伊川이 '리理는 하나이지만 나누어져서 다르다.'고 말한 것이 참 좋다. 천지만물天地萬物을 합合하여 말하면 다만 하나의 리理이지만 각 사람에게 있어서는 또 각자 하나의 리理가 있다.[47]

주자는 여기서 분명하게 '리일의 리(리일지리理一之理)'는 통체태극 즉, 천지만물의 리理를 합한 것이고, '분수의 리'는 천지만물 각자의 리理임을 밝히고 있다. 각구태극의 태극은 어떤 사물의 리理 중에서 최상위의 리理가 통체태극의 태극과 동일함을 말하는 것이지만, '분수의 리'는 어떤 사물에 있는 하위下位의 리理가 서로 다름을 말하는 것이다.

穗有百粒, 每粒箇箇完全. 又將這百粒去種, 又各成百粒. 生生只管不已, 初間只是這一粒分去. 物物各有理, 總只是一箇理.
47) 朱子語類, 010207, 理氣上: 伊川說得好. 曰: 理一分殊, 合天地萬物而言, 只是一箇理. 及在人, 則又各自有一箇理.

> 만물은 모두 이 리理가 있는데, 이 리理는 똑같이 하나의 근원에서
> 나왔다. 다만 있는 위치가 같지 않으므로 그 리理의 용用도 하나가
> 아니다. 예를 들면 임금이 되어서는 반드시 어질어야 하고, 신하가
> 되어서는 반드시 공경恭敬해야 하고, 자식이 되어서는 반드시 효도孝
> 道해야 하고, 부모가 되어서는 반드시 자애慈愛해야 한다. 물건마다
> 각각 이 리理를 갖추고 있어서 물건마다 각각 그 용用을 달리한다.
> 그러나 '리일의 리'가 유행流行한 것이 아닌 것이 없다.[48]

군신부자君臣父子의 인경자효仁敬孝慈의 리理는 각각 서로 다르다. 그
러나 서로 다른 이 리理들은 모두 인仁에서 나온 것이다. 각자 각구태극
으로서의 인仁을 가지고 있으므로 자신의 위치가 달라질 때마다 이
인仁으로부터 각 상황에 맞는 리理가 유행·발현하는 것이다.

생각건대 통체·각구는 동일한 태극이 천지만물 속에 동일하게 분포
된 것을 말하는 것인 반면에, 리일분수는 태극이 천지만물 속으로 유행
하여 분화分化되는 것을 말하는 것이다. 즉 통체·각구는 태극과 태극의
관계이고, 리일분수는 '태극의 리(태극지리太極之理)'와 '일사의 리(일
사지리一事之理)'의 관계이다. 다만 통체·각구는 현미론에서 주로 말하
는 것이며, 리일분수는 체용론에서 주로 말하는 것이다.

2. 역유태극易有太極과 무극이태극無極而太極

통체·각구와 리일분수가 리理와 리理의 관계를 말한 것이지만 역유
태극易有太極과 무극이태극無極而太極은 체질體質과 골자骨子, 즉 리理와

---

48) 朱子語類, 181201, 大學5: 萬物皆有此理, 理皆同出一原. 但所居之位不同, 則
　　其理之用不一. 如爲君須仁, 爲臣須敬, 爲子須孝, 爲父須慈. 物物各具此理,
　　而物物各異其用, 然莫非一理之流行也.

기氣의 관계를 말하는 것이다.

"역유태극易有太極(역에는 태극이 있다)"은 「계사전繫辭傳」의 "역유태극易有太極 시생양의是生兩儀(역에는 태극이 있는데, 이것이 양의를 생한다)"라는 말 중에서 앞의 현미론으로 말한 부분이다. 물론 주자는 이 구절에 근거하여 자신의 태극설을 정립하였다. 그러나 필자는 서술의 편의상 위와 같이 주자의 태극설을 먼저 분석한 것이다. 다음에서는 역유태극의 의미를 고찰하고자 한다.

> 태극太極의 의미는 바로 리理의 극치極致를 말하는 것이다. 이 리理가 있으면 곧 이 물건이 있으니, 선후先後나 차례를 말할 수 없다. 그러므로 '역易에 태극太極이 있다'고 하면, 이 태극太極은 바로 음양陰陽 가운데 있는 것이지 음양의 밖에 있는 것이 아니다. 지금 '대중大中'으로 해석하거나, 건괘乾卦와 곤괘坤卦가 판별되지 않고 대연수大衍數가 아직 나뉘기 이전으로 논한다면 미안한 것 같다. 형이상자形而上者를 도道라 하고, 형이하자形而下者를 기器라고 하면서, 이제 태극太極을 논하여 그 물건이 신묘神妙하다고 하거나, 또 천지天地가 아직 나뉘지 않고 원기元氣가 합습하여 일자一者가 된 것으로 말하면 역시 미안한 것 같다. 이 리理가 있으면 곧 이 기氣가 있는데, 기氣는 둘이 아닌 것이 없다. 그러므로 『역易』에 말하기를, 태극太極이 양의兩儀를 생生한다고 한다.49)

---

49) 朱子大全, 374103, 答程可久: 太極之義, 正謂理之極致耳. 有是理, 卽有是物, 無先後次序之可言. 故曰: 易有太極, 則是太極, 乃在陰陽之中, 而非在陰陽之外也. 今以大中訓之, 又以乾坤未判, 大衍未分之時論之, 恐未安也. 形而上者謂之道, 形而下者謂之器. 今論太極, 而曰其物謂之神, 又以天地未分, 元氣合而爲一者言之, 亦恐未安也. 有是理, 卽有是氣, 氣則無不兩者, 故易曰: 太極生兩儀.

태극은 형이상의 지극한 리理로서 음陰과 양陽을 포괄하는 일리一理
이다. 만일 태극을 육상산陸象山처럼 대중大中으로 해석하거나, 건곤미
판乾坤未判(천지가 아직 갈라지지 않음) 대연미분大衍未分(대연수가 아
직 나누어지지 않음)의 일기一氣로 보면 안 된다. 즉 태극을 아직 음양陰
陽으로 나누어지지 않은 '하나의 기(일기一氣)'로 보고, 역易을 음陰과
양陽 이기二氣로 보면서, 일기一氣로서의 태극이 먼저 있고, 그것이 다시
음기陰氣와 양기陽氣로 나뉜 것으로 보면 안 된다. 여기서 역易은 음과
양의 변역變易을 말하는 것으로서 동動·정靜, 미발未發·이발已發을 겸
兼해서 말하는 것이므로 이미 순수한 일자一者가 아니라 양자兩者를
융합한 일자一者이다. 이처럼 양자를 품은 일자 속에 이를 총괄하는
일리一理가 있다는 것이 역유태극易有太極의 의미이다.[50] 이렇게 볼 때
역유태극은 만상현미론萬象顯微論으로 말하는 것이다.

시생양의是生兩儀의 '시是'자는 물론 태극을 가리킨다. 그런데 곧바로
태극이라고 하지 않고 특히 '시是'자를 놓은 이유는 역유태극의 태극이
계속해서 양의兩儀·사상四象·팔괘八卦를 생生한다는 것을 나타내기 위
함이다. 이는 역시 현미론에서의 최상위의 골자가 바로 체용론의 최상
위의 체體가 되어 유행·발현한다는 것을 말하려는 것이다.

생각건대 역유태극은 천지만물의 변화 속에 이 모두를 총괄하는 하
나의 태극이 있다는 것이고, 시생양의是生兩儀 이하는 이 태극이 가일배
법加一倍法으로 분화分化해 간다는 것이다. 현미론으로 역유태극易有太
極을 말하여 먼저 태극의 존재를 밝히고, 다음에 체용론으로 시생양의
是生兩儀 이하를 언급하여 이 태극이 배수倍數로 분화分化해 간다는 것

---

50) 朱子大全, 421616, 答吳晦叔: 夫易變易也, 兼指一動一靜, 已發未發而言之
也. 太極者性情之妙也, 乃一動一靜未發已發之理也. 故曰: 易有太極, 言即
其動靜闔闢而皆有是理也. 若以易字專指已發爲言, 是又以心爲已發之說也.

을 밝혔다.

"무극이태극無極而太極(극이 없으면서도 큰 극이다)"은 주렴계周濂溪가 『태극도太極圖』를 그리고, 거기에 도설圖說을 붙인 첫머리에 "무극이태극無極而太極 태극동이생양太極動而生陽(무극이면서도 태극이다. 태극이 동하여 양을 생한다)"이라고 말한 것 중 현미론으로 말한 부분이다. 여기서 말한 '무극無極'은 후에 학자들 사이에 많은 논란이 있었다.

> 태극太極은 상象과 수數는 아직 드러나지 않았으나 그 리理는 이미 갖추어졌다는 것을 일컬음이요, 형기形器는 이미 갖추어졌으나 그 리理는 조짐이 없다는 것을 지목指目하는 것이다. 하도河圖와 낙서洛書에서 모두 가운데를 비운 상象이다. 주렴계周濂溪가 말하는 무극이태극無極而太極과 소강절邵康節이 말하는 도위태극道爲太極, 심위태극心爲太極은 이것(역유태극易有太極)을 말하는 것이다.51)

이것은 주자가 『역학계몽易學啓蒙』에서 '역유태극易有太極'을 주석한 내용이다. 위에서 보면 주자는 '무극이태극無極而太極'은 '역유태극易有太極'과 마찬가지로 현미론으로 말한 것이라고 보는 것이다.

> '무극이태극無極而太極'은 어떤 물건이 뚜렷이 거기 있다고 말하는 것이 아니라, 다만 여기에 애당초 하나의 물건도 없고 단지 이 리理가 있다고 말하는 것일 뿐이다.52)

---

51) 性理大全, 150302, 易學啓蒙, 原卦畫: 太極者, 象數未形, 而其理已具之稱. 形器已具, 而其理无眹之目. 在河圖洛書, 皆虛中之象也. 周子曰無極而太極, 邵子曰道爲太極, 又曰心爲太極, 此之謂也.
52) 朱子語類, 942806, 周子之書: 無極而太極, 不是說有箇物事光輝輝地在那裏. 只是說這裏當初皆無一物, 只有此理而已.

여기서 무극無極이 의거依據하고 있는 것은 아무런 형상形象도 없다. 결국 이는 어떤 물건이 이 세상에 생기기 이전의 선천세계先天世界를 말하는 것이다. 그러므로 주자는 다음과 같이 말하기도 한다.

'무극이태극無極而太極'은 태극太極 밖에 별도로 무극無極이 있는 것이 아니라, 무無 중中에 본래 이 리理가 있는 것이다. 또 무극無極을 가지고 곧 태극太極으로 만들어도 안 된다. 무극이태극無極而太極의 이 이자而字는 가벼운 뜻인데 차례가 없기 때문이다.[53]

무극은 지극히 아무것도 없는 '무無' 속에 있는 극極이다.[54] 그러므로 이 극極은 당연히 형상形象이나 부피가 없다. 그러나 이 무無 속의 극極은 바로 태극이다. 이것이 무극이태극無極而太極의 의미이다.[55]

생각건대 역유태극易有太極의 '역易'은 천지만물이 이미 존재하는 후천세계後天世界가 위주이며, 무극이태극無極而太極의 '무無'는 아직 천지만물이 존재하지 않는 선천세계가 위주이다. 무형무상無形無象한 무無의 세계, 그 속에 극極이 있는데, 이 극極이 바로 태극이다. 즉 무극無極의 극極이 변해서 태극이 되는 것이 아니라, 무극의 극極이 바로 태극이다. 이는 "역유태극易有太極 시생양의是生兩儀"의 '시是'자가 앞의

---

53) 朱子語類, 940310, 周子之書: 無極而太極, 不是太極之外別有無極, 無中自有此理. 又不可將無極便做太極. 無極而太極, 此而字輕, 無次序故也.

54) 朱子語類, 940604, 周子之書: 濂溪恐人道太極有形, 故曰無極而太極, 是無之中有箇至極之理. 如皇極, 亦是中天下而立, 四方輻湊, 更沒去處. 移過這邊也不是, 移過那邊也不是, 只在中央, 四畔合湊到這裏.

55) 朱子語類, 940701, 周子之書: 問: "無極而太極, 極是極至無餘之謂. 無極是無之至, 至無之中乃至有存焉, 故云無極而太極." 曰: "本只是箇太極, 只爲這本來都無物事, 故說無極而太極. 如公說無極, 恁地說却好, 但太極說不去." 曰: "有字便是太字地位." 曰: "將有字訓太字不得. 太極只是箇理." 曰: "至無之中乃萬理之至有也." 曰: "亦得."

태극을 지칭하는 것과 같은 맥락이다. 만일 태극이 형상방소形象方所가 없는 형이상의 존재라는 것만을 밝히고자 하였다면, 굳이 무극을 태극 앞에 붙이지 않고도 얼마든지 말할 수 있다. 그러나 주렴계는 물건이라고는 하나도 없어서 보이거나 잡힐 것이 없어도 그 속에 무형무상無形無象한 형이상의 리理는 있다는 것을 밝히고자 하였다. 주렴계는 선천세계의 태극을 말하고자 하였는데, 주자는 이를 후천세계로 연장하여 역유태극易有太極과 같이 만들기 위하여『태극도설해太極圖說解』에서 상천上天을 먼저 제시하였다.56) 그러나 태극설과 정자程子가 말한 "동정무단動靜無端 음양무시陰陽無始(동과 정에는 끝이 없고, 음과 양에는 시작이 없다)"를 이해한다면 유有를 먼저 말하든 무無를 먼저 말하든 아무런 문제가 없다.57) 태극은 선천과 후천을 관통하고 있기 때문이다.58) 주렴계는『태극도설太極圖說』에서 지금까지 다른 선현들이 말하지 않은 이 부분을 언급하여,59) 학자들이 연구·검토할 새로운 측면을 제시한 것이다.

한편 '태극동이생양太極動而生陽 동극이정動極而靜(태극이 동하여 양을 생하고 동이 지극하면 정한다)' 이하는 체용론의 체體인 태극이 용用으로 분화分化하면서 유행·발현해 나가는 과정을 밝힌 것이다. 이는

---

56) 性理大全, 011305, 太極圖說解: 上天之載, 無聲無臭, 而實造化之樞紐, 品彙之根柢也. 故曰: 無極而太極, 非太極之外, 復有無極也.

57) 朱子大全, 361719, 答陸子靜: 上天之載, 是就有中說無. 無極而太極, 是就無中說有. 若實見得, 說有說無, 或先或後, 都無妨礙.

58) 朱子語類, 940318, 周子之書: 方渾淪未判, 陰陽之氣, 混合幽暗. 及其既分, 中間放得寬闊光朗, 而兩儀始立. 康節以十二萬九千六百年爲一元, 則是十二萬九千六百年之前, 又是一箇大闢闔, 更以上亦復如此, 直是動靜無端, 陰陽無始.

59) 朱子語類, 752416, 易11: 太極却不是一物, 無方所頓放, 是無形之極. 故周子曰: 無極而太極, 是他說得有功處.

「계사전繫辭傳」의 '시생양의是生兩儀' 이하와 마찬가지이다.[60]

V. 결론結論

주자朱子의 태극은 현미론에서 보면 온 우주를 하나의 체질體質로 하는 최상위最上位의 지극至極한 골자骨子이고, 체용론에서 보면 최상위의 지극한 체體이다. 결국 태극은 공자孔子가 "오도일이관지吾道一以貫之(나의 도는 하나로 관통되었다)"라고 한 그 일관지도一貫之道, 즉 '리일의 리(리일지리理一之理)'이다.[61] 그러나 그것이 구체적으로 무엇이라고 말하기는 쉽지 않다. 그러나 증자曾子가 "부자지도夫子之道 충서이이의忠恕而已矣(공자의 도는 충과 서뿐일 것이다)"라고 말한 것처럼 상황에 맞게 말하는 것은 가능할 것이다. 다만 우리는 천지만물의 리理를 하나하나 체득體得하여 하학상달下學上達하면 이 일관지도一貫之道를 얻을 수 있을 것이다.

주자는 「계사전繫辭傳」의 "역유태극易有太極 시생양의是生兩儀"와 주렴계의 "무극이태극無極而太極 태극동이생양太極動而生陽"을 체용이론으로 분석하였다. 역유태극易有太極과 무극이태극無極而太極은 현미론을 적용하였는데, 역유태극易有太極은 이미 존재하는 사물 속에 있는

---

60) 性理大全, 150312, 易學啓蒙, 原卦畵: 太極之判, 始生一奇一偶, 而爲一畫者二, 是爲兩儀. 其數則陽一而陰二. 在河圖洛書, 則奇偶是也. 周子所謂太極動而生陽, 動極而靜, 靜而生陰, 靜極復動. 一動一靜, 互爲其根. 分陰分陽, 兩儀立焉. 邵子所謂一分爲二者, 皆謂此也.

61) 朱子語類, 271108, 論語9: 或問: "理一分殊" 曰: "聖人未嘗言理一, 多只言分殊. 蓋能於分殊中事事物物, 頭頭項項, 理會得其當然, 然後方知理本一貫. 不知萬殊各有一理, 而徒言理一, 不知理一在何處."

일리一理를 주로 말한 것이고, 무극이태극無極而太極은 아직 어떤 사물도 존재하지 않아 무형무상無形無象한 속의 일리一理를 주로 말한 것이다. 다음으로 시생양의是生兩儀 이하와 태극동이생양太極動而生陽 이하는 체용론을 적용하였는데, 시생양의是生兩儀는 기氣를 주로 하여 그 분화과정을 말한 것이고, 태극동이생양太極動而生陽은 리理를 주로 하여 말한 것이다. 이를 종합하여 보면 태극은 언제나 최고最高, 최상위最上位의 리理이다.

만일 여러 학자의 견해처럼 주자의 태극을 '천지만물의 리理의 총합總合'으로 해석하면 천지만물을 일관一貫하는 '리일의 리(리일지리理一之理)'가 될 수 없으며, 최고 표준으로만 해석하면 태극의 주재력主宰力이 없어지며, 선善의 이데아(Idea of Good), 총규율總規律(법칙法則), 보편규율普遍規律, 일반규율一般規律 등으로 해석하면 태극이 음양동정陰陽動靜으로 분화分化하는 과정을 설명하기 어렵다. 즉 주자의 태극은 천지만물을 일관一貫하는 '리일의 리'이지만 이것이 미래로 전개될 때는 각각 서로 다른 '음의 리(음지리陰之理)'와 '양의 리(양지리陽之理)', '동의 리(동지리動之理)'와 '정의 리(정지리靜之理)'로 분화分化되는 것인데, 원리原理나 법칙法則 등으로 해석하면 이런 측면을 해명하기 어렵다. 결국 주자의 체용론과 현미론을 정확히 이해하지 않고는 어떤 노력도 주자의 태극설을 바르게 해명하지 못할 것이다.

제8장
주자朱子의 심설心說

┃개요┃

심心은 정精·신神·혼魂·백魄으로 구성되어 있는데, 이들은 기氣 중에서 가장 정상精爽하고 경청輕淸한 것이다. 이들은 상호 유기적인 작용을 통하여 심心이 신명神明하게 하고, 나아가 허령虛靈·지각知覺한 능력을 갖게 한다. 이런 구조와 능력을 갖춘 심心은 일신一身의 상태와 변화를 지각知覺하고, 이를 바탕으로 일신一身을 운용運用한다. 이는 심心이 일신의 대표자이며 주재자로서의 역할을 하는 것이다.

천지天地는 자신의 기氣와 덕德을 만물에게 나눠주어 만물이 생겨나게 하고, 그 속에서 자라게 한다. 이처럼 만물을 나서 자라게 하는 마음이 곧 인仁인데, 만물은 이런 천지天地의 마음을 받아 자신의 마음으로 삼는다. 사람의 심心도 천지天地의 기氣를 받을 때, 그 기氣와 함께 천지天地의 덕德도 받는다. 이 덕德이 인仁이요 심心의 본성本性이며 성질性質이다. 이 성性은 심心이 다른 만물을 만나 대응할 때 따라야 할 준칙準則이다. 이것은 또한 심心이 타자他者를 위해 해야 할 일이다. 한편 심心이 타자를 만나 본래 자기의 성性대로 반응하는 것이 정情인데, 이 정情은 심心의 주관 하에 있다. 성性과 정情은 심心 속에 존재하고, 그 심心의 통제統制 아래에 있다. 요약하면 심心은 신명神明한 존재로서, 모든 리理를 갖추고 만사萬事에 응應하는 일신一身의 주재자이다.

본심은 심心이 본래의 성性을 잘 간직·발현하고 있는 것이며, 양심은 심心의 기氣가 맑은 상태로 있어 그 착한 모습이 잘 드러나는 것이다. 적자심赤子心은 갓난아이의 티 없이 맑고 순수한 마음이며, 대인심大人心은 만사만물의 리理를 모두 알고 행하면서도 사욕에 때 묻지 않은 마음이다. 인심人心은 개인의 사적私的인 육체를 기준으로 하여 지각한 것이며, 도심道心은 만인萬人 공통의 도리道理를 기준으로 하여 지각한 것이다. 육체가 외부 상황에 반응하는 측면에서 보면, 주관적인 평가로 이루어진 인심에 의존하여 행동하면 선善을 확보할 수 없으므로, 객관적이고 보편적인 평가로 이루어진 도심의 통제를 받아야 한다.

I. 서론緒論

심心[1]은 성리학性理學的에서만 사용하는 개념이 아니라 공자孔子 이전부터 일상생활에서 많이 사용하던 것이다. 그러던 것을 송대宋代 성리학性理學이 발전하면서 그 중요성을 재인식하고, 이를 철학적으로 발전시킨 것뿐이다. 그렇다고 하여 정자程子나 주자朱子가 일상생활에서 사용하는 심心과 전혀 다르게 정의한 것이 아니라, 그 속에서 명시적으로 인식하여 사용하지 않던 부분을 좀 더 자세히 분석해내어 사용한 것뿐이다. 이 점에 있어서는 상산象山이나 양명陽明의 경우도 마찬가지이다.

그런데 현대 학자들이 지나치게 선유先儒들의 심설心說을 확대해석하고, 부연·첨부하여 알기 어려운 이상한 개념으로 만들어 놓았다. 주자의 심을, 중국의 진래陳來는 '지각知覺과 사유思惟 능력, 그리고 구체적인 지각과 사유한 내용'[2]이라 하였고, 이광률李光律은 '생生을 매개로 폐간오장肺肝五臟의 심과 조사존망操舍存亡(잡으면 있고 놓으면 사라짐)의 심을 연계시켜 심의 양면兩面'[3]으로 보았다. 진래陳來는 주자가 말한 심의 특징을 체계적으로 조직화하지 못하고, 산만하게 벌려 놓기만 하였을 뿐만 아니라, 심의 리기理氣, 성정性情 관계 등을 명확하게

---

1) '心'은 '마음'이라고 번역할 수 있다. 다만 마음은 思惟하는 用의 역할이 부각되고, '思惟器官'으로서의 의미는 약화된다. 또 心字와 연결된 용어도 많이 있어서 더 혼란을 가져오므로 '心'을 그냥 사용한다.

2) 陳來, 『朱子哲學研究』(華東師範大學出版社, 2000.) 213~263쪽 참조. 陳來는 朱子의 心을 知覺 能力 및 그 知覺 내용, 一身의 主宰者 등으로 규정하면서, 理, 性, 氣가 아닌 일종의 意識이나 作用이라고만 하고, 心의 本體에 대해서는 명확한 해명이 없다.

3) 李光律, 『朱子哲學研究』(中文, 1995.) 113~119쪽 참조

이해하지 못하고 있다. 이광률李光律은 기본적으로 심장心臟과 심의 관계를 분명히 구분하지 못하였고, 심의 덕德으로 말하는 생生을 심 자체의 규정으로 오해하고 있다.

이런 문제점의 근본적인 원인은 선진시대先秦時代 이래 모든 사람이 공통적으로 사용하는 심의 일반적인 정의를 무시하고, 선유마다 다른 이론이 있는 것으로만 보려는 선입견 때문이다. 선유들의 심설을 논함에 있어서 그들이 일반적인 공통 사항에 관한 언급 여부에 관계없이 인정하는 부분이 있어야 한다. 그래야만 일반적인 심설과 괴리되지 않을 수 있으며, 나아가 그들이 특히 강조하는 부분도 쉽게 이해할 수 있으며, 다른 철학 이론과도 잘 부합될 수 있다. 동양철학, 특히 성리학은 서양철학처럼 추상抽象과 사상捨象을 통한 개념화概念化를 시도하지 않으므로 그들이 사용하는 용어는 우리의 일상적인 사유 및 언어와 쉽게 어울릴 수 있다. 동양철학을 함에 있어서는 이 점에 유의하는 것이 바람직할 것이다.

오늘날 주자의 심설에 대한 이해가 한결같지 않고 산만하며, 심지어 주자의 용어 사용이 명료하지 못하고 미숙하다고 하는 것 등은 대개 주자철학에 대한 이해 부족 때문이다. 특히 주자의 학문 방법인 체용이론體用理論을 이해하지 못하고, 서양철학적 방법을 그대로 원용하는 데에 그 근원적 오류가 있다. 이에 필자는 주자의 체용이론을 적용하여 주자의 심설을 체계적으로 정리해 보고자 한다. 먼저 심의 일반적 의미를 밝히기 위하여 한의학韓醫學에서 밝혀놓은 심에 대한 이론을 검토하고, 이에 근거하여 주자의 심설을 고찰하고자 한다. 나아가 주자의 심설에서 자주 거론되는 본심本心과 양심良心, 적자심赤子心과 대인심大人心, 인심人心과 도심道心에 대하여 고찰함으로써 심의 이해를 심화시키고자 한다.

II. 심心에 대한 정명正名

1. 심心의 구조構造와 능력能力

주자는 용어나 명칭을 사용할 때 항상 체용이론의 틀 속에서 명명命名하고, 그 틀 안에서 사용한다. 심설心說에 있어서도 주자는 이 원칙을 철저히 지키고 있다. 따라서 주자의 심설을 바르게 이해하기 위해서는 반드시 체體로서의 심과 용用으로서의 심을 어떻게 말하고 있는지를 검토해야 한다.

어떤 명칭이 어떤 사물을 지칭指稱 대상對象으로 갖는 경우, 대개 일정한 구조를 이루고 있고, 그런 구조를 갖는 자는 그에 따른 능력을 갖춘다. 나아가 이런 구조와 능력을 갖춘 자는 그에 맞는 작용과 역할을 하게 된다. 여기서 그 구조와 능력은 체에 관한 것이고, 그 작용과 역할은 용에 관한 것이다. 먼저 체로서의 심에 대해서 검토하고자 한다.

> 심心은 기氣 중에서 정묘精妙하고 영명靈明(정상精爽)한 것이다.4)

여기서 주자는 심은 기氣로 이루어진 사물로서 현상세계에 존재하는 것이며, 이 기氣는 기氣 중에서 가장 정밀·순수하고 영명靈明한 것임을 밝히고 있다. 본래 기氣에는 여러 종류가 있는데, 심의 기氣는 그중에서 가장 신령스럽다는 것이다.5)

> 어떤 이가 물었다. "심心의 신명神明은 여러 리理를 묘妙하게 운용運用하고 만물을 주재主宰합니까?" 답하였다. "신神은 이렇게 정채精彩

---

4) 朱子語類, 050416, 性理2: 心者氣之精爽.
5) 朱子語類, 050614, 性理2: 氣中自有箇靈底物事.

가 나고, 명명은 이렇게 광명光明하다는 것이다." 또 말하였다. "심心
은 일이 없을 때는 도무지 보이지 않으나, 사물事物을 응접應接할
때는 바로 그 속에 있다가, 일이 끝나면 또 보이지 않으니, 이렇게
신출귀몰한다."6)

여기서 정상精爽과 신명神明은 심의 두 측면을 말한 것이다. 즉 정상
은 심의 기氣가 갖는 물리적 특성으로서 다른 기氣와 구별되는 차이점
을 말한 것이고, 신명은 정상한 심의 기氣가 갖는 표현적表現的인 특징
을 말한 것이다. 바꿔 말하면 정상精爽은 심의 기氣, 즉 심을 이루는
소재素材 자체가 갖는 내재적內在的 특징이며, 신명神明은 그 기氣의 기
상氣象·형상形象이 갖는 외면적外面的 특징이다.7) 이런 신명神明한 특징
을 갖는 심에 대하여 공자孔子는 다음과 같이 말했다고 한다.

　　　잡으면 있고 놓으면 없어지며, 들고 남에 정해진 때가 없으며,
　　　그 향向하는 곳을 알지 못하는 것은 오직 심心을 말함인저!8)

맹자孟子는 공자孔子의 이 말을 인용하여 신명한 심이 이처럼 정해진
때나 정해진 곳이 없이 드나들어 예측하기 힘들다는 것을 말하였다.
주자는 또 이에 대하여 심이 신명하여 예측하기 힘들므로 출입出入이
있고, 출입할 수 있으므로 신명하여 예측할 수 없다고 한다.9) 이는

---

6) 朱子語類, 171604, 大學4: 或問: "心之神明, 妙衆理而宰萬物?" 曰: "神是恁地
　精彩, 明是恁地光明." 又曰: "心無事時, 都不見. 到得應事接物, 便在這裏.
　應事了, 又不見. 恁地神出鬼沒!"
7) 春秋左氏傳, 190618, 昭公7年4月: 是以有精爽, 至於神明. 참조
8) 孟子, 告子上8, 牛山之木章: 孔子曰 操則存, 舍則亡, 出入無時, 莫知其鄕,
　惟心之謂與.
9) 朱子語類, 593517, 孟子9: 惟其神明不測, 所以有出入. 惟其能出入, 所以神明
　不測.

정상한 기氣로 이루어진 심이 본래 가지고 있는 특징이다. 주자는 또 심의 능력을 다음과 같이 말한다.

> 허령虛靈은 본래 심心의 본체本體이므로 내가 비울(허虛) 수 있는 것이 아니다.[10]

'허虛'는 비었다는 것이고, 령靈은 신령神靈·영명靈明하다는 것이다. 허령虛靈은 심이 어떤 형상形象으로 채워져 있는 것이 아니라 텅 비어 있으면서도 불꽃처럼 밝아서 모든 것을 비출 수 있는 신령神靈한 능력을 가지고 있다는 것이다. 이는 정상精爽·신명神明한 심이 갖는 기본적인 능력이다. 이상에서 논의한 것을 정리하면, 심은 기氣 중에서 가장 가볍고 맑은(경청輕淸) 정상精爽한 기氣로 이루어졌으며, 따라서 이 기氣는 어디에 고착된 상태로 있지 않고 가장 정채精彩나고 광명光明한 모습을 띠고 있으면서, 주어진 상황에 따라 자신을 비운 상태에서 영명靈明한 능력을 발휘한다.

이러한 특징과 능력을 가진 심은 사람에게만 있는 것이 아니라 다른 동물과 식물, 그리고 무생물에도 있다. 물론 그 능력은 천차만별하지만 그 존재 자체를 부정할 수는 없다.

> 천하 만물 중 지극히 미세微細한 것이라도 다 심心이 있다. 다만 지각知覺이 없는 것이 있을 뿐이다.[11]

---

10) 朱子語類, 050615, 性理2: 虛靈自是心之本體, 非我所能虛也.

11) 朱子語類, 040619, 性理1: 天下之物, 至微至細者, 亦皆有心, 只是有無知覺處爾. 단, 知覺에는 크게 두 가지가 있으니, 하나는 理에 대한 知覺이고, 다른 하나는 氣에 대한 知覺이다. '萬物 중에 知覺이 없는 것이 있다.'라고 할 때의 知覺은 理에 대한 知覺을 말하는 것이다."(孟子集註, 告子上3, 生之謂性章)徒知知覺運動之蠢然者, 人與物同, 而不知仁義禮智之粹然者, 人與物

우주 안에 존재하는 모든 것들은 다 심을 가지고 있다. 즉 동물이나 식물12) 등은 물론이며, 무생물인 천지天地도 심을 가지고 있다.13) 그 사물 중에서 가장 정상精爽하고 신명神明한 기氣가 바로 그 사물의 심이 된다. 다만 그 허령虛靈한 정도에 따라 능력은 천차만별하다. 만물 중에서 가장 정상·신명한 기氣를 가지고 있어 가장 허령한 심을 가진 것은 사람이며, 그 다음이 다른 동물이며, 식물은 그 다음이다.

그렇다면 이런 심기心氣는 어떻게 생겨나고 어디에 어떻게 존재하는가? 이하에서는 사람의 심에 대해서만 고찰하고자 한다. 먼저 한의학韓醫學의 견해를 고찰한다. 『황제내경소문黃帝內經素問』에서는 다음과 같이 말한다.

심心은 군주君主와 같은 기관器官이며, 신명神明이 거기서 나온다.14)

여기서의 '심心'은 심장心臟이다. 심장心臟은 오장육부五臟六腑를 거느리는 기관器官으로서 우리 몸속에서 군주와 같은 역할을 한다. 이 심장은 신명神明, 즉 정상精爽한 기氣를 발출發出하는데, 이것이 바로 심이다. 한의학에서는 심장이 심의 근거지根據地라고 보는 것이다. 다음 글은 이 문제를 좀 더 자세히 설명한 것이다.

___
異也." 참조
12) 朱子語類, 601209, 孟子10: 因笑曰: 頃信州諸公正說草木無性, 今夜又說草木無心矣.
13) 朱子語類, 010412, 理氣上: 問: "天地之心亦靈否? 還只是漠然無爲?" 曰: "天地之心不可道是不靈, 但不如人恁地思慮. 伊川曰: '天地無心而成化, 聖人有心而無爲'".
14) 黃帝內經素問, 靈蘭秘典論第8: 心者君主之官也, 神明出焉.

천天이 나에게 있는 것이 덕德이며, 지地가 나에게 있는 것이 기氣인데, (천天의) 덕德이 흐르고 (지地의) 기氣가 엷어져서 생겨난(생生) 것이다. 그러므로 생명이 오게 하는 것을 정精이라 하고, 두 정精이 서로 만나 맺힌 것을 신神이라 하고, 신神을 따라 왕래하는 것을 혼魂이라 하고, 정精과 함께 출입하는 것을 백魄이라 한다. 이러한 것들을 이용하여 만물을 맡은 것을 심心이라 하고, 심心에 헤아림이 있는 것을 의意라 하고, 의意가 유지되는 것을 (의意)지志라 하고, (의意)지志를 갖되 그에 변화를 주는 것을 사思(생각)라 하고, 사思(생각)하되 그를 멀고 깊게 하는 것을 려慮(염려)라 하고, 려慮하되 만물에 잘 대처하는 것을 지智(지혜)라 한다.15)

사람은 천덕天德과 지기地氣를 받아 태어난다는 것이다. 그러나 위의 글은 호문互文으로 보아야 할 것이므로 천기天氣와 지덕地德도 받는다. 다만 덕德은 리理이므로 그 질량質量의 변화 없이 전량全量을 줄 수 있으므로 '흐른다(유流)'고 하였고, 기氣는 나누어야만 줄 수 있으므로 '엷어진다(박薄)'고 하였다. 이때 천天·지地의 덕德은 엷게 나눠진 천天·지地의 기氣에 각각 담겨 전달된다. 이렇게 주는 과정에서 생명을 처음으로 초래招來하는 것을 정精16)이라 한다. 이 천天의 정精과 지地의 정精이 서로 만나 생명이 잉태되며, 동시에 그 과정에서 신神이 발생한다. 정精은 음陰이고 신神은 양陽이다. 이 정精과 신神은 생명체의 상하上下 기초基礎이며 틀이 되어 탄생 이후에도 그대로 유지된다. 나아가

---

15) 黃帝內經靈樞, 本神篇第8: 天之在我者德也, 地之在我者氣也, 德流氣薄而生者也. 故生之來謂之精, 兩精相搏謂之神, 隨神往來者謂之魂, 並精而出入者謂之魄, 所以任物者謂之心, 心有所憶謂之意, 意之所存謂之志, 因志而存變謂之思, 因思而遠慕謂之慮, 因慮而處物謂之智.(여기서 天은 호흡할 때 사용하는 공기가 있는 곳이고, 地는 먹고 마시는 음식이 나는 곳이다.)
16) 黃帝內經靈樞, 決氣30: 岐伯曰: 兩神相搏, 合而成形, 常先身生, 是謂精.

이 정精은 백魄을, 신神은 혼魂을 동반同伴/수반隨伴한다. 즉 정精은 태음太陰, 백魄은 소양少陽이 되며, 혼魂은 소음少陰, 신神은 태양太陽이 된다.

이렇게 정精·신神·혼魂·백魄이 완전히 형성되면, 이를 총괄·운용하여 만물을 담당하는 자가 있으니 이를 심心이라 한다. 이때의 '심心'은 심장만이 아니라 마음으로서의 심을 포괄하는 것이지만, 여기서는 오히려 후자後者에 더 치중된 것이다. 이 마음으로서의 심에 작용이 일어나 생각하게 되면 의意가 되며, 이 의意가 어느 한쪽으로 확실히 결정되어 지속적으로 유지되면 의지意志가 되며, 의지를 유지해 가지만 그런 속에서도 다시 변화를 일으키면 사思가 되며, 이 사思가 멀고 깊어져서 다시 근심과 걱정이 생기면 염려가 되며, 이런 염려에도 불구하고 일을 잘 처리하면 지智가 된다.

여기의 정精·신神·혼魂·백魄은 오장五臟이 각각 저장하고 있는 오신五神[17]인데, 그중에서 이들을 대표·총괄하며 추동력推動力을 갖는 것은 심장이 저장하고 있는 신神이다.[18] 이에 마음으로서의 심은 신神이 그 주요 요소이다. 한편 한의학에서는 마음으로서의 심을 지의志意[19]라고 하는데, 이는 오장 중의 토장土臟인 비장脾臟의 신神이 의意[20]

---

17) 黃帝內經素問, 宣明五氣篇23: 五藏所藏, 心藏神, 肺藏魄, 肝藏魂, 脾藏意, 腎藏(精)志, 是謂五藏所藏.(오장이 저장한 것: 심장은 神을 저장하였고, 폐는 魄을 저장하였고, 간은 魂을 저장하였고, 비장은 意를 저장하였고, 신장은 (精)志를 저장하였으니, 이것을 오장이 저장한 것이라고 한다.)

18) 黃帝內經靈樞, 邪客71: 心者五臟六腑之大主也, 精神之所舍也.

19) 黃帝內經素問, 調經論62: 志意通, 內連骨髓, 而成身形五藏. / 類經, 疾病類18, 有餘有五不足有五: 志意者, 統言人身之五神也. 骨髓者, 極言深遠之化生也. 五神藏於五藏, 而心爲之主. 故志意通調, 內連骨髓, 以成身形五藏, 則互相爲用矣.

20) 黃帝內經素問, 遺篇 刺法論72: 脾爲諫議之官, 知周出焉. / 類經, 運氣類43, 十二藏神失守位邪鬼外干之刺: 脾藏意, 神志未定, 意能通之, 故爲諫議之官. 慮周萬事, 皆由乎意, 故智周出焉. 若意有所着, 思有所傷, 勞倦過度, 則脾神

이기 때문이며, 의意는 정신혼백精神魂魄이 두루 조화롭게 작용하도록
한다.21) 따라서 철학에서 말하는 마음으로서의 심은 우리 몸속의 대표
신神이 간직되어 있는 심장의 대표성 및 중요성을 인정한 것이지, 심이
곧 심장을 지칭하는 것은 아니다. 즉 마음으로서의 심은 오신五神인
정精·신神·혼魂·백魄·의意의 총칭總稱이며 총합總合이다.

나아가 오신五神은 중탁重濁한 골육骨肉에 비하면, 모두 경청輕淸한
양기陽氣로서 상승上昇하는 성질을 갖는다. 따라서 이들은 우리 몸의
맨 위에 있는 머리로 모이게 된다.22) 이 머리 속에는 뇌腦가 있으니,
그 뇌腦가 바로 오신五神의 기氣가 모여 상호연관 속에서 통합적으로
작용하는 곳이다.23) 결국 오신五神은 오장에서 각각 발원發源하지만 그
것이 함께 어울려 작용하는 곳은 뇌腦인 것이다.24)

이제 아래에서는 위에서 고찰하였던 오신五神 및 뇌腦 등과 관련된
문제에 관한 주자의 견해를 살피고자 한다.

물었다. "선생님께서 일찍이 심心은 한 덩어리가 아니라고 하시기
에, 저는 온몸이 다 심心인데, 이 심장心臟은 단지 심心의 중추일
뿐이라고 가만히 생각해 보았습니다." 답하였다. "그렇지 않다. 이것
은 심心이 아니라 심心의 신명神明이 오르내리는 집이다. 심장心臟에
병이 있는 사람은 곧 그 (신명神明의) 집이 편안하지 못한 것이다.
무릇 오장五臟이 다 그러하다. 심心이 어찌 운용이 없겠는가마는 반드

<hr>

散失矣.
21) 黃帝內經靈樞, 本藏47: 志意者, 所以御精神, 收魂魄, 適寒溫, 和喜怒者也.
　/ 靈樞, 本藏47: 志意和, 則精神專直, 魂魄不散, 悔怒不起, 五藏不受邪矣.
22) 黃帝內經素問, 脈要精微論17: 頭者精明之府. / 類經, 疾病類91, 失守失强者
　死: 五藏六府之精氣, 皆上升於頭, 以成七竅之用, 故頭爲精明之府.
23) 黃帝內經靈樞, 經脉篇10: 黃帝曰: "人始生, 先成精, 精成而腦髓生."
24) 黃帝內經靈樞, 海論33: 腦爲髓之海, 其輸上在於其蓋, 下在風府.

시 늘 몸속에 있어야 한다.”25)

　　주자는 심장은 심이 아니라 심이 오르내리는 집이라고 하여, 심장을 심의 소재지 혹은 근거지로 본다. 즉 심과 심장은 서로 다른 것으로서 서로 직접적인 영향 관계는 없다고 본다. 이에 한의학에서처럼 심장신心藏神(심장은 신을 저장함) 등 오장소장五臟所藏의 문제를 명확하게 말하지 않는다.26) 이런 입장에서 심장은 약물藥物로 고칠 수 있지만 심은 약물로 고칠 수 없다고 한다.27) 그러나 집이 편안하지 못하면 그 집에 사는 자도 편안할 수 없으므로 심장신心藏神처럼 직접적인 연관 관계를 말하지는 않았으나, 간접적인 영향 관계는 인정하는 것이다. 주자는 오신五神의 문제를 다음과 같이 말한다.

　　물었다. “이미 신神이 이 몸을 주관한다면, 심心은 또 어디에 있습니까?” 답하였다. “신神은 바로 심心 중에서 가장 묘한 것이지만, 기氣 속에 섞여 있는 것으로 말하면 역시 기氣일 뿐이다. 그러나 신神은 또 기氣 중의 정묘精妙한 것이지만, 기氣라는 점에서는 또 거친 것이다. 정精은 더 거칠고, 형形은 더욱 거칠다. 혼魂이니 백魄이니 하는 것은 모두 거친 것을 말한 것이다.”28)

---

25) 朱子語類, 050706, 性理2: 問: “先生嘗言, 心不是這一塊. 某竊謂, 滿體皆心也, 此特其樞紐耳.” 曰: “不然. 此非心也, 乃心之神明升降之舍. 人有病心者, 乃其舍不寧也. 凡五臟皆然. 心豈無運用, 須常在軀殼之內.”

26) 朱子語類, 1381009, 雜類: 醫家言: ‘心藏神, 脾藏意, 肝藏魂, 肺藏魄, 腎藏精與志’, 與康節所說不同. 曰: “此不可曉.” / 皇極經世書5, 觀物外篇上, 23板: 心藏神, 腎藏精, 脾藏魂, 膽藏魄.

27) 朱子語類, 050701, 性理2: 問: “人心形而上下如何?” 曰: “如肺肝五臟之心, 却是實有一物. 若今學者所論操舍存亡之心, 則自是神明不測. 故五臟之心受病, 則可用藥補之. 這箇心, 則非菖蒲茯苓所可補也.”

28) 朱子語類, 950911, 程子之書1: 賀孫問: “神旣是管攝此身, 則心又安在?” 曰:

여기서 주자는 한의학에서 말하는 정精·기氣·신神과 정신혼백精神
魂魄의 문제를 다루고 있다. 심 중에서 신神이 가장 정명精明한 것29)이
고, 그 외의 기氣와 정精 및 혼魂과 백魄은 모두 그보다 거친 것이라고
한다. 그러면서도 정신혼백精神魂魄이 모두 심을 구성하는 요소라는 것
을 말하고 있다. 이에 혼백魂魄에 대하여 주자는 다음과 같이 말한다.

> 혼魂은 기氣의 신神이고, 백魄은 정精의 신神이다. 30)
> 물었다. "초목, 흙, 돌 등에는 백魄은 있으나 혼魂은 없습니까?"
> 답하였다. "『주역周易』에 '정精과 기氣가 물건이 된다.'고 하였으니,
> 만일 정精·기氣로 말한다면 정精·기氣가 있는 것에는 바로 혼백魂魄이
> 있다. 다만 나가는 기氣는 곧 혼魂이고, 정精은 곧 백魄이다. 향香을
> 태우는 데에 비유하면, 태워서 나오는 즙은 곧 백魄이고, 연기가
> 난 후에 나는 향기는 곧 혼魂이다. 혼魂은 백魄의 빛이고, 백魄은
> 혼魂의 꼭지(체蒂)이다."31)

혼魂은 기氣 속에 있는 신령한 것이고, 백魄은 정精에 있는 정명精明한
것이다. 따라서 혼魂은 호흡할 때 드나드는 기氣처럼 운동성이 있고,
백魄은 정精 속에 있어 운동성이 없다.32) 비유하면 혼魂은 빛과 같고,

"神卽是心之至妙處, 滾在氣裏說, 又只是氣. 然神又是氣之精妙處, 到得氣,
又是麤了. 精又麤, 形又麤. 至於說魂說魄, 皆是說到麤處."
29) 朱子語類, 1402303, 論文下: 神乃氣之精明者耳.
30) 朱子語類, 031110, 鬼神: 魂便是氣之神, 魄便是精之神.
31) 朱子語類, 680410, 易4: 問: "草木土石有魄而無魂否?" 曰: "易言'精氣爲物'.
若以精氣言, 則是有精氣者, 方有魂魄. 但出底氣便是魂, 精便是魄. 譬如燒
香, 燒得出來底汁子便是魄, 那成煙後香底便是魂. 魂者魄之光燄, 魄者魂之
根蒂."
32) 朱子語類, 874210, 禮4: 魂魄, 禮記古注甚明, 云: "魂, 氣之所出入者是. 魄,
精明所寓者是."

백魄은 거울과 같다.33) 거울이 물건을 잘 비출 수 있도록 매끈하게 해주는 것은 백魄이고, 그 거울에서 반사되어 나오는 빛은 혼魂이다.34)

위의 내용을 종합하면 정精은 물건 중에 있는 가장 기초적인 바탕이 되는 물질이며, 백魄은 그 정精이 최상의 작용 상태를 유지할 수 있게 해 주는 것이며, 혼魂은 그 정精과 백魄이 작용하면서 발출發出하는 것이며, 신神은 혼魂이 발출할 때 수반되는 신묘한 것이다.35) 거울에 비유하여 말하면, 정精은 유리이고, 백魄은 그 유리의 정밀도를 유지시켜 주는 것이며, 혼魂은 그 거울에서 반사되는 빛이고, 신神은 그 빛 속에 있으면서 신묘한 작용을 일으키는 것이다.

생각건대 주자의 정신혼백精神魂魄에 관한 이론은 『황제내경黃帝內經』의 이론과 일치한다. 다만 『황제내경』에서는 오신五神과 오장五臟의 관계를 아울러 말하고 있는 데 비하여, 주자는 그 관계를 명확히 말하지 않았다. 그러나 정신혼백精神魂魄의 상호 관계 등에 관한 내용, 특히 『내경內經 영추靈樞』 본신편本神篇의 내용과는 정확하게 일치한다. 여기서 주자가 한의학계의 이론을 수용하고 있는 것으로 볼 수 있다. 요약하면 심은 정精·신神·혼魂·백魄을 그 구성 요소로 가지고 있으며, 이들은 유기적인 관계를 맺고 통일적으로 작용한다. 이들은 모두 기氣 중에서는 가장 정상精爽한 것이고, 따라서 이들이 유기적으로 작용할 때 신명神明한 특징을 갖는다. 결국 심은 정신혼백精神魂魄으로 구성된 정

---

33) 朱子語類, 874216, 禮4: 又曰: "燈似魂, 鏡似魄. 燈有光焰, 物來便燒. 鏡雖照見, 只在裏面. 又, 火日外影, 金水內影. 火日是魂, 金水是魄." 又曰: "運用動作底是魂, 不運用動作底是魄." 又曰: "動是魂, 靜是魄."

34) 朱子語類, 874117, 禮4: 潘問: "魄附於體, 氣附於魂, 可作如此看否?" 曰: "也不是附. 魂魄是形氣之精英."

35) 朱子語類, 031305, 鬼神: 問: "先生嘗言, 體魄自是二物. 然則魂氣亦爲兩物耶?" 曰: "將魂氣細推之, 亦有精粗. 但其爲精粗也甚微, 非若體魄之懸殊耳."

상精爽한 기氣로서 신명神明한 모습을 띠고, 허령虛靈한 능력을 가진다. 이것이 심의 체體이다.

2. 심心의 작용作用과 역할役割

위에서는 심의 구조와 능력에 대하여 고찰하였다. 이제 이런 심이 어떤 작용과 역할을 하는지를 고찰하고자 한다. 주자는 혼백魂魄의 작용에 대하여 다음과 같이 말한다.

> 사람이 생각하고 계획할 수 있게 하는 것은 혼魂이 하는 것이며, 기억하고 변별할 수 있게 하는 것은 백魄이 하는 것이다.36)

심 안의 혼백은 모두 정精을 기반으로 하여 존재하는데, 백魄은 정적靜的인 것으로서 경험 사실에 대한 기억記憶과 그를 바탕으로 한 변별辨別 등을 담당한다. 그러나 백魄이 홀로 이런 일을 하는 것이 아니라 밖에서 들어오는 정보를 전달하고, 기억된 것과 비교·판단하기 위해서는 동적動的으로 내외內外·피차彼此를 소통시키는 일을 담당하는 자가 있어야 하니, 이것이 혼魂이다. 나아가 혼魂은 백魄이 저장하고 변별한 것을 바탕으로 생각하고 계획하는 일을 한다. 여기서 정精은 혼백의 존립存立과 작용을 가능케 하는 근거지요 후원자이며, 신神은 이들을 총괄하고 이끄는 자이다.37) 혼백은 정신精神에 종속되어 있고, 정精과

---

36) 朱子語類, 031312, 鬼神: 人之能思慮計畫者, 魂之爲也. 能記憶辯別者, 魄之爲也.

37) 朱子語類, 944013, 周子之書: 曰: "神, 只是以妙言之否?" 曰: "是. 且說'感而遂通者, 神也.' 橫渠謂: '一故神, 兩在故不測.'" 因指造化而言曰: "忽然在這裏, 又忽然在那裏, 便是神." 曰: "在人言之, 則如何?" 曰: "知覺便是神. 觸其

신神은 상호 조력助力과 제약制約을 동시에 하는 관계에 있다. 정精이 왕성하면 신神도 왕성하고, 역으로 신神이 왕성하면 정精도 왕성하다.[38] 물론 미약할 때도 이와 같다. 그리고 혼백은 정신에 종속되어 있으므로 그 힘은 정신력精神力의 강약에 따른다. 혼백이 왕성하면 기억력과 판단력이 향상되고,[39] 정신이 왕성하면 모든 일을 잘할 수 있다.[40] 이처럼 정신혼백이 상호연관 속에서 각각 자신의 능력과 특성에 따라 맡은 일을 함으로써 통일적인 심의 역할이 가능하게 된다.

정신혼백은 심으로 수렴 통합되므로 정신혼백이 하는 일은 모두 심이 하는 것이다. 이하에서는 심으로 통합하여 논하고자 한다. 심이 하는 일 중에 가장 기본이 되며 중요한 일은 지각知覺이다.

> 이른바 심心이 허령虛靈·지각知覺한 성질性質을 가진 것은 이목耳目
> 에 보고 듣는 성질이 있는 것과 같을 뿐이다.[41]
> 지각知覺은 바로 심心의 덕德이다.[42]

여기서 허령虛靈은 체體요 지각知覺은 용用이다. 위에서 말한 것처럼 허령은 정상精爽·신명神明한 체로서의 심이 갖는 능력이고, 지각은 그

手則手知痛, 觸其足則足知痛, 便是神. 神應故妙."
38) 朱子語類, 101814, 讀書法上: 精神長者, 博取之, 所得多. 精神短者, 但以詞義
　 簡易者涵養.
39) 朱子語類, 874014, 祭義: 魄盛, 則耳目聰明, 能記憶, 所以老人多目昏耳聵,
　 記事不得, 便是魄衰而少也.
40) 朱子語類, 081118, 總論爲學之方: 凡做事, 須著精神. 這箇物事自是剛, 有鋒
　 刃. 如陽氣發生, 雖金石也透過!
41) 朱子大全, 735809, 胡子知言疑義: 所謂心者, 乃夫虛靈知覺之性, 猶耳目之有
　 見聞耳.
42) 朱子語類, 202515, 學而篇上: 知覺便是心之德. 지각을 '能力 즉, 德'으로 볼
　 때는 體에 해당하지만, 여기서는 편의상 用에 포함시켜 다룬다.

허령한 심이 작용할 때 갖는 능력이다.43) 즉 심은 그 체에 허령한 능력을 갖추고 있으므로 지각하는 일을 할 수 있다. 귀가 있으면 들리고, 눈이 있으면 보이듯이, 심이 있으면 저절로 지각하게 된다. 지각은 오감五感을 통해 들어오는 모든 외부의 자극과 신체 내부에서 일어나는 자극, 그리고 심 자체의 변화에 대한 반응이다. 그리고 이런 자극과 변화는 기억된 과거의 경험과 비교하여 변별되고 판단된다. 이것이 심이 하는 지각 작용이다. 이 작용은 심이 본래 가지고 있는 능력이며, 동시에 심의 고유한 역할이다. 그러므로 심의 덕德이라고 하는 것이다.

지각은 단지 심 외부의 자극에 대하여 그 모양이나 크기, 뜨거움과 차가움 등만을 아는 데 그치는 것이 아니라, 그에 대하여 어떻게 반응해야 할 것인지, 왜 그렇게 해야 하는지 등에 대하여도 아는 것이다.44) 이처럼 외부 상황을 파악하고, 그에 대하여 어떻게 대처해야 할 것인지를 알게 되면 그 지각 내용에 입각하여 한 몸(일신一身)을 운용하게 된다. 즉 심은 지각에서 그치는 것이 아니라, 그 지각 내용을 반영하여 상황에 대처하도록 육체에 명령을 내린다.

> 사람의 한 몸에서 일어나는 지각知覺과 운용運用은 심心이 하는 것이 아님이 없으니, 심心은 진실로 몸을 주재하는데, 움직이기와 가만있기, 말하기와 침묵하기 사이에도 끊임이 없는 자이다. 45)

---

43) 朱子語類, 601118, 盡心上: 心之知覺, 又是那氣之虛靈底.
44) 朱子大全, 421015, 答胡廣仲: 蓋孟子之言知覺, 謂知此事覺此理, 乃學之至而知之盡也. 上蔡之言知覺, 謂識痛痒能酬酢者, 乃心之用而知之端也. 二者, 亦不同矣. 然其大體, 皆智之事也.
45) 朱子大全, 323204, 答張欽夫: 人之一身, 知覺運用, 莫非心之所爲, 則心者固所以主於身, 而無動靜語默之間者也.

여기서 지각은 체이고 운용은 용이다. 운용은 지각을 바탕으로 이루어지며, 운용은 그 지각의 범위 안에서 이루어진다. 사람의 한 몸에서 일어나는 지각과 운용은 모두 심이 주재한다. 움직일 때나 가만있을 때나, 혹은 말을 할 때나 입을 다물고 있을 때나 모두 심이 주재한다. 또 다른 면에서 보면 몸이 일하도록 시키고 있을 때의 심과 몸이 가만히 있도록 하고 있을 때의 심은 같은 심이며, 어느 경우에도 심이 전혀 일하지 않는 때는 없다.[46]

이렇게 깨어 있을 때는 항상 심이 주재하지만, 잠을 자는 동안에는 심도 쉰다.[47] 그러나 자다가도 먼저 일어나서 몸을 일으키도록 하는 자는 역시 심이다. 이 경우는 정신과 혼백을 분리하여 말할 수 있다. 잠을 자는 동안 쉬는 것은 신神이고 혼백魂魄은 여전히 깨어 있다. 그래서 외부의 자극이 들어 왔을 때 먼저 감지하여 지각을 일으키는 것은 혼백이고, 그중의 혼魂이 신神을 깨운다. 만일 혼魂이 신神을 깨우지 못하면 몸의 운동은 일어나지 않는다. 또 꿈을 꾸는 것은 잠자는 동안 신神과 분리된 혼백이 스스로 작동하고 있는 것이며, 그 순간은 신神을 깨우지 못하여 몸이 움직이지 않는 것이다[48]. 그러나 외부 자극이 들어오면 다시 혼백이 정상 작동하여 신神을 깨우게 되고, 이에 심이 주재력主宰力을 정상으로 회복한다.

이처럼 심은 한 몸의 주재자主宰者로서 언제 어디서나 항상 육체의

---

46) 朱子語類, 950120, 程子之書1: 心一也, 有指體而言者, 有指用而言者. 伊川此語, 與橫渠心統性情相似.

47) 朱子大全, 572207, 答陳安卿: 寤寐者, 心之動靜也. 有思無思者, 又動中之動靜也. 有夢無夢者, 又靜中之動靜也. 但寤陽而寐陰, 寤清而寐濁. 寤有主而寐無主, 故寂然感通之妙, 必於寤而言之.

48) 類經, 藏象類9, 本神: 夢有作為而身不應者, 乃魂魄之動靜, 動在魂, 而靜在魄也. 夢能變化而寤不能者, 乃陰陽之離合, 離從虛而合從實也.

주인 노릇을 한다.49)

　　심心은 사람의 몸을 주재하는 자로서, 하나이고 둘이 아니며, 주인
　　이고 손님이 아니며, 만물에 명령하는 자이고 명령을 받는 자가 아니
　　다.50)

　심心은 우리 몸속에 있는 최고 지휘자로서 유일唯一한 존재이고, 항
상 주체적으로 움직이는 주인이며, 그 어느 것으로부터도 명령을 받지
않는다. 심이 이렇게 될 수 있는 것은 사람의 기관器官 중에서 가장
허령한 기氣로 되어 있어, 오감五感으로부터 들어오는 모든 정보가 모이
는 곳이며, 그 정보를 처리하고 저장하는 곳이기 때문이다. 이런 특성과
능력은 정신혼백 등의 자율적自律的인 운동에 따라 비의지적非意志的으
로 생긴다. 이런 음적陰的인 즉, 수용적受容的인 작용을 통하여 모든
정보를 축적한 심은 양적陽的으로 즉, 발용적發用的으로 육체를 주재한
다. 심의 음적陰的인 활동은 육체의 각부各部로부터 보고를 받는 과정이
며, 양적陽的인 활동은 그를 바탕으로 다시 그들에게 명령을 내리는
과정이다. 결국 심은 육체 안에 유일하게 존재하는 최고 지휘자로서
모든 정보를 수집하여, 타자他者의 간섭을 배제하고 주체적으로 결정하
여 명령을 내리는 자이다. 따라서 심은 한 몸(일신一身)의 주인이고
대표자이다.
　위의 내용을 종합·정리하면 허령虛靈은 체體로서의 심이 갖는 능력
이며, 지각知覺은 용用으로서의 심이 갖는 능력이다. 지각과 운용으로

---

49) 朱子語類, 051513, 性理2: 心, 主宰之謂也. 動靜皆主宰, 非是靜時無所用, 及
　　至動時方有主宰也. 言主宰, 則混然體統自在其中.
50) 朱子大全, 672407, 觀心說: 心者, 人之所以主乎身者也, 一而不二者也, 爲主
　　而不爲客者也, 命物而不命於物者也.

나누어 말할 때의 지각은 심의 음적陰的인 작용이며, 운용은 그 지각한 것을 활용하여 육체를 운용하는 것으로 심의 양적陽的인 작용이다.[51] 이 지각과 운용을 종합하여 말하면 한 몸의 주재主宰이다. 즉 주재主宰도 음적陰的인 주재와 양적陽的인 주재로 나눌 수 있다. 음적陰的인 주재, 즉 감지感知는 심의 정보 수집 활동이며, 양적陽的인 주재, 즉 대응對應은 그 정보의 활용이다.

3. 심心과 성정性情의 관계

허령虛靈·지각知覺하는 능력이 있는 심은 외부 상황을 감지感知하고, 이를 바탕으로 다시 육체를 운용하여 상황에 대처한다. 그런데 심이 이렇게 한 몸을 주재할 수 있는 것은 가장 정상精爽한 기氣로 되어 있기 때문이다. 즉 심은 우리의 육체 안에 있으면서도 육체의 각 기관에 구속되지 않고, 육신肉身 전체를 조감鳥瞰하고 관리할 수 있는 능력이 있기 때문이다. 물론 심과 육신은 상호 불가분不可分의 관계에 있다. 그러나 심은 일신一身을 대표하는 기관으로서 외부로부터 주어지는 임무를 받아 간직하고, 그 임무를 실행하는 역할을 담당한다.

> 천지天地는 만물이 나서 자라게 하려는 마음을 가지고 있는데, 그가 나서 자라게 한 물건은 각각 천지天地가 만물을 나서 자라게 하려는 마음을 얻어서 자기 마음으로 삼는다. 그러므로 사람은 모두 사람에게 차마 못 하는 마음을 갖는다.[52]

---

51) 朱子語類, 171701, 大學4: 問: "知如何宰物?" 曰: "無所知覺, 則不足以宰制萬物. 要宰制佗, 也須是知覺."

52) 孟子集註, 公孫丑上, 人皆有不忍人之心章: 天地以生物爲心, 而所生之物, 因各得夫天地生物之心以爲心, 所以人皆有不忍人之心也.

천지는 특별히 하는 일은 없고, 단지 그 안에서 만물이 자라나게 한다. 이에 천지 안에서 자라난 물건들은 모두 그 천지의 마음을 받아들여, 자기도 만물을 자라나게 하려는 마음을 갖는다.53) 이때의 마음은 의향意向, 의도意圖, 목적 등의 의미이니, 결국 심이 하고자 하는 일이다. 즉 천지가 만물을 생장生長시키는 일을 하듯이 만물도 각자 타자他者를 생장시키고자 한다는 것이다. 이런 마음이 바로 불인지심不忍之心(차마 못하는 마음)이고, 인仁이다.54) 만물은 모두 천지의 기氣를 나눠 받아서 가지고 나온 것이므로 천지와 같은 기氣를 가지고 있으며, 따라서 만물은 천지의 기氣와 동일한 성질(성性)을 갖는다.55)

> 천天이 음양오행陰陽五行으로써 만물을 화생化生하되, 기氣로써 형
> 체形體를 이루고, 여기에 리理도 주니(부여賦與), 명령과 같다. 이에
> 사람과 만물이 날 때에 그 주는 리理를 각각 얻어서 건순오상健順五常
> 의 덕德을 삼으니, 이른바 성性이다. 56)

천天이 만물을 화생할 때 기氣를 줌과 아울러 리理도 준다는 것이다.

---

53) 朱子語類, 530412, 公孫丑上之下: 天地以生物爲心. 天包著地, 別無所作爲, 只是生物而已. 亘古亘今, 生生不窮. 人物則得此生物之心以爲心, 所以箇箇
肖他, 本不須說以生物爲心. 緣做箇語句難做, 著箇以生物爲心.

54) 朱子語類, 953211, 程子之書1: '心, 生道也. 人有是心, 斯具是形以生. 惻隱之
心, 生道也.' 如何? 曰: "天地生物之心是仁. 人之稟賦, 接得此天地之心, 方能
有生. 故惻隱之心在人, 亦爲生道也.

55) 孟子, 離婁下26, 天下之言性也章: 孟子曰: "天下之言性也, 則故而已矣. 故者
以利爲本. / 朱子語類, 571720, 離婁下: 故是本然底, 利是他自然底. 如水之潤
下, 火之炎上, 固是他本然之性如此. 然水自然潤下, 火自然炎上, 便是利. 到
智者行其所無事, 方是人知得自然底, 從而順他. 참조

56) 中庸章句, 首章: 天以陰陽五行化生萬物, 氣以成形, 而理亦賦焉, 猶命令也.
於是人物之生, 因各得其所賦之理, 以爲健順五常之德, 所謂性也.

여기서 기氣를 먼저 말하는 것은 기氣가 아니면 리理를 실어 줄 곳이 없기 때문이다. 그러나 줄 성性이 없으면 그 성性을 담을 기氣도 필요 없으니, 천天은 항상 리理와 기氣를 함께 준다. 여기서 주는 천天의 입장에서 말하면 천명天命이고, 이 천명을 받는 만물의 입장에서 말하면 성性이다.57) 그런데 천天이 성性을 줄 때는 항상 기氣에 담아 주므로 성性은 천지가 나눠 준 기氣에 본래 있는 것이다. 마찬가지로 심도 결국 기氣이므로 거기에는 천지에서 받은 성性이 들어 있다.

> 성性이란 것은 천天이 사람에게 명령한 것으로서, 심心에 갖춰진 것이다. 정情이란 것은 성性이 만물에 응應하는 것으로서, 심心에서 나오는 것이다. 심心이란 것은 사람의 한 몸을 주재하는 것이며, 성性과 정情을 통솔統率하는 것이다. 그러므로 인의예지仁義禮智는 성性으로서, 심心이 체體가 되게 하는 것이며, 측은惻隱·수오羞惡·공경恭敬·시비是非는 정情으로서, 심心이 용用이 되게 하는 것이다.58)

성性은 모든 기氣와 그 기氣로 이루어진 모든 물건에 다 있는 것이다. 그런데 여기서 성性이 심에 있다고 하는 것은 어떤 물건을 대표하는 기관은 심이므로 그 물건을 대표하는 성性은 심의 성性이다. 바꿔 말하면 천天이 사람에게 명령을 내릴 때는 사람의 몸 전체에 내리지만, 몸을 대표하는 것은 심이므로 그 명령을 받는 자는 심이라는 것이다. 결국 몸 중에서 손이나 발 등은 천명天命을 간직할 능력이나 권한이

---

57) 朱子語類, 051002, 性理2: 在天爲命, 稟於人爲性.
58) 朱子大全 別集, 080106, 釋氏論上: 性也者, 天之所以命乎人, 而具乎心者也. 情也者, 性之所以應乎物, 而出乎心者也. 心也者, 人之所以主乎身, 而以統性情者也. 故仁義禮智者性也, 而心之所以爲體也. 惻隱羞惡恭敬辭讓(一作是非)者情也, 而心之所以爲用也.

없고, 오직 몸의 대표자인 심이 그런 능력과 권한을 갖는 것이다. 비유하자면 어떤 단체나 조직에 명령을 내릴 때는 그 단체나 조직 전체가 그 명령을 따라야 하지만, 그 명령을 접수하여 실행할 능력과 권한은 그 단체나 조직의 대표자만이 가지고 있는 것과 같다.59) 심이 몸 안에서 가지는 위치도 이와 같다. 손이나 발 등에도 성性이 있지만, 그들은 몸 전체를 주재할 능력이 없어 천天의 명령을 실행할 수 없으므로, 그들의 성性을 몸 전체를 대표하는 성性으로 볼 수 없다. 따라서 몸을 주재할 능력이 있는 심의 성性이 몸을 대표하는 성性이 되는 것이다. 이에 천天이 부여한 명령을 심이 간직한다고 하는 것이다.

정情은 처한 상황에 따라 대응對應·대처對處하는 것인데, 이는 심이 상황을 지각知覺·판단判斷하고 몸을 주재하여 대응하는 것이다. 그러므로 정情이 심에서 나온다고 하는 것이다. 심은 성性을 가지고 있고, 그 성性대로 상황에 대처한다. 심이 몸을 주재하므로 몸 전체가 받은 천명天命을 심에서 주관하여 사지四肢 등에 명령을 내려 천天의 명령을 실행하거나 외부 상황에 대응하는 것이다.

> 인의예지仁義禮智는 성性이고, 측은惻隱·수오羞惡·사양辭讓·시비是非는 정情이며, 인仁으로 사랑하고, 의義로 미워하고, 예禮로 사양하고, 지智로 아는 것은 심心이다. 성性은 심心의 리理이고, 정情은 심心의 용用이며, 심心은 성性과 정情의 주인이다.60)

---

59) 朱子語類, 041119, 性理1: 天命之謂性, 命, 便是告箚之類. 性, 便是合當做底職事. 如主簿銷注, 縣尉巡捕. 心, 便是官人. 氣質, 便是官人所習尙, 或寬或猛. 情, 便是當廳處斷事, 如縣尉捉得賊. 情便是發用處.

60) 朱子大全, 670105, 元亨利貞說: 仁義禮智性也, 惻隱羞惡辭讓是非情也, 以仁愛以義惡以禮讓以智知者心也. 性者心之理也, 情者心之用也, 心者性情之主也.

이것은 심성정心性情의 관계를 횡거橫渠의 심통성정설心統性情說에 입
각하여 설명한 것이다. 인의예지仁義禮智는 성性의 사덕四德으로서 천天
에서부터 받은 명령의 내용이며, 사단四端은 천天의 명령을 상황에 따라
실행하는 것이며, 심은 그 명령을 간직하였다가 실행하는 주체이다.
그러나 심에 본래 그런 명령을 받은 것이 없으면, 즉 성性이 없으면
심은 할 일이 없는 사람처럼 방황하게 된다. 그러나 성性이 그 갈 길을
지시한다.61) 그러므로 성性을 심의 리理라고 하는 것이다. 정情은 성性
대로 일을 실행하는 것이므로 심의 용用이라고 한다. 그러나 성性이
비록 심의 리理이고, 정情이 그 심의 용用이지만, 심이 그 천天의 명령을
간직하고 실행하지 않으면 성性 혼자서는 어떤 일도 할 수 없다. 그러므
로 심이 성정性情의 주인이라고 하는 것이다.

여기서 심통성정心統性情의 두 가지 의미를 말할 수 있다. 하나는
심이 성정性情을 통솔統率한다62)는 의미이고, 다른 하나는 심은 성性과
정情을 모두 포함包含한다63)는 의미이다.

> 인의예지仁義禮智는 성性이고 체體이다. 측은惻隱·수오羞惡·사양辭
> 讓·시비是非는 정情이고 용用이다. 성정性情을 통솔하고 체용體用을
> 갖춘 자는 심心이다.64)

---

61) 朱子語類, 051104, 性理2: 蓋主宰運用底便是心, 性便是會恁地做底理. 性則
    一定在這裏, 到主宰運用却在心. 情只是幾箇路子, 隨這路子恁地做去底, 却
    又是心.
62) 朱子語類, 981011, 張子之書1: 性者, 理也. 性是體, 情是用. 性情皆出於心,
    故心能統之. 統, 如統兵之統, 言有以主之也.
63) 朱子語類, 981006, 張子之書1: 心統性情. 統, 猶兼也.
64) 朱子大全, 561903, 答方賓王: 仁義禮智性也體也, 惻隱羞惡辭讓是非情也用
    也. 統性情該體用者心也.

심心은 성性을 골자骨子로 하여 존립存立하며, 성性을 송편의 속에 넣는 소(함餡)처럼 감싸고 있다.65) 그래서 소강절邵康節은 심을 성性의 외곽外廓이라고 한다.66) 성性이 이처럼 심 속에 있는 이상 심의 영향을 받지 않을 수 없다. 즉 심이 작용하지 않을 때는 성性도 그 속에서 가만히 있지만 심의 상태에 따라 영향을 받으며, 심이 움직이면 성性이 밖으로 드러나 정情이 되지만 그 성격이나 강약 등은 심의 영향을 받는다. 결국 성性이든 정情이든 심의 영향권 안에 있으므로 심이 성性과 정情을 통솔한다고 하는 것이다.

한편 기氣인 심이 리理인 성性을 통솔·주재한다고 하여, 일반적으로 기氣가 리理를 통솔·주재하는 것으로 보면 안 된다. 대개 주재主宰에는 리적理的인 주재와 기적氣的인 주재가 있다. 리적理的인 주재는 가장 궁극적인 주재로서 기氣가 갈 방향을 정定할 뿐이고, 이리저리 생각하고 판단하여 명령을 내리는 것은 아니다. 기적氣的인 주재는 리理가 설정한 방향으로 나아가되 구체적인 상황에 따라 변통變通해 가는 것이다. 어떤 일을 하는 것에 비유하면, 리理인 성性이 하는 주재는 그 일의 큰 방향을 정定하는 것이고, 기氣인 심이 하는 주재는 그 일을 성취하기 위하여 여러모로 궁리하며 일해 나가는 것이다. 또 물(수水)을 예로 들면, 성性이 하는 주재는 물이 아래쪽으로 내려가도록 방향을 정하는 것이고, 기氣가 하는 주재는 꾸불꾸불 낮은 곳을 찾아가도록 하는 것이다. 심이 성정性情을 통솔하는 것도 이와 같다.67) 성性이 정한 방향으로

---

65) 朱子語類, 050818, 性理2: 心以性爲體, 心將性做餡子模樣. 蓋心之所以具是理者, 以有性故也.

66) 朱子語類, 041106, 性理1: 又曰: "邵堯夫說: '性者, 道之形體. 心者, 性之郛郭.' 此說甚好. 蓋道無形體, 只性便是道之形體. 然若無箇心, 却將性在甚處! 須是有箇心, 便收拾得這性, 發用出來."

67) 朱子語類, 010415, 理氣上: 心固是主宰底意, 然所謂主宰者, 卽是理也, 不是

나아갈 수 있는 능력을 갖추는 것은 심이 성性을 통솔하는 것이고, 그 방향으로 나아갈 수 있도록 끊임없이 지각·판단하고 생각하여 실현해 가는 것은 심이 정情을 통솔하는 것이다.

생각건대 심은 정신혼백精神魂魄의 총괄자로서, 정상精爽한 기氣로 구성되어 있으며, 허령虛靈·신명神明한 특징을 갖는다. 이런 능력을 갖고 있으므로 심은 일신을 대표하고, 몸을 주재할 수 있다. 그러나 심은 본래 기氣이므로 나름대로 성질·속성을 갖는다. 즉 심은 천지天地처럼 만물을 나서 자라게 하고자 하는 성질을 가진다.[68] 이것이 불인지심不忍之心이고, 인仁이다. 심이 이런 성질을 갖게 된 것은 천天이 심으로 하여금 이런 일을 시키고자 한 것으로 보아, 천天이 명령한 성性이라 한다. 즉 성性은 심의 성질이지만, 결국 심이 해야 할 일도 되는 것이다. 이는 심이 본래 그런 일을 잘하고, 또 하고 싶어 한다는 것이다. 그런데 가끔 자신이 가진 기질氣質[69]과 자신이 기반하고 있는 육체의 제약[70] 때문에 그런 일을 하지 않거나 못할 때가 있다. 이에 성性을 해야 할 당위성으로 말하기도 한다. 여기서 형이상形而上의 성性과 형이하形而下

心外別有箇理, 理外別有箇心.

68) 朱子語類, 951314, 程子之書1: 其'心猶穀種, 生之性便是仁, 陽氣發動乃情也', 蓋所謂'生之性', 卽仁之體, 發處卽仁之用也.

69) 朱子語類, 141306, 大學1: 亞夫問: "大學序云: '旣與之以仁義禮智之性, 又有氣質之稟.' 所謂氣質, 便是剛柔强弱明快遲鈍等否?" 曰: "然." 又云: "氣, 是那初稟底. 質, 是成這模樣了底. / 靈樞, 本藏第四十七: 心小則安, 邪弗能傷, 易傷以憂. 心大則憂不能傷, 易傷於邪. 心高則滿於肺中, 俛而善忘, 難開以言. 心下則藏外, 易傷於寒, 易恐以言. 心堅則藏安守固, 心脆則善病消癉熱中, 心端正則和利難傷, 心偏傾則操持不一, 無守司也. 등 참조

70) 孟子, 盡心下24: 孟子曰: "口之於味也, 目之於色也, 耳之於聲也, 鼻之於臭也, 四肢之於安佚也, 性也, 有命焉, 君子不謂性也. 仁之於父子也, 義之於君臣也, 禮之於賓主也, 智之於賢者也, 聖人之於天道也, 命也, 有性焉, 君子不謂命也.

의 심을 나눌 수 있다. 성性은 심 속에 있고 심의 영향을 받지만, 바뀌지도 않고, 바뀌어서도 안 되는, 천天으로부터 받은 부분이 있는 것이다. 또 정情은 심이 자신의 본래 성질, 즉 성性대로 작용하며 일하거나 외부 상황에 대응하는 것이다. 즉 정情은 심이 성性대로 하는 일로서 심의 능력이나 성질에 많은 영향을 받지만 심이 아니면 발현할 수 없다. 요약하면 심성心性의 관계는 리기理氣 관계와 같으며, 체體로서의 성性과 용用으로서의 정情은 항상 기氣인 심 안에 존재하고 그 영향하에 있다. 그러나 성性은 또한 형이상形而上의 골자骨子로서 심의 존재가치이며, 심이 갈 노선路線(도道=길)이다. 그러므로 심은 또 성性의 주재主宰를 받는다. 이것이 심성정心性情의 구분이며 상호 관계이다.

III. 심心의 분류分類

심心은 오직 하나일 뿐이지 여럿이 있는 것은 아니다. 그러나 여러 측면에서 심의 성격을 말할 수 있으며, 용用의 측면에서는 더 다양하게 말할 수 있다. 여기서는 정복심程復心[71]이 그린 심학도心學圖[72]에 근거하여 본심本心과 양심良心, 적자심赤子心과 대인심大人心, 인심人心과 도심道心의 세 쌍으로 나누어 고찰하고자 한다.

1. 본심本心과 양심良心

본심과 양심은 심心이 본래부터 가지고 있는 기본적인 성격을 반영

---

71) 중국 元代 사람으로 號는 林隱이며, 字는 子見이다.
72) 心經附註, 心經總目, 4板(保景文化社, 1995.)

하여 나눈 용어이다. 본심은 심心이 가진 리理를 중심으로 말하는 것이
며, 양심은 심의 기氣를 중심으로 말하는 것이다.

본심73)은 심이 가진 리理, 즉 성性을 잘 보존하여 심의 기氣와 그
성이 어긋나지 않게 잘 간직하고 있는 것이다.

> 사람의 본심은 그 본체本體의 크기가 커서 한량限量도 없으나, 다만
> 사사로운 형기形器에 갇히고, 좁은 견문見聞에 막히면, 이에 가려서
> 다하지 못하는 것이 있다. 사람이 능히 사건과 물건에 직접 나아가
> 그 리理를 궁구하여 어느 날 관통하고 뚫려서 남음이 없으면, 그
> 본심本心의 큰 본체本體를 온전하게 할 수 있을 것이다.74)

심心은 허령虛靈하고 신명불측神明不測하여 온 우주를 모두 포섭할
만큼 크고 넓지만, 우리의 육체에 뿌리를 두고 있으므로 그 영향을
받지 않을 수 없고, 우리의 견문이 좁아 그 심의 량量을 다 채울 수도
없다. 이러한 제약 요인을 가지고 있지만, 물건마다 직접 궁리窮理하여
사사물물의 리理를 모두 알게 되면, 그런 제약 요인에서 벗어나 심의
본래 역량力量을 회복할 수 있다. 우리의 육체나 지식에 구애받기 이전
의 본래 고유한 능력을 유지한 상태의 심이 곧 본심이다.

> 인仁은 본심本心의 온전한 덕德이다.75)

---

73) 孟子, 告子上10, 魚我所欲章: 鄉爲身死而不受, 今爲宮室之美爲之. 鄉爲身
死而不受, 今爲妻妾之奉爲之. 鄉爲身死而不受, 今爲所識窮乏者得我而爲
之, 是亦不可以已乎? 此之謂失其本心.
74) 朱子大全, 672005, 盡心說: 人之本心, 其體廓然, 亦無限量. 惟其梏於形器之
私, 滯於聞見之小. 是以有所蔽而不盡. 人能卽事卽物, 窮究其理, 至於一日
會貫通徹, 而無所遺焉, 則有以全其本心廓然之體.
75) 論語集註, 顏淵1, 克己復禮章: 仁者本心之全德.

인仁76)은 성性의 내용으로서 심이 가진 성질이며, 심의 고유한 능력이다. 결국 본심은 인의 덕德을 잘 유지하고 있는 심이다. 그러므로 본심을 유지하고 있으면 인하고, 본심을 잃으면 인하지 못하다.77) 인은 다시 인의예지仁義禮智의 사덕四德을 포괄하므로 인의 덕을 간직한 본심도 또한 인의예지 사덕을 가지고 있다. 이러한 본심은 각각 경우에 따라 측은·수오·사양·시비하는 마음을 가지게 되는데, 이것은 모두 자연히 발로發露하는 것으로서 막을 수도 없다.78)

여기서 본심은 다시 체용體用으로 나누어 말할 수 있는데, 체體로서의 본심은 인의예지의 덕을 간직한 것이며, 용用으로서의 본심은 상황에 따라 그런 덕이 잘 드러난 것이다. 체로서의 본심은 여러 수식어를 붙일 수 없어 하나로밖에 말할 수 없지만, 용으로서의 본심은 매우 다양한 수식어를 붙일 수 있다. 먼저 본심의 내용을 기준으로 하면 시비是非하는 본심, 부끄러워하거나 미워하는 본심, 사랑하고 공경하는 본심, 살리기를 좋아하는 본심, 친애親愛하는 본심79) 등으로 말할 수 있으며, 그런 심을 가진 사람을 기준으로 말하면 군자의 본심, 나의 본심80) 등으로 말할 수 있다.

---

76) 仁의 정의에 관한 것은 '제10장 孔子의 仁思想' 참조

77) 朱子語類, 343209, 述而篇: 人之心本仁, 才傷著本心, 則便是不仁矣.

78) 朱子語類, 321113, 雍也篇3: 如水有源便流, 這只是流出來, 無阻滯處. 如見孺子將入井, 便有箇惻隱之心. 見一件可羞惡底事, 便有箇羞惡之心. 這都是本心自然恁地發出來, 都遏不住.

79) 論語集註, 里仁1, 里仁爲美章: 擇里而不居於是焉, 則失其是非之本心, 而不得爲知矣. / 孟子集註, 告子上10, 魚我所欲章: 言雖欲食之急而猶惡無禮, 有寧死而不食者. 是其羞惡之本心, 欲惡有甚於生死者, 人皆有之也. / 朱子大全, 450213, 答虞士朋太中: 二章所謂不失其愛敬之本心, 則仁不可勝用者甚善. / 朱子大全, 372801, 答鄭景望: 可以見聖人好生之本心矣. / 朱子大全, 392115, 答何叔京: 雖有不令之人, 傲狠鬪鬩於其間而親愛之本心, 則有不可得而磨滅者.

심心이 본래 가진 성질, 즉 인한 성性을 유지하고 있으면 본심이 있는 것이고, 육체의 욕구나 부족하거나 잘못된 지식 등에 영향을 받아 그 성이 드러나지 못하게 되면 본심을 잃은 것이 된다.[81] 태어날 때부터 누구나 본심을 가지고 있다. 그러나 그것을 지속적으로 간직하는 것이 중요하고, 혹 잃으면 즉시 회복해야 한다.[82] 결국 본심의 유무有無는 심의 육체에 대한 주재력主宰力의 유무와 일치한다. 심이 육체에 대한 주재력을 확보하면 본심이 드러나고, 주재력을 상실하고 육체의 기호 嗜好대로 끌려가면 본심을 잃은 것이다. 이 본심을 잃지 않으면 성인聖人이 된다.[83]

한편 양심良心[84]은 심의 기氣 자체가 가진 특성을 가지고 말한 것인데, 이 심의 기氣가 맑으면 선善하다는 것이다.[85]

> 사람의 양심良心은 비록 이미 잃어버렸더라도 밤낮으로 오히려 반드시 나서 자란다. 그러므로 새벽에 아직 사물을 접하지 않아 그 기운이 청명淸明할 즈음에는 양심良心이 오히려 반드시 발현發現한다. 다만 그 발현發現한 것이 지극히 작고, 아침과 낮에 한 착하지 않은 것들이 또 벌써 이를 쫓아가서 질곡桎梏시켜 버린다. 마치 산의 나무를 이미 베었더라도 오히려 싹이 나지만, 소나 양이 또 이를 뜯어

---

80) 朱子大全, 731402, 溫公疑孟下: 豈君子之本心哉. / 朱子大全, 421917, 答吳晦叔: 吾之本心, 渾厚慈良.
81) 孟子集註, 盡心下35, 養心莫善於寡欲章: 欲, 如口鼻耳目四支之欲, 雖人之所不能無. 然多而不節, 未有不失其本心者, 學者所當深戒也.
82) 論語集註, 顔淵1, 克己復禮章: 蓋心之全德, 莫非天理, 而亦不能不壞於人欲. 故爲仁者, 必有以勝私欲而復於禮, 則事皆天理, 而本心之德復全於我矣.
83) 孟子集註, 萬章上1, 舜往于田章: 言常人之情, 因物有遷. 惟聖人爲能不失其本心也.
84) 孟子, 告子上8, 牛山之木章 참조
85) 孟子集註, 告子上8, 牛山之木章: 良心者, 本然之善心, 卽所謂仁義之心也.

먹는 것과 같다. 낮에 한 것이 이미 밤사이에 자라난 것을 해치고, 밤사이에 자라난 것이 또 낮에 한 것을 이길 수 없다. 이렇게 번갈아 서로 해쳐서 야기夜氣의 남(생生)이 매일 조금씩 엷어져서 인의仁義로운 양심良心을 보존할 수 없는 지경에 이르면, 새벽의 기운도 맑아질 수 없고, 드디어 좋아하는 것과 미워하는 것이 남들과 크게 달라진다.[86]

양심은 본래 착한 마음으로서 비록 잠시 그 본래 모습을 잃어버리고 착하지 못하게 되었더라도, 밤사이에는 다시 본 모습을 회복하여 착해진다. 그래서 밤새 자고 일어난 새벽, 아직 어떤 사물과 접하지 않았을 때는 이 양심이 발생發生한다. 그러나 이것은 지극히 미약하므로 낮이 되면서 못된 짓을 다시 하게 되면, 또 양심은 다시 주눅 들게 된다. 이 양심은 자신을 짓누르는 못된 짓을 이겨내지 못하니, 점점 양심은 힘을 잃고 다음 날 아침이 되어도 살아나지 못한다.

여기서 양심을 보존할 수 있게 하는 것은 맑은 기氣(청기淸氣)이다.

> 심心이 존재存在하는가 아닌가는 기氣가 맑은가 그렇지 않은가에 달려 있다. 기氣가 맑으면 양심良心이 비로소 존립할 수 있고, 양심良心이 이미 존립하면 사물이 다가와도 비로소 미혹되지 않는다.[87]

---

86) 孟子集註, 告子上8, 牛山之木章: 人之良心, 雖已放失. 然其日夜之間, 猶必有所生長. 故平旦未與物接, 其氣淸明之際, 良心猶必有發見者. 但其發見至微, 而旦晝所爲之不善, 又已隨而梏亡之, 如山木旣伐, 猶有萌蘖, 而牛羊又牧之也. 晝之所爲, 旣有以害其夜之所息, 夜之所息, 又不能勝其晝之所爲, 是以展轉相害. 至於夜氣之生, 日以寢薄, 而不足以存其仁義之良心, 則平旦之氣亦不能淸, 而所好惡遂與人遠矣.
87) 朱子語類, 592307, 告子上: 心之存不存, 係乎氣之淸不淸. 氣淸, 則良心方存立得. 良心旣存立得, 則事物之來方不惑.

양심이 존립存立할 수 있는 바탕은 청기淸氣이다. 기기氣가 맑으면 양심이 있을 수 있고, 기기氣가 흐려지면 양심은 있을 수 없다. 그렇다면 기기氣는 어떻게 맑게 하는가?

> 조금 쉰 뒤에는 기기氣가 곧 맑아지고, 양심도 곧 자란다. 낮이 되면 기기氣가 곧 흐려지고, 양심도 거기에 있을 수 없다. 마치 해와 달이 언제 하늘 위에 있지 않았는가마는 갑자기 구름에 가리면 밝지 않은 것과 같다. 물었다. "야기夜氣는 어떻게 보존합니까?" 답하였다. "맹자孟子는 사람들에게 야기夜氣를 보존하라고 말한 적이 없다. 다만 조금 쉴 때 기기氣가 곧 맑아진다고 하였다."......또 말하였다. "만일 이 심心을 보존할 수 있으면 기기氣는 항상 맑은 것이지 특별히 새벽에만 맑은 것은 아니다. 만일 이 심心을 보존하지 못하면, 비록 쉬더라도 기기氣도 맑지 않고 양심도 자라지 않는다."[88]

우선 특별히 기기氣를 맑게 하는 방법이 있는 것이 아니라, 잠시 하는 일을 쉬기만 하여도 기기氣가 맑아져서 양심이 자라난다고 한다. 맹자孟子가 야기설夜氣說을 제시한 이유가 바로 여기에 있다. 야기夜氣란 밤에 자는 동안 생겨나는 것이며, 이 기기氣가 새벽까지 유지되고 있는 것이 평단지기平旦之氣이다. 야기는 밤에 아무 일도 하지 않고 잠자는 동안, 낮에 어지럽고 흐렸던 기기氣가 다시 맑아진 것이며, 평단지기는 새벽에 일어나 아무 일도 하지 않아 아직 흐려지지 않은 맑은 기기氣이다. 그러나 밤과 새벽에만 기기氣가 맑아지는 것이 아니라 하루 중 어느 때라도 잠시

---

88) 朱子語類, 592310, 告子上: 歇得這些時後, 氣便淸, 良心便長. 及旦晝, 則氣便濁, 良心便著不得. 如日月何嘗不在天上? 却被些雲遮了, 便不明. 吳知先問: "夜氣如何存?" 曰: "孟子不曾敎人存夜氣, 只是說歇得些時. 氣便淸."……又曰: "若存得此心, 則氣常時淸, 不特平旦時淸. 若不存得此心, 雖歇得些時, 氣亦不淸, 良心亦不長."

쉬는 동안에 기氣는 맑아지고, 그러면 즉시 양심이 발생한다.[89] 그러나 쉬기만 하면 심의 기氣가 맑아지는 것이 아니라, 심이 자신의 주재력主宰力을 놓지 말고 가지고 있어야 한다. 즉, 어떤 일이 일어나면 즉시 알 수 있는 지각知覺 능력能力을 유지해야 한다.

> 공자孔子가 심心은 잡으면 여기 있고 놓으면 잃어버려서, 그 드나드는 데에 정해진 때도 없고, 정해진 곳도 없는 것이 이와 같다고 말한 것을 맹자孟子가 인용하여, 심心은 신명神明스럽고 예측할 수 없어, (잠깐) 얻었다 잃었다 하기는 쉽고, (계속) 보존하여 지키기는 어려우니 잠깐이라도 그 기름을 잃어서는 안 된다는 것을 밝혔다. 배우는 자는 마땅히 때때로 그 힘을 쓰지 않음이 없게 하여, 정신은 맑고 기운은 안정되게 하기를 항상 새벽녘처럼 하면, 이 심心이 항상 있어서 어디를 가더라도 인의仁義가 아닌 것이 없을 것이다.[90]

심心은 본래 허령虛靈하고 신명불측神明不測하여, 드나드는 때가 일정한 것도 아니고, 드나드는 곳이 정해진 것도 아니다. 그러면서도 잡으면 있고 놓으면 잃어버리게 되어, 잡기도 쉽지만 잃어버리기도 쉽다. 그런데 잡으면 드나드는 때와 곳을 통제할 수 있으니, 이것은 곧 심이 자신의 주재력을 유지하는 것이다. 이렇게 하면 어떤 일에 빠져서 어디로 가는지 무엇을 하는지조차 모르는 일은 없게 되고, 심의 기氣는 항상 맑은

---

89) 朱子語類, 592301, 告子上: 氣淸則能存固有之良心, 如旦晝之所爲, 有以汨亂其氣, 則良心爲之不存矣. 然暮夜止息, 稍不紛擾, 則良心又復生長. 譬如一井水, 終日攪動, 便渾了那水. 至夜稍歇, 便有淸水出. 所謂夜氣不足以存者, 便是攪動得太甚. 則雖有止息時, 此水亦不能淸矣.

90) 孟子集註, 告子上8, 牛山之木章: 孔子言: "心, 操之則在此, 舍之則失去. 其出入無定時, 亦無定處如此." 孟子引之, 以明心之神明不測, 得失之易而保守之難. 不可頃刻失其養, 學者當無時而不用其力, 使神淸氣定, 常如平旦之時, 則此心常存, 無適而非仁義矣.

상태로 유지할 수 있다. 이런 상태에서 양심은 항상 발현될 수 있는 것이다. 혹 심을 놓아 잃어버려서 길이 아닌 곳을 가다가도 잠시 쉬는 사이 다시 주재력을 회복하면 기氣가 맑아지고 양심을 회복할 수 있다.

요약컨대 양심은 심의 기氣가 맑은 상태로 있을 때에 발현되는 착한 마음이다. 아무리 악독한 사람이 악독한 일을 하더라도 잠시 정신을 차려서 심의 주재력을 회복하면 불현듯 양심이 발현한다. 나무를 다 베어 버려도 어느새 거기서 새싹이 다시 돋듯이, 어떤 이욕利慾에 빠져 나쁜 일을 하다가도 어느새 자기도 모르게 양심의 싹은 돋아난다. 그래서 자기가 나쁜 짓을 하고 있다는 자각自覺을 일으킨다. 양심은 자각심自覺心이다.

생각건대 본심과 양심은 모두 심이 본래 선천적先天的으로 갖추고 있는 것이다. 그런데 본심은 리理를 보존한 심으로서, 심의 기氣가 리理와 어긋나지 않는 경우를 말하는 것이고, 양심은 심의 기氣가 청명淸明한 상태를 유지하고 있는 심으로서, 자발적自發的으로 리理와 일치하는 방향으로 가고자 하는 경향성을 가진 경우를 말하는 것이다. 따라서 본심은 리理와 일치하는 것이 전제되지만, 양심은 반드시 리理와 일치하는 것이 아니라 일치하는 방향으로 가고자 할 뿐이다. 결국 양심의 추동력推動力에 의하여 본심이 확보된다고 할 수 있다.

여기서 심의 리기理氣·선악善惡 문제를 잠시 검토한다면 본심은 리理를 보존한 심이지 심 자체가 리理는 아니다. 또 양심은 기氣가 본래 선善한 경향성을 가지고 있어서 항상 선善한 방향으로 나아갈 가능성이 있을 뿐이지 절대적으로 항상 선善한 것은 아니다. 결국 심은 리理와 기氣가 결합된 일종의 물건이다. 그런데 그 심의 기氣가 청명할 때는 양심이 발현하고, 나아가 그 양심은 잘못된 길로 가고 있는 것을 스스로 자각하는 힘이 있어서 바른 판단과 바른 행위로 이끌어 본심을 회복한다. 즉 양심은 소위 도덕적 행위와만 관련된 것이 아니라, 논리적 오류 등에 대하여 스스로 의심을 일으켜 바른 지각·판단을 하도록 유도하는 것이기도 하다. 한편 정신이 흐리멍덩하거나, 정신을 차리지 못하고 어느 일에 빠져서 심이 주재력을 상실하면 심의 기氣가 혼탁해져서 바른 판단을 하지도 못하고, 따라서 바른길로 나아가지도 못한다.

2. 적자심赤子心과 대인심大人心

적자赤子는 아직 말도 못하는 갓난아이이며, 대인大人은 어른 중에서 큰 덕을 갖춘 대덕지인大德之人이다. 맹자孟子는 이 양자兩者의 마음에 대하여 같은 점과 다른 점을 말하였다.

대인大人은 갓난아이의 마음을 잃지 않은 자이다.[91]

대인大人은 어른이 되어서도 갓난아이 때의 마음을 그대로 간직하고 있다는 것이다. 갓난아이의 마음, 즉 적자심에 대하여, 주자는 다음과 같이 말한다.

적자심赤子心은 티 없이 순수하고 거짓이 없을 뿐이다.[92]
적자심赤子心은 진실로 교묘하게 속이는 것이 없다. 다만 리의理義를 지각知覺할 수 없고 온통 적자심赤子心일 뿐이다.[93]

---

91) 孟子, 離婁下12, 大人者章: 孟子曰: "大人者, 不失其赤子之心者也."
92) 孟子集註, 離婁下12, 大人者章: 赤子之心, 則純一無僞而已.
93) 朱子大全, 463307, 答胡伯逢: 赤子之心, 固無巧僞. 但於理義, 未能知覺, 渾然赤子之心而已.

적자심은 티 없이 맑고 깨끗하여 꾸미고 포장하는 것도 없고, 사실과 다르게 속이는 것도 없다. 단지 배고프면 울고, 목마르면 칭얼댈 뿐, 아직 미숙하여 사물의 리理를 판단할 힘이 없다. 그러나 이러한 적자심은 순진무구純眞無垢하여 어떤 선입견도 없고, 사실을 왜곡함도 없고, 이해득실利害得失을 따지지도 않는다. 그런데 이것은 성인聖人의 바탕이 된다.

> 대인大人이 대인大人인 까닭은 바로 사물에 유혹당하지 않고, 티 없이 순수하고 거짓 없는 본래 모습을 온전히 가지고 있기 때문이다. 그러므로 이를 확충하면 알지 못하는 것도 없고, 할 수 없는 것도 없게 되어 그 크기를 다할 수 있는 것이다.[94]

대인은 온갖 변화에 통달하여 사리事理에 순응하고 시의時宜를 따르는 사람이다.[95] 그러나 대인이 대인인 까닭은 이처럼 사리를 잘 알고 시의에 적절하게 행동하는 데에 있는 것이 아니라, 오히려 티 없이 순수하고 거짓 없는 적자심을 가지고 있어 이욕利慾의 꾐에 빠지지 않기 때문이다. 이런 적자심이 바탕이 된 뒤라야만, 이를 확충하여 대인이 될 수 있다.

> 대인大人은 무지無知한 것이 없고, 무능無能한 것이 없다. 적자赤子는 무지無知하고, 무능無能하다. 이 두 구절은 서로 단절되어 있는데, 어떻게 무지無知한 것이 없고, 무능無能한 것이 없으면서, 도리어 무지無知하고, 무능無能한 것을 잃지 않을 수 있는가? 대개 적자심赤子

---

94) 孟子集註, 離婁下12, 大人者章: 大人之所以爲大人, 正以其不爲物誘, 而有以全其純一無僞之本然. 是以擴而充之, 則無所不知, 無所不能, 而極其大也.
95) 孟子集註, 離婁下6, 非禮之禮章: 大人則隨事而順理, 因時而處宜.

心은 순수하고 거짓이 없으며, 대인심大人心도 순수하고 거짓이 없다. 그러나 적자赤子는 지각知覺이 없으면서 순수하고 거짓이 없는 것이며, 대인大人은 지각知覺이 있으면서 순수하고 거짓이 없는 것이다.96)

적자와 대인은 너무나 현격한 차이가 있다. 적자는 아는 것도 없고 할 수 있는 것도 없는 젖먹이에 불과하지만, 대인은 모르는 것도 없고 못하는 것도 없는 어른 중의 어른이다. 그런데 어떻게 대인이 적자의 모습을 간직한다는 것인가? 적자심이 순수하듯이 대인심도 순수하다. 대인은 그런 순수성을 바탕으로 하여 지식을 확충하고 능력을 길러 모든 변화에 통달하여 대처할 수 있는 것이다. 다만 적자는 아는 것이 없이 순수한 것이고, 성인은 알면서도 순수한 것이다. 또 한편으로는 적자가 무지하듯이 대인도 무지하다. 만일 대인이 도리도 알고 이익도 알아서 양자를 겸하고자 하면, 그렇게 될 수도 없고 아울러 순수성을 간직할 수 없다. 그러나 대인은 오직 도리만을 알 뿐, 이익과 손해에 대해서는 알지 못한다. 결국 대인이 알 수 있고 할 수 있는 것은 오직 도리道理일 뿐이며, 알 수 없고 할 수 없는 것은 손익 계산이다. 그러므로 엄마 품에 안겨서 숨어 있을 때, 발각될 줄도 모르고 배고프다고 울어대는 갓난아이처럼 대인은 도리를 행하다가 어떤 어려움이 닥칠 줄도 모르고 정도正道만을 간다. 만일 손익을 계산한다면 대인이 아니라 소인이 되는 것이다.97)

---

96) 朱子語類, 570406, 離婁下: 大人無所不知, 無所不能, 赤子無所知, 無所能. 此兩句相拗, 如何無所不知, 無所不能, 却是不失其無所知無所能做出? 蓋赤子之心, 純一無僞, 而大人之心, 亦純一無僞. 但赤子是無知覺底純一無僞, 大人是有知覺底純一無僞.

97) 朱子語類, 570402, 離婁下: 大人者, 是不失其無所知無所能之心. 若失了此

생각건대 적자심은 선천적으로 타고난 순수하고 진실한 것이다. 배가 고프면 울고, 졸리면 칭얼거린다. 배가 고플 것을 예상하여 미리 울지도 않고, 배가 고픈데 참지도 않는다. 갓난아이는 지금 어떤 상황에 처했는지, 배고프다고 울면 어떤 불이익이 닥칠지 알지 못하고, 그저 자기가 지금 해야 할 일을 할 뿐이다. 그러나 이것이 바로 갓난아이의 도리이며, 갓난아이의 시중지도時中之道이다.98) 반면 대인은 적자와는 달리 자기가 어떤 상황에 처했는지, 어떤 불이익이 닥칠지 알지만, 그런 것을 전혀 모르는 사람처럼 그저 자기가 지금 해야 할 일을 할 뿐이다. 이것이 바로 대인의 도리이며, 대인의 시중지도時中之道이다. 적자심은 자기 자신만을 알고 처한 상황이나 사물의 리理를 알지 못하는 심으로서, 타고난 심의 기氣가 순수한 심이며, 대인심은 자기 자신이 있음은 알지 못하고 도리가 있음만을 아는 심으로서,99) 타고난 순수한 기氣를 바탕으로 모든 사물의 도리를 지각하여 확충한 공功을 들인 심이다.100)

3. 인심人心과 도심道心

인심과 도심은 심의 용用에 서로 다른 측면이 있는 것을 가지고 나눈 것이다.

심, 使些子機關, 計些子利害, 便成箇小底人, 不成箇大底人了, 大人心下沒許多事.
98) 朱子語類, 570418, 離婁下: 赤子之心, 也有未發時, 也有已發時. 今欲將赤子之心專作已發看, 也不得. 赤子之心, 方其未發時, 亦與老稚賢愚一同, 但其已發未有私欲, 故未遠乎中耳.
99) 朱子語類, 991105, 張子書2: 如顏子非禮勿視, 便只知有禮, 不知有己耳.
100) 朱子大全, 463308, 答胡伯逢: 大人則有知覺擴充之功, 而無巧僞安排之鑿. 故曰不失赤子之心, 著箇不失字, 便是不同處.

> 심心의 허령虛靈·지각知覺은 하나뿐인데, 인심人心과 도심道心의 다
> 름이 있다고 하는 것은 혹은 형기形氣의 사사로움에서 생기고, 혹은
> 성명性命의 바름에서 근원하여 지각知覺된 것이 같지 않기 때문이
> 다.……반드시 도심道心이 항상 한 몸의 주인이 되게 하고 인심人心이
> 매양 그 명령을 듣게 한다. 101)

여기서 주자는 심의 허령·지각한 체體는 오직 하나뿐임을 분명히
하면서, 용用에서의 인심과 도심의 차이를 말하고 있다. 인심과 도심의
차이는 형기와 성명에 있는데, 형기는 만인萬人 각자의 사유물私有物인
육체이고, 성명은 만인萬人 공통共通의 성性·리理이다.

인심은 지각의 근거가 형기形氣에 있으니, 이 형기가 심으로 하여금
지각하도록 하는 원인을 제공한다. 이때 지각은 형기의 상황에 따라
두 가지 다른 면을 갖는다. 하나는 형기 자체의 내부에서 일어나는
배고픔, 목마름, 색욕 등의 변화가 있을 때, 심이 이를 반영하여 지각하
는 것이고, 다른 하나는 형기 외부의 사물이나 상황이 오감五感을 통해
형기에 영향을 미쳐 변화를 일으킬 때, 심이 이를 지각하는 것이다.
이처럼 심이 형기 및 그 변화를 지각한 것이 인심이다. 그런데 형기의
변화는 단순 변화로서 끝나는 것이 아니라, 다시 대상對象에 대하여
반응을 일으킨다. 즉 배고프면 먹고자 하는 욕구가 일어나며 목마르면
물을 마시고 싶은 욕구가 일어난다. 이런 변화를 감지感知한 것도 역시
인심이다. 또 어떤 물건이 눈에 비치면 그것을 예쁘다거나 밉다거나
하게 되는데, 이것도 형기의 변화이니, 역시 심이 지각한다. 이처럼
형기, 즉 육체의 변화를 지각하는 것이 인심이다. 그러나 이때 판단의

---

101) 中庸章句, 中庸章句序: 心之虛靈知覺, 一而已矣, 而以爲有人心道心之異
者, 則以其或生於形氣之私, 或原於性命之正, 而所以爲知覺者不同.……必
使道心常爲一身之主, 而人心每聽命焉.

기준은 자신의 형기이다. 이것은 사적私的이며 주관적主觀的인 것이다.

도심道心은 지각의 근거가 성명性命에 있으니, 성性 즉, 리理가 심으로 하여금 지각하도록 하는 원인을 제공한다. 그런데 이 성은 심의 밖에 있는 것이 아니라, 심 자신이 가지고 있는 것이다. 그래서 도심은 심 자신의 자각력自覺力에 의하여 자기 형기의 리理 및 대상인 사건이나 물건의 리理를 자각한다. 이때 판단의 기준은 성명 즉, 리理이다. 이것은 공평무사公平無私하고 공정公正하며, 보편적이고 객관적인 것이다.

또 주자는 인심과 도심의 차이를 생生과 원原으로 나누어 말하였다. 즉, 생긴다는 것은 심 밖에 있는 형기의 영향으로 없었던 지각이 생겨났다는 것이고, 근원하였다는 것은 심 내부에 있는 성性의 리理가 심의 자각으로 드러났다는 것이다.102) 또 생生은 본래 없었던 판단 기준이 새롭게 생겨났다는 의미를, 원原은 본래 있었던 기준을 그대로 적용하였다는 의미를 포함한다.

위의 내용을 정리하면 다음과 같다. 첫째, 인심은 육체(오감五感 포함)를 통하여 자기 자신이나 외부 사물의 기적氣的인 측면, 즉 모양, 크기, 색깔, 냄새 및 그들의 상태 등에 대한 지각이며, 도심은 그들의 리理를 인식한 것으로서, 사물의 변별辨別, 분류, 성질, 가치價値 등에 대한 지각이다.103) 이것은 육체의 현재 상태를 '감지感知'한 내용을 가지고 나눈 것이다.104) 둘째, 인심은 자기 육체 내외부內外部의 변화에

---

102) 朱子大全, 320903, 問張敬夫: 蓋心一也, 自其天理備具, 隨處發見而言, 則謂之道心. 自其有所營爲謀慮而言, 則謂之人心.

103) 心의 지각 대상은 육체의 상태 및 그 변화이다. 즉, 육체 자신의 飢渴은 물론 五感을 통해 들어온 외부 信號도 육체에 변화를 일으킨다. 이때 心은 五感을 통해 입력된 신호를 분석하여 아는 것이다. 여기서 분석이 안 된 채로 입력된 신호 자체만을 아는 것은 人心이고, 그를 분석하여 구분, 분류하고 나아가 그 理를 아는 것은 道心이다.

대한 육체의 반응에 대한 지각이며, 도심은 이 인심의 타당성을 검토하여 그 도리道理를 알아낸 지각이다. 이것은 육체가 '반응反應'한 내용을 가지고 나눈 것이다.105) 셋째, 인심은 사적私的인 형기形氣가 설정한 기준에 입각한 지각이고, 도심은 공공公共의 리理에 입각한 지각이다. 이것은 지각 판단의 '기준基準'을 가지고 나눈 것이다.106)

　위에서 고찰한 것처럼 인심과 도심은 각각 지각 대상인 형기에 있는 기氣나 리理에 대한 지각과 그 형기가 일으키는 반응에 대한 지각을 포함한다. 그런데 대상에 대한 지각에는 선악善惡의 문제가 직접적으로 개입하지 않지만, 반응할 때는 선악의 문제가 수반된다.107) 인심은 형기를 기준으로 한 주관적 판단인데, 모든 행동을 이에 따라서 하면 선善을 확보할 수 없다. 예를 들어, '둥글고 빨간 것'을 본 것은 내 눈에 비친 상象을 지각한 인심이요, 그것이 사과인 줄을 안 것은 그 리理를

---

104) 朱子語類, 784111, 尙書1: 道心是知覺得道理底, 人心是知覺得聲色臭味底.……道心人心, 本只是一箇物事, 但所知覺不同. / 朱子語類, 784205, 尙書1: 形骸上起底見識, 便是人心. 義理上起底見識, 便是道心. / 朱子語類, 784309, 尙書1: 且如人知饑渴寒煖, 此人心也. 惻隱羞惡, 道心也. 只是一箇心, 卻有兩樣. 須將道心去用那人心方得. / 朱子語類, 122703, 學6: 人心是箇無揀擇底心, 道心是箇有揀擇底心.

105) 朱子語類, 784314, 尙書1: 飢欲食, 渴欲飮者, 人心也. 得飮食之正者, 道心也. / 朱子語類, 593717, 告子上: 欲生惡死, 人心也. 惟義所在, 道心也. 權輕重却又是義.

106) 朱子大全, 563703, 答鄭子上: 此心之靈, 其覺於理者道心也, 其覺於欲者人心也. / 朱子語類, 784014, 尙書1: 只是這一箇心, 知覺從耳目之欲上去, 便是人心. 知覺從義理上去, 便是道心. / 朱子語類, 784210, 尙書1: 道心是義理上發出來底, 人心是人身上發出來底.

107) 朱子語類, 621301, 中庸1: 人心是此身有知覺, 有嗜欲者, 如所謂我欲仁, 從心所欲, 性之欲也, 感於物而動, 此豈能無! 但爲物誘而至於陷溺, 則爲害爾. 故聖人以爲此人心, 有知覺嗜欲, 然無所主宰, 則流而忘反, 不可據以爲安, 故曰危. 道心則是義理之心, 可以爲人心之主宰, 而人心據以爲準者也.

지각한 도심이다. 나아가 사과를 맛있다고 좋아하는 것은 내 육체의 반응을 지각한 인심이요, 그 사과를 먹어도 되는지의 여부를 아는 것은 도심이다. 전자에서 사과인 줄 몰랐다면 그 모른 것 자체는 부족한 것이지만 직접적으로 즉시 선악의 문제를 일으키지는 않는다. 그러나 후자는 반응하는 것이니, 그 판단대로 행동하면 즉시 선악의 문제를 야기한다. 이에 주자는 도심이 항상 한 몸의 주인이 되고, 인심은 도심의 명령을 들어야 한다고 한다. 그러나 이때도 감지와 반응에서 있었던 인심 자체가 사라지는 것은 아니고, 도심의 통제에 의하여 도리에 맞아 선善하게 될 뿐이다. 즉, 개인적 욕구는 보편적·객관적 기준에 따라 충족되어야 하는 것이다.[108]

생각건대 본심-대인심-도심은 리理가 보존되고 확보된 심心의 부류部類이며, 양심-적자심-인심은 기氣의 순수하고 선善함과 그를 통해 지각하는 심의 부류이다. 이 두 부류는 때로는 서로 보완하고, 때로는 서로 제약하면서 밀접한 연관관계를 맺고 있다. 그러나 심체心體는 하나일 뿐이다.

IV. 결론結論

주자朱子의 심설心說은 일반인들이 일상생활에서 사용하는 심설을 수용하면서, 이를 리기론理氣論 체계에 맞춰 설명한 것이지 처음부터

---

108) 朱子大全, 513417, 答黃子耕 別紙: 蓋以道心爲主, 則人心亦化而爲道心矣. / 朱子語類, 784318, 尙書1: 飮食, 人心也. 非其道非其義, 萬鍾不取, 道心也. 若是道心爲主, 則人心聽命於道心耳. / 朱子語類, 784403, 尙書1: 道心, 人心之理.

철학적으로만 정의된 것은 아니다. 이에 필자는 당시의 자연과학인 한의학韓醫學의 이론을 도입하여, 먼저 심의 구조를 밝히고, 나아가 주자의 철학적인 이론을 고찰하였다. 여기에 주자의 체용이론을 적용하여 복잡하고 상호 모순된 것처럼 보이는 주자의 심설을 구조와 그 능력, 작용과 그 역할 등으로 나누어 고찰하였다. 나아가 본심과 양심, 적자심과 대인심, 인심과 도심에 대해서도 그 의미를 명확히 하였다.

한의학에서는 심心·간肝·비脾·폐肺·신腎 등의 오장五藏은 각각 신神·혼魂·의意·백魄·정精의 오신五神를 저장하고 있다고 한다. 그런데 오장五臟에서 발생한 오신五神은 일정한 형체를 가지고 일정한 장소에 고착되어 있는 것이 아니라, 가장 정상精爽하고 경청輕淸한 기氣로 되어 있어 신묘불측神妙不測하다. 이 오신五神 중에서도 오장육부의 군주 노릇을 하는 심장에서 나온 신神은 가장 신령스러운 존재로서 오신을 대표·총괄하며 추동력推動力을 갖는다. 이 심장과 그 신神의 중요성을 인정하여 오신을 총괄·총합하는 명칭으로 삼은 것이 바로 심心이다. 이에 심은 정신혼백의 단순한 총칭이나 집합체가 아니라, 그들을 하부 구조로 갖는 하나의 유기적인 존재이다.

심은 정신혼백의 유기적인 상호작용으로 인하여, 그 체일 때는 허령한 능력을, 그 용일 때는 지각하는 능력을 가진다. 이런 능력을 가진 심은 대상을 지각하고 이를 운용하여 한 몸(일신一身)을 주재하는 역할을 한다. 지각은 심의 정보 수집 활동이고, 운용은 그 정보의 활용이다. 이것이 심이 몸의 주재자로서 갖는 두 가지 역할이다.

한편 기氣는 순수한 기氣로서만 존재할 수 없고, 반드시 리理를 가지고 있다. 이 기氣에 내재한 리理가 바로 성性이다. 성性은 일종의 성질인데, 심도 그런 성질을 갖는다. 이 성性은 태어날 때부터 천지天地로부터 받은 것이다. 천지는 자신의 기氣와 덕德을 만물에 나눠 주어 만물이 생겨나게 하고, 그 속에서 자라게 한다. 이처럼 만물을 나서 자라게 하는 마음이 곧 인仁인데, 만물은 이런 천지의 마음을 받아 자신의 마음으로 삼는다. 사람의 심도 천지에서부터 기氣를 받을 때, 천지의 덕德도 함께 받는다. 이 덕德이 인仁이요 심의 성性이다. 이 성性은 심의 성질로서 심이 있으면 동시에 인덕仁德도 있다. 이 성性은 심이 다른 만물을 만나 대응할 때 따라야 하는 준칙準則이다. 이것은 또한 심이 타자他者를 위해 해야 할 일이 되는 것이다. 한편 심이 타자를 만나 본래 자기의 성性대로 반응하는 것이 정情이며, 이 정은 심의 주관하에 있다. 성과 정은 심 속에 존재하고, 그 심의 통제統制하에 있다. 요약하면 심은 신명한 존재로서, 모든 리理를 갖추고 만사萬事에 응應하는 한 몸의 주재자이다.

본심은 심이 본래의 성을 잘 간직·발현하고 있는 것이며, 양심은 심의 기氣가 맑은 상태로 있어 그 착한 모습이 잘 드러나는 것이다. 적자심은 갓난아이의 티 없이 맑고 순수한 마음이며, 대인심은 만사만물의 리理를 모두 알고 행하면서도 사욕에 때 묻지 않은 마음이다. 인심은 개인의 사적私的인 육체를 기준으로 지각한 것이며, 도심은 만인萬人 공통의 도리道理를 기준으로 지각한 것이다. 육체가 외부 상황에 반응하는 측면에서 보면, 주관적인 평가로 이루어진 인심에 의존하여 행동하면 선善을 확보할 수 없으므로, 객관적이고 보편적인 평가로 이루어진 도심의 통제를 받아야 한다.

심에 대하여 위와 같이 정리하면, 주자가 상황에 따라 여러 가지로 말하는 것을 쉽게 이해할 수 있다. 즉, 정상精爽은 심기心氣의 기본 특징이고, 신명神明은 그 기氣의 외형적外形的 모습이며, 허령虛靈·지각知覺은 심의 능력을 체용으로 나눈 것이고, 지각·운용은 심의 역할을 체용으로 나눈 것이다. 주재는 심이 한 몸의 대표자요 주인으로서 갖는

지위와 역할인데, 허령·지각한 능력과 지각·운용하는 역할을 가지고
있기에 가능한 것이다. 또 이런 능력과 역할은 심이 정精·신神·혼魂
·백魄으로 구성되어 있고, 이들이 유기적으로 작용하고 있어서 가능한
것이다. 적감寂感(적막寂寞과 감통感通), 조사操舍(조심操心과 방심放心),
진망眞妄(진실함과 망령됨) 등은 심의 여러 모습을 말하는 것이며, 인심
도심 등은 심이 하는 일 등을 세분하여 말하는 것이다. 또 심을 생生과
연결하여 말하는 것은 심의 활동 방침方針, 즉 심의 의도意圖를 말하는
것이지 심 자체에 대하여 말하는 것은 아니다.

제9장

주자朱子의 성설性說

▌개요▌

주자朱子 철학에서 성性은 천天과 만물을 연결하는 고리이다. 천天이 만물을 만들어 낼 때 자신의 리理와 기氣를 나누어 물건에게 주는데, 그 리理는 물건의 성性이 되고, 그 기氣는 물건의 형체가 된다. 여기서 생겨난 물건은 그 천天으로부터 받은 성을 자신의 본성本性과 성질性質로 삼는다. 천이 이런 성을 준 것은 부여한 임무를 잘 수행할 수 있도록 하기 위해서이다. 이 물건은 어떤 상황을 만나든 자신이 타고난 본성과 성질대로 일한다. 그것이 성즉리性卽理이다. 즉 성의 경향에 따라 가는 길이 정해지는데, 그 길이 바로 리理이다.

천天은 팽창과 수축 운동을 반복하면서 우주 안의 많은 물건을 만들어 내는데, 그 운동은 본래 절대적으로 선善하다. 그러므로 그 천天의 뜻대로 만들어진 만물도 선善한 성을 가진다. 이것이 성선설性善說의 근거이다. 성선설은 만물이 선한 일을 하기 위해 생겨났고, 그런 성질을 가지고 있다는 것이다.

물건은 여러 기氣가 유기적으로 결합되어 존재하고, 그들 각자는 나름의 성을 갖는다. 그러나 그 물건 전체를 대표하는 성은 그 물건의 최고의 주재자인 심心 속에 있다. 즉 심의 성이 그 물건의 성이다. 예를 들어 사람은 심心과 이목구비耳目口鼻 등으로 구성되어 있고, 그들은 각각 성을 가진다. 입은 맛있는 것을 먹고 싶어 하고, 코는 악취를 싫어하고 향기를 좋아하며, 심은 인仁하고 싶어 한다. 여기서 사람의 성은 사람을 대표하는 심의 성을 성으로 하고, 이목구비의 성을 사람의 성으로 하지 않는다.

심은 기氣로 이루어져 있는데, 순수한 기를 가진 심은 성대로 일하지만 순수하지 못한 기氣를 가진 심은 성대로 일하지 못한다. 여기서 선과 악의 나눔이 생긴다. 이처럼 심기心氣의 좋고 나쁨에 따라 성이 영향을 받는 것을 인정하여 말하는 것이 기질지성氣質之性이고, 그 본래의 선한 것만을 말하는 것이 본연지성本然之性이다. 그러나 기질을 갈고 다듬어 변화시키면 본연지성을 다 실현할 수 있으므로, 일반적으로는 본연지성만을 성이라고 한다. 본연지성은 항상 선하고, 기질지성은 선하기도 하고 악하기도 하다.

I. 서론

주자朱子 성리학性理學을 이해하기 위해서는 먼저 성설性說에 대한 체계적인 이해가 선행되어야 한다. 주자 성리학에는 많은 철학적 용어가 사용되지만 그중에서도 성설이 가장 중심에 있기 때문이다. 그러나 많은 국내외 학자들은 성性 개념에 대하여 매우 피상적이거나 부정확하게 이해하고 있다. 이는 당연히 성리학에 대한 오해로 이어져서 동양철학 전반에 대한 편견을 일으키고 있다.

중국의 로사광勞思光은 "주자가 사용하는 성 역시 항상 개별적 의미의 리理와 같다.……여기서의 성은 다 리理로 대신할 수 있다."고 하면서, 성과 리理의 차이를 분명히 밝히지 못하고 있다.[1] 또 진래陳來는 "이정二程은 일찍이 성즉리설性卽理說을 제시하였는데, 이 명제는 매우 복잡한 의미를 갖는다. 이 문제에서 정주程朱가 범한 중요한 착오는 자연법칙과 도덕원칙을 동일시하여 도덕원칙을 자연법칙의 지위로까지 끌어올리고, 자연법칙과 동등한 필연성과 보편성을 부여하였다는 것이다. 그러나 자연(규율)의 윤리화倫理化는 결코 '성즉리'라는 독단에 기대어 보증될 수 없는 것이다."[2]라고 하면서도, 성즉리가 어떤 복잡한 의미를 갖는지, 또 어떻게 도덕법칙 및 자연법칙과 관련되어 있는지는 제대로 설명하지 않고 있다. 이처럼 주자가 오류를 범하였다고 평가하

---

1) 勞思光,『中國哲學史』(友聯出版社, 1985), 297쪽: 朱氏用'性'字亦常等於殊別意義之'理'.……此處之'性'字皆可代以'理'字.
2) 陈来,『朱子哲学研究』(华东师范大学出版社, 2000), 141쪽: 二程曾提出'性卽理也', 这个命题具有复杂的意义. 在这个问题上程朱的主要错误在于把自然规律与道德原则混为一谈,　从而道德原则被提高到自然法则的地位而赋与了与自然法则同等的必然性和普遍性,　但是自然(规律)的伦理化并不能靠'性卽理'的独断来保证.

고 끝내면, 정작 주자를 비롯한 성리학자들이 어떤 사유체계나 이론 체계를 가지고 있었는지는 알기 어렵다. 이는 서양철학적 관점에서 성리학을 섣불리 보는 데서 생기는 문제이다. 먼저 주자의 입장을 정확 하게 이해한 다음, 그 자체 안에서 문제를 따져 보고 그런 다음 부족한 점이나 오류를 지적하는 것이 바람직할 것이다. 그렇게 하는 것이 동서 양의 철학이 균형 있게 발전할 수 있는 길이 될 것이다. 서양철학적 관점에서 성리학의 문제점을 지적하기는 쉬울지 모르지만, 그것은 철 학적 다양성을 저해하는 것으로서 인류의 미래를 위해 절대 바람직하 지 않을 것이다. 이에 필자는 먼저 주자의 성설性說과 성즉리性卽理 등의 개념이 어떤 것이고, 이들이 어떻게 구조화되어 있는지를 밝혀 보고자 한다.

II. 성性의 형성形成 과정過程

『중용中庸』 첫머리에 나오는 "천명지위성天命之謂性(천이 명령한 것 을 성이라 한다.)"은 성性을 가장 간결하고 명료하게 정의한 것이다. 이에 대하여 주자는 다음과 같이 주석하였다.

> 천天이 음양오행陰陽五行으로 만물을 생겨나게 할 때, 기氣로써 형 체를 이루고 여기에 리理도 부여하였으니, 명령과 같다. 이때 생겨나 는 사람과 만물은 각자에게 주어진 리理를 얻어서 건순乾順 오상五常 의 덕德을 삼았으니, 이른바 성性이다. 3)

---

3) 中庸章句, 首章: 天以陰陽五行化生萬物, 氣以成形, 而理亦賦焉, 猶命令也. 於是人物之生, 因各得其所賦之理, 以爲健順五常之德, 所謂性也.

여기서 먼저 문제가 되는 것은 '천天'의 의미이다. '천'은 우리가 살고 있는 태양계는 물론 이를 둘러싸고 있는 우주 전체이다. 이를 필자는 우주천宇宙天4)이라 한 바 있다. 여기서 간단히 정리하면, 천은 우주 안의 모든 것을 포함하고 있는 하나의 덩어리로서 말하면 우주천이고, 우리가 살고 있는 지구를 제외하고 말하면 대지천對地天이고, 임의의 나를 제외하고 말하면 대물천對物天이다. 또 우주천은 본래 기氣로 이루어져 있고, 여기에는 리理가 있다. 그러므로 우주천의 분화分化로 이루어진 대물천과 만물도 기氣와 리理로 이루어져 있다.

이제 최초의 우주천이 분화하여 현재의 우주가 되는 과정을 상상해 본다. 우주천이 자신의 리理대로 아기우주인 블랙홀(Black hole, 음陰)로부터 대폭발(Big bang, 양陽)이 일어나 목木→화火로 팽창하기 시작한다. 이 와중에 점차 가볍고 맑은 기氣는 위로 올라가 대지천이 되고, 무겁고 탁한 기氣는 아래로 내려와 지地가 된다. 이때 태양계도 형성되고, 그중에 지구가 있다.

이제부터 지구상에서 일어나는 변화를 본다. 해는 태양계 안에 있는 모든 행성行星에 고루 빛을 비춘다. 봄(목木)→여름(화火) 동안 빛을 주고, 가을(금金)→겨울(수水) 동안 빛을 거둬 가기를 반복한다. 이 과정에서 지구는 그 빛을 받아 생명체를 잉태한다. 산과 들과 바다에 온갖 미생물이 생겨나고, 초목이 생겨나고, 짐승이 생겨나고 드디어 인간도 생겨난다. 온갖 생명이 봄이 되면 고개를 쳐들고 나와, 여름에 자라고, 가을이 되면 기氣가 꺾여 움츠러들고, 겨울이 되면 웅크리고 숨는다. 아침(목木)에는 기지개를 켜며 일어나, 한낮(화火)에는 땀 흘리며 일하고, 저녁(금金)에는 일을 정리하고, 밤(수水)에는 들어가 쉰다. 그러는

---

4) 宇宙天 등 天 개념에 대해서는 '제4장 朱子의 天命說' 참조

속에서도 가을에 맺은 씨앗은 겨울이 지나 봄이 되면 싹을 틔우고, 짐승들도 새끼를 낳아 번식한다.

정자精子(양陽)가 긴 여행을 하여 난자卵子(음陰)와 만나면, 비로소 '나(아我)'가 생겨난다. 정자와 난자는 나를 존재케 한 (대물對物)천天 중의 가장 중요한 양자兩者이다. 그 둘의 절대적인 영향 속에 나의 존재가 시작되었다. 이제 나(수정란受精卵, 양陽)는 자궁子宮(음陰) 속에 터를 잡고 열 달을 살다가 비로소 세상 밖으로 나온다. 자궁과 이 세상은 나의 가장 가까운 (대물對物)천天이다.

위 인용문에서 주자가 천이 만물을 생겨나게 할 때, 기氣로써 형체를 이루었다고 하였는데, 이는 천 내부內部에 이미 있던 기氣가 여러 번 나뉘고 모이기를 반복하여 어떤 새로운 물건5)으로 변화한 것이다. 그런데 그 변화의 방향은 이미 리理6)가 지시하였다. 리理의 지시가 없었다면 어떻게 그런 물건이 생겨날 수 있었겠는가? 리理가 그렇게 되도록 주재主宰7)한 다음, 그 물건이 만들어지면 리理는 다시 그 물건 속에 들어가 성이 된다. 이 리理가 천天의 명령이며, 이 명령이 새로 생겨난 물건 속으로 들어가면 성이 된다.

한편 이 명령의 전달은 기氣를 통해서 이루어진다. 즉 선행先行하는 천의 기氣 일부가 리理를 담고 가서 새로운 물건을 만드는 데 기여한다. 예를 들어 나(아我)의 천의 일부인 남자(부父)는 정자精子를 내어 유전

---

5) 여기서 '물건'이라는 용어는 '理와 氣의 合'으로 되어 있음을 의미하며, 사람을 포함하여 생물과 무생물 등을 두루 지칭한다. 또 이 물건들 전체, 즉 모든 물건을 가리키고자 할 때는 '萬物'이라 하고, 그중의 임의의 한 물건은 '一物'이라 한다.

6) 理에 관한 자세한 논의는 '제5장 朱子의 理說' 참조

7) 形而上者인 理의 '지시'나 '主宰'는 形而下의 氣가 하는 것과는 다르다. 자세한 것은 '제6장 朱子의 理氣說' 참조

정보遺傳情報를 싣고 가서, 또 다른 천의 일부인 여자(모母)의 난자卵子
와 만나 '나'를 생성하는 씨앗이 되게 한다. 이 정자와 난자는 기氣로
이루어져 있지만 거기에는 유전정보라는 리理가 실려 있어서 수정受精
된 다음 어떻게 분화分化할 것인지를 지시한다. 그 리理가 '나'가 생겨난
다음에는 '나'의 속에 들어와서 '나'의 성性이 된다. 천의 리理가 '나'의
속에 들어와 내재內在된 것이므로 천의 리理와 '나'의 성은 일치한다.
그런데 '나'에게 들어오는 천의 기氣는 이미 하나가 아니다. 즉 아버지
와 어머니의 서로 다른 두 가지 기氣가 들어왔고, 또 그 순간 천을
이루고 있는 여러 기氣가 나에게 들어온다. 나에게 들어온 기氣가 많은
만큼 그들이 가지고 있는 리理도 모두 나에게 전달되어 나의 성性을
형성한다.

이제 다른 경전의 내용을 가지고 위의 설명을 부연·증명하고자 한
다. 먼저 『주역周易』「계사전繫辭傳」에 다음과 같이 말하였다.

> 한 번 음陰하고 한 번 양陽하는 것을 도道라고 한다. 이를 계승繼承하
> 는 것은 선善이고, 이루어 놓은 것은 성性이다.[8]

여기서 한 번 머물고 한 번 움직이는 것은 우주천의 수축과 팽창이고,
나아가 그 후의 모든 것들이 분화分化하고 변화해가는 양상도 일동일정
一動一靜(한 번 움직이고 한 번 멈춤)이다. 그러나 실제로 머물고 움직이
는 것 자체는 기氣이고, 그렇게 하도록 하는 것은 도道이다.[9] 계승하는
것은 천天의 움직임을 이어받아 그대로 따라 하는 것으로서 천 자신이
분화해 가는 것이다. 이 천이 움직여 가다가 다른 기氣와 만나 새로운

---

8) 周易, 繫辭上 5章: 一陰一陽之謂道. 繼之者善也, 成之者性也.
9) 周易本義, 繫辭上 5章: 陰陽迭運者, 氣也, 其理則所謂道.

물건을 생겨나게 한다. 이는 남자의 분신分身인 정자와 여자의 분신인
난자가 그 본체本體의 유전정보를 수정란에 전달하여 새로운 개체가
생겨나게 하는 것과 같다. 여기서 새로 생긴 개체가 천의 도道를 받아
간직한 것이 성性이다. 「계사전」의 이 말은 기氣를 위주로 하여 리理의
계승과 수용受容 과정을 표현한 것이다. 만일 천의 분화 양상 및 과정을
위주로 표현하면 다음과 같다.

> 역易에는 태극太極이 있으니, 이것(태극太極)이 양의兩儀를 생겨나
> 게 하고, 양의가 사상四象을 생겨나게 하고, 사상이 팔괘八卦를 생겨
> 나게 한다.10)

여기서 역易은 운동하고 있는 우주천이고,11) 태극12)은 그 속에서
그렇게 운동하게 하는 리理이다. 이 리理가 다시 주체가 되어 양의,
사상, 팔괘가 차례차례 생겨나게 한다는 것이다.13) 이는 천이 체體가
되어 가일배법加一倍法(2^n으로 늘어나는 법칙)의 순서로 분화하는 것을
밝힌 것이다. 이것은 우주천 전체를 가지고 말한 것이고, 만일 우주천
중의 움직이는 양陽의 측면을 주로 하여 말하면『주역周易』「건단전乾
象傳」처럼 말할 수 있다.

---

10) 周易, 繫辭上 11章: 易有太極, 是生兩儀, 兩儀生四象, 四象生八卦.
11) 朱子大全, 451413, 答楊子直方: 蓋天地之間, 只有動靜兩端, 循環不已, 更無
   餘事, 此之謂易. 而其動其靜, 則必有所以動靜之理焉. 是則所謂太極者也.
12) 太極에 관한 것은 '제7장 朱子의 太極說' 참조
13) 周易本義, 繫辭上 11章: 一每生二, 自然之理也, 易者, 陰陽之變. 太極者, 其
   理也. 兩儀者, 始爲一畫, 以分陰陽. 四象者, 次爲二畫, 以分太少. 八卦者,
   次爲三畫而三才之象, 始備. / 一每生二에서 一은 太極이고, 二는 陰陽이다.
   따라서 兩儀生四象이하는 모두 太極生兩儀이다.

　　건乾의 도道가 점점 변變하여 성숙成熟(화化)함에 각각 성명性命을
　바로 한다. 14)

　　여기서 건乾은 천이 움직이는 양陽의 상태로 옮겨 가면서 점점 변하
기 시작하여, 그 변화가 최고도에 도달하였을 때 새로운 양상으로 변모
해 가는 과정이다.15) 이 속에 있는 도道가 변화를 일으키도록 명령하고,
새로운 물건이 화생化生한 다음에는 그 물건 속에 들어가 성性이 된다.
또 여기서는 각각 성명性命을 바로 한다고 하였으니, 새로 생긴 물건이
하나가 아니라 여럿이라는 것을 의미한다. 봄부터 자라난 나무에 열매
가 맺히고, 그 열매 각자가 그 나무와 동일한 성명性命을 각각 얻어
간직하였음을 의미한다.16)

　　이외에도 염계濂溪 주돈이周敦頤의 『태극도설太極圖說』은 이에 관한
가장 정비되고 체계적인 글이다. 이에 정자程子는 천기누설天機漏泄로
여겨 적임자가 아니면 이를 전하지 않으려고까지 하였다.17)

　　생각건대 주자의 성론性論은 『중용中庸』과 「계사전繫辭傳」·「단전象
傳」 등에 근거를 두고, 최초의 아기우주에서부터 현재의 우주로 변화하
기까지 내재內在 동력動力에 의한 자율적 변화를 반영하여 형성되었다.
성性과 관련해서는 '주는 자'와 '받는 자'가 문제가 되는데, 우주 변화의
속성상 '주는 자'인 천天은 먼저 존재하지만 '받는 자'인 특정 물건은
아직 존재하지 않는 데서 난해함이 따른다. 그러나 만물은 천이 만들어

---

14) 周易, 乾象傳: 乾道變化, 各正性命.
15) 周易本義, 乾象傳: 變者, 化之漸. 化者, 變之成. 物所受, 爲性. 天所賦, 爲命.
　　大和, 陰陽會合沖和之氣也. 各正者, 得於有生之初. 保合者, 全於已生之後.
16) 朱子語類, 274017, 里仁篇下: '乾道變化, 各正性命'. 各正性命是那一草一木
　　各得其理, 變化是箇渾全底.
17) 性理大全, 太極圖解, 跋文: 熹竊謂以爲此圖立象盡意 …… 近年已覺頗有此
　　弊矣.

내는 물건이므로 천의 뜻에 따라 만들어진다. 그 천의 뜻이 바로 천명天命이다. 이 천명은 기氣를 통해 전달되는데, 그 기氣와 잘 결합할 수 있는 또 다른 기氣가 와서 서로 결합하여 새로운 물건을 만들어 내면서, 동시에 그 천명을 자신의 성性으로 한다.

> 성性은 사람과 물건이 얻어서 생겨난 리理이다. [18]

성性은 천天이 내린 명령에 따라 생긴 물건이 가진 리理이다. 이 천이 준 리理가 없으면 그 물건은 생겨날 수 없다. 이 리理를 체體(골자骨子)로 하여 기氣가 모여서 새로운 물건이 생겨난 것이다. 천의 리理가 먼저 있어서 기氣에 그 명령(리명理命)을 실어 보내면, 그 명령을 받을 만한 기氣가 그 명령을 받아 그 리理와 결합하여 새로운 물건을 만들어 낸다.

> 사람이 생겨나게 한 것은 리理와 기氣의 결합結合일 뿐이다. 천天의 리理는 진실로 넓디넓어 끝이 없지만, 이 기氣가 아니면 비록 이 리理가 있더라도 머무를 곳이 없다. 그러므로 반드시 두 기氣가 서로 교감交感하여 생명체를 엉키게 한 다음에야 이 리理가 붙을 곳이 있다. [19]

천天의 리理만 있으면 만물이 생겨날 수 없고, 반드시 기氣가 있어서 이 리理와 결합해야만 만물이 생겨난다. 이때 천에 있는 리理는 새로운 물건을 생겨나게 하려고 천을 움직이고, 그 과정에서 어떤 기氣를 만나 비로소 새로운 물건을 만들어 내고, 그런 다음에는 다시 그 물건 속에

---

18) 孟子集註, 離婁下26: 性者, 人物所得以生之理也.
19) 朱子語類, 041307, 性理1: 人之所以生, 理與氣合而已. 天理固浩浩不窮, 然非是氣, 則雖有是理而無所湊泊. 故必二氣交感, 凝結生聚, 然後是理有所附著.

들어가 성이 된다. 이것이 천天이 명령하여 성이 되는 과정이다.

그렇다면 성의 발생發生 시점時點은 언제인가? 위에서 고찰한 바와 같이 천, 즉 우주천이 혼자서 수축과 팽창 운동을 하는 동안에는 다른 물건이 없으므로 성을 말할 수 없다. 이 천이 운동을 거듭하여 지地가 생기는 시점에서 비로소 성을 말할 수 있다.

> 사람이 생겨나서 가만히 있을 때는 아직 발하지 않은 때이고, 그 이상은 사람과 만물이 아직 생기지 않았을 때이므로 성性이라고 말할 수 없다.[20]

이것은 『예기禮記』에 "사람이 생겨나서 가만히 있을 때는 천天의 성이다."[21]라고 하고, 정명도程明道가 "사람이 생겨나서 가만히 있기 이전은 말할 수 없다."라고 한 데 대하여, 주자가 부연한 것이다. 천이 명령을 하려고 하나 그 명령을 받을 자가 아직 없으므로 그 성을 부여할 곳이 없는 것이다. 성이 붙어 있을 물건이 있어야 성이라고 할 수 있는 것이다. 예를 들어 천이 지地에 명령하고자 하나, 아직 지는 생기지 않았으므로 명령할 수 없고, 천이 운동하면서 지가 생길 수 있는 환경을 만듦으로써 저절로 지가 생기게 되고, 이때 비로소 지에 명령할 수 있고, 이 명령이 지의 성이 되는 것이다. 이는 기화氣化와 형화形化[22]가 모두 마찬가지이다.

이제 암수의 결합으로 새끼를 낳는 형화形化를 예를 들어 설명하면,

---

20) 朱子大全, 612902, 答嚴時亨世文: (明道言人生而靜以上不容說.) 人生而靜, 是未發時. 以上卽是人物未生之時, 不可謂性.

21) 禮記, 樂記: 人生而靜, 天之性也.

22) 朱子語類, 942005, 周子之書: 氣化, 是當初一箇人無種後, 自生出來底. 形生, 却是有此一箇人後, 乃生生不窮底.

정자精子가 유전정보를 가지고 몸 밖으로 나와도 난자卵子와 결합하여 수정란이 되기 이전에는 아직 '나'는 존재하지 않으므로 나의 성을 말할 수 없다.[23] '나'의 성은 수정란이 되는 순간부터 말할 수 있다. 물론 이때의 '나'는 체體이고, 이 수정란이 점점 자라서 생긴 현재의 '나'는 용用이다. 그러나 체가 용으로 유행流行하는 과정에서 성은 변함이 없다. 마찬가지로 인공물人工物에 대하여도 생각할 수 있다. 만일 사람이 책상을 만들어야 할 리理가 있어 책상을 만든다면 언제부터 책상이고, 언제부터 책상의 성이 있는 것인가? 굳이 말한다면 화룡점정畫龍點睛의 순간에 그 물건은 생긴 것이고, 그때부터 그 물건의 성이 있는 것이다. 또 우주 안에 존재하는 물건은 모두 한번 생겨나면 나중에는 사라진다. 그 물건이 사라졌을 때, 그 물건이 가지고 있던 기氣는 모두 무無로 돌아가는 것이 아니라, 다시 이합집산離合集散하여 새로운 물건이 된다. 그러면 그에 따라 성도 새로운 성으로 바뀐다.

우주 안에 기氣가 없을 때는 없고, 성이 없는 기氣도 없으므로[24] 전체적으로는 기氣가 있는 만큼 성도 항상 있는 것이다. 그러나 일반적으로 말할 때의 성은 특정 물건을 가지고 말하는 것이므로, 그 물건의 존재를 기준으로 하면 성은 그 물건이 생기면서 함께 있다가, 그 물건이 수명을 다하면서 함께 없어진다.

---

23) 물론 宇宙天 혼자서 있을 때도 그 宇宙天 자신의 性은 있고, 精子도 精子 자신의 性은 있다. 이 우주 안에 性이 없는 물건은 없다.

24) 朱子語類, 040109, 性理1: 天下無無性之物. 蓋有此物, 則有此性; 無此物, 則無此性.

III. 성性의 존재存在와 기氣

위에서는 주자의 성론性論을 천天으로부터 성이 형성되는 과정을 중심으로 고찰하였다. 그런데 성이 존재하려면 반드시 기氣가 있어서 천天의 명령을 받아들여야 한다. 기氣가 천의 명령을 받아들이는 방법은 기氣가 천의 명령대로 움직여서 새로운 물건을 만들어 내는 것이다. 즉 천의 리理와 기氣가 화합和合하여 새로운 물건이 형성됨으로써 새로운 성이 생기는 것이다.

천도天道가 유행하여 만물을 발육시킬 때, 조화造化를 하게 하는 것은 음양오행陰陽五行일 뿐이지만, 이른바 음양오행은 또 반드시 이 리理가 있은 뒤에 이 기氣가 있다. 만물을 생겨나게 함에 이르러서는 또 반드시 이 기氣가 모임으로써 이 형체形體가 있다. 그러므로 사람과 만물이 생겨날 때, 반드시 이 리理를 얻은 뒤에 (이 리理로) 건순乾順·인의예지仁義禮智의 성性을 삼을 수 있고, 반드시 이 기氣를 얻은 뒤에 (이 기氣로) 혼백魂魄·오장五臟·골격骨格의 몸을 만들 수 있다. 주렴계周濂溪가 말한 '무극無極의 진리眞理와 음양오행의 정수精髓가 묘하게 합하여 엉겼다.'고 하는 것은 바로 이것을 말하는 것이다.[25]

천은 본래 리理와 기氣의 합습으로 되어 있고, 이 천이 천도天道를 따라 움직이면 그에 따라 음양陰陽, 사상四象으로 점점 분화分化한다.

---

25) 大學或問, 4板10行: 天道流行, 發育萬物, 其所以爲造化者, 陰陽五行而已. 而所謂陰陽五行者, 又必有是理而後有是氣, 及其生物, 則又必因是氣之聚而後有是形. 故人物之生必得是理, 然後有以爲健順仁義禮智之性, 必得是氣, 然後有以爲魂魄五臟百骸之身. 周子所謂"無極之眞, 二五之精, 妙合而凝"者, 正謂是也.

천이 그 리理에 따라 움직일 때, 이 천의 뜻을 받들 수 있는 기氣가 있으면, 그 기氣는 천의 뜻을 받들어 그에 부합하게 스스로 형체를 구성한다. 천의 뜻을 받들어 스스로 형체를 구성한 물건은 처음부터 천의 리理와 기氣를 나눠 가졌다. 즉 기氣는 천의 기氣의 일부를 나눠 가진 것이고, 성은 천의 리理를 그대로 계승하여 자기 내부에 간직한 것이다. 이런 과정을 거쳐 먼저 생겨난 것이 음양陰陽과 오행五行이고, 이에 비로소 만물이 생겨날 조건이 갖춰진다.[26] 이런 기화氣化가 반복된 다음에는 비로소 형화形化가 시작된다.

남자에게서 정자精子가 분화分化하여 나오면, 그 정자의 뜻을 받을 수 있는 난자卵子가 그를 맞이하여 수정란受精卵을 만든다. 이 수정란의 기氣는 부父·모母의 기氣를 나눠 가진 것이고, 그 성 역시 부·모의 뜻을 계승한 것이다. 수정란의 기氣가 없으면 그 부모의 뜻을 간직할 곳이 없다. 이에 부·모의 명령과 기氣가 합하여 성이 된다.

또 자연물 이외의 인공물도 마찬가지로 말할 수 있다. 책상을 만들고자 하는 사람이 책상의 상판과 다리가 될 목재에 명령하여 서로 결합하게 하면 책상이 된다. 여기서 책상의 기氣와 그 책상의 리理가 결합하여 책상의 성이 된다. 책상의 기氣는 목재에서 왔고, 책상의 리理는 그것을 만든 사람에게서 왔다.

자연물과 인공물, 기화氣化와 형화形化에 따라 그 형성 과정이나 양상은 조금 다른 점이 있지만 그 부모 즉, 선천先天의 리理를 계승하고, 선천의 기氣를 이어받아 자신의 몸으로 하는 것은 마찬가지이다. 또 그 물건이 형성될 수 있는 계기는 천의 명령이 뼈대 역할을 하므로 그 리理를 빌미로 하여 기氣가 모여들어 그 명령에 맞는 물건을 만들어 낸다.

---

26) 性理大全, 013112, 太極圖解: 五行具, 則造化發育之具無不備矣.

성性은 기질氣質이 아니면 붙을 곳이 없고, 기氣는 천天(이 준) 성性
이 아니면 이룰 것이 없다. 27)

천의 명령은 그 물건이 만들어질 수 있는 뼈대나 틀이다. 이 뼈대나
틀에 기氣로 살을 붙이거나 속을 넣어 물건을 완성한다.28) 그러나 리理
는 형이상자形而上者이고, 기氣는 형이하자形而下者로서 상하上下의 구
분은 엄연하므로 무시할 수 없다.

그런데 어느 물건이든 하나의 기氣로 이루어지는 것이 아니라 여러
개의 기氣가 모여서 이루어진다. 그렇다면 그 물건의 성은 어디에 있는
가? 예를 들어 사람은 손과 발, 오장육부五臟六腑 등 여러 기관이 유기적
으로 결합하여 이루어진다. 여기서 손은 손의 성이 있고, 발은 발의
성이 있으며, 마찬가지로 오장육부 등에도 각각 그 성이 있다. 여기서
사람은 그 사람을 대표하는 대표자의 성을 그 성으로 해야 한다. 즉
사람은 손이나 발 등이 대표하는 것이 아니라, 그 몸 전체의 주재자主宰
者인 심心29)이 그를 대표한다.

소강절邵康節(소옹邵雍)이 "성性은 도道의 형체形體이고, 심心은 성性
의 성곽이다."라고 하였는데, 이 말이 매우 좋다. 대개 도道에는
형체形體가 없는데, 다만 성性이 바로 도道의 형체이다. 그러나 만일
심心이 없으면 성性은 또 어디에 있겠는가? 반드시 심心이 있어야만
곧 이 성性을 거두었다가 사용할 수 있다. 30)

27) 朱子語類, 041516, 性理1: 性非氣質, 則無所寄; 氣非天性, 則無所成.
28) 朱子語類, 941807, 周子之書: 太極便是性, 動靜陰陽是心, 金木水火土是仁義
禮智信, 化生萬物是萬事. 又云: "'無極之眞, 二五之精, 妙合而凝', 此數句甚
妙, 是氣與理合而成性也."
29) 心에 대하여는 '제8장 朱子의 心說' 참조
30) 朱子語類, 041106, 性理1: 邵堯夫說: '性者, 道之形體; 心者, 性之郭郭.' 此說

심心은 어느 물건 안에 있으면서 그 물건을 구성하는 여러 기관을 총괄 지휘하는 최고 주재자이다. 그러므로 성을 말할 때는 항상 그 물건의 주재자인 심의 성을 그 물건을 대표하는 성으로 한다. 다만 심은 사람에게만 있는 것이 아니라, 동물이나 식물에도 심이 있고, 무생물에도 심이 있으므로 그 말하는 기준이 문제이다. 즉 말하고자 하는 단위 안에서 기준을 설정해서 말해야 한다. 예를 들어 사람 전체를 말할 때는 신명지심神明之心이 심이 되고, 다시 손발이나 오장육부를 기준으로 하면, 또 거기에도 각각 심이 있고, 따라서 거기에 성이 있는 것이다. 물론 이 경우 심의 능력에는 큰 차이가 있어서 식물이나 무생물 등의 심은 아주 보잘것없겠지만, 그러나 그들도 일정한 자기 통제력을 가지고 있으므로 심이 전혀 없다고는 할 수 없다. 따라서 만물 각자는 나름대로 심을 가지고 있고, 그 심에는 성이 있다.

대저 심心과 성性은 하나 같으면서도 둘이고, 둘 같으면서도 하나 이니, 이 점을 잘 체인體認해야 한다.[31]

성性은 심心 속에 갇힘으로써 사건事件에 있는 리理[32]와 달리 어느 정도 일정한 방향을 가질 수 있으므로 소강절邵康節은 도道의 형체形體라고까지 말한 것이고, 주자는 또 성과 심을 분리하기도 어렵다고 하는 것이다. 이런 것은 모두 성이 심 속에 내재하면서 가지는 특징을 말한 것이다. 이처럼 성은 리理와 기氣가 분리하기도 어려울 정도로 밀접하게 결합되어 있지만 기氣 자체는 아니다.

甚好. 蓋道無形體, 只性便是道之形體. 然若無箇心, 却將性在甚處! 須是有箇心, 便收拾得這性, 發用出來.
31) 朱子語類, 050915, 性理2: 大抵心與性, 似一而二, 似二而一, 此處最當體認.
32) 朱子語類, 050116, 性理2: 性卽理也. 在心喚做性, 在事喚做理.

> 고자告子는 다만 '살아 움직이는 것'이 성性이라고 하였으니, 손발
> 을 움직이는 것과, 귀로 듣고 눈으로 보는 것과, 심心에 지각知覺이
> 있는 것과 같은 부류이다. 그는 결국 '살아 움직이는 것'은 곧 기품氣稟
> 에 속한다는 것을 알지 못하였다. 33)

고자告子가 말한 '생生'은 살아 있음을 의미한다. 살아 움직이는 것
자체가 성이 된다는 것이다. 이 살아 있다는 것은 외부 상황에 반응하는
것을 말하는 것이다. 즉, 사지四肢를 움직이는 것, 오관五官으로 보고
듣고 냄새 맡는 등의 일, 그리고 심心으로 지각知覺하는 것 등을 의미한
다. 그런데 이런 생명현상은 기氣의 속성이지 천의 리理가 아니다. 이에
주자는 이런 것은 성이 아니라고 하면서, 그것은 오히려 불교佛教에서
작용作用을 성이라고 하는 것이나, 동중서董仲舒가 삶의 바탕을 성이라
고 하는 것과 비슷하다고 한다.34) 이런 생명현상을 리理가 아닌 기氣라
고 하는 것은 그렇게 하는 것이 최선노선最善路線35)의 리理가 아니기
때문이다. 단순히 움직이고 지각하면 되는 것이 아니라, 가장 적절하고
가장 잘하는 것이 리理이다. 즉 그 기氣가 가지는 가치를 최고도로 발휘
하는 것만이 리理이다. 결국 성은 함께 결합되어 있는 기氣의 최선노선
인 리理를 가리키는 것이지, 그 기氣 자체를 지칭하는 것은 아니다.

---

33) 朱子語類, 590120, 告子上: 告子只說那生來底便是性, 手足運行, 耳目視聽,
與夫心有知覺之類. 佗却不知生便屬氣稟.

34) 朱子語類, 590204, 告子上: 問"生之謂性". 曰: "佗合下便錯了. 佗只是說生處,
精神魂魄, 凡動用處是也. 正如禪家說: '如何是佛?' 曰: '見性成佛.' '如何是
性?' 曰: '作用是性.' 蓋謂目之視, 耳之聽, 手之捉執, 足之運奔, 皆性也. 說來
說去, 只說得箇形而下者. …… 或問: "董仲舒: '性者生之質也.'" 曰: "其言亦
然."

35) 理의 最善路線과 最適路線에 대해서는 '제5장 朱子의 理說' 참조

IV. 성선性善과 성즉리性卽理

위에서는 성性의 형성 과정과 리기理氣의 결합 관계 등을 고찰하였
다. 이제 여기서는 성의 선악善惡 문제와 성의 역할을 고찰하고자 한다.
성의 선악 문제를 다루기 위해서는 천天, 즉 우주천宇宙天 자체의 선악
문제를 먼저 고찰해야 한다. 최초의 천은 우리 사람들은 물론 해, 지구,
목성, 달 등 어느 하나도 생겨나기 전에 오직 혼자서 있었다. 그런 천이
지금까지 쉼 없이 수축과 팽창 운동을 번갈아 하고 있다. 천의 이런
운동은 선한 것인가 아니면 악한 것인가? 왜 그토록 쉼 없이 운동을
계속하고 있는 것인가? 최초에 운동을 시작할 때 어떤 목적이 있었는
가, 아니면 없었는가? 자기 자신도 남도 없는 오직 절대적으로 하나인
천은 그냥 움직여야 하므로 운동을 시작하였을 것이다.36) 이런 천의
행동을 굳이 악하다고 할 수 없으니, 그저 선하다고 할 수밖에 없다.

> '이를 계승繼承하는 것은 선善이고, 이뤄 놓은 것은 성性이다.'에
> 대하여, 천지天地의 입장에서 말하면, 선善이 먼저 있고 성性이 뒤에
> 있으니, 이것이 발출發出하여 바로 사람과 만물을 생기게 한다. '발출
> 發出한 것'은 선善인데, 사람과 만물이 생겨나면 곧 성性이 된다. 사람
> 의 입장에서 말하면 성性이 먼저 있고 선善이 뒤에 있다.37)

『주역周易』「계사전繫辭傳」에서 말한 것을 상기해 보면 "천天은 처음

---

36) 朱子語類, 010508, 理氣上: 某謂天地別無勾當, 只是以生物爲心. 一元之氣,
運轉流通, 略無停間, 只是生出許多萬物而已.

37) 朱子語類, 050213, 性理2: '繼之者善也, 成之者性也.' 在天地言, 則善在先,
性在後, 是發出來方生人物. 發出來是善, 生人物便成箇性. 在人言, 則性在
先, 善在後.

부터 한 번 움직이고 한 번 머무는 운동"을 끊임없이 반복하고 있다. 그런 천의 선한 뜻을 계승하여 음양오행陰陽五行 등이 생긴다는 것이다. 이때의 선은 천도天道의 유행이 선하다[38]는 것이고, 그것도 악과 대비해 보고 난 다음 선하다고 하는 것이 아니라, 아직 악이 있기 이전에 절대적인 선만이 있으므로 선하다[39]는 것이다. 결국 여기서 말하는 성선性善은 만물이 생겨나도록 내리는 천의 명령이 선하고, 그 선한 명령을 받들어 생겨나면서 자기의 성으로 삼은 그 성이 선하다는 것이다.[40] 요약하면 천이 부여하고 내가 받아온 성이 절대적으로 선하다는 것이다.

한편 위의 인용문에서 '사람의 입장에서 말'한 것은 이미 만물이 생긴 다음, 그 물건 안에 있는 성을 가지고 말하는 것이다.

> 맹자孟子가 말한 성선性善은 발용發用하는 곳에서 인성人性이 선善함을 밝힌 것이다.[41]
>
> '대저 이른바 이를 계승繼承하는 것은 선善하다고 한 것은 물이 흘러 아래로 내려가는 것과 같다.'에서 '이를 계승하는 것은 선善하다.'는 말은 발發한 것을 가리켜서 말한 것이다. 성性이 사람에게 있는 것은 물이 산에 있는 것과 같아서 그 맑음을 볼 수 없다. 흘러 나와서 그 맑음을 본 뒤에 그 본래 맑음을 안다. 그러므로 맹자는 단지 '어린애가 우물에 빠지려는 것을 보면 다 깜짝 놀라고 측은해하

---

38) 朱子語類, 742818, 上繫上: 流行造化處是善, 凝成於我者卽是性. 繼是接續綿綿不息之意; 成, 是凝成有主之意.

39) 孟子集註, 滕文公上1: 性者, 人所稟於天以生之理也, 渾然至善, 未嘗有惡.

40) 朱子語類, 050206, 性理2: 問: "性固是理. 然性之得名, 是就人生稟得言之否?" 曰: "'繼之者善, 成之者性.' 這箇理在天地間時, 只是善, 無有不善者. 生物得來, 方始名曰'性'. 只是這理, 在天則曰'命', 在人則曰'性'."

41) 朱子語類, 971207, 程子之書3: 孟子說"性善", 是就用處發明人性之善.

는 마음이 있는' 곳에 나아가 가리켜서 보여줘 성性이 본래 선善함을 알게 하였다. 『역易』에서 말한 '이를 계승하는 것은 선善하다.'고 한 것은 성性의 앞에 있고, 여기에서 (정자程子가) 인용한 '이를 계승하는 것은 선善하다.'고 한 것은 성性의 뒤에 있다. 대개 『역易』에서는 천도天道가 유행하는 것을 가지고 말하였고, 여기서는 인성人性이 발현하는 것을 가지고 말하였으니, 천도天道의 유행이 이러하므로 인성人性의 발현도 이와 같음을 밝힌 것이다. [42]

『주역周易』에서와 달리 맹자는 이미 만물에 내재해 있는 성이 선하다는 것을 밝혔다. 이에 정자도 여기서는 맹자의 뜻에 맞춰 『주역』의 "계지자선야繼之者善也"도 만물에 내재해 있는 성이 선하다고 한 것으로 본다.[43] 이는 성이 만물 속에 내재內在한 다음에는 물이 산 위에 있는 것처럼 알기 어려우므로 그 물이 아래로 흘러 내려온 다음에 그 물을 살펴서 그 본원本源이 어떤가를 알 수 있다는 것이다. 맹자가 어린애가 물에 빠지는 것을 보면 누구나 측은해한다는 것을 거듭 말하는 것도 이처럼 드러난 단서를 통해 뿌리가 선하다는 것을 보여 주려는 것이다. 이에 대하여 위 인용문에서 주자는 '계지자선야繼之者善也'는 두 가지로 해석할 수 있다고 정리한다. 하나는 원래 『주역』에서 말한 것처럼 천명天命이 본래 절대적으로 선하고 그 명령을 받아 간직한

---

42) 朱子語類, 952311, 程子之書1: "夫所謂'繼之者善也'者, 猶水流而就下也." 此 "繼之者善", 指發處而言之也. 性之在人, 猶水之在山, 其淸不可得而見也. 流出而見其淸, 然後知其本淸也. 所以孟子只就"見孺子入井, 皆有怵惕惻隱之心"處, 指以示人, 使知性之本善者也. 易所謂"繼之者善也", 在性之先; 此所引"繼之者善也", 在性之後. 蓋易以天道之流行者言, 此以人性之發見者言, 明天道流行如此, 所以人性發見亦如此.
43) 河南程氏遺書, 011310, 二先生語錄, 端伯傳師說: 凡人說性, 只是說"繼之者善"也, 孟子言人性善是也. 夫所謂"繼之者善"也者, 猶水流而就下也. 皆水也. 有流而至海, 終無所汚, 此何煩人力之爲也?

성도 그처럼 선하다는 것으로서, 이는 천도天道/천명天命을 위주로 말한 것이다. 다른 하나는 만물에 내재內在한 성이 자연 상태에서 발현해 나온 선한 단서를 통해 본원의 성이 선하다는 것을 알 수 있다는 것으로, 이는 아직 발하지 않은 물성物性을 위주로 말한 것이다.44) 전자前者는 주는 천의 입장에서 말한 것이고, 후자後者는 받은 만물의 입장에서 말한 것이다. 그러나 천이 준 것을 만물이 받아 간직한 것이므로 준 자와 받은 자가 하나의 물건을 주고받은 것이다. 그리고 그것은 본래 절대적으로 선하다는 것이지, 악과 대비시켜 보니 선하다는 것이 아니다. 따라서 성선설性善說은 현상적으로 악惡이 존재하지 않는다는 것은 아니다. 사실은 현상적으로 악惡이 존재한다고 하더라도 선한 성에는 변함이 없다고 한다.

> 물었다. "이미 성性이 선善하다고 하고, 그 아래에서는 또 '선善한 것이 본디 성性이지만, 악惡도 성性이라고 하지 않을 수 없다.'고 한 것은 사실은 기질지성氣質之性을 말한 것으로서 윗글과 서로 맞지 않는 것 같습니다." (주자朱子가) 답하였다. "기품지성氣稟之性을 말한 것이 아니다. 대개 성性은 본래 선善하지만 지금 도리어 악惡한 것은, 역시 이 성性이 악惡에 가려진 것이니, 바로 물이 진흙에 섞인 것과 똑같으므로 물이라고 부르지 않으면 안 된다는 것을 말한 것이다."45)

---

44) 朱子語類, 952305, 程子之書1: 程子云: "凡人說性, 只是說'繼之者善'. 孟子言 '性善'是也." 易中所言, 蓋是說天命流行處; 明道却將來就人發處說. 孟子言 "性善", 亦是就發處說, 故其言曰: "乃若其情, 則可以爲善矣." 蓋因其發處之 善, 是以知其本無不善, 猶循流而知其源也. 故孟子說"四端", 亦多就發處說. 易中以天命言. 程子就人言, 蓋人便是一箇小天地耳.

45) 朱子語類, 951505, 程子之書1: 曰: "既言性善, 下却言'善固性也, 然惡亦不可 不謂之性', 却是言氣稟之性, 似與上文不相接." 曰: "不是言氣稟之性. 蓋言 性本善, 而今乃惡, 亦是此性爲惡所汩, 正如水爲泥沙所混, 不成不喚做 水?"(62歲說)

　정자程子는 악한 것도 본래 선한 성이 악에 의해 흐려진 것이므로 성 자체가 선한 것에는 변함이 없다고 한다. 또 주자는 이를 마치 물에 진흙이 섞여 흙탕물이 되어도 여전히 물인 것과 같다고 한다. 비록 현실 속에 악이 존재하지만, 그것도 본래 선에서 발원한 것이지 처음부터 악한 것은 아니다.[46] 그 출발이 선하지 않은 것은 없지만, 그것이 발현하여 중절中節(절도에 맞음)하지 못하고 과불급過不及이 생기거나,[47] 혹은 발해서는 안 되는 상황에서 잘못하여 발하면 악이 되는 것이다.[48]

　생각건대 성이 선하다는 것은 현실 속에 악이 존재하지 않는다는

---

46) 朱子語類, 042109, 性理1: 問: "'人生氣稟, 理有善惡云云, 善固性也, 然惡亦不可不謂之性也.' 看來'善固性也'固是. 若云'惡亦不可不謂之性', 則此理本善, 因氣而鶻突; 雖是鶻突, 然亦是性也." 曰: "它原頭處都是善, 因氣偏, 這性便偏了. 然此處亦是性. 如人渾身都是惻隱而無羞惡, 都羞惡而無惻隱, 這箇便是惡德. 這箇喚做性邪不是? 如墨子之心本是惻隱, 孟子推其弊, 到得無父處, 這箇便是'惡亦不可不謂之性也'."(67歲說)

47) 朱子大全, 672120, 明道論性說: 所禀之氣, 所以必有善惡之殊者, 亦性之理也. 蓋氣之流行, 性爲之主, 以其氣之或純或駁而善惡分焉. 故非性中本有二物相對也. 然氣之惡者, 其性亦無不善, 故惡亦不可不謂之性也. 先生又曰: '善惡皆天理, 謂之惡者, 本非惡, 但或過或不及, 便如此.' 蓋天下無性外之物, 本皆善而流於惡耳.

・　朱子大全, 735704, 胡子知言疑義: 熹詳此論性甚善. 但明道所謂'惡亦不可不謂之性', 是說氣禀之性, 觀上下文可見. 惡을 氣質之性으로 보는 것이 初年說임. 陳來는 「胡子知言疑義」가 辛卯年(42세)경에 완성된 것으로 보았음.(『朱子哲學研究』 183쪽 註②)

48) 朱子語類, 954719, 程子之書1: 問: "'視聽思慮動作, 皆天也, 人但於中要識得眞與妄耳.' 眞妄是於那發處別識得天理人欲之分, 如何?" 曰: "皆天也, 言視聽思慮動作皆是天理. 其順發出來, 無非當然之理, 卽所謂眞; 其妄者, 却是反乎天理者也. 雖是妄, 亦無非天理, 只是發得不當地頭. 譬如一草木合在山上, 此是本分; 今却移在水中. 其爲草木固無以異, 只是那地頭不是. 恰如'善固性也, 惡亦不可不謂之性'之意."(50歲以後說)

의미가 아니라, 본래 타고나기를 선한 성을 받았고, 이에 모든 행동의 근원은 다 선하다는 것이다. 선행善行은 본래 선한 성이 그대로 잘 드러난 것이고, 악행惡行은 그 성이 발해 나와서는 안 되는 때에 발해 나왔거나, 혹은 발해 나오는 것이 모자라거나 너무 많아서 악으로 변질된 것이다.

그렇다면 성이 선행을 담보하지 못한다면 굳이 성이 선하다고 하는 이유는 무엇인가? 또 선행을 담보하지도 못하는 성은 만물에 내재하여 어떤 의미를 갖는가? 성은 스스로 사물이 항상 선하도록 강제하지는 못하지만, 어느 길로 가야 하는지를 지시한다.

> 사람과 물건이 각각 그 성性이 저절로 가는 곳(자연自然)을 따르면 그 일상생활 속에서 마땅히 가야 할 길이 있지 않은 것이 없으니, 이것이 이른바 도道이다. [49]
>
> 대개 사람은 자기에게 성性이 있는 줄은 알지만, 그것이 천天에서 나온 줄은 알지 못하고, 일에 도道가 있는 줄은 알지만 그것이 성性에서부터 나온 것은 알지 못한다. [50]
>
> 도道는 일용 사물들이 마땅히 가야 하는 리理이니, 다 성性의 덕德이고 마음에 갖춰져 있다. 갖지 않은 물건이 없고 그렇지 않은 때가 없으므로 잠시도 떠날 수 없다. [51]

위에서 보았던 것처럼 성은 기氣와 결합해 있으며, 그 기氣 속에 있는

---

49) 中庸章句, 首章: 人物各循其性之自然, 則其日用事物之間, 莫不各有當行之路, 是則所謂道也.
50) 中庸章句, 首章: 蓋人知己之有性, 而不知其出於天, 知事之有道, 而不知其由於性.
51) 中庸章句, 首章: 道者, 日用事物當行之理, 皆性之德而具於心, 無物不有, 無時不然, 所以不可須臾離也.

성은 그 기氣가 어느 방향으로 가야 하는지를 지시하며, 저절로 그 기氣가 그 방향으로 가도록 유도한다. 이것이 성이 가진 자연성自然性이 며, 성질性質이다. 왜냐하면 천으로부터 만물이 화생化生할 때, 그 천의 명령을 가장 잘 수행할 수 있는 기氣가 스스로 그 명령을 받아들여 자기의 성으로 삼았기 때문이다. 즉 그 기氣가 천의 명령을 받을 수 없거나, 또는 그 명령을 잘 수행할 수 없다면, 그 기氣는 천의 명령을 받아들이지 못하였을 것이다. 따라서 그 기氣의 성은 바로 기氣의 성질性質이 되는 것이다. 이에 그 기氣가 가고 싶고, 잘 갈 수 있는 것은 자신의 특성, 즉 성질이 그와 같기 때문이다.52)

예를 들면 정자精子가 밖으로 나왔을 때, 그 정자와 가장 잘 어울려서 그 정자가 자기의 길을 갈 수 있도록 도와줄 수 있는 난자卵子만이 그와 결합한다. 이렇게 해서 생긴 수정란은 그 정자와 난자의 길을 따라 스스로 분열하여 사람으로 자라난다. 이 수정란이 저절로 분열하는 것은 외부의 누가 시킨 것이 아니라, 자신의 성질대로, 아니 성의 지시대로 가는 것이고, 그 길만을 갈 수 있는 것이다. 이 사람의 수정란이 자라서 사람으로 태어난 자도 사람의 길을 가고 싶어 하고, 그 길을 잘 갈 수 있다.

여기서 이 성을 기氣에서 분리할 수 없듯이 그 도리道理도 그 물건에서 떼어 낼 수 없다. 그 물건은 언제나 어디서나 스스로 그 길을 가고 있으며, 또 가야 한다.

---

52) 여기서 '性質'은 氣의 특성을 더 적극적으로 반영하여 말한 것이고, 그런 성질을 갖게 된 원인은 그보다 上位의 '本性' 때문이다. 일반적으로 性은 '本性'을 의미한다. 예를 들면 仁은 本性이고, 柔順한 것은 性質이다. 자세한 것은 '제4장 朱子의 天命說' 참조

천명天命은 임금의 명령과 같고, 성性은 임금에게서 받은 직무職務
와 같으며, 기氣는 직무를 지킬 수 있는 자도 있고 지킬 수 없는
자도 있는 것과 같다.[53]

성性은 천으로부터 부여받은 직무職務나 임무와 같다. 임금이 시킨
일은 반드시 해야 하므로 당위성當爲性을 강조하여 말한다.[54] 그러나
임금은 내가 할 수 없는 일을 시키지는 않았을 것이므로 내가 할 수
있는 일이고, 또 잘할 수 있는 일이기도 하다. 이 임무의 내용에 대해서
주자는 다음과 같이 말한다.

길보吉甫가 성性과 천도天道에 대하여 물었다. (주자朱子가) 답하였
다. "비유하면 한 가닥으로 길게 연결된 물건과 같으니, 그 유행流行
하는 것은 천도天道인데 사람이 이를 얻으면 성性이 된다. 건乾의
원형이정元亨利貞은 천도天道인데, 사람이 이를 얻으면 인의예지仁義
禮智의 성性이 된다."[55]

천도天道와 성은 서로 한 가닥으로 연결된 긴 줄과 같다. 밖에 있는
쪽은 천도이고, 사람 속에 들어 있는 것은 성이다. 마찬가지로 천의
원형이정이 사람 속으로 들어가면 인의예지의 성이 된다. 천은 매우
강건하여 잠시도 쉬지 않는 성을 가졌다. 그러나 천은 최초의 유일자唯

---

53) 朱子語類, 041013, 性理1: 天命, 如君之命令; 性, 如受職於君; 氣, 如有能守職
者, 有不能守職者.

54) 朱子語類, 041119, 性理1: '天命之謂性.' 命, 便是告箚之類; 性, 便是合當做底
職事. 如主簿銷注, 縣尉巡捕; 心, 便是官人; 氣質, 便是官人所習尙, 或寬或
猛; 情, 便是當廳處斷事, 如縣尉捉得賊.

55) 朱子語類, 281914, 公冶長上: 吉甫問性與天道. 曰: "譬如一條長連底物事, 其
流行者是天道, 人得之者爲性. 乾之'元亨利貞', 天道也, 人得之, 則爲仁義禮
智之性."

一者일 때부터 말하는 것이므로 타자他者와 나눠 맡을 임무를 말하기 어렵다. 그래서 성보다는 그 도道를 주로 말한다. 그 천도가 바로 원·형·이·정이다. 이 천도가 유행하다가 기氣를 만나 형체를 이루고, 그 속에 들어가서 그 물건의 성이 되었으니, 인·의·예·지56)이다. 사람이 이 세상에 태어나서 하고 싶은 일(자연自然), 차마 안 할 수 없는 일(필연必然), 해야 하는 일(당연當然), 가장 잘 할 수 있는 일(능연能然)은 바로 만물에 대하여 인仁하게 하는 일이다.57)

"모든 행동이 다 인仁·의義·예禮·지智 중에서 나온다."58)

만물이 성을 받는 과정에서 살펴보았듯이, 성은 천명天命으로 오는 것을 자신이 하고 싶고, 할 수 있는 것을 자기가 하겠다고 하여 받은 것이므로 자신의 기氣는 그 성으로 주어진 임무를 본래 수행하고 싶은 것이다. 결국 그 일이 적성適性에 맞는 것이다. 또 자기의 존재存在와 존재가치存在價値도 그 성을 수행한다는 전제하에 주어진 것이다. 만일 그 임무를 하기 싫거나 할 수 없었다면, 자신은 애초에 존재할 수도 없었고, 존재할 가치도 없는 것이다. 예를 들어 다가오는 정자精子를 난자가 수용한 것은 그와 만나서 수정란을 만들려는 것이었고, 또 만들 능력도 있는 것이다. 그래서 정자도 그와의 결합을 허용한 것이다. 그렇

---

56) 仁에 대한 것은 '제10장 孔子의 仁思想' 참조
57) 朱子大全, 574319, 答陳安卿: (陳安卿問曰)理有能然, 有必然, 有當然, 在自然處, 皆須兼之, 方於理字訓義爲備否?……如赤子之入井, 見之者必惻隱. 蓋人心是箇活底, 然其感應之理必如是, 雖欲忍之, 而其中惕然自有所不能以已也. 不然, 則是槁木死灰, 理爲有時而息矣. 此必然處也. ……能然必然者, 理在事先; 當然者, 正就事而直言其理; 自然, 則貫事理言之也. (朱子答書曰) 此意甚備.
58) 朱子語類, 061102, 性理3: 百行皆仁義禮智中出.

게 해서 생겨난 수정란은 처음부터 사람으로 자라날 임무를 가지고
있는 것이다. 즉 그 수정란은 그 일을 하고 싶었고, 할 수 있는 일이었다.
이것이 수정란의 성질이고 성이다. 그러므로 나중에 그 임무를 수행해
야 한다고 하는 것이다. 처음부터 그 일을 하고 싶지 않아서 그 일을
임무로 맡지 않았다면 나중에 해야 한다고 강요하지도 않을 것이다.
만일 처음에는 하고 싶었다가 나중에 하기 싫어한다면 자신의 존재가
치를 스스로 부정하는 일이다. 이처럼 인의예지仁義禮智를 중심으로 성
을 말한 것은 성의 대강을 말한 것이다.59) 한편 주자는 좀 더 구체적으
로 말하기도 한다.

> 물었다. "'성性이 곧 리理'라는 것은 무슨 뜻입니까?" (주자朱子가)
> 답하였다. "물건마다 다 성性이 있으면 곧 다 그 리理가 있다는 것이
> 다." 물었다. "말라빠진 나무에도 리理가 있습니까?" 답하였다. "말
> 라빠진 나무는 물론이고, 다른 것들도 본래 모두 도리가 있다." 이어
> 서 책상 위의 꽃병을 가리키며 말하였다. "꽃병에는 곧 꽃병의 도리
> 가 있고, 서등書燈에는 곧 서등書燈의 도리가 있다. 물(수水)이 젖어
> 내리는 것(윤하潤下), 불(화火)이 타오르는 것(염상炎上), 쇠(금金)가
> (성질을) 유지하면서도 모양을 바꾸는 것(종혁從革), 나무(목木)가 굽
> 거나 곧은 것(곡직曲直), 흙(토土)이 씨를 심고 거두는 것(가색稼穡)
> 등, 하나하나가 모두 성性이 있고, 모두 리理가 있다. 사람이 만일
> 이를 쓰려면 또 마땅히 그 리理를 따라야만 한다. 만일 쇠를 깎아서
> 나무 대신 쓰거나, 나무를 녹여서 쇠 대신 쓰려고 한다면, 곧 이런
> 리理는 없다.60)

---

59) 朱子語類, 061103, 性理3: 仁義禮智, 性之大目, 皆是形而上者, 豈可分也!
60) 朱子語類, 970703, 程子之書: 問: "'性卽理', 何如?" 曰: "物物皆有性, 便皆有
　　其理." 曰: "枯槁之物, 亦有理乎?" 曰: "不論枯槁, 它本來都有道理." 因指案
　　上花瓶云: "花瓶便有花瓶底道理, 書燈便有書燈底道理. 水之潤下, 火之炎

이 세상 어떤 물건이든 각각 그의 성이 있고, 그 성에 따른 리理가 있다. 결국 이 세상에 임무를 갖지 않은 물건은 없다는 것이고, 그 물건은 그 임무를 수행할 수 있는 길을 간다는 것이다. 왜냐하면 그것이 그가 스스로 하고 싶은 일이고, 차마 하지 않을 수 없는 일이고, 잘할 수 있는 일이고, 해야 하는 일이기 때문이다. 이제 내가 다른 물건과 만나서 일을 할 때는 어떻게 해야 하는가? 나는 나의 리理가 있고, 타자他者는 타자대로 리理가 있다. 이 두 리理가 만나서 서로 조화를 이룰 때 일을 함께 할 수 있고, 서로 상충相衝하면 함께 조화를 이룰 수 없다.61) 예를 들면 강물을 건너는데, 수레를 타고 건널 수는 없다. 수레는 강물 위에 떠서 갈 수 없기 때문이다. 즉 수레는 강물에 뜰 성/성질/임무가 없으므로 그런 리理도 없는 것이다.

생각건대 성즉리性卽理는 크게 두 가지 의미가 있다. 하나는 천으로부터 받은 명령이 바로 리理라는 것이다. 천의 명령이 그 명령을 받은 물건의 갈 길이 된다는 것이다. 또 여기에는 천명天命이 기氣가 아니라 리理라는 것도 포함한다. 다른 하나는 솔성率性, 즉 성대로62) 가는 것이 그 물건이 가장 자연스럽게 저절로 가게 되는 길이라는 것이다.63) 역으

上, 金之從革, 木之曲直, 土之稼穡, 一一都有性, 都有理. 人若用之, 又著順它理, 始得. 若把金來削做木用, 把木來鎔做金用, 便無此理."

61) 朱子語類, 733106, 易9: 問: "'澤上有風, 中孚.' 風之性善入, 水虛而能順承, 波浪洶湧, 惟其所感, 有相信從之義, 故爲中孚." 曰: "也是如此. 風去感他, 他便相順, 有相孚之象." 又曰: "'澤上有風, 中孚.' 須是澤中之水, 海卽澤之大者, 方能信從乎風. 若溪澗之水, 則其性急流就下, 風又不奈他何."

62) 退溪全書3, 『四書釋義』, 「中庸釋義」, 天命條: 性다이 率홀 술. / 率性을 대개 '性을 따른다/쫓는다'고 번역한다. 그런데 이렇게 번역하면 性이 앞에 먼저 있고, 내가 그 뒤를 따라가는 것처럼 되므로 退溪說에 따라 '性/本性/性質대로'로 번역한다.

63) 中庸或問, 4板07: "率性之謂道", 言循其所得乎天以生者, 則事事物物, 莫不自然各有當行之路, 是則所謂道也. 蓋天命之性, 仁義禮智而已. 循其仁之性,

로 말하면 그 물건의 리理는 그 성에 의하여 결정되며 그 성대로 간다는 것이다. 성은 자연自然, 필연必然, 능연能然, 당연當然의 특성을 가지면서, 그 물건이 그 길로 가도록 하는 소이연所以然(그렇게 된 까닭, 이유, 원인)의 역할을 한다.

그렇다면 성은 복합체複合體인가? 아니면 단순체單純體인가? 성이 복합체라면 성즉리性卽理에서부터 나오는 갈 길이 많지만, 단순체라면 그 리理가 오직 하나일 것이다.

> 대개 이른바 성性은 하나의 리理도 갖추지 않은 것이 없다. 그러므로 이른바 도道는 밖에서 구해 오지 않아도 갖추지 않은 것이 없다.(이 것은 성性과 도道의 온전한 체體(전체全體)를 말한 것이다.) 이른바 성性은 한 물건도 얻지 않은 것이 없다. 그러므로 이른바 도道는 사람의 힘을 빌리지 않아도 두루 하지 않음이 없다.(이것은 성性과 도道의 큰 용用(대용大用)을 말한 것이다.) 비록 새와 짐승, 그리고 초목은 생겨날 때, 편벽된 형기形氣를 겨우 얻었기 때문에 전체全體를 꿰뚫을 수는 없으나, 그 지각知覺과 운동, 꽃이 피고 짐과 열매가 맺고 떨어짐은 다 그 성性대로 하는 것으로서 각각 자연스러운 리理가 있다.[64]

성性은 자신을 둘러싸고 있는 (대물對物)천天으로부터 명령을 받아 형성된 것이다. 즉 천天을 구성하고 있는 모든 것들의 리理가 나의 성에

則自父子之親, 以至於仁民愛物, 皆道也. 循其義之性, 則自君臣之分, 以至於敬長尊賢, 亦道也. 循其禮之性, 則恭敬辭讓之節文, 皆道也. 循其智之性, 則是非邪正之分別, 亦道也..

[64] 中庸或問, 04板14行: 蓋所謂性者, 無一理之不具, 故所謂道者, 不待外求而無所不備(此言性與道之全體). 所謂性者, 無一物之不得, 故所謂道者, 不假人爲而無所不周(此言性與道之大用). 雖鳥獸草木之生, 僅得形氣之偏, 而不能有以通貫乎全體, 然其知覺運動, 榮悴開落, 亦皆循其性而各有自然之理焉.

들어와서 모였다.65) 내가 생겨날 때, 천天을 구성하고 있는 모든 것들이 내게 영향을 미쳤고, 나는 그들의 요구를 받아들임으로써 내가 생겨날 수 있었다. 결국 그들이 내게 준 리理는 모두 모여서 나의 임무가 되었다. 내게 들어온 리理는 다시 내가 살아가면서 만나는 모든 것에 어떻게 대응해야 하는가를 지시하는 도道로 전환한다. 즉 천天의 리理들이 나의 성 속에 들어와 있다가 내가 외부 상황에 대응해야 할 때는 바로 내가 가야 할 도道로 전환한다. 그러므로 밖에서 도를 구해 오지 않아도 내가 어떻게 대응해야 할 것인지에 대한 도는 모두 미리 준비된 것이다.66)

또 아무리 하찮은 물건도 다 성을 가지고 있고, 따라서 그 도道도 가지고 있다. 그러므로 사람이 그 물건의 도를 만들거나 가르쳐 주지 않아도 자기가 가지고 있는 도를 따라 살아갈 수 있다.67) 또 도는 본래 선천적先天的으로 결정되는 것이지 실천한 후에 형성되는 것은 아니다. 그러므로 타고난 성대로 하면 성인聖人이 되고, 성을 잃어버렸다가 다시 회복해도 역시 성인聖人이 된다.68)

위의 인용문을 통해서 본 것처럼 성은 모든 리理가 모여서 된 복합체이다.

---

65) 朱子大全, 410318, 答馮作肅: 蓋理便是性之所有之理, 性便是理之所會之地.
66) 道와 理의 의미는 같으나, 道는 그 적용 범위가 넓고, 理는 좁다. 宋代 이후에 더 구체적으로 정밀하게 하기 위하여 理를 더 많이 사용하였다. 본래 道理에 서 道는 體이고 理는 用이다.
67) 朱子語類, 621712, 中庸1: 孟子說"性善", 全是說理. 若中庸"天命之謂性", 已 自是兼帶人物而言. "率性之謂道", 性是一个渾淪底物, 道是支脉. 恁地物, 便 有恁地道. 率人之性, 則爲人之道, 率牛之性, 則爲牛之道, 非謂以人循之. 若 謂以人循之而後謂之道, 則人未循之前, 謂之無道, 可乎!
68) 孟子集註, 盡心下33: 性者, 得全於天, 無所汚壞, 不假修爲, 聖之至也. 反之 者, 修爲以復其性, 而至於聖人也.……呂氏曰: "無意而安行, 性者也, 有意利 行, 而至於無意, 復性者也. 堯舜不失其性, 湯武善反其性, 及其成功則一也."

물었다. "'지극한 정성이 성性을 다한다. 남(의 성性)을 다한다. 만물(의 성性)을 다한다.'에서 어떻게 하는 것이 '다한다'는 것입니까?"(주자朱子가) 답하였다. "성性은 곧 인의예지仁義禮智인데 '다한다'고 하는 것은 무엇이든 다하지 않음이 없는 것이다. 여기는 다했는데 저기는 다하지 않았다면, 다한 것이 아니다. 밖에서는 다했는데 안에서 다하지 않았다면, 다한 것이 아니다. 이것은 다했는데, 저것은 다하지 않았다면 다했다고 하지 않는다. 머리는 다했는데 꼬리는 다하지 않았다면 다했다고 하지 않는다. 예컨대 성性 중의 인仁이 한 가정에는 베풀어졌는데 한 종족에게는 베풀어지지 않거나, 한 종족에게는 베풀어졌는데 마을에는 베풀어지지 않거나, 마을에는 베풀어졌는데 나라와 천하에는 베풀어지지 않았다면, 이는 모두 다하지 않은 것이다. 예禮를 다하는 것, 의義를 다하는 것, 지智를 다하는 것에 이르러서도 역시 이와 같다. 남(의 성性)을 다한다는 것에 이르면, 어진 자거나 비루한 자거나, 요절한 자거나 장수하는 자거나 다 대처해서 각각 제 자리를 얻게 한다. 만물(의 성性)을 다한다는 것에 이르면, 새, 짐승, 벌레, 물고기, 풀, 나무, 동물, 식물 등에 모두 대처해서 각각 알맞음을 얻게 한다. 성性을 다하고, 남(의 성性)을 다하고, 만물(의 성性)을 다하는 것들이 대개 이와 같다.[69]

이는 『중용中庸』의 "오직 천하의 지극한 정성이라야 그 성을 다할 수 있으니, 그 성을 다하면 다른 사람의 성을 다할 수 있고, 다른 사람의

---

69) 朱子語類, 641306, 中庸3: 問: "'至誠盡性, 盡人, 盡物' 如何是'盡'?" 曰: "性便是仁義禮智. '盡'云者, 無所往而不盡也. 盡於此不盡於彼, 非盡也; 盡於外不盡於內, 非盡也. 盡得這一件, 那一件不盡, 不謂之盡; 盡得頭, 不盡得尾, 不謂之盡. 如性中之仁, 施之一家, 而不能施之宗族; 施之宗族, 不能施之鄕黨; 施之鄕黨, 不能施之國家天下, 皆是不盡. 至於盡禮, 盡義, 盡智, 亦如此. 至於盡人, 則凡或仁或鄙, 或夭或壽, 皆有以處之, 使之合(各?)得其所. 至於盡物, 則鳥獸蟲魚, 草木動植, 皆有以處之, 使之各得其宜. 盡性盡人盡物, 大概如此."

성을 다하면 만물의 성을 다할 수 있으니, 만물의 성을 다하면 천지天地의 화육化育을 도울 수 있고, 천지의 화육化育을 도울 수 있으면 천天·지地가 하는 일에 참여할 수 있다."70)는 말을 부연 설명한 것이다. 먼저 자신의 성을 다한다는 것은 자기가 가진 임무를 남김없이 다한다는 것이다. 예를 들어 자신의 인덕仁德을 베푸는 경우를 말하면, 부모형제나 마을 사람은 물론 온 세상 사람을 다 사랑해야 한다. 그중에 하나라도 예외로 하는 사람이 있으면 자기의 인덕을 다 베푼 것이 아니고, 그만큼 자신의 성을 다하지 못한 것이 된다. 이렇게 하여 자신의 성을 다한 사람은 그를 미루어 남들도 각자 자신의 성을 다할 수 있도록 도와줄 수 있다. 어진 사람이든 못된 사람이든, 능력이 있는 자이든 없는 자이든 모두 각자 자신에게 맞는 일을 하면서 자신의 성을 다할 수 있도록 도와줄 수 있다. 나아가 천하 만물도 각자 자신의 성을 다할 수 있도록 도와줄 수 있다. 책상은 책상이 할 일을, 나무는 나무가 할 일을 하는 등 각자 자신의 성을 다할 수 있도록 도와줄 수 있다. 그렇게 되면 천天·지地가 온 우주 안의 만물을 살려내고자 하는 일에 동참하여 도울 수 있다.

V. 본연지성本然之性과 기질지성氣質之性

위에서 이미 고찰한 것처럼 성은 기氣와 결합하면서 비로소 성이 되는 것으로서 기氣를 떠나서 성은 존재할 수 없다. 그렇다면 성에

---

70) 中庸, 22章: 唯天下至誠, 爲能盡其性; 能盡其性, 則能盡人之性; 能盡人之性, 則能盡物之性; 能盡物之性, 則可以贊天地之化育; 可以贊天地之化育, 則可以與天地參矣.

대하여 기氣가 가지는 의미는 무엇인가? 천天의 입장에서 천명天命을 위주로 하여 말하면 성은 기氣에 전달된 임무이고, 기氣는 그 임무를 받은 자이다. 이제 그 임무를 받은 기氣의 입장에서 말하면 성은 기氣가 받은 임무이고, 그 임무를 실행할 것인지, 실행할 수 있는지는 오히려 기氣에 달려있다. 그러나 기氣는 본래 그 성을 실행하고 싶고, 실행할 수 있는 자이다. 결국 기氣는 성을 실행하기 위한 도구일 뿐이고, 성이 기氣의 존재가치이며 존재의미라는 점에서 보면 기氣가 성을 실행하지 않는 것은, 하지 않는 것이 아니라 하지 못하는 것이다. 그러므로 결국 문제는 기氣가 성을 실행할 수 있는 능력을 얼마나 많이 갖추고 있느냐는 것이다.

　　사람의 성性은 모두 선善하다. 그러나 나면서부터 선善한 것이 있고, 나면서부터 악惡한 것이 있는 것은 기품氣稟이 같지 않기 때문이다. 예를 들면 천지天地의 운행이 만 갈래로 다양하지만, 그중의 볼 수 있는 해와 달이 청명하고, 기후가 온화할 때, 사람이 나면서 이 기氣를 받으면 청명하고 온후한 기氣가 되어 반드시 좋은 사람을 만들고, 만일 해와 달이 흐리거나 어둡고, 추위와 더위가 정상이 아니면, 모두 천지天地의 뒤틀어진 기氣이니, 만일 사람이 이 기氣를 받으면 좋지 못한 사람이 되는 것을 어찌 의심하겠는가![71]

　사람의 성은 다 선하지만, 그 성을 받아 사람이 될 때 천天의 많은 기氣가 영향을 미친다. 그중에서 대표적인 것을 예로 든다면, 해나 달이

---

71) 朱子語類, 041719, 性理: 人之性皆善. 然而有生下來善底, 有生下來便惡底, 此是氣稟不同. 且如天地之運, 萬端而無窮, 其可見者, 日月淸明氣候和正之時, 人生而稟此氣, 則爲淸明渾厚之氣, 須做箇好人; 若是日月昏暗, 寒暑反常, 皆是天地之戾氣, 人若稟此氣, 則爲不好底人, 何疑!

맑고 밝을 때는 좋은 기氣를 발산하므로 그때 생겨나는 사람도 그 좋은
기氣를 받아 좋은 사람이 된다. 이는 사람인 부모의 유전자를 받아
생겨나는 자는 그 유전자대로 사람이 되는 것에는 변함이 없지만, 그
유전자를 받을 때 그 주변 상황에 따라 좋은 기氣를 받으면 지혜롭고
순수한 사람이 되고, 그렇지 못한 기氣를 받으면 어리석고 불순不純한
사람이 된다. 이에 나면서부터 착한 사람, 악한 사람, 인정이 많은 사람,
화를 잘 내는 등 다양한 사람이 있게 되는 것이다.

> 사람의 성性은 비록 같지만, 기氣를 받는 데는 편중이 없을 수
> 없다. 목기木氣를 많이 얻은 자가 있으면 측은한 마음은 항상 많으나
> 수오羞惡, 사양辭讓, 시비是非하는 마음은 막혀서 드러나지 못한다.
> 금기金氣를 많이 얻은 자가 있으면 수羞・오惡하는 마음은 항상 많으
> 나, 측은惻隱, 사양辭讓, 시비是非하는 마음은 막혀서 드러나지 못한
> 다. 수기水氣나 화기火氣도 또한 그렇다. 오직 음陰・양陽이 덕德을
> 합하고, 오성五性을 온전히 갖춘 뒤에야 중정中正하여 성인聖人이 된
> 다.72)

오행五行의 기氣를 고르게 받은 자는 중정中正하여 항상 상황에 알맞
게 대처할 수 있지만, 어느 특정한 기氣를 편중되게 많이 받거나 적게
받은 자는 그 영향으로 시중時中하지 못하고 항상 편향된 방향으로
대처하게 된다. 화를 내야 할 상황에서 인정에 끌려 화를 내지 못하거
나, 인정을 베풀어야 할 상황에서 냉정하게 하는 것은 모두 성이 기질에

---

72) 朱子語類, 042505, 性理: 人性雖同, 稟氣不能無偏重. 有得木氣重者, 則惻隱
之心常多, 而羞惡辭遜是非之心爲其所塞而不發; 有得金氣重者, 則羞惡之
心常多, 而惻隱辭遜是非之心爲其所塞而不發. 水火亦然. 唯陰陽合德, 五性
全備, 然後中正而爲聖人也.

가려서 제대로 드러나지 못한 것이다. 이처럼 기氣에 싸여 있으면서 기氣의 영향을 받는 성을 기질지성이라고 한다. 성은 항상 기氣의 도움으로 존재할 수 있고, 또 그 성을 실행할 수 있으므로 기氣를 제거할 수 없다. 즉 현실적으로 이 세상에 존재하는 성은 기질지성뿐이다. 그러므로 공자孔子는『논어論語』에서 "성性은 서로 가깝고, 습관은 서로 멀다."[73]고 하였으며, 주자는 다음과 같이 주석하였다.

> 여기서 말한 성性은 기질氣質을 겸하여 말한 것이다. 기질지성氣質之性은 본디 좋음과 나쁨의 다름이 있다. 그러나 그 처음으로 말하면 다 서로 크게 멀지 않다. 다만 선善에 길들면 선해지고, 악惡에 길들면 악해지니, 이에 비로소 서로 멀어진다.[74]

기질지성은 기질氣質에 싸여서 그 기질의 영향을 받고 있는 성이다. 따라서 선악善惡, 미추美醜 등의 차이가 있다. 그 기질이 성대로 잘하기도 하고, 그 성대로 하는 것을 방해하기도 한다. 그러나 처음에는 그 차이가 크지 않지만 어떻게 길드느냐에 따라서 점점 그 차이가 크게 벌어진다. 성과 기氣의 관계를 좀 더 정리하여 주자는 다음과 같이 말한다.

> 성性만 논하고 기氣를 논하지 않은 것은 다 갖춰진 것이 아니고, 기氣만 논하고 성性을 논하지 않은 것은 밝지 못한 것이다. 대개 본연지성本然之性은 다만 지극히 선하다. 그러나 기질을 논하지 않으면 어둠과 밝음, 열림과 막힘, 굳셈과 부드러움, 강함과 약함이 있음

---

73) 論語, 陽貨2: 子曰: "性相近也, 習相遠也."
74) 論語集註, 陽貨2: 此所謂性, 兼氣質而言者也. 氣質之性, 固有美惡之不同矣. 然以其初而言, 則皆不甚相遠也. 但習於善則善, 習於惡則惡, 於是始相遠耳.

을 알지 못하므로 갖춰지지 않음이 있는 것이다. 다만 기질지성氣質之
性만 논하고, 그 본원本源을 말하지 않으면, 비록 어둠과 밝음, 열림과
막힘, 굳셈과 부드러움, 강함과 약함의 다름이 있음을 알더라도 그
지극히 선한 근원에는 다름이 있은 적이 없다는 것을 알지 못하므로
그 논의에 밝지 못한 점이 있는 것이다. 반드시 성性과 기氣를 합해서
본 뒤라야 완전하다.[75]

정명도程明道는 "성性만 논하고 기氣를 논하지 않은 것은 다 갖춰진
것이 아니고, 기氣만 논하고 성을 논하지 않은 것은 밝지 못한 것이다.
이를 둘로 나누면 옳지 않다."[76]고 하였다. 성이 선하다고만 하면 악惡
이 생기는 원인을 설명할 수 없고, 기질氣質이 악을 유발한다고만 하면
선이 생기는 이유를 설명하기 어렵다. 그러므로 이 두 측면을 종합해야
한다는 것이다. 이 두 측면을 종합하여 말하는 것이 기질지성이다. 즉
선의 원인인 성과 악의 빌미가 되는 기질을 합하여 말하는 것이 기질지
성이다. 기氣 없이 성만 홀로 존재할 수 없고, 성 없이 기氣만 홀로
존재할 수 없다. 반드시 성과 기氣가 결합하여 기질지성의 상태로 존재
한다. 그런 속에서 성은 항상 기氣가 선한 방향으로 가도록 하는데,
기氣의 능력에는 본래 선천적으로 한계가 있어서 그 성의 주재主宰를
잘 받들기도 하지만, 때로는 장애 요인이 되기도 한다. 그래서 기질의
변화가 필요하다.

---

75) 朱子語類, 591616, 告子上: "論性不論氣, 不備; 論氣不論性, 不明." 蓋本然之
性, 只是至善. 然不以氣質而論之, 則莫知其有昏明開塞剛柔强弱, 故有所不
備. 徒論氣質之性, 而不自本原言之, 則雖知有昏明開塞剛柔强弱之不同, 而
不知至善之源未嘗有異, 故其論有所不明. 須是合性與氣觀之, 然後盡.
76) 孟子集註, 告子上6: (程子)又曰: "論性不論氣, 不備; 論氣不論性, 不明, 二之
則不是"

> 장횡거張橫渠가 "형체가 있은 뒤에 기질지성氣質之性이 있다. 잘
> 돌이키면 천지지성天地之性이 보존된다. 그러므로 기질지성을 군자
> 는 성性으로 여기지 않는다."고 하였다. 내가 살피건대, …… 대개
> 받은 기질은 비록 선하지 않은 것이 있더라도 성性이 본래 선한 것을
> 해치지는 않는다. 성性이 비록 본래 선하지만, 성찰하고 바로잡는
> 노력이 없을 수 없으니, 학자가 깊이 음미해야 할 것이다.[77]

기질이 있는 한 성의 발현이 그 기질의 능력에 따라 제한될 수밖에
없다. 기질의 능력 여하에 따라 성이 잘 드러나기도 하고, 그렇지 못하기
도 하는 것뿐이지, 본래의 선한 성 자체가 변질하는 것은 아니다. 그러므
로 반성하고 바로잡아서 기질을 변화시키면 본래 선한 성이 잘 드러날
수 있다. 그러므로 군자는 기질을 핑계로 본연지성을 제한하는 것을
용납하지 않는다. 이에 일반적으로 성이라 하면 본연지성을 가리킨다.
기질지성은 실제로 이 세상에 존재하는 성이 기질의 제약을 받아
본래의 성대로 드러나지 못하는 경우가 있다는 것이지, 열악한 기질에
제약당한 성을 그대로 인정한다는 것은 아니다. 기질이 아무리 열악하
더라도 열심히 노력하여 그 기질을 변화시키면 본래의 성이 잘 드러날
수 있는 것이다.

> 기氣를 성性이나 명命이라고 할 수 없다. 다만 성性이나 명命이
> 이로 인해 존립存立할 뿐이다. 그러므로 천지지성天地之性을 논하면
> 오로지 리理만을 가리켜 말하고, 기질지성氣質之性을 논하면 리理와
> 기氣를 섞어서 말하는 것이지, 기氣를 성性이나 명命으로 여기는 것은

---

77) 孟子集註, 告子上6: 張子曰: "形而後有氣質之性, 善反之則天地之性存焉. 故
氣質之性, 君子有弗性者焉." 愚按……蓋氣質所稟, 雖有不善而不害性之本
善; 性雖本善, 而不可以無省察矯揉之功, 學者所當深玩也.

아니다.[78]

기氣는 성이 될 수 없다. 반대로 기질지성은 성이지 기氣가 아니다. 성이 기질 속에 있다 하더라도 성은 성이고 기氣는 기氣이므로[79] 기질 지성을 기질로 보아서는 안 된다. 그렇게 되면 기질을 변화시킨 다음 드러날 성이 없게 된다.

성性은 반드시 기氣와 결합해야 하므로, 본연지성은 현실 속에 실제로 존재한다고 말하기 어렵다. 그런데도 기질지성을 먼저 말하지 않고, 일반적으로 본연지성만을 성으로 보는 것은 성의 순수성을 여전히 확보할 필요가 있기 때문이다. 따라서 『논어論語』의 성여천도性與天道, 『중용中庸』의 천명지위성天命之謂性, 맹자孟子의 성선性善 등의 성은 모두 본연지성을 말한 것이다. 오히려 기질지성은 송대宋代에 와서 비로소 분명히 언급되었다. 본연지성은 주는 자의 입장에서 주로 말하는 것이고, 기질지성은 받는 자의 입장에서 말하는 것이다. 비유하자면, 부모가 학생에게 1등을 하라는 임무를 부여하였으나, 나의 능력으로는 10등도 벅차다. 여기서 1등은 본연지성이고, 10등은 기질지성이다. 그런데 10등을 하려면 1등을 목표로 삼아 최선을 다해야 10등도 가능한 것이지, 처음부터 10등만 하겠다고 선을 그어 놓으면 10등도 어렵다. 또 이왕 목표를 정할 것이면 1등으로 하는 것이 더 바람직하다. 아무리 지능知能이나 건강 등 기질이 열악하여 1등을 하기가 거의 불가능하더

---

78) 朱子大全, 564507, 答鄭子上: 氣不可謂之性命, 但性命因此而立耳. 故論天地之性則專指理言, 論氣質之性則以理與氣雜而言之, 非以氣爲性命也.

79) 朱子語類, 041512, 性理1: 論天地之性, 則專指理言; 論氣質之性, 則以理與氣雜而言之. 未有此氣, 已有此性. 氣有不存, 而性却常在. 雖其方在氣中, 然氣自是氣, 性自是性, 亦不相夾雜. 至論其徧體於物, 無處不在, 則又不論氣之精粗, 莫不有是理.

라도 열심히 노력하다 보면 10등을 넘어 9등도 할 수 있다. 그러므로
아무리 올라가지 못할 나무라도 목표는 1등에 두는 것이다. 그러므로
유학儒學에서는 항상 성인聖人을 목표로 하며, 그 이하를 목표로 하지
않는다.80) 이것이 바로 기질지성을 성으로 하지 않고 본연지성을 성으
로 하는 까닭이다. 이렇게 보면 우리의 마음속에 기질지성은 있지 않
고, 오히려 본연지성만이 있다고 할 수 있다.

또 본연지성과 기질지성은 서로 다른 두 개의 성이 아니라,81) 관점에
따라 다르게 말하는 것뿐이다. 비유하자면, 성은 해와 같고, 기질은
구름과 같다.82) 구름에 가린 해를 말할 때는 기질지성이고, 그 구름에
가렸더라도 전혀 변함이 없는 해만을 가리킬 때는 본연지성이라고 한다.
결국 본연지성과 기질지성은 관점의 문제일 뿐이며, 나아가 본연지성에
대한 기氣의 역할을 적극적으로 인정하여 말하는 것이 기질지성이다.

기질지성은 기질의 방해로 악행惡行을 하는 경우도 있지만, 기질의
도움으로 선행善行을 하는 경우가 더 많으므로 기질지성을 항상 악惡으
로 규정해서는 안 된다. 기氣는 본래 천天의 명령을 따라 이합집산離合集
散하여 형체를 이루고, 거기에 성을 받아들인 것이므로 절대적으로 성
대로 하는 것이 원칙이다. 다만 그렇게 하여 생겨난 물건이라 하더라도
이미 형체를 이루고 나면, 천天도 어쩌지 못하는 부분이 있어서 기氣가
도리어 성의 주재를 받들지 못하는 경우가 생기는 것이며, 그때 비로소
악惡이 되는 것이다.83) 결국 기질지성은 선한 경우와 악惡한 경우가

<hr>

80) 朱子語類, 041803, 性理1: 人之爲學, 却是要變化氣稟, 然極難變化. 如"孟子
道性善", 不言氣稟, 只言"人皆可以爲堯舜". 若勇猛直前, 氣稟之偏自消, 功
夫自成, 故不言氣稟.
81) 朱子大全, 442415, 答方伯謨: 大抵本然之性與氣質之性, 亦非判然兩物也.
82) 朱子語類, 042701, 性理1: 亞夫曰: "性如日月, 氣濁者如雲霧." 先生以爲然.
83) 朱子語類, 042009, 性理1: 氣雖是理之所生, 然旣生出, 則理管他不得. 如這理

모두 있으므로, 악으로만 규정하는 것은 잘못이다. 그때도 엄밀히 말하면 기질의 잘못이지, 성의 잘못은 아니므로 기질과 기질지성은 분명히 구분되어야 한다. 천차만별한 기질에 싸여 있는 기질지성을 가진 우리가 선행을 할 수 있는 것은 그 성이 주재하는 대로 그 기질이 그 주재를 받들어서 가능한 것이고, 악행을 하는 것은 그 기질이 그 성의 주재를 받들지 못해서 그런 것이다.

VI. 결론結論

선진先秦시대 『논어論語』, 『맹자孟子』 등에 사용되었던 성性 개념과 그 후 송宋·명明시대 성리학자性理學者들이 사용한 성 개념은 본래 일관되고 동일하다. 즉 그때의 성도 본연지성을 의미하는 경우도 있었고, 기질지성을 의미하는 경우도 있었다. 다만 맹자孟子가 성선설性善說을 천명하기는 하였지만, 왜 악惡이 생기는가에 대해서는 자세히 설명하지 않았다. 이에 순자荀子의 성악설性惡說을 비롯하여, 성무선악설性無善惡說, 성선악혼설性善惡混說, 성삼품설性三品說 등 분분한 논의가 있었다. 그 후 송대宋代에 이르러 장횡거張橫渠와 정명도程明道가 기질지성론氣質之性論을 제시하면서 이 문제는 일단락되었다. 즉 성은 선하지만 그 성을 받아 성이 실현될 수 있도록 하는 기氣는 천차만별하여, 성대로 잘기도 하고, 못하기도 한다. 성대로 하면 선이 되고, 성대로 하지 못하면 악이 된다. 만물이 선할 수 있는 것은 성의 소이연적所以然的인 주재主宰84) 때문이지

寓於氣了, 日用間運用都由這箇氣, 只是氣强理弱.
84) 모든 물건은 자기의 본성/성질대로 움직이려고 하는데, 그런 특성이나 경향성, 방향성을 '所以然的 主宰'라 한다. 이것이 만물 안에서 性이 가지는 역할

만, 기질의 우열愚劣 때문에 선과 악으로 나뉜다. 그러나 잡박雜駁한 기질을 변화시켜 다시 성대로 할 수 있으면 선이 된다는 것이다. 이에 일반적으로 성이라고 하면 본연지성을 가리키고, 기질지성을 가리키지 않는다.

성性은 성이 있기 전에 이미 존재하는 천天으로부터 부여되는 임무이며, 이 임무인 성을 중심으로 이를 실현할 수 있는 기氣가 모여들어 물건이 생겨난다. 이때 임무인 성은 다시 그 물건의 성질이 되어, 그 물건이 그 임무를 수행하고 싶도록 유도한다. 즉 임무가 성질이 되고, 성질은 다시 갈 길을 지시한다. 그 길이 리理이고, 이것이 성즉리性卽理이다.

성性은 천天으로부터 주어진 여러 리理가 하나로 뭉뚱그려진 덩어리와 같은 것이다. 즉 기氣인 심心 속에 그 심心의 성질이 되어 녹아들어 있다. 이러한 심心의 특성/성질, 즉 성은 그가 어떤 상황을 만났을 때 항상 일정한 방향으로 나아가도록 한다. 만일 그 성을 잃으면, 즉 실성失性하면 그는 어느 방향으로 갈지 종잡을 수가 없다. 결국 성은 어느 물건이 항상성恒常性이나 경향성傾向性을 가질 수 있게 해 주는 것이므로, 실성失性하면 항상성을 잃게 되고, 이렇게 되면 존재가치도 함께 잃는다. 한편 리理는 어느 물건이 어떤 상황을 만났을 때, 그 성대로 대처해 가는 길이며, 실처럼 가닥을 지을 수 있고, 아울러 가는 방향이 있다. 성은 어느 물건에 내재內在한 성질을 총체적으로 말하는 것이며, 리理는 어느 물건이 다른 어느 물건을 만나는 상황이 생겼을 때, 그 성대로 대처해 나가는 방법이나 길을 의미한다. 천명天命으로 주어지는 리理에는 성이 종속되고, 성대로 할 때는 리理가 종속된다. 즉 천명지리天命之理→성性→솔성지리率性之理처럼, 천명天命의 리理가 모여 성이 되고, 그 성이 다시 성대로 리理를 규정한다. 비유하면, 성은 천명天命의 종착점

이다. 이를 理的인 主宰라고 하며, 지각과 사려 판단 등을 통한 氣的인 주재와는 다르다.

終着點임과 동시에 내 행동의 출발점出發點인 점點이며, 리理는 그 점으로부터 시작하는 반직선半直線(→)이다. 여기서 성과 리理는 모두 형이상자形而上者이지만, 성은 어느 물건의 성性(물성物性)이고, 리理는 어느 사건의 리理(사리事理)이다. 따라서 성을 리理로 대신할 수는 없다.

성즉리性卽理가 자연법칙인가, 아니면 도덕법칙인가 하는 문제는 성의 개념에 대한 정의에서 저절로 해결되는 문제이다. 성은 본래 성질이므로, 성즉리性卽理는 자연법칙이다. 사람을 비롯해 만물은 다 본래의 자기 성질대로 움직여 가려고 한다. 이것은 저절로 그런 것으로서 선택의 여지가 없는 자연법칙이다. 그런데 여기서 도덕법칙을 문제 삼는 것은, 사람은 자연법칙대로만 해서는 안 되고 당위성이 추가된 도덕법칙을 따라야 한다고 생각하기 때문일 것이다. 여기서 도덕법칙은 본연지성에 따르는 것이고, 자연법칙은 기질지성에 따르는 것이다. 사람은 물론이고 다른 만물도 원칙적으로 기氣가 있는 한 본연지성과 기질지성이 동일할 수는 없다. 다만 다른 만물에 대해서는 그 괴리를 문제삼지 않는 것뿐이다. 오히려 동식물 등이 한 가지 능력에 대단한 탁월성을 가지고 있는 것을 칭찬하는 것은 사람과 다른 만물을 차별하는 것이다. 사람에게는 인의예지仁義禮智의 원만한 인격을 요구하지만, 개에게는 그런 품격을 요구하지 않는다. 그러나 모든 만물은 현실적으로 기질지성대로 할 수밖에 없지만, 본연지성을 외면할 수 없고, 본연지성을 향해 간다. 그러나 그것도 본래 부여된 성질과 임무에 따라 자연히/저절로 그러는 것이지, 당위성 때문에 그렇게 하는 것은 아니다. 따라서 자연법칙과 도덕법칙의 일치는 선일 때는 현실現實이고, 악일 때는 이상理想이다. 예를 들어 연필의 본연지성은 긁히지 않고 부드럽게 잘 써지는 것이지만, 연필심에 불순물이 섞이면 잘 써지지 않는다. 잘 써지지 않는 것은 기질지성에 따른 것으로 자연법칙이지만, 본연지성을 말하지 않을 수 없으니, 연필에게도 도덕법칙은 있는 것이다. 다만 연필에게 그렇게 하라고 요구할 수 없고, 이는 오히려 사람이 해 줘야 한다.

생각건대, 천天이 처음으로 나를 만들고자 하여, 내가 생겨났다. 천天은 선의善意를 가지고 가장 좋은 기氣를 모아, 천의 뜻(천의天意)을 가장 잘 실현할 수 있는 나를 만들고자 하였다. 그러나 기氣에는 본질적인 한계가 있으므로 완벽할 수는 없었다. 그러나 나는 나의 열악한 재능을 내세워 천의 뜻을 무시할 수 없다. 천의 뜻을 따르는 것이 그래도 내가 가장 잘할 수 있는 일이고, 내가 태어난 까닭이기 때문이다. 나의 기질을 잘 갈고 다듬어 성인聖人의 길을 가는 것은 나의 숙명이다.

제 **10** 장

공자孔子의 인사상仁思想

▌개요▌

공자의 인仁은 '개념槪念'이 아니라, 동양東洋의 체용이론體用理論에 입각立脚한 '명칭名稱'이다. 개념槪念은 본질적本質的 속성屬性을 추상抽象한 것이지만, 명칭名稱은 사물事物의 성性이나 덕德을 위주爲主로 명명命名한 것이다. 명칭의 대상對象은 현실現實 사물事物과 일치一致하며, 상황狀況에 따라 능동적能動的으로 변신變身한다.

인은 '심心이 임무任務를 수행遂行할 수 있는 능력能力'에 대한 명칭名稱이다. 심心의 임무는 항상 만물萬物에 리理대로 대응對應하는 것이다. 따라서 인은 리理대로 대응對應할 수 있는 심心의 능력能力이다. 여기서의 임무는 심心의 전체全體 임무任務이고, 능력能力은 심心의 전체全體 능력能力이다.

심이 전체 임무를 수행하고자 하면, 만물萬物을 두루 사랑할 임무, 그 사랑을 절제節制할 임무, 이 사랑과 절제節制를 절문節文할 임무, 주어진 상황狀況을 판단判斷할 임무가 병행並行되어야 한다. 이 네 가지 임무를 수행할 수 있는 능력을 각각 인仁·의義·예禮·지智라 한다. 즉 전체 임무는 네 가지의 임무를 포괄包括한 것이며, 전체 능력인 인은 인·의·예·지 사덕四德을 포괄한 것이다.

한편 리理대로 대응하는 것은 결국 만물을 두루 사랑하는 것이며, 또 리理대로 대응하려면 먼저 사랑할 임무를 수행해야 한다. 그러므로 전체 임무 중 사랑하는 임무가 주요主要 임무任務이고, 전체 능력 중에서는 사랑할 수 있는 능력이 가장 먼저 발동發動해야 할 주요主要 능력能力이다. 즉 사덕四德 중中의 인이 주요 능력이다. 이제 이 인이 발동하면, 그 사랑을 표현表現할 능력인 예禮, 그 사랑을 절제節制할 능력인 의義, 이 일을 갈무리할 능력인 지智가 순차적順次的으로 발동發動한다. 즉 주요 능력인 인은 순차적으로 예禮·의義·지智의 발동을 유발誘發하며, 항상 그들 속을 관통하여 흐르고 있다. 인은 심心의 전체 능력과 주요 능력을 통칭通稱하는 명칭이다.

I. 서론緖論

현대 학자들이 공자孔子의 사상을 이해하고자 할 때 부딪히는 가장 큰 난관은 공자가 용어用語를 정확하게 정의하지 않고 사용한다는 것이다. 그것은 공자의 대표적 사상인 인설仁說에 있어서도 마찬가지이다. 『논어論語』에 인仁에 대한 언급은 많지만 명석明晳하고 판명判明하게 인을 정의한 곳은 없고, 인도仁道를 실천하는 방법만을 말하였을 뿐이다. 그것도 정제된 논리로 설명한 것이 아니라, 경우에 따라 다르게 말하고, 특정 사례事例를 나열하였을 뿐이다. 그러나 공자가 제자들이 인을 알고, 인덕仁德을 갖게 하려고 평생 노력하였다는 것은 의심할 여지가 없다. 그렇다면 공자는 왜 인을 명석·판명하게 정의하지 않았는가? 그것은 공자의 학문 방법 혹은 서술 방법이 서양의 그것과 다르기 때문이다. 필자는 동양에서는 체용이론體用理論을 그 학문 방법으로 사용한다는 것을 이미 앞 장章에서 밝힌 바 있다.

서양철학에서는 유類와 종차種差에 의한 정의定義를 가장 모범적인 것으로 여겨 중시한다. 이때 종차는 정의하고자 하는 대상의 본질적 속성을 주로 반영하고, 그 대상의 형체形體나 부수적附隨的 속성屬性 등은 모두 버려진다. 따라서 논리적論理的 정의를 통하여 형성된 '개념概念'은 현실 세계 속에 존재하는 대상과 어느 정도의 괴리乖離가 있을 수밖에 없다. 즉 개념은 현실 세계 속에 존재하는 대상을 사실事實대로 반영할 수 없다.

한편 체용이론에서는 지시指示하고자 하는 대상對象에 '명칭名稱'1)을

---

1) 槪念의 언어적 표현이 名辭(Term)인 점을 감안하면, 槪念과 名稱(Name)은 비슷한 의미를 갖는다. 그러나 筆者는 '名稱'에서 서양적 의미를 배제하고 사용한다.

붙여 지칭指稱한다. 명칭은 사물의 성性과 그 덕德을 주로 반영하는데,[2] 성性은 사물의 임무任務나 역할役割[3]이며, 덕德은 그 임무를 수행할 수 있는 '능력'이다. 그리고 명칭은 그 성性이 담겨 있는 기氣도 포함하는데, 이는 기氣가 없으면 성性도 존재할 수 없기 때문이다. 또 사물이 임무를 수행하고 있을 때나, 수행하고 있지 않을 때나 같은 명칭으로 지칭되는데, 이는 임무를 가지고 있는 것 자체에는 변함이 없기 때문이다. 결국 명칭은 체體와 용用, 리理와 기氣 등을 모두 반영하며,[4] 그가 지칭하는 대상은 온전히 현실 세계 속에 실재實在하면서 소장消長·감응感應한다. 한편 성性이 같으면 동일한 명칭으로 지칭하지만, 그 대상對象을 항상 동일하게 취급하는 것은 아니며, 오히려 서로 다른 용用을 가짐으로써 조화調和를 이루는 것으로 볼 수 있다. 즉 갑甲도 사람이고 을乙도 사람이라고 하여, 이 양자兩者를 항상 동일하게 취급하지는 않으며, 오히려 성격이나 능력 등의 차이로 서로 다른 일을 하면서 협력 관계를 맺고 있는 것으로 볼 수 있다.

동서양東西洋의 이런 차이를 무시하고, 공자의 인을 '개념'으로 이해하고자 하면 곤란한 문제가 생긴다. 첫째, 명칭은 임무를 주로 반영하되 리기理氣, 체용體用 등도 포함하지만, 개념은 대상의 본질적 속성만을 주로 반영한다. 따라서 명칭은 현실 속의 대상과 일치할 수 있으나, 개념은 현실 속의 대상과 일정한 괴리가 있을 수밖에 없다. 둘째, 명칭

---

2) 또 性을 모를 때는 그 性을 반영하고 있는 形象을 중심으로 우선 命名한다. (周易, 同人, 大象: 象曰天與火同人, 君子以類族辨物. 및 周易本義 "天在上 而火炎上, 其性同也. 類族辨物, 所以審異而致同也.")
3) 이에 대한 자세한 논의는 '제5장 朱子의 理說' Ⅲ章 참조
4) 다만 철학 용어로서의 명칭은 理나 氣, 혹은 體나 用 중의 어느 하나만을 지칭하는 경우도 있다. 그러나 그런 경우에도 그것을 완전히 배제하는 것이 아니라, 이미 있는 것으로 前提한 다음 분리시켜서 언급하는 것뿐이다.

은 그 대상對象들의 다양성多樣性을 수용受容할 수 있지만, 개념은 그 대상對象들의 동일성同一性만을 인정한다. 셋째, 명칭의 대상은 스스로 변신變身하면서 상황에 대응하는 것이 허용되지만, 개념의 대상은 동일성만이 요구된다. 넷째, 명칭은 대상(실實)과의 일치一致 여부與否가 중요하지만, 개념은 보편성普遍性과 필연성必然性이 중요하다.

결국 공자의 철학에서는 어떤 사물의 '명칭'은 있으나 개념은 없고, 사물과 사물의 관계는 있으나 개념(명사名辭)과 개념을 연결하는 명제命題나 원리原理는 없다. 공자가 말하는 인이 실재實在하는 대상을 지칭하는 명칭이라면, 과연 그 지칭 대상은 무엇인가? 이제 주자朱子의 체용 이론을 적용하여 공자의 인과 관련된 언급들을 분석·고찰하여 인의 지칭 대상을 찾아보고, 나아가 '인'이라는 명칭을 어떻게 사용하는지 살펴보고자 한다.

II. 인仁의 대상對象 탐색探索

1. 인仁의 본체本體에 대한 구명究明

인仁이 어떤 사물事物에 대한 '명칭'이라면 그 지칭 대상을 알아야 하는데, 공자는 그 지칭 대상에 대하여 직접적으로 설명하기보다는 어떻게 하면 그것을 소유할 수 있는가를 말하거나, 그것을 소유한 사람이나 상황 등을 설명함으로써 제자들이 스스로 알아내고 체득體得할 수 있도록 이끌었다. 그러므로 공자가 이끄는 대로 몸소 찾아 나서는 것이 바람직하겠으나, 우선 그 설명을 통하여 그 대상을 알아보고자 한다. 공자와 수제자首弟子 안연顏淵5)의 문답을 먼저 고찰하고자 한다.

안연顏淵이 인仁을 물었다. 공자孔子가 답하였다. "사욕私欲을 이기
고 예禮로 돌아옴이 인仁이 된다. 하루 동안이라도 사욕私欲을 이기고
예禮로 돌아오면, 천하天下 사람들이 다 그 인仁함을 인정할 것이다.
인仁을 하는 것은 내가 하는 것이니, 남이 해주는 것이겠는가?" 안연
顏淵이 말하였다. "그 조목條目을 여쭙고자 합니다." 공자孔子가 답하
였다. "예禮가 아니거든 보지 말며, 예禮가 아니거든 듣지 말며, 예禮
가 아니거든 말하지 말며, 예禮가 아니거든 움직이지 말라."6)

극기克己의 '기己'는 사사로운 욕구欲求, 즉 사욕私欲이니, 비례非禮에
해당한다. 사욕은 사람이 육체肉體를 가지고 있어서 일어나는 욕구 중
에서 바람직하지 못한 것이며, 또 무엇이 옳은가 그른가를 생각하기
전에 우선 자기 몸을 위하고자 하는 동기動機를 가진 욕구이다. 따라서
사욕은 항상 악惡한 것이고, 예禮나 리理에 어긋나는 것이다. 그런데
사욕은 아직 할 일이 없을 때부터 마음속에서 일어나는 사사로운 욕구
이니, 이런 사욕을 가지고 있으면 할 일이 생겼을 때 욕구를 제대로
조절하지 못하여 인욕人欲으로 치닫게 된다.7) 이에 사욕을 먼저 제거除

---

5) 顏淵의 姓은 顏, 名은 回, 字는 子淵임. 이하 顏子로 존칭함.
6) 論語, 顏淵1: 顏淵問仁. 子曰: "克己復禮爲仁, 一日克己復禮, 天下歸仁焉.
爲仁由己而由人乎哉!" 顏淵曰: "請問其目." 子曰: "非禮勿視, 非禮勿聽, 非
禮勿言, 非禮勿動."
· 論語의 翻譯 및 解說은 모두 朱子의 『論語集註』說을 따랐으며, 『朱子語類』
를 참고하였다. 특히 人物들의 역사 기록과 관련하여 史書와 異見이 있는
것은 모두 朱子說을 따랐다.
7) 모든 欲求는 본래 天理에서 나온 것으로서 당연히 있어야 할 것들이다. 그러
나 이때 過不及이 있게 되면 惡이 된다. 私欲은 肉體를 가짐으로써 생기는
欲求 중 天理에 어긋난 것이고, 人欲은 욕구를 節制하지 못하여 天理에 어긋
난 것이다. 그리고 天理는 天命으로부터 주어진 理로서, 일이 있을 때나 없을
때나 항상 존재한다. 또 私欲은 氣質이 치우친 데서 오는 것과 남과 대립하려
는 데서 오는 것도 있다.

去해야 인욕으로 치닫지 않도록 욕구를 조절할 수 있는 바탕이 마련된다. 극기는 사욕을 잠시 잠재우는 것이 아니라 완전히 뿌리째 뽑아버리고 선善한 욕구만이 유행流行·발현發現하도록 하는 것이다.

복례復禮의 '예禮'는 리理에 따라 일의 경중輕重과 그 처리 방식 등을 규정한 규범規範으로서, 본래 리理라고 하는 것이 타당하지만 리理는 형체形體가 없어 알기 어려우므로 명시적明示的 규범規範인 예禮를 대신 사용한 것이다. 결국 리理에 맞는 것은 예禮이고, 리理에 맞지 않는 것은 비례非禮이다. 자신의 개인적 욕구에 대응하는 일이든, 자기 앞의 외적外的인 상황에 대응하는 일이든, 거기에는 각기 다른 절차와 형식의 예禮가 있으므로 그를 따르는 것이 복례復禮이다. 다만 복復, 즉 '돌아오다'라고 한 것은 본래 자기가 가지고 있던 것을 잃어버렸다가 다시 찾거나, 혹은 그 능력을 상실喪失하였다가 다시 회복한다는 의미이다.

여기서 극기와 복례의 관계를 보면, 먼저 극기하지 않으면 복례할 수 없으니 극기는 복례의 바탕이 되며, 복례는 그 바탕 위에서 다시 모든 일을 리理대로 하는 것이다. 따라서 극기는 바탕을 확립하는 것이니 체體를 위한 공부이고, 복례는 그 체體가 잘 유행·발현할 수 있도록 하는 것이니 용用을 위한 공부이다. 체體가 있다 하여 항상 저절로 용用이 유행·발현하는 것은 아니므로 극기 후에 복례하는 공부가 또 필요한 것이다.

극기복례하는 공부를 철저히 하여 사욕이 없어지고, 하는 일마다 모두 리理에 맞으면, 그것이 바로 인이 된다는 것이다.[8] 따라서 인은 극기복례하는 공부를 하는 중에 드러나며, 그 공부의 결과로 획득되는 것이지, 그 공부 자체는 아니다.

---

8) 朱子語類, 410119, 顔淵篇上: "克己復禮爲仁", 與"可以爲仁矣"之'爲', 如謂之'相似. 與"孝弟爲仁之本", "爲仁由己"之'爲'不同.

안자顏子가 한 것과 똑같은 질문을 중궁仲弓(염옹冉雍의 자字)도 하였
는데, 공자의 답은 서로 달랐다.

> 중궁仲弓이 '인仁'을 물었다. 공자孔子가 답하였다. "문을 나서면
> 큰 손님을 뵙듯이 하며 백성을 부릴 때는 큰 제사를 모시듯이 하고,
> 자기가 원하지 않는 것을 남에게 베풀지 말라. 그러면 나라 안에도
> 원망하는 사람이 없고, 집안에도 원망하는 사람이 없을 것이다."[9]

큰 손님(대빈大賓)은 함부로 대할 수 없는 어려운 손님이다. 이런
손님을 접대할 때는 긴장하여 응대應對에 온 신경을 집중하며 조심한
다. 큰 제사(대제大祭)는 시조始祖나 천지天地 등에 지내는 제사이다.
이때는 목욕재계沐浴齋戒로 몸과 마음을 깨끗이 하고, 그 제사를 받는
귀신鬼神에 대해 한마음으로 정성을 다한다. 이것은 마음이 한 가지
일에 집중되어 있는 것이니, 바로 경敬이다. 문밖에 나가 사람을 대할
때나, 백성을 부리는 일에서나 이런 공경恭敬하는 마음을 가지라는 것
이니, 항상 경敬을 유지하여 마음을 전일專一하게 가지라는 것이다.[10]

자기가 원하지 않는 것을 남에게 베풀지 말라는 것은 서恕이다. 추기
급인推己及人(자기를 미루어 남에게 미침)하는 서恕는 극진한 자기 마음
(충忠)을 잣대로 판단한 것을 남과 함께 할 수 있도록 노력하는 것이다.
즉 자기가 좋아하는 것은 남도 좋아할 것으로 판단하여 남이 가질 수
있도록 도와주고, 자기가 싫어하는 것은 남도 싫어할 것으로 판단하여

9) 論語, 顏淵2: 仲弓問仁, 子曰: "出門如見大賓, 使民如承大祭. 己所不欲, 勿施
於人. 在邦無怨, 在家無怨."
10) 朱子語類, 121001, 學6: 或云: "主一之謂敬, 敬莫只是主一?" 曰: "主一又是敬
字注解. 要之, 事無小無大, 常令自家精神思慮盡在此. 遇事時如此, 無事時
也如此."

남에게 주지 않는 것이다.

위의 내용을 요약하면 주경행서主敬行恕(경을 위주로 하고 서를 행함)11)이다. 주경主敬은 한 가지 일에 몰두沒頭하여 마음을 전일專一한 상태로 유지維持하는 공부이고, 행서行恕는 이를 바탕으로 하여 남을 배려해 나가는 공부이다. 즉 주경主敬은 체體를 확립하는 공부이고, 행서行恕는 용用이 유행·발현할 수 있도록 하는 공부이다. 그런데 이 주경행서主敬行恕 역시 인을 물은 데에 대한 답변이므로 이것 또한 인이 될 것이다. 즉 인은 주경행서하는 공부를 하는 동안 드러나며, 그 공부를 철저히 한 결과로 얻어지는 것이지, 그 공부 자체는 아니다.

이제 위의 두 인용문을 통하여 인이라는 명칭이 무엇을 지칭하는지 분석해 보고자 한다. 먼저 주경主敬과 극기克己 공부의 주체는 누구인가? 그것은 내가 하는 것이다.12) 그런데 나의 한 몸을 대표하고, 나의 몸을 주재主宰하는 자는 심心(마음)13)이니, 궁극적으로는 나의 심心이 스스로 하는 것이다. 그렇다면 스스로 그렇게 하는 이유는 무엇인가?

먼저 주경의 경우, 손님 앞에서 방심放心하여 마음을 산만散漫하게 하면 응대應待를 잘할 수 없다. 그러므로 손님 접대를 잘하기 위해서 스스로 긴장하고 그 일에 마음을 집중集中한다. 주경은 심心 자신이 스스로 다잡아 자신의 역량力量을 집중集中하여 대응對應을 잘하고자 하는 것이다.14) 다음으로 극기克己의 경우, 심心이 사욕에 가려져 있으면 주어진 상황에 대하여 공평公平하게 판단判斷하고 정당正當하게 대

11) 論語集註, 顏淵2, 仲弓問仁章: 愚按: 克己復禮, 乾道也. 主敬行恕, 坤道也.
12) 論語, 述而29: 子曰: "仁遠乎哉? 我欲仁, 斯仁至矣."
13) 朱子語類, 051513, 性理3: 心, 主宰之謂也. 動靜皆主宰, 非是靜時無所用, 及至動時方有主宰也. 言主宰, 則混然體統自在其中. 心統攝性情, 非儱侗與性情爲一物而不分別也.
14) 朱子語類, 121504, 學6: 敬, 只是此心自做主宰處.

응對應할 수 없다. 그러므로 극기는 심心 자신이 육체의 영향력을 배제하고 자신의 판단력과 대응력을 유지하려는 것이다.

심心은 수시로 변화變化하는 외부 상황에 관하여 판단과 대응를 하지 않을 수 없다. 이때 역량을 집중하고 외부의 영향력을 배제함으로써 공평하게 판단하고 정당하게 대응할 수 있도록 하려는 것이 바로 주경主敬과 극기克己 공부이다. 정리하면 '공평公平한 판단과 정당한 대응'은 심心의 임무이고, 그 임무 수행을 잘할 수 있도록 노력하는 것은 극기 공부이다.

이런 공부를 거듭하여 주경主敬 공부가 완성되면 노력하지 않고도 자연스럽게 거경居敬할 수 있고, 극기克己 공부가 완성되면 더는 이겨야 할 사욕私欲이 없게 될 것이다. 이런 상태에 도달하면 심心은 임무 수행 능력能力, 즉 '공평公平한 판단력判斷力과 정당正當한 대응력對應力'을 보유한 상태가 된다. 그런데 공자는 이런 공부를 완성하는 것이 인이 된다고 하였으니, 심心이 '임무 수행 능력'을 보유保有한 것이 인을 가진 것이 된다는 것이다. 따라서 공자의 인은 '심心의 임무 수행 능력'을 지칭하는 명칭이다. 즉 인의 지칭 대상은 심心의 (리적理的인) 능력, 즉 심心의 덕德이다.[15]

---

15) 어떤 사물이 자신의 임무를 遂行하기 위해서는 理的인 능력과 氣的인 능력을 兼備해야 한다. 이때 理的인 능력을 德이라 하고, 氣的인 능력을 才라 한다. 다만 엄밀하게 구분하기는 곤란하고 兩者 모두 다른 요소를 포함한다. 예를 들면 활을 쏘아 과녁을 맞추는 능력은 德이고, 그것을 貫通하는 능력은 才이다. 이때 활을 쏠 수 있을 정도의 건강은 있어야 하니, 이것은 氣的인 요소이지만 德에 포함되고, 강한 힘도 일정한 방향으로 발휘할 수 있을 때 비로소 才로서 기능하는 것이므로 역시 理的인 요소를 포함하는 것이다.(八佾 16: 子曰: "射不主皮, 爲力不同科, 古之道也." 참조). 다만 일반적으로 능력은 德을 의미한다. 또 德은 두 가지 경우가 있는데, 하나는 先天的으로 얻은 것이고, 다른 하나는 학문과 실천을 통하여 後天的으로 얻는 것이다.

그런데 어떤 것이 공평한 판단과 정당한 대응인가? 먼저 공평한 판단의 기준은 위에서 말한 것처럼 주경主敬과 극기克己에서 찾아야 할 것이다. 그러나 주경主敬과 극기克己 자체는 공평한 판단의 기준이 아니라 전제 조건이다. 주경主敬하여 심心을 집중하면, 주어진 상황의 미세한 변화도 놓치지 않고 즉시 감지感知할 수 있으며, 아울러 그 전체 상황도 종합적으로 파악할 수 있을 것이다. 극기克己하여 사욕을 제거하면, 실상實狀을 왜곡하지 않고 객관적인 입장에서 실상 그대로를 알 수 있을 것이다. 물론 이때 실상을 안다는 것은 상황의 외형적인 모습만을 안다는 것이 아니라, 그 원인이나 변화의 추이推移 등을 종합하여 리理를 안다는 것이다. 결국 실상의 리理대로 판단하는 것이 공평한 것이다.

다음으로 정당한 대응의 기준은 행서行恕와 복례復禮에서 찾아야 할 것이다. 그런데 행서行恕는 대인관계對人關係에 있어서 충忠을 기준으로 하는 것이고, 복례復禮는 대인관계 및 대물관계對物關係에 있어서 례禮, 즉 리理를 기준으로 하는 것이다. 그런데 충忠을 극진히 하면 리理와 일치一致하니, 리理대로 하는 것이 정당한 것이다.

종합하면 공평한 판단과 정당한 대응의 기준은 리理이다. 그러므로 만물에 대하여 '리理대로 판단하고 리理대로 대응하는 것'이 심心의 임무이고, 그 임무 수행 능력이 인이다.

한편 심心이 만물萬物에 대하여 공평하게 판단하고 정당하게 대응하는 이면裏面에는 상대相對에 대한 배려와 사랑이 들어 있다. 만일 만물을 사랑하는 마음이 없이 자기중심적으로 대응한다면, 자의적恣意的으

그러나 兩者가 얻은 內容은 서로 일치한다. 또 임무는 한 가지 일만 있는 것이 아니라 여러 가지가 있는데, 이것을 두루 잘하지 못하고 한쪽에 偏重되면 惡德이 된다.

로 판단하고 사욕私欲에 따라 대응對應할 것이기 때문이다. 결국 만물에 정당正當하게 대응하는 것은 사랑의 다른 표현이다. 그러므로 공자는 인덕을 가진 인자의 행동에 대하여 다음과 같이 말한다.

대저 인자仁者는 자기가 서고자 하면 남도 서게 하고, 자기가 도달
하고자 하면 남도 도달하게 한다.16)

자기가 서고 싶은 곳에 남이 서게 하는 것은 추기급인推己及人(나를 미루어 남에게 미침)하는 서恕와 비슷하나, 여기의 인자가 하는 것은 이기급인以己及人(나의 일을 계기로 남에게 미침)하는 것이니 서恕와 다르다. 남을 어떻게 대해야 할 것인가가 문제될 때, 서恕를 행하는 자는 자기 자신에 비추어 보며 미루어 짐작하지만, 인자는 자신의 상황을 계기로 하여 미루어 볼 필요 없이 이미 알고 있는 리理대로 바로 행한다.17)

인자는 이미 사욕私欲을 제거한 자이므로 천지만물天地萬物에 대응함에 있어 자기 몸을 중심으로 생각하고 행동하는 자가 아니라, 천지만물에 리理대로 대응하는 자이다. 이것이 바로 사심私心 없이 천지만물을 돕는 것이요, 사랑하는 것이다. 이 인용문에서 공자는 만물에 대한 사랑 역시 심心의 임무任務임을 말한다. 만물에 리理대로 대응해야 하는 임무 중에는 이미 그들을 두루 사랑하는 임무가 포함되어 있는 것이다.

---

16) 論語, 雍也28: 夫仁者, 己欲立而立人, 己欲達而達人.
17) 推己及人하는 恕는 상대가 무엇을 좋아하는지 모르므로 그도 나와 같을 것이라고 생각하여 내가 싫어하는 것을 그에게 시키지 않는다. 그러나 사실은 나와 같다고 확신할 수도 없으므로 소극적으로 할 수밖에 없다. 반면에 以己及人하는 仁은 상대가 원하는 것을 확실히 알기 때문에 아는 대로 적극적으로 한다. 다만 나의 일이 생기기 전까지는 그를 미처 생각하지 못하다가 내 일이 발생하였을 때 비로소 생각이 난 것뿐이다.

만물을 두루 사랑하면, 그것이 원동력原動力이 되어 만물에 리理대로 대응할 수 있는 추진력推進力이 생긴다. 결국 사랑은 리理대로 대응하는 임무의 일부一部이기는 하지만, 가장 중요한 임무이다. 따라서 인은 사랑하는 임무를 수행할 수 있는 능력이고, 이것이 주요 능력이다.

다음은 그 능력, 즉 인덕이 얼마나 오랫동안 유지維持되어야 하는가를 고찰하고자 한다.

> 안회顔回는 그 마음이 석 달 동안 인仁에 어긋나지 아니하고, 그 나머지 사람들은 하루에 한 번, 한 달에 한 번 이에 이를 뿐이다.[18]

심心이 인에 어긋났다는 것은 본래 심과 그 능력이 하나로 합해져 있었으나, 사욕私欲으로 인因하여 서로 어긋나 틈이 벌어져 둘이 되었다는 것이다. 인은 심의 임무 수행 능력인데, 그 사이가 어긋나서 틈이 생기면 심은 그 능력을 상실하여 심 노릇을 못하게 된다.[19]

안자顔子는 석 달 동안 내내 심이 자신의 능력을 유지하였고, 다른 사람들은 하루에 한 번, 혹은 한 달에 한 번씩 그 능력을 잠깐 동안 보유保有하였다. 그렇다면 안자는 인이 주인이 되어 심이 임무를 수행할 수 있게 하였으나, 다른 사람은 오히려 사욕이 주인이고 인이 손님이 되어 들락날락한 것이다. 결국 안자처럼 인이 주인이 되어야 인자라고 할 수 있다는 것이다. 물론 안자도 석 달 후를 보장하지 못하였으니, 아직 인자는 아니다. 자나 깨나 언제 어디서나 항상 자신의 인덕을 잃지 않는 자라야만 인자가 되는 것이다.[20]

---

18) 論語, 雍也5: 子曰: "回也, 其心三月不違仁, 其餘則日月至焉而已."
19) 朱子語類, 310314, 雍也篇2: 仁與心本是一物, 被私欲一隔, 心便違仁去, 却爲二物. 若私欲旣無, 則心與仁便不相違, 合成一物. 心猶鏡, 仁猶鏡之明. 鏡本來明, 被塵垢一蔽, 遂不明. 若塵垢一去, 則鏡明矣.

요약컨대 인은 심의 임무 수행 능력이다. 그런데 만물을 '공평하게 판단하고 정당하게 대응하는 것', 즉 '리理대로 판단하고 대응하는 것'은 '전체 임무'이고, 그중의 '주요 임무'만을 말하면 '만물을 두루 사랑하는 것'이다. 따라서 전체 임무에 대한 전체 능력으로서의 인은 '모든 일 처리를 리理대로 할 수 있는 능력'이며, 주요 임무에 대한 주요 능력으로서의 인은 '만물을 두루 사랑할 수 있는 능력'이다. 인은 이 두 측면의 능력을 통칭通稱하는 명칭이다.

2. 인仁의 유행流行에 대한 구명究明

여기서는 인이 구체적으로 어떻게 유행流行·발현發現하는가를 고찰하고자 한다. 이 분석을 거치면 인의 본체本體가 어떤 것인지를 좀 더 종합적으로 파악할 수 있을 것이다. 먼저 인이 유행·발현하는 방향과 그 강도强度에 관한 것이다.

> 지사志士와 어진 이(인자仁者)는 살기 위해서 인仁을 해침은 없고,
> 몸을 죽여서 인仁을 이룸은 있다.[21]

인자는 천지만물에 리理대로 대응하고, 두루 사랑하는 능력인 인덕을 가진 자이다. 이에 인자는 자기 능력을 발휘할 수 있는 방향으로 나아간다. 이것이 인자의 길, 즉 인도仁道이다. 그런데 인자는 생사生死의 갈림길에서도 인도仁道만을 가고자 한다. 즉 육체의 생사生死는 돌아보지 않고, 오직 무엇이 옳고 그른가만을 본다. 죽는 것이 마땅하면

---

20) 論語, 里仁5: 子曰: "君子無終食之間違仁, 造次必於是, 顚沛必於是."
21) 論語, 衛靈公8: 子曰: "志士仁人, 無求生以害仁, 有殺身以成仁."

죽고, 사는 것이 마땅하면 산다. 이것이 인이 유행·발현하는 방향이며,
그것은 죽음을 무릅쓸 만큼 강한 것이다. 다음은 인자가 인도仁道를
행行하고자 하는 이유이다.

> 어질지 못한 자(不仁者)는 곤궁困窮한 곳에 오래 있지 못하고, 즐거
> 운 곳에도 길게 있지 못한다. 인자仁者는 인仁을 편안해하고, 지혜로
> 운 자는 인仁을 이롭게 여긴다.[22]

불인자不仁者는 빈천貧賤 같은 어려운 상황을 만나면 그것을 모면하
기 위하여 도리道理에 맞지 않는 짓이라도 거침없이 하며, 부귀富貴
같은 좋은 상황을 만나면 방심放心하여 자기도 모르는 사이에 교만방자
驕慢放恣하다. 그러나 인자는 부귀를 추구하지도, 빈천을 피하지도 않는
다. 이미 생사를 초월하였으니, 빈부귀천貧富貴賤 쯤은 당연히 문제가
되지 않는다. 인자는 부귀富貴와 공명功名을 누리기보다는 인도仁道를
행行하는 것이 자연스럽고 편안便安하다. 이것이 인자가 인도仁道를 행
하려는 이유이다.

인자는 늘 태연자약泰然自若하고[23] 근심이 없으나[24], 일이 앞에 닥치
면 용기勇氣 있게 나아가[25] 인도仁道를 행하니, 마음이 항상 편안하다.
그러나 불인자는 이利·불리不利를 헤아리기에 마음을 졸이며 근심하지
만, 막상 일을 당해서는 다시 그 손익損益을 계산하느라 용기 있게 일을

22) 論語, 里仁2: 子曰: "不仁者不可以久處約, 不可以長處樂. 仁者安仁, 知者利
仁."
23) 論語, 雍也21: 子曰: "知者樂水, 仁者樂山. 知者動, 仁者靜. 知者樂, 仁者壽."
24) 論語, 憲問30: 子曰: "君子道者三, 我無能焉. 仁者不憂, 知者不惑, 勇者不
懼." 子貢曰: "夫子自道也."
25) 論語, 憲問5: 子曰: "有德者必有言, 有言者不必有德. 仁者必有勇, 勇者不必
有仁."

추진하지도 못하니, 마음이 항상 불안不安하다.

다음은 서로 다른 상황을 만났을 때 인仁이 어떻게 유행·발현하는가 하는 문제이다.

> 오직 인자仁者라야 능히 사람을 좋아할 수 있고, 능히 사람을 미워
> 할 수 있다. 26)

인자는 사심私心 없이 천지만물을 공평公平하게 대한다. 그러나 선인善人과 악인惡人을 동일하게 대하는 것이 아니라, 선인善人은 좋아하여 후대厚待하고 악인惡人은 미워하여 냉대冷待하는 것이 공평한 것이다. 이때 인자만이 선악善惡의 정도에 따라 리理대로 할 수 있다는 것이다. 그러나 선택은 나의 심心이 하지만, 그런 선택을 하도록 원인을 제공한 것은 대상 자신이다.

여기서 심의 전체 임무를 가지고 생각해 보면, 선악을 구분하는 것이 공평한 것이며, 또 구분하였으면 그에 대한 대응도 다르게 하는 것이 정당하다는 것이다. 결국 전체 임무는 선인善人을 좋아할 임무와 악인惡人을 미워할 임무로 양분兩分할 수 있고, 그에 따른 능력을 각각 인仁과 의義라 한다.

한편 만물을 두루 사랑하는 주요 임무를 가지고 생각하면, 악인惡人도 인자가 사랑할 대상이다. 그런데 왜 악인惡人은 미워하는가? 미워함은 여전히 사랑의 연장선상延長線上에 있다. 왜냐하면 미움은 상대를 괴롭히기 위한 것이 아니라, 상대가 잘못을 고치고 선인善人이 되도록 하기 위한 것이기 때문이다. 다음은 이에 대한 구체적인 설명이다.

---

26) 論語, 里仁3: 子曰: "惟仁者, 能好人, 能惡人."

번지樊遲(이름: 수須)가 인仁을 묻자, 공자孔子가 답하기를 "사람을 사랑하는 것이다."라 하였고, 지智를 묻자, 공자孔子가 답하기를 "사람을 아는 것이다."라고 하였는데, 번지樊遲가 이해하지 못하자, 공자孔子가 말하였다. "곧은 이를 들어 쓰고 모든 굽은 이를 놓아두면 굽은 이를 곧게 할 수 있다."27)

사람을 사랑하는 것(애인愛人)은 모든 사람을 차별 없이 두루 사랑하는 것이고, 사람을 아는 것(지인知人)은 사람들의 선악을 분별하는 것이니, 인仁과 지智가 서로 상충相衝하는 것처럼 보인다. 그러나 선인善人을 등용登用하고 악인惡人을 버려두면, 악인惡人이 자기의 잘못을 반성하여 선인善人이 되게 할 수 있다. 이것이 바로 악인惡人을 미워하는 이유이고, 악인惡人을 사랑하는 방법이다.

여기서 심心의 전체 임무는 시비선악是非善惡을 가릴 임무, 선인善人을 좋아하여 등용할 임무, 악인惡人을 미워하여 버려둘 임무로 삼분三分할 수 있다. 즉 전체 임무를 수행한다는 것은 이 세 가지 임무를 모두 수행한다는 것이다. 따라서 이 전체 임무를 수행할 심의 전체 능력인 인仁은 그 안에 지智·인仁·의義를 그 부분적인 능력으로 포함한다. 한편 주요 임무의 측면에서 보면, 사랑하기 때문에 좋아함과 미워함이 있고, 사랑하기 때문에 분별하고자 한다. 여기서도 주요 능력인 인仁은 의義와 지智를 포함한다.

다음은 인仁이 유행·발현하는 절차節次와 형식形式에 관한 문제이다.

재아宰我(이름: 여予)가 물었다. "(부모의) 삼년상三年喪은 일 년도 너무 오랜 것 같습니다. 군자君子가 삼 년 동안 예禮를 행하지 않으면

---

27) 論語, 顏淵22: 樊遲問仁. 子曰: "愛人." 問知. 子曰: "知人." 樊遲未達. 子曰: "擧直錯諸枉, 能使枉者直."

반드시 예禮가 무너질 것이고, 삼 년 동안 음악音樂을 연주하지 않으면 반드시 음악이 무너질 것입니다. 묵은 곡식은 이미 다 떨어지고, 햇곡식이 이미 나왔으며, 불씨를 만드는 나무도 철철이 바뀌었으니, 일 년이면 끝낼 만합니다." 공자孔子가 말하였다. "쌀밥을 먹고 비단옷을 입는 것이 자네는 편안한가?" 답하였다. "편안합니다." "자네가 편안하다면 그렇게 하게. 대저 군자君子가 상중喪中일 때는 맛있는 것을 먹어도 달지 않고, 음악을 들어도 즐겁지 않으며, 집 안에 있는 것이 불안不安하므로 그렇게 하지 않는 것인데, 지금 자네가 편안하다면 그렇게 하게." 재아宰我가 나간 다음, 공자孔子가 말하였다. "재아宰予의 인仁하지 못함이여! 자식이 태어나 삼 년이 지난 뒤에야 부모의 품에서 벗어날 수 있으니, 무릇 삼년상三年喪은 천하의 공통적인 상례喪禮이다. 재여宰予도 부모에게서 삼 년간의 사랑을 받았던가?"[28)

재아宰我는 부모가 돌아가셨을 때 삼 년간이나 길례吉禮나 음악 연주를 하지 않는 것은 곤란하며, 1년이면 부모를 잃은 슬픔도 가실 만한 기간이니, 기년복期年服(1년상)으로 하는 것도 좋다고 한다. 이에 공자는 그것이 마음에 편하다면 그렇게 하라고 하면서, 군자君子가 상례喪禮를 행하는 것은 마음으로부터 우러난 것임을 밝힌다. 그런 다음 재아에게 더 이상 면박面駁을 주지 않고 있다가, 재아가 나간 다음 그의 불인不仁함을 꾸짖으며, 사람이 태어나서 세 살이 되어야 비로소 부모의 품에서 벗어나

---

28) 論語, 陽貨21: 宰我問: "三年之喪, 期已久矣. 君子三年不爲禮, 禮必壞. 三年不爲樂, 樂必崩. 舊穀旣沒, 新穀旣升, 鑽燧改火, 期可已矣." 子曰: "食夫稻, 衣夫錦, 於女安乎?" 曰: "安." "女安則爲之! 夫君子之居喪, 食旨不甘, 聞樂不樂, 居處不安, 故不爲也. 今女安, 則爲之!" 宰我出. 子曰: "予之不仁也! 子生三年, 然後免於父母之懷. 夫三年之喪, 天下之通喪也. 予也有三年之愛於其父母乎?"

걸을 수 있으니 삼년상은 부모의 은혜에 보답하는 것이라고 말한다.

부모를 잃은 슬픔은 한없이 큰 것이어서 아무리 여러 해가 지나더라도 가실 수 없지만, 성인聖人이 이를 절충折衷하여 삼 년으로 한정하였다. 그러므로 아무리 슬픔이 큰 사람이라도 삼 년을 넘어서는 안 되며, 슬픔이 적은 사람이라도 삼 년은 지켜야 한다.

인仁이 유행·발현할 때 그 절차와 형식의 문제가 발생한다. 왜냐하면 같은 선善이나 악惡이라 하더라도 그 정도가 모두 다르기 때문이다. 따라서 선善과 악惡으로 양분兩分하는 데서 그치지 않고, 그것을 다시 세분細分하고 그에 따라 표현 형식을 달리해야 한다. 이 또한 만물에 정당正當하게 대응하거나, 두루 사랑하고자 할 때 반드시 해야 할 임무이다. 이 임무를 수행할 수 있는 능력이 예禮이다. 이 능력을 가지고 있으면 상대나 상황이 바뀔 때마다 그에 맞는 절차와 형식을 스스로 결정할 수 있다. 다만 그때그때 자신의 판단으로 처리하려면 힘들기도 하고 난처한 경우도 많다. 그래서 사람 대부분이 공통으로 자주 겪는 일이나 관혼상제冠婚喪祭처럼 중요한 것들을 규범화規範化·정형화定形化해 놓은 것이 예의禮儀이다. 그러나 이 예의는 임의任意로 결정한 것이 아니라, 인仁을 바탕으로 하여 그 절차와 형식을 정한 것이다. 그러므로 공자는 재아에 대하여 예禮를 모른다거나 판단이 잘못되었다거나 하지 않고 직접 인仁하지 않다고 한 것이다. 즉 공자는 재아가 삼년상을 길게 느끼는 것은 인仁이 부족하기 때문이라는 것이다.

정리하면 심心의 전체 임무는 선善을 사랑하는 임무, 악惡을 미워하는 임무, 또 그 선악善惡의 등급等級에 따라 표현 형식을 달리할 임무, 그리고 선악善惡을 분별分別하는 임무로 사분四分할 수 있다. 따라서 심心의 전체 능력으로서의 인仁은 인仁·의義·예禮·지智 네 가지의 부분적인 능력을 포함한다. 또 주요 임무의 측면에서 만물을 두루 사랑하려면, 먼저 그 사랑을 표현할 절차와 형식을 정해야 하고, 지나치다 싶으면 그것을 절제節制해야 하며, 다음으로는 이를 갈무리해야 한다. 이처럼 주요 임무는 인仁·예禮·의義·지智 사덕四德이 차례대로 이어짐으로써 완성된다.

대저 심心의 전체 능력으로서의 인仁은 체體(통체統體)이고, 인·의·예·지는 모두 그 용用(일사一事)이다. 주요 임무로서의 인仁은 체이고, 예·의·지는 그 용이다. 공자가 인仁을 말할 때는 체용을 겸兼하는 전체 능력으로서의 인仁을 지칭할 때가 많고, 체뿐인 주요 임무로서의 인仁을 말할 때도 있다. 극기복례위인克己復禮爲仁(사욕을 이기고 예로 돌아오는 것이 인이다.)의 인仁은 전체 능력으로서의 인仁이고, 애인지인愛人之仁(사람을 사랑한다고 할 때의 인)은 주요 임무로서의 인仁이다.

III. 인仁의 존재存在 검증檢證

어떤 사람이 인덕仁德을 가지고 있는가의 여부與否를 검증檢證하기 위해서는 먼저 그 기준이 필요하다. 이에 지금까지의 논의를 바탕으로 그 기준을 제시하고자 한다.

첫째, 어느 대상對象에 대응할 때 사욕私欲이 없어야 한다. 처음에 동기動機는 순수하고, 대응 과정에서나 끝난 뒤에나 후회가 없어야 한다. 둘째, 위의 대상에 대한 대응 방향이나 방법 등이 정당해야 한다. 사욕이 없어도 대응이 정당하지 못한 때도 있고, 대응은 정당한데 사욕이 있는 때도 있다. 셋째, 위의 한 대상뿐만 아니라, 그와 긴밀하게 관련이 있는 모든 대상에 대하여 정당하게 대응해야 한다. 대개 어느 대상이든 혼자 독립적으로 있는 것이 아니라 서로 관련을 맺고 있다.

그러므로 그 전체 대상에 대하여 정당하게 대응해야 한다. 그중 하나라도 억울한 자가 있어서는 안 된다. 위의 세 기준을 모두 충족하면 비로소 한 가지 일에 대해서는 인仁한 것이 된다. 넷째, 유사시有事時든 평상시平常時든 항상 사욕이 없는 순수한 마음을 끊김 없이 유지해야 한다. 이는 인덕의 지속성持續性의 문제이다. 이를 정리하면 아래와 같다.

① 처음에 동기는 순수하고, 나중에 마음은 편안하였는가?

② 하나의 대상에 정당하게 대응하였는가?29)

③ 여러 관련 대상들에게도 모두 정당하게 대응하였는가?

④ 항상 순수하고 편안한 마음을 유지하고 있는가?30)

①과 ②는 어느 한 기준을 충족하는 것만으로도 의미 있는 일이고, ③은 ②의 공간적 확장으로서 한 가지 일에 있어서의 인仁이며, ④는 가까이는 ①의 시간적 확장이나, 궁극적으로는 양量의 변화는 질변화質變化를 일으켜 ①②③의 기준을 항상 충족하는 인자가 된다. 이제 이 장章에서는 위에 제시한 기준에 따라 누가 인자이고 불인자인가를 분석하여 검증하고자 한다.

1. 불인자不仁者에 대한 검증檢證

공자가 인仁이나 인자가 아니라고 한 것에 대하여 분석하고, 그 이유를 밝히고자 한다. 먼저 ②항의 기준대로 행위 자체는 바람직하나, ①항

---

29) 論語集註, 公冶長18, 子張問曰令尹子文章: 愚聞之師曰: "當理而無私心, 則仁矣."

30) 論語集註, 公冶長4, 或曰雍也章: 仁道至大, 非全體而不息者, 不足以當之.
· 朱子語類, 281220, 公冶長上: 又問: "雖全體未是仁, 苟於一事上能當理而無私心, 亦可謂之一事之仁否?" 曰: "不然. 蓋纔說箇仁字, 便用以全體言. 若一事上能盡仁, 便是他全體是仁了. 若全體有虧, 這一事上必不能盡仁."

의 사욕私欲을 다 없애지 못하여 마음이 편안하지 못한 경우이다.

> (원헌原憲의 물음) 이기려고 하고, 자랑하고, 원망하고, 탐욕을
> 부리는 등의 행위를 하지 않으면, 인仁이라고 할 수 있습니까? 공자孔
> 子가 답하였다. "어려운 일이라 하겠으나, 인仁인지는 내 알지 못하겠
> 다."31)

남을 이기려는 것과 자기를 자랑하는 것은 자기가 가진 것을 드러내
려는 것이며, 원망과 탐욕은 자기가 가지지 못하여 부족한 것을 채우려
는 것이다. 있는 것을 드러내고 없는 것을 가지려는 행위의 중심에는
자기가 있다. 즉 자기를 중요시하는 사욕私欲을 바탕으로 한다. 이런
사욕을 바탕으로 하는 행위를 하지 않는 것은 대단히 어려운 일이다.
그러나 원헌은 그런 행위를 하지 않는다(불행不行)고 하였지, 사욕私欲
자체가 없다고 하지는 않았다. 그러므로 공자는 그것이 인仁인가의 여
부를 판단하기 곤란하다는 것이다.

만일 사욕 자체가 없다면 이미 그런 행위에 대한 의식도 없을 것이다.
그러나 사욕을 가슴에 품은 채 일시적으로 억눌러 행동으로 나타나지
못하도록 한 것뿐이라면 언젠가는 행동으로 돌출될 것이다. 그러므로
사욕을 완전히 제거하여 그 뿌리를 뽑아낸 후에야 인덕이 편안히 자리
잡을 수 있을 것이다. 그런데 원헌은 아직 사욕私欲을 억누르고 있으니
불안不安하다. 그러므로 원헌의 행동 자체는 가상嘉賞하나, 아직 인자는
아니다.

다음은 ②항의 기준대로 행위 자체는 타당하나 ①항의 동기의 순수

---

31) 論語, 憲問2: "克伐怨欲不行焉, 可以爲仁矣?" 子曰: "可以爲難矣, 仁則吾不
   知也."

제10장 공자孔子의 인사상仁思想 **371**

함을 확실히 알 수 없는 경우이다.

> 자장子張이 물었다. "영윤令尹인 자문子文은 세 번 출사하여 영윤令
> 尹이 되었으나 기쁜 빛이 없었고, 세 번 그만두었으나 서운한 빛이
> 없었으며, 그간 맡았던 영윤令尹의 일을 반드시 새로 부임하는 영윤令
> 尹에게 인계하여 주었으니 어떻습니까?" 공자孔子가 답하였다. "충성
> 스럽다." 물었다. "인仁합니까?" 답하였다. "알지 못하겠다. 어찌
> 인仁할 수 있겠는가?"32)

자문子文은 초楚나라의 최고위 벼슬인 영윤의 자리에 진퇴進退하면서
희노喜怒를 드러내지 않았고, 또 인수인계의 책임을 다하였으니, 국가
를 먼저 생각하고 자신을 돌아보지 않는 충신忠臣이라 할 만하다. 그렇
다면 보통 사람으로서는 하기 어려운 자문의 충忠을 인仁이라 할 수
있는가? 진퇴에 관한 사건에 한정해 보면 이는 사리事理에 맞는 행동이
다. 그렇다면 그 이면에 사욕은 없었는가? 한 번만 그렇게 한 것이
아니라 세 번씩이나 같은 행동을 한 것으로 보아 사욕이 없었다고 할
만하다. 그러나 이를 확증할 만한 증거가 부족하다. 그러므로 공자는
알 수 없다고 한 것이다.

자문은 당시 영윤이며 문왕文王의 아우인 자원子元이 미망인未亡人이
된 형수를 유혹하려다가 피살되는 와중에 영윤에 임명되었으니33) 기쁜
내색內色을 하기 곤란하였을 것이고, 또 적임자가 아닌 자옥子玉을 자신

---

32) 論語, 公冶長18: 子張問曰: "令尹子文三仕爲令尹, 無喜色. 三已之, 無慍色.
  舊令尹之政, 必以告新令尹. 何如?" 子曰: "忠矣." 曰: "仁矣乎?" 曰: "未知,
  焉得仁?"
33) 左傳(『春秋左氏傳』임. 이하 같음), 莊公 30: 楚公子元歸自伐鄭, 而處王宮.
  鬪射師諫, 則執而梏之. 秋, 申公鬪班殺子元. 鬪穀於菟爲令尹, 自毁其家, 以
  紓楚國之難.(鬪 穀於菟(누오도)는 子文의 姓名임)

이 천거하여 영윤을 시켰으니34) 성낼 까닭이 없었을 것이다. 이렇게 본다면 외면상으로 사리事理에 맞게 행동한 것은 부득이不得已해서 그런 면이 있으니, 그 마음까지도 모두 사욕私欲이 없었다고 하기는 어렵다. 충忠은 가상嘉賞하지만 인仁이라고까지 하기는 곤란하다.35)

다음은 ①②항의 기준대로 사심私心 없이 의리를 지켰으나 ③항의 관련이 있는 일들에 대한 대응이 적절치 못한 경우이다.

> 중유仲由(자字: 자로子路)는 천승千乘나라의 군사를 다스리게 할 만하나, 그가 인仁한지는 알지 못하겠다.36)

자로子路는 결단력이 있고 옳은 일을 실천하는 데 앞장서는 용기 있는 사람37)이며, 약속을 잘 지키는 믿음직한 사람이다. 이에 공자는 한마디 말로도 송사訟事를 판결할 수 있는 사람38)이라고 칭찬하였다. 그러나 학문이 정밀하지 못하고 거칠어서 공자로부터 많은 견책을 받기도 하였다.39) 여기서 공자는 자로子路가 큰 나라의 국방을 책임질 만한 재주를 가진 것은 알겠지만, 그가 인덕을 가졌는지는 알 수 없다고

---

34) 左傳, 僖公 23: 秋, 楚成得臣帥師伐陳, 討其貳於宋也. 遂取焦夷, 城頓而還. 子文以爲之功, 使爲令尹. 叔伯曰: "子若國何?" 對曰: "吾以靖國也. 夫有大功而無貴仕, 其人能靖者與有幾?"(成 得臣은 子玉의 姓名임)

· 左傳, 僖公 27: 蔿賈尙幼, 後至, 不賀. 子文問之. 對曰: "不知所賀. 子之傳政於子玉, 曰: '以靖國也.' 靖諸內而敗諸外, 所獲幾何? 子玉之敗, 子之擧也. 擧以敗國, 將何賀焉? 참조

35) 仁은 心의 全體能力이고, 忠이나 淸, 孝 등은 그중 극히 一部分의 능력이 드러난 것이다.

36) 論語, 公冶長7: 由也, 千乘之國, 可使治其賦也, 不知其仁也.

37) 論語, 公冶長13: 子路有聞, 未之能行, 唯恐有聞.

38) 論語, 顔淵12: 子曰: "片言可以折獄者, 其由也與?" 子路無宿諾.

39) 論語, 先進14: 子曰: "由之瑟奚爲於丘之門?" 門人不敬子路. 子曰: "由也升堂矣, 未入於室也."

하였다.

자로子路의 죽음과 관련된 예例가 있다. 위령공衛靈公의 세자世子 괴외蒯聵는 그의 어머니 남자南子가 음란하다 하여 죽이려다 실패하여 송宋나라로 달아났는데, 영공靈公이 죽자 남자南子는 괴외의 아들 첩輒을 임금(출공出公)으로 세워 괴외의 귀국을 막게 하였다. 출공出公 즉위即位 12년에 위衛나라 대부大夫 공회孔悝의 어머니 공백희孔伯姬는 괴외와 공모하여 공회를 협박하여 괴외와 맹약을 맺게 하여 출공을 축출하는 난亂을 일으켰다. 이때 자로는 공회의 읍재邑宰로 있었는데, 이 사건을 전해 듣고 공회를 구하러 갔다가 괴외(장공莊公)로부터 죽임을 당하였다.[40]

자로가 공회와의 의리를 지키다가 죽은 것 자체는 옳은 일이나, 그 아비를 군사軍士로 막은 불효자인 출공 밑에서 벼슬하고 있는 공회를 주인으로 섬기는 것은 옳지 않다. 주인과의 의리를 위해 죽음을 선택한 것은 사욕이 없는 의기義氣에서 나온 것이라 할 것이나, 그와 관련된 일이 모두 사리事理에 합당한 것은 아니니, 공자의 예언[41]처럼 정명正命에 죽었다고 보기 어렵다.

다음은 ①②③항의 기준대로 많은 일을 사심私心 없이 잘 처리하였으나 ④항 인덕의 유지 기간이 부족한 경우이다.

> 어떤 이가 말하였다. "염옹冉雍(자字: 중궁仲弓)은 인仁하기는 한데 말재주가 없습니다." 공자孔子가 답하였다. "어찌 말재주를 부리리오. 사람들에게 구변口辯으로만 대답하다가 사람들로부터 자주 미움을 받나니, 그가 인仁한지는 알지 못하겠으나, 어찌 말재주를 부

---

40) 左傳, 定公 14년條 및 哀公 16년 2월條 참조
41) 論語, 先進12: 若由也, 不得其死然.

리리오."42)

어떤 이가 중궁의 사람 됨됨이가 중후重厚하고 과묵寡默하매, 그 덕德을 칭찬하고 그 언변言辯이 부족함을 탓하였다. 이에 공자는 그 말재주가 부족한 것은 흠이 될 수 없으며, 오히려 그 덕德이 부족함을 말하였다.

일찍이 공자는 중궁이 임금이 될 만하다43)고 하였고, 사람들이 그를 버리더라도 산신山神이 버리지 않을 것44)이라고 하였으며, 공문孔門 사과四科 중 덕행德行이 뛰어나다45)고도 하였다. 중궁이 이처럼 훌륭한 덕행을 쌓을 수 있었던 것은 주경행서主敬行恕(경을 위주로 하여 서를 행함)하라는 공자의 가르침에 따라 노력한 결과일 것이다. 그럼에도 불구하고 공자가 인仁을 허락하지 않은 이유는 무엇인가? 인仁하지 못한 사람도 임금이 될 수 있다는 것인가? 백성을 사랑하고 은혜를 베푸는 것만으로도 임금은 될 수 있지만, 진정한 인자는 위의 네 기준을 모두 완벽하게 충족하지 않으면 안 된다. 그러므로 공자는 중궁의 덕행을 크게 칭찬하면서도 아직 인덕의 유무有無를 확인하기는 곤란하다고 한다. 그것은 ①②③의 기준을 충족할 때가 많기는 하지만 항상 그런 것은 아니기 때문이다. 즉 인덕이 있는가 하면 없고, 없는가 하면 또 있어서 종잡을 수 없기 때문이다.

다음은 위의 네 가지 기준을 모두 충족하지 못한 경우이다.

---

42) 論語, 公冶長4: 或曰: "雍也仁而不佞." 子曰: "焉用佞? 禦人以口給, 屢憎於人. 不知其仁, 焉用佞?"
43) 論語, 雍也1: 子曰: "雍也可使南面."
44) 論語, 雍也4: 子謂仲弓曰: "犁牛之子騂且角, 雖欲勿用, 山川其舍諸?"
45) 論語, 先進2: 德行: 顔淵, 閔子騫, 冉伯牛, 仲弓. 言語: 宰我, 子貢. 政事: 冉有, 季路. 文學: 子游, 子夏.

> "최자崔子가 제齊나라의 임금을 시해弑害하니, 진문자陳文子는 가지
> 고 있던 말 10승乘(40필匹)을 버리고 떠났습니다. 다른 나라에 가서는
> 또 말하기를, '우리 대부大夫 최자崔子와 같다.' 하고 떠났으며, 또
> 다른 나라에 가서 역시 말하기를, '우리 대부 최자와 같다.' 하고
> 떠났으니 어떻습니까?" 공자孔子가 답하였다. "청렴淸廉하다." 물었
> 다. "인仁합니까?" 답하였다. "알지 못하겠다. 어찌 인仁할 수 있겠는
> 가?"46)

　최자崔子는 일찍이 그 임금인 장공莊公을 시해하려는 뜻을 품고 있었
는데, 장공이 자신의 후첩後妾인 강씨姜氏와 정情을 통하는 것을 빌미로
삼아, 병을 핑계로 장공을 자기 집으로 유인하여 시해하였다.47) 이런
상황에서 진문자陳文子(이름: 수무須無)는 임금을 시해한 최자崔子와 더
불어 한 나라에 살면 그 더러움이 튈까 봐서 많은 재산을 헌신짝처럼
버리고 다른 나라로 망명하여 자신의 몸을 깨끗하게 보존하려고 하였
다. 이렇게 깨끗이 하려는 행위(청淸)를 과연 인仁이라 할 수 있는가?
　먼저 망명亡命이 가장 정당한 대응인가? 최자가 신하로서 임금을
시해하였다면 그를 응징해야 한다. 혼자 힘으로 어렵다면 위로는 천자
天子가 있고, 아래로는 다른 대부大夫도 있으니, 어쨌든 그를 성토聲討하
는 것이 우선일 것이다. 그러나 진문자陳文子는 이런 조처를 하지 않고
자신의 청결함만을 위해 그대로 떠났으니 최선의 행동이라 할 수 없다.
또 이 사건과 관련이 있는 일의 처리는 어떤가? 임금이 신하의 후첩後妾
과 정情을 통하는 등의 잘못을 저지르고 있었으니 그에게 간諫했어야

---

46) 論語, 公冶長18: "崔子弑齊君, 陳文子有馬十乘, 棄而違之. 至於他邦, 則曰:
'猶吾大夫崔子也.' 違之. 之一邦, 則又曰: '猶吾大夫崔子也.' 違之. 何如?"
子曰: "淸矣." 曰: "仁矣乎?" 曰: "未知. 焉得仁?"
47) 左傳, 襄公 25年 '夏五月乙亥, 齊崔杼弑其君光'條 참조

하며, 최자가 이미 불순不順한 생각을 품고 있었으니[48) 이를 사전事前에 제지했어야 한다. 그렇다면 떠난 것 자체에는 다른 사욕이 없었는가? 아니면 이해利害 관계상關係上 부득이하여 떠난 것인가? 이를 확증할 만한 자료는 없다. 다만 떠난 지 이 년 만에 특별한 이유 없이 다시 돌아왔으니,[49) 이로 미루어 보면 진문자陳文子가 전혀 후회나 원망이 없었다고 하기 어려운 점이 있다. 이에 공자는 그의 청렴함은 인정하였으나 인仁은 허락하지 않은 것이다.

생각건대 위에서 분석한 인물 중 중궁仲弓이 가장 훌륭하니, 그는 적어도 한 가지 일에 있어서는 인仁을 인정할 만하다. 자로는 지적知的인 능력이 부족하고 경솔하여 사리판단事理判斷을 잘못하였으나, 사심私心 없이 옳은 일을 하고자 한 의기義氣는 매우 훌륭하다고 할 것이다. 원헌原憲은 자기 소신所信을 고집스러울 만치 잘 지키는 견자狷者이니, 해서는 안 될 일은 절대로 하지 않을 것이다. 재주와 덕德이 모두 부족하여 크게 덕德을 베풀지 못하는 것이 흠이지만, 그의 지조志操는 본받을 만하다.[50) 영윤자문令尹子文은 오랫동안 재상宰相의 자리에 있던 정객政客으로서 비교적 처신을 매끄럽게 잘하는 지혜를 가졌으나, 사심私心이 없는 군자라고 하기는 어려운 것 같다. 진문자는 재물보다는 명예를 중시한 사람인 것 같다. 물욕物慾이든 명예욕名譽慾이든 사욕이기는 마찬가지이므로 어떤 기준도 충족할 수 없는 것이다. 다만 물욕보다는 명예욕이 맑다고 할 것이다. 어쨌든 네 개 항을 모두 충족해야 인자인

---

48) 左傳, 襄公 25: 春, 齊崔杼帥師伐我北鄙, 以報孝伯之師也. 公患之, 使告于晉. 孟公綽曰: "崔子將有大志, 不在病我, 必速歸, 何患焉? 其來也不寇, 使民不嚴, 異於他日." 齊師徒歸.
49) 杜預, 春秋經傳集解, 襄公 27年條 참조
50) 論語, 憲問1: 憲問恥. 子曰: "邦有道, 穀. 邦無道, 穀, 恥也." / 論語, 雍也3: 原思爲之宰, 與之粟九百, 辭. 子曰: "毋! 以與爾隣里鄉黨乎!"

데, 위에서 분석한 사람 중에는 그런 자가 없으니 모두 불인자이다.

2. 인자仁者에 대한 검증檢證

공자는 대부분의 사람에 대하여 인仁을 허락하지 않았으나, 유독 몇 사람에 대하여는 인仁을 인정하였다. 여기서는 그들이 왜 인자가 될 수 있는가를 고찰하고자 한다. 먼저 형제간에 왕위王位를 서로 양보한 아름다운 마음씨가 돋보이는 백이伯夷와 숙제叔齊의 경우이다.

> (자공子貢이) 들어와서 물었다. "백이伯夷와 숙제叔齊는 어떤 사람 입니까?" 답하였다. "옛날의 현인賢人이다." 물었다. "후회하였습니 까?" 답하였다. "인仁을 구하다가 인仁을 얻었으니, 또 무엇을 후회하 겠는가?"[51]

백이와 숙제는 고죽군孤竹君의 두 아들인데, 고죽군이 죽을 즈음에 막내인 숙제에게 대代를 이으라고 하였다. 고죽군이 죽은 다음, 숙제가 맏형인 백이에게 자리를 양보하매, 백이는 아버지의 명령이라고 하면 서 떠났고, 숙제도 이를 듣지 않고 떠나 버렸다. 이에 사람들이 둘째 아들을 임금으로 추대하였다.

백이와 숙제는 서백西伯 창昌(문왕文王)이 노인을 잘 돌본다는 소문을 듣고, 거기로 가서 살기로 하였다. 그런데 가 보니 서백 창은 이미 죽고, 무왕武王이 그 아버지의 위패位牌를 수레에 싣고 동쪽으로 은殷의 제왕 帝王 주紂를 정벌하러 떠나는 참이었다. 백이와 숙제는 말고삐를 잡고

---

51) 論語, 述而14: 入, 曰: "伯夷叔齊何人也?" 曰: "古之賢人也." 曰: "怨乎?" 曰: "求仁而得仁, 又何怨."

간諫하기를, "아버지의 장례도 치르기 전에 전쟁을 일으키는 것을 효孝라 할 수 있습니까? 신하가 임금을 시해하는 것을 인仁이라고 할 수 있습니까?" 하며 말렸다. 옆에 있던 신하들이 이들을 죽이려고 하였으나, 의인義人이라 하여 부축하여 돌려보냈다. 무왕武王이 이미 은殷의 혼란을 평정하매, 천하天下가 모두 주周를 종주국宗主國으로 삼아 따랐으나, 백이와 숙제는 이를 부끄러워하며 의리상義理上 주周나라의 곡식을 먹지 못하고 수양산首陽山에 숨어들어 고사리를 캐어 먹다가 굶어 죽었다.[52]

숙제는 아버지의 유언遺言보다 천륜天倫에 따른 서열序列을 중시하여 형에게 임금 자리를 양보하였고, 백이는 서열序列보다 아버지의 명령을 중시하여 받지 않았다. 자식의 입장에서 보면 아버지의 명령이 더 중요하고, 일반적으로는 천륜天倫이 더 중요하다. 형제간의 양보가 비록 아름다운 일이기는 하나, 만일 사리事理에 부합하지 않으면 명예욕의 발로라고 할 수밖에 없다. 그런데 양자兩者는 모두 사리事理에 부합하면서도 마음이 편한 쪽을 선택하여 양보하고 떠난 것이니, 모두 사욕私欲이 없다고 할 것이다. 한편 모두 떠나 버리면 임금의 자리는 어떻게 할 것인가? 마침 둘째가 있었고, 둘째가 없다 하더라도 다른 종친宗親이 있을 것이니 임금의 자리가 빌 걱정은 하지 않아도 무방하다. 그러므로 두 사람이 모두 마음 편히 떠났다 하더라도 문제될 것은 없다.

또 무왕武王을 만나서도 죽음을 무릅쓰고 바르게 간諫하였고, 주왕紂王에 대한 의리를 목숨을 걸고 끝까지 지켰다. 공자의 말을 빌리면 두 사람은 뜻을 낮추지도 않았고 몸을 욕되게도 하지 않았으며,[53] 다른 사람들의 지난 잘못을 가슴에 담아 두지 않아 원망하는 이가 적다[54]고

---

52) 史記, 卷61, 伯夷列傳 참조
53) 論語, 微子8: 子曰: "不降其志, 不辱其身, 伯夷叔齊與."

하니, 백이와 숙제가 평소에도 인仁하였음을 알 수 있다.

다음은 숙질간叔姪間에 서로 역할을 분담하여 나라를 걱정하고 임금을 사랑한 사람들의 경우이다.

> 미자微子는 떠나고, 기자箕子는 종이 되고, 비간比干은 간諫하다가 죽었다. 공자孔子가 말하였다. "은殷나라에 세 인자仁者가 있느니라."55)

이 세 사람의 일은 주지육림酒池肉林에 빠져 포악무도暴惡無道한 정치를 일삼다가 은殷의 마지막 제왕帝王이 된 주紂와 관련된 것이다. 주紂는 서형庶兄인 미자微子가 자주 간하였으나 듣지 않을뿐더러, 조이祖伊란 신하가 서백西伯 창昌이 정벌할 위험이 있다고 간하자, "나의 운명이 하늘에 달려 있는데 저가 어쩌겠는가?"라고 말하기도 하였다. 이에 미자微子는 더 이상 간할 수 없음을 알고, 숙부叔父들인 기자箕子·비간比干과 그 대책을 논의하였다. 이때 비간比干은 아무 말이 없었고, 기자箕子는 나는 은殷의 재앙을 몸으로 감당할 것이며, 은殷이 망하더라도 결코 다른 나라의 신하가 되지 않을 것이지만, 너는 떠나가서 은殷의 종사宗祀를 보존하는 것이 도리道理라고 하였다.

이에 미자微子는 벼슬을 내놓고 지방으로 내려갔다가 뒤에 은殷이 멸망한 뒤 주周에 귀의歸依하였고, 그 뒤 송宋에 봉封함을 받아 은殷의 종사宗祀를 이었다.

비간比干은 "임금에게 잘못이 있으면 죽기로 간쟁諫爭하지 않을 수 없다."고 하면서, 삼일 동안 직언直言으로 간하자, 주紂는 "성인聖人의

---

54) 論語, 公冶長22: 子曰: "伯夷叔齊不念舊惡, 怨是用希."
55) 論語, 微子1: 微子去之, 箕子爲之奴, 比干諫而死. 孔子曰: "殷有三仁焉."

심장에는 일곱 개의 구멍이 있다던데 사실인가?" 하면서, 비간比干을
죽이고 그 심장을 열어 보았다.

기자箕子는 주紂에게 간하여도 그가 듣지 않자 어떤 이가 떠나기를
권하였으나, 기자箕子는 "신하가 되어서 간하여 듣지 않는다고 떠나면
임금의 악惡을 들춰내어 백성들에게 선전하는 것이니, 나는 차마 그렇
게 할 수 없다." 하고는 머리를 풀어 헤치고 미친 척하여 종이 되었는데,
주紂는 또 이를 가두었다.[56]

주어진 동일한 상황에 대하여, 처음에 세 사람 모두 주紂의 마음을
돌려보기 위하여 간쟁한 것은 같았지만, 끝내 주紂가 간언諫言을 들어주
지 않았을 때의 처신은 서로 달랐다. 미자微子는 주紂의 형으로서 국가
의 종사宗祀를 보존해야 할 책임이 있으므로 목숨을 보존하여 떠나야
하였고, 이 점에 대하여 숙부들의 동의도 있었다. 이것이 미자微子의
입장에서 선택할 수 있는 유일한 길이었다.

비간比干은 미자微子가 떠난 다음, 그래도 한 번 더 주紂의 마음을
돌려보기 위하여 죽기로 간하였으나, 그 죽음도 헛되이 주紂는 마음을
돌리지 않았다. 그러나 비간比干은 자기가 하고 싶고, 해야 할 일을
하다가 장렬壯烈한 죽음을 맞이하였다.

기자箕子는 비간比干이 죽음으로 간하여도 주紂가 듣지 않는 것을
보고 더 이상 간하여도 들어주지 않을 것이며, 자기마저 죽으면 주紂에
게 충신을 죽였다는 오명汚名을 더할 뿐, 이로울 것이 없다고 생각하여
거짓으로 미치광이 노릇을 하다가 종이 되었다. 떠날 수도 없고, 죽을
수도 없어 미쳐서라도 주紂에게 감화를 주어 보려고 하였다. 이에『주
역周易』지화명이괘地火明夷卦 육오효사六五爻辭에도 "기자箕子처럼 밝

56) 史記, 卷3 殷本紀 및 卷38 宋微子世家 / 書經, 周書, 西伯戡黎 및 微子 /
論語或問精義通攷, 卷18, 微子 참조

음이 상상傷한 상상象이니, 정貞함이 이로우니라.ʼ57) 하였고, 그 단전象傳에
도 "처한 곳이 어려우나 능히 그 뜻을 바르게 함은 기자箕子가 그렇게
하였다."58)고 하여, 기자箕子가 처신하기 어려운 상황에서도 잘 견뎌내
어 끝내 그 밝음과 고귀한 뜻을 잃지 않았음을 기렸다.

　여기서 세 사람은 모두 주紂의 종친宗親으로서 다른 신하와는 입장이
다르다. 즉 일반 신하라면 군신君臣 관계는 의리義理로 맺어진 것이므로
임금이 간하여도 듣지 않으면 떠날 수 있으나, 이들은 군신간君臣間임과
동시에 혈연관계血緣關係에 있으므로 떠날 수 없었다. 그래서 이들은
은殷이 멸망할 것임을 분명히 알면서도 군신관계를 끊지 못하고, 주紂
의 마음을 바로잡기 위하여 최선을 다하였다. 또 그들 안에서도 서로
입장이 다르므로 그 다음의 행동도 서로 다를 수밖에 없었다. 그러나
모두가 살고자 하지도 않았고, 죽고자 하지도 않았으며, 오로지 한마음
으로 임금의 마음을 바로잡아 나라를 반석 위에 올려놓고자 하였다.

　공자는 이들을 의義나 충忠이라 하지 않고 인仁이라 단언斷言하여
세 사람의 처신이 서로 다르면서도 모두 각각 사리事理에 합당하고,
안으로는 애국충군愛國忠君하는 일념一念뿐이며 사욕이 없었음을 분명
히 하였다. 물론 이 한 가지 행동을 보고 인仁이라 단정하는 것은 곤란
한 점이 있다. 그러나 공자는 이 일을 통해 분명하게 그 마음을 꿰뚫어
본 것이 있어서 그렇게 단안을 내렸을 것으로 보이지만, 자세한 기록이
없는 현재로서는 더 이상의 분석은 어렵다. 다만 기자箕子의 일은『서경
書經』의 기록에 비춰 볼 때 공자의 판단이 옳다는 것을 알 수 있다.

　다음은 인자에 비견될 만큼 큰 공로를 세운 관중管仲의 경우이다.

---

57) 周易, 明夷卦: 六五, 箕子之明夷, 利貞.
58) 周易, 明夷, 象傳: 內難而能正其志, 箕子以之.

자로子路가 물었다. "환공桓公이 공자규公子糾를 죽이매 소홀召忽은
죽고, 관중管仲은 죽지 않았으니, 인仁하지 못하다고 할 것입니다."
공자孔子가 답하였다. "환공桓公이 제후를 규합하되 무력武力으로 하
지 않은 것은 관중管仲의 힘이니, 누가 그 인仁과 같으리오? 누가
그 인仁과 같으리오?"59)

제齊나라 양공襄公이 정치를 바로 하지 못하여 신의信義를 잃으매
포숙아鮑叔牙는 장차 반란이 일어날 것을 알고 그 아우인 소백小白을
받들어 거莒나라로 망명하였다. 무지無知가 반란을 일으켜 양공襄公을
시해함에 이르러 관중과 소홀은 공자규公子糾를 받들어 노魯나라로 망
명하였다. 그 후 노나라에서 자규子糾를 제齊나라로 들여보내 임금을
시키려고 하였는데, 소백小白이 먼저 들어가서 무지無知를 물리치고 왕
위王位에 올랐으니, 이가 환공桓公이다. 환공桓公은 포숙아를 시켜 노魯
나라로 하여금 자규는 죽이고, 관중과 소홀은 돌려보내도록 요구하였
다. 이때 소홀은 자규를 따라 죽었으나, 관중은 포로가 되기를 자청하였
다. 후에 포숙아가 환공에게 관중을 재상宰相으로 천거하니, 환공이
그 청에 따랐다.60) 관중은 재상이 되어 환공을 도와 제齊나라를 제후諸
侯들 중 패자霸者가 되게 하였다. 특히 당시 초楚나라는 천자天子를 참칭
僭稱하면서 그 기세가 높았는데, 관중의 노력으로 초楚의 세력 확대를
저지하였다. 그리하여 중국이 오랑캐(초楚)에게 점령되어 그 풍속을
따라야 할 처지에서 벗어날 수 있게 하였다.61)

---

59) 論語, 憲問17: 子路曰: "桓公殺公子糾, 召忽死之, 管仲不死." 曰: "未仁乎?"
　　子曰: "桓公九合諸侯, 不以兵車, 管仲之力也. 如其仁! 如其仁!"
60) 左傳, 莊公 8年條 및 9年條 참조
61) 論語, 憲問18: 子貢曰: "管仲非仁者與? 桓公殺公子糾, 不能死, 又相之." 子
　　曰: "管仲相桓公, 霸諸侯, 一匡天下, 民到于今受其賜. 微管仲, 吾其被髮左衽
　　矣. 豈若匹夫匹婦之爲諒也, 自經於溝瀆而莫之知也."

관중은 자규를 도와 형인 소백과 왕위를 다투게 하다가 패한 후, 자규가 죽을 때 죽지 않고 오히려 환공을 도와 큰 공로를 세웠다. 소홀이 죽은 것은 끝까지 의리를 지킨 것이고, 관중이 죽지 않은 것은 자기의 잘못, 즉 아우를 도와 형과 다투게 한 잘못을 깨달아 죽지 않았으니 무방하며, 그 후의 공로가 그 잘못을 상쇄하고도 남는다고 본 것이 공자의 생각이다. 즉 관중은 자규의 신하가 아니라 제齊나라의 신하이므로 죽지 않아도 무방하고, 본래 왕위계승권王位繼承權이 있는 환공을 돕는 것도 가능하다는 것이다. 따라서 처음의 잘못을 깨닫고 환공을 도와 큰 공로를 세운 것을 폄하해서는 안 된다는 것이 공자의 견해이다. 이에 공자는 그 큰 공로를 인자의 업적과 비견할 만하다고 한 것이다.

공자는 관중이 죽지 않은 것은 사리事理에 합당하고 그 후의 인자다운 공로는 훌륭하다는 것이지, 거기에 살고 싶은 생각이나 공로를 세우는 과정에 사욕私欲이 전혀 없다고 한 것은 아니다. 공자는 다른 곳에서 관중의 그릇이 작으며 예禮를 모른다[62]고 평하였으므로, 만일 자로가 '관중이 인仁한가'라고 물었다면 아마도 아니라고 하였을 것이다.[63]

위에서 분석한 인물 중 관중을 제외하고는 모두 최소한 한 가지 일에 있어서는 인仁을 인정할 수 있다. 다만 네 개 항의 기준을 모두 인정할 수 있는 인자는 백이와 기자가 가장 가깝다고 할 것이며, 다른 사람은 사실 기록이 자세하지 않아 확증하기 어렵다. 그러나 공자의 평을 따른다면 그들도 상당한 경지에 이른 것으로 보아야 할 것이다. 관중은

---

62) 論語, 八佾22: 子曰: "管仲之器小哉!" 或曰: "管仲儉乎?" 曰: "管氏有三歸, 官事不攝, 焉得儉?" "然則管仲知禮乎?" 曰: "邦君樹塞門, 管氏亦樹塞門. 邦君爲兩君之好, 有反坫, 管氏亦有反坫. 管氏而知禮, 孰不知禮?"

63) 朱子語類, 441617, 憲問篇: 才仲問: "南軒解子路子貢問管仲, 疑其未仁非仁, 故擧其功以告之. 若二子問管仲仁乎? 則所以告之者異. 此說如何?" 先生良久曰: "此說却當."

앞 절節의 자로子路와 가장 가깝다고 할 것이나, 공로는 관중管仲이 월등하고, 마음의 순수함으로 말하면 자로子路가 훌륭하다고 할 것이다.

IV. 결론結論

인仁을 '개념槪念'으로 보는 견해의 문제점은 일부一部 속성屬性을 전체로 보는 데 있다. 예를 들면 사람에게는 이성理性도 있고 감성感性도 있는데, 사람을 '이성적 동물'이라고 정의하여 개념화槪念化하면 감성이 배제된다. 이렇게 되면 감성적인 사람은 사람이 아닌 것이 된다. 마찬가지로 인仁을 '두루 사랑하는 것'이라고 정의하여 개념화하면, 인자는 항상 사랑하기만 하고 미움은 없는 사람이 될 것이니, 이는 정상적이고 자연스러운 우리의 현실과는 괴리된 것이다.

이에 필자는 공자의 인仁은 형식논리학形式論理學에 입각한 '개념'이 아니라, 체용이론體用理論에 입각한 '명칭名稱'이라고 보는 것이다. 명칭은 대상의 어느 특정한 속성만을 지칭하는 것이 아니라, 성性과 덕德을 중심으로 하여 그 리理와 기氣, 체體와 용用을 모두 포용包容한다. 그러므로 명칭의 대상은 현실 세계에 온전한 상태로 실재하며, 주어진 상황에 따라 능동적으로 변신變身하면서 대응한다. 공자의 인仁도 그러하다.

공자는 사람은 만물萬物에 대하여 항상 리理대로 대응해야 할 임무를 가지고 있으며, 그 임무를 수행할 만한 능력도 가지고 있다고 본다. 이 능력을 인仁이라고 부르는데, 이것은 심心 전체의 온전한 능력이다. 이제 주어진 상황에 리理대로 대응하고자 하면, 첫째 만물을 사랑할 수 있는 능력이 있어야 하고, 둘째 사랑을 절제節制할 수 있는 능력이 있어야 하며, 셋째 이 사랑과 절제節制에 등급을 매겨 표현할 수 있는 능력이 있어야 하고, 넷째 상황을 분별할 수 있는 능력이 있어야 한다. 이 네 가지 능력을 각각 인仁·의義·예禮·지智라고 한다. 즉 심心의 전체 능력을 지칭하는 인仁은 다시 인·의·예·지 사덕四德으로 세분細分할 수 있다. 여기서 전체 능력으로서의 인仁은 통체統體로서 체이고, 사덕인 인·의·예·지는 일사一事로서 용이다.

　한편 만물에 대하여 항상 리理대로 대응해야 할 임무의 핵심은 만물을 두루 사랑하는 데 있다. 즉 만물을 두루 사랑하는 것이 주요 임무이다. 이 주요 임무를 수행하여 만물을 두루 사랑하고자 하면, 먼저 그 사랑하는 정도에 따라 표현할 수 있는 능력이 있어야 하고, 그것을 다시 절제할 수 있는 능력이 있어야 하고, 끝으로 이를 갈무리할 수 있는 능력이 있어야 한다. 이 세 가지 능력을 각각 예禮·의義·지智라 하며, 이것은 모두 주요 능력이며 사랑하는 능력인 인仁에 내재內在하는 능력이다. 위의 통체지인統體之仁의 일사一事였던 인仁은 여기서 다시 통체가 되고, 예·의·지는 일사一事로서 용이다.

　여기서 전체 능력인 통체지인統體之仁은 인·의·예·지의 구조로 되어 있다. 이런 구조를 가진 통체로서의 인仁이 어떤 구체적인 상황을 만나 그에 대응對應하고자 할 때, 가장 먼저 발동해야 할 것은 일사一事로서의 인仁이다. 이것이 아니면 주어진 상황에 무관심無關心하여 반응을 일으킬 힘이 없기 때문이다. 그러므로 사랑하는 일사一事로서의 인仁을 주요 능력으로 지목指目하는 것이다. 결국 인·의·예·지는 인仁이 생성生成되는 순서이고, 인·예·의·지는 인仁이 유행·발현하는 순서이다. 따라서 전자는 공간적空間的 구조로서 인仁과 의義가 양쪽 한계선이고, 후자는 시간적時間的 발동發動 순서로서 인仁이 그 이하를 차례로 유발誘發한다.

　공자가 인仁을 말할 때는 심心의 전체 능력을 지칭할 때도 있고, 주요 능력을 말할 때도 있다. 이에 바탕하여 그 능력을 가진 사람(인자仁者), 그런 능력이 실현된 일(인사仁事), 그런 능력이 선호選好하는 방향方向으로서의 길(인도仁道) 등을 지칭할 때도 있다. 또 전체 능력으로서의 인仁과 주요 능력으로서의 인仁은 서로 분리되어 있는 두 가지 능력이 아니라, 항상 맞물려 있는 동일한 능력이다. 즉 공평하고 정당하게 대하는 속에 사랑이 있고, 사랑으로 대하는 속에 공평과 정당함이 있다. 이들은 항상 상호相互 포용包容하고 있다.

만물에 리理대로 대응하고 두루 사랑하는 능력(인덕德)은 누구나 본래 타고난 것이지만 사욕私欲과 방심放心 때문에 제 능력을 발휘하지 못하기 쉽다. 그러나 그런 저해 요인을 제거하면 바로 제 능력을 회복할 수 있다.

제11장
주자朱子의 경설敬說

┃개요┃

경敬은 선진시대부터 중시됐지만, 공맹孔孟 이후 천여 년 동안 제대로 계승되지 못하다가, 송대宋代에 이르러 정자程子가 경敬을 종합적으로 설명하고, 주자朱子 등이 계승하면서부터 크게 중시되었다.

심心은 정精·신神·혼魂·백魄의 결합으로 구성되는데, 경敬은 그 가운데 신神, 즉 정신이 똑바로 서고 집중된 상태이다. 즉 '정신차려', '정신집중'이다.

이렇게 경敬, 즉 정신차려 정신집중의 상태에 있을 때, 심心은 주일무적主一無適하고, 상성성常惺惺하고, 기심수렴불용일물其心收斂不容一物하고, 태도는 정제엄숙整齊嚴肅하다. 주일무적은 심心이 한결같음, 즉 정성을 주로 하는 것이고, 상성성은 심心이 항상 깨어 있는 것이고, 기심수렴불용일물은 그 심心을 수렴하여 다른 것을 하나도 용납하지 않는 것이다. 이것은 정신의 상태가 경敬일 때, 심心의 상태이다. 또 정신이 차려하고 심心이 주일主一한 상태일 때, 그 외모는 정제엄숙整齊嚴肅하다.

이런 자연적인 경은 인애仁愛에서 시작한다. 상대를 잘 사랑하기 위해서 정신차려·정신집중하여 대한다. 이때 외모는 공손하고 마음은 존경한다. 이를 합한 것이 공경恭敬이다. 상대를 어렵게 생각하며 잘 대하려는 것은 외경畏敬이고, 조심하며 잘 대하려는 것은 경신敬愼이다.

자연경自然敬이 되지 않을 때 노력하는 공부가 자가조존법自家操存法이다. 이는 주일무적, 상성성법, 기심수렴불용일물로 심心의 현재 상태를 설명하는 것이 아니라, 심心을 조절하여 정신이 경敬하도록 하는 공부 방법으로 사용하는 것이다. 심心은 최고 명령자라서 누구도 심心에게 명령할 수 없으므로 몸가짐을 통해 간접적으로 심心을 조절하고, 이를 통해 정신을 안정시키려는 것이 정제엄숙이다. 또 아무 할 일이 없을 때 정신이 차려한 상태로 앉아 있는 것이 정좌靜坐이다.

I. 서언序言

퇴계退溪 선생은 임금에게 올리는 『성학십도聖學十圖』를 편찬하면서 열 개의 그림은 모두 경敬을 바탕으로 한다[1]고 하였으며, 퇴계가 사숙한 주자朱子는 경이 성인이 되는 공부의 시작이며 끝이라고 하였다.[2] 또 주자는 어려서 소학小學을 배우지 못하고 어른이 되었을 때는 그 부족함을 경공부敬工夫로 보충할 수 있으며,[3] 또 경공부가 소학 공부를 포함할 수 있다[4]고도 하였다. 그런데 이렇게 중요한 경을 공맹孔孟 이후 천여 년 동안 사람들은 잘 몰랐는데, 송대宋代에 이르러 정자程子가 경의 내용을 밝히고 제자들과 함께 공부하면서부터 비로소 알게 되었고, 이를 주자가 계승함으로써 그 후의 모든 성리학자가 중시하게 되었다.[5] 퇴율退栗을 비롯한 모든 조선의 성리학자들 역시 매우 중시하였던 경은 오늘날 성리학의 퇴조와 더불어 다시 어두워지고 돌아보지 않게 되었다.

주자는 경은 요순堯舜에서부터 전해 내려왔고[6] 공맹孔孟은 이를 받아 쉽게 가르쳤다고 한다. 그런데도 공자의 본의가 잘 전달되지 못하고 후대에 내려오면서 본의가 전의轉義되었으며, 다시 조선조의 성리학이

---

1) 退溪全書, 聖學十圖, 大學經: 今玆十圖 皆以敬爲主焉.
2) 朱子語類, 121105, 學6: 因歎敬字工夫之妙. 聖學之所以成始成終者, 皆由此. 故曰修己以敬. 下面安人, 安百姓, 皆由於此.
3) 朱子語類, 170115, 大學4: 持敬以補小學之闕.
4) 朱子語類, 070305, 學1: 小學却未當得敬. 敬已是包得小學. 敬是徹上徹下工夫. 雖做得聖人田地, 也只放下這敬不得.
5) 朱子語類, 121108, 學6: 或曰: 自秦漢以來, 諸儒皆不識這敬字. 直至程子方說得親切, 學者知所用力. 曰: 程子說得如此親切了.
6) 朱子語類, 120916, 學6: 聖人相傳, 只是一箇字. 堯曰欽明, 舜曰溫恭, 聖敬日躋, 君子篤恭而天下平.

끝나고 서양의 학문과 문물이 들어오면서 경공부는 더더욱 멀어졌다. 공자 이전부터 사용되었던 경의 본의는 과연 무엇이고, 왜 그토록 계승되기 어려웠던 것일까?

먼저 경敬이란 말이 『시경詩經』, 『서경書經』, 『주역周易』, 『논어論語』 등에서 사용된 용례를 검토하고, 다음으로 주자의 설명을 참고하여 경을 체계적으로 밝혀 보고자 한다. 이 경을 바르게 이해하면 오늘날 다시 사용될 수 있고, 그렇게 되면 모든 사람의 생활에 많은 변화가 있을 것이며, 나아가 국가와 인류 사회에도 많은 도움이 될 것이다.

이 글을 작성하는 데에 계락嵊樂 이종술李鍾述 님의 『리경理敬』에서 얻은 바가 매우 많다는 것을 먼저 밝힌다. 또한 이 글은 경공부를 몸소 실행하여 그 체험한 바를 서술하는 것이 아니라, 문헌을 뒤적여 말을 만드는 작업에 불과할 뿐이라는 사실을 먼저 고백한다.

현재 경에 관한 논문은 여러 편 있지만 경 전체를 이해할 수 있도록 입체적·체계적으로 조망한 논문은 없는 듯하다. 여기서는 이런 점을 보완하여 경의 전모를 밝히고자 한다. 다만 이것은 이론적인 접근일 뿐이고, 경공부에 직접적으로 도움을 줄 수 있는 실천적인 성격의 것은 못 된다는 것을 밝히며, 이것을 빌미로 하여 거경궁리居敬窮理하는 학자가 나와 질정해 주기를 바란다.

II. 경敬의 출전出典과 정의定義

'경敬'은 오경五經, 사서四書 등에 매우 많이 사용되어서 그것들을 모두 열거할 수는 없고, 대표적인 몇 개만 분석해 보고자 한다. 다만 번역은 언해본 등을 참조하여 선유先儒들의 뜻을 따라 직역한다.

① 공경(흠欽)하시며 밝으시며 문채文彩나시며 생각하시는 것 등이 자연스러우시다. 7)

② 너를 사도司徒로 삼노니 오륜五倫 교육을 공경히(경敬) 펴되 너그럽게 하라. 8)

③ 그윽하신 노후魯侯여, 그 덕을 공경하여 밝히셨도다. 위의威儀를 공경하여 삼가니 백성의 모범이로다. 9)

④ 내가 도적을 불러들인 것이니, 공경하고 삼가면 낭패하지는 않을 것이다. 10)

⑤ 군자는 공경하여 안을 곧게 하고, 의리대로 하여 밖을 반듯하게 한다. 11)

⑥ 공경하지 않음이 없고, 생각하는 것처럼 엄연하고, 말을 안정되게 하면, 백성을 편안하게 할진저. 12)

⑦ 말은 충성스럽고 미더우며, 행실은 독실하고 공경한다. 13)

⑧ 자로가 군자에 대해서 여쭈니, 공자가 답하였다. "자신을 닦되 공경으로써 할지니라." 14)

⑨ 한가히 있을 때는 공손하고, 일할 때는 공경하고, 남과 어울릴 때는 충성스럽게 하라. 15)

⑩ 군자가 공경하되 그에 끊임이 없고, 남과 어울림에 공손하면서도 예의가 있다. 16)

---

7) 書經, 010209, 堯典: 欽明文思, 安安.
8) 書經, 015918, 舜典: 汝作司徒, 敬敷五教, 在寬.
9) 詩經, 200817, 魯頌, 泮水: 穆穆魯侯, 敬明其德, 敬愼威儀, 維民之則.
10) 周易, 032119, 需 九三爻 象: 自我致寇, 敬愼不敗也.
11) 周易, 022306, 坤 文言: 君子, 敬以直內, 義以方外.
12) 禮記, 010107, 曲禮上1: 毋不敬, 儼若思, 安定辭, 安民哉.
13) 論語, 衛靈公5: 言忠信, 行篤敬.
14) 論語, 憲問45: 子路問君子. 子曰: 修己以敬.
15) 論語, 子路19: 居處恭, 執事敬, 與人忠.
16) 論語, 顏淵5: 君子敬而無失, 與人恭而有禮.

위에서 경敬을 모두 공경으로 번역하였으나,『한어대사전漢語大詞典』 '경敬' 조條를 참조하여 위의 용례를 분석하면 대개 공경, 존경, 신중, 경계警戒 등으로 나눌 수 있다.

⑤곤괘坤卦 문언文言에 대하여 공영달孔穎達은『주역정의周易正義』에 서 "군자는 경으로써 안을 곧게 한다. 안은 마음(심心)[17]을 이른다. 이 공경을 써서 안의 마음을 곧게 한다."[18]라고 하여 경을 공경恭敬으로 풀이하였다. 또『예기정의禮記正義』에서는 ⑥무불경毋不敬의 경敬을 "대 개 경이라고 하면 대부분 높인다(존尊)는 뜻이다. 그러므로 용모의 의 미가 많으면 공恭이 되고, 마음의 의미가 많으면 경이 된다는 것을 알 수 있다. 또 통괄해서 말하면 공과 경은 한가지이다."[19]라고 풀이하 였다. 이에 근거하면 경을 '공경'으로 풀이할 수 있고, 또 공경은 자신을 낮추는 '공손恭遜'과 상대방을 높이는 '존경尊敬'의 의미를 포괄할 수 있다. 이에 오늘날 공경을 "공손히 받들어 모심"[20]이라는 의미로 사용 하는 것이다.

그러나 ②경부오교敬敷五教와 ③경신위의敬慎威儀는 공경보다는 경신 敬慎 즉, '신중慎重'의 의미가 더 잘 어울린다. 또 정현鄭玄은 그 전箋에서 "경이란 말은 경계이다. 대군大軍의 무리를 경계하라."[21]라고 하였다. 이는 '신중'할 것을 미리 알리는 것이 경계이니, 신중과 경계는 쉽게 넘나들 수 있다.

---

17) 이 章에서 心을 '마음'으로 번역한다. 다만 心과 다른 글자를 합해 다른 개념 이 만들어질 때는 번역하지 않는다.
18) 周易注疏, 坤 文言: 君子, 用敬以直內. 內謂心也. 用此恭敬以直內心.
19) 禮記注疏, 曲禮上, 道德仁義條: 凡稱敬多爲尊, 故知貌多爲恭, 心多爲敬也. 又通而言之, 則恭敬是一.
20) 국립국어원(http://www.korean.go.kr),『표준국어대사전』'공경'조
21) 詩經, 大雅, 常武, 鄭玄箋: 敬之言警也, 警戒大軍之衆.

위의 네 가지 의미 가운데 존경은 공경에 포함시키고, 경계는 신중에 포함시킬 수 있으므로 이하에서는 공경과 신중만을 분석한다. ①흠명欽明, ⑧수기이경修己以敬 ⑨집사경執事敬 등은 공경보다는 오히려 신중의 의미로 풀이하는 것이 좋을 듯하다. 그런데 선유들은 이것들을 모두 공경이라고 풀이하고 있다. 또 ⑤경이직내敬以直內와 ⑩경이무실敬而無失은 공경이든 신중이든 의미가 잘 통하지 않는다. 받들어 모실 대상도 없고, 경계하며 신중해야 할 일도 없다.

이제 여기서 해결해야 할 문제는 공경과 신중이 어떤 관계이기에 하나의 경敬으로 종합될 수 있는지다. 이 연결고리가 해결되면 경이직내敬以直內도 해결될 것이다. 먼저 공경의 의미부터 재검토할 필요가 있다. 공경을 '공손히 받들어 모신다'는 의미로 이해하면 대상이 사람인 경우는 잘 통하지만 ⑦행독경行篤敬처럼 직접 모실 대상이 없거나 ⑨집사경執事敬처럼 사람이 아닌 일에 대해서는 사용하기 곤란하다.

그런데 공경을 '상대를 가볍게 생각하여 소홀히 대하지 않는다'는 의미로 바꿔 생각하면 신중과 통할 수 있다. 그러면 ⑦행독경行篤敬은 행동을 신중하게 하는 것이고, ⑨집사경執事敬은 일을 할 때 그 일을 쉽게 생각하지 않고 신중하게 하는 것이다. ②경부오교敬敷五敎는 신중하게 펴는 것이고, ④경신불패敬愼不敗도 역시 신중하게 상대를 대접한다는 것이다. 여기서 공경을 신중과 연결해 보면, 신중하게 상대를 대하는 모습은 상대를 공손히 받들어 모시는 모습과 비슷하다. 여기서 신중과 공경은 서로 통하는 것이다. 결국 공경은 사람이든 물건이든 그 상대를 소중하게 생각하여 신중하게 대하는 것이다. 상대를 소중하게 생각하는 것이 바로 공경이며, 공경하므로 신중한 것이다. 그렇기에 ③경신위의敬愼威儀와 ④경신불패敬愼不敗에서 경과 신愼을 연결한 것이다.

이제 남은 것은 ⑤경이직내敬以直內를 '신중하여 안을 곧게 하다'로 풀이할 때, 신중하면 마음이 곧아지는가를 검증해야 한다.

> 요임금은 처음으로 나라를 다스린 첫 번째 성인이고, 『서경書經』
> 요전堯典은 첫째 편篇이다. 요임금의 덕德을 말하면서 전혀 다른 말을
> 하지 않았으니, 공경(흠欽)이 첫마디 말이다. 이제 성현의 수많은
> 말을 보건대, 큰일이든 작은 일이든 경敬에 근본하지 않은 것이 없다.
> 자기 정신을 걷어잡아 여기 있게 하면, 비로소 도리가 극진함을 알
> 수 있다.22)

『서경書經』에서 요堯임금의 덕 가운데 가장 첫 번째로 내세운 것이
경인데, 이 경은 '정신을 모아 여기 있게 하는 것', 즉 '정신집중'이라고
한다. 이것은 『춘추좌전春秋左傳』에서 "경은 신神을 기르는 데에 있다
."23)라고 한 말과 일치한다. 즉 경은 자기 마음속에 있는 정신24)을 똑바
로 일으켜 세워서25) 집중시키는 것이다. 경을 이렇게 이해하면, 공자가
말한 ⑨집사경執事敬은 바로 일을 할 때는 정신을 그 일에 집중시키라는
것이다. 그러나 할 일이 있을 때는 정신을 집중시킬 곳이 있지만, 일이
없을 때는 그렇게 할 수 없다. 그러므로 일이 없을 때까지 포함시켜
말하면 '정신차려'이다. 따라서 ⑧수기이경修己以敬은 일이 있든 없든

---

22) 朱子語類, 120918, 學6: 堯是初頭出治第一箇聖人, 尙書堯典是第一篇典籍.
說堯之德, 都未下別字, 欽是第一箇字. 如今看聖賢千言萬語, 大事小事, 莫
不本於敬. 收拾得自家精神在此, 方看得道理盡.

23) 春秋左傳, 110608, 成公13年 夏5月: 敬在養神.

24) 宋 陳大猷, 書集傳或問 卷上, 堯典: 劉子曰: '敬在養神, 夫不曰以敬養神, 而
曰敬在養神者, 謂存養此心之神, 自作主宰. 不使昏散走作, 此即是敬, 不在
他求也.' 劉子之言, 所以爲論敬之要也歟.(東陽人)

25) 朱子語類, 172220, 大學4: 敬便豎起, 怠便放倒. / 宋 陳埴, 木鍾集4, 易: 蓋才
敬則心必正, 敬則豎起精神, 不令放倒, 乃是正以直內處.(字器之, 世稱潛室
陳氏)

항상 정신을 차려서 자신을 닦으라는 것이고, ⑤경이직내敬以直內는 일이 없을 때 정신을 차려 신중하면 마음이 곧아진다는 것이다. 여기서 신중과 공경의 근본은 경임을 알 수 있다.

위의 내용을 정리하면, 경은 '정신차려'이며, '정신집중'이다. '정신차려'는 일이 없을 때와 일이 있을 때, 즉 동動·정靜을 모두 포함한 체體로서 말하는 것이고, '정신집중'은 일이 있을 때, 즉 동動일 때 용用으로서 말하는 것이다. 여기서 신중과 공경은 경으로 종합된다.

III. 경敬을 하는 이유理由와 활용活用

1. 경敬을 하는 이유理由

요堯임금의 덕을 한마디로 경이라고 하였으니, 요임금은 평생 정신차려 살았다는 것이다. 이 요임금의 덕은 선천적인 것이므로 하늘, 즉 (우주宇宙)천天26)에서 받았을 것이다. 지구는 언제부터인지도 모르는 먼 과거로부터 지금까지 궤도를 따라 돌고 돈다. 그런데 그 긴 세월 동안 단 한 번도, 한 치의 오차도, 한순간의 머뭇거림도 없다. 공자는 하늘이 이처럼 강건하게 정신차려 운행하는 것을 본받아 단 한 번, 한 치의 오차나, 한순간의 머뭇거림도 없이 궤도/도리를 가고 싶었다.27)

물었다. "'「천天·지地가 자리를 잡음에 역易이 그 가운데서 운행하는 것」은, 다만 경敬일 뿐이다.'는 말은 어떻습니까?" 답하였다. "역易은 자연스러운 조화造化이다. 성인의 본의는 다만 자연스러운 조화

---

26) 宇宙天에 대해서는 '제5장 朱子의 天命說' 참조
27) 周易, 乾, 大象傳: 象曰: 天行健, 君子以自彊不息.

가 유행함을 말하였을 뿐이고, 정자程子는 이것을 가져다가 사람에게
적용하여 말한 것이다. 경敬하면 이 도리道理가 유행하고, 경敬하지
않으면 바로 끊어진다."28)

'천지天地가 자리를 잡음에 역易이 그 가운데서 운행한다.'는 것은
『주역周易』「계사전繫辭傳」의 말이고, 이것이 '경敬일 뿐이다.'고 한 것
은 정명도程明道의 말이다. 공자는 천지의 자연스러운 조화를 말하였을
뿐인데, 정자가 이것을 사람에게 적용하여 경으로 풀이한 것이다. 즉
천지가 저절로 저렇게 잘 운행하는 것을 보고, 사람처럼 정신을 바짝
차려 돌고 있다고 생각한 것이다. 정신을 차려 돌고 있는 천지는 자신의
도리를 다하고 있다. 즉 정신을 차리면 자신이 가야 할 길을 잘 갈
수 있고, 정신을 차리지 않으면 그러지 못하는 것이다. 그러므로 "천지
에도 주재자가 있어서 이렇게 변역變易하는 듯하니 바로 천지의 경이
다. 천리天理는 똑바로 나아가며, 또 사방으로 새는 것도 없고, 또 벗어
나지도 않는다."29)고도 하였다.

　　학자는 공자가 지시한 인仁을 구하는 방법은 일상생활 속에서 경敬
을 주로 하는 것임을 알아야 한다. 감응하든 감응하지 않든, 평일에
항상 이렇게 함양涵養하면 착한 단서의 발현이 자연히 밝게 드러난
다. 조금이라도 끊어지면 살펴 존양存養하고 넓혀 채우면 모두 힘쓰
기에 어렵지 않을 것이다. 급할 때나 넘어질 때나 익히지 않는 때가
없으면, 이 마음 전체가 움직일 때나 가만있을 때나(동정動靜), 말할

---

28) 朱子語類, 960413, 程子之書2: 問'天地設位, 而易行乎其中', 只是敬, 如何.
曰: 易是自然造化. 聖人本意只說自然造化流行. 程子是將來就人身上說. 敬
則這道理流行, 不敬便間斷了.
29) 朱子語類, 960513, 程子之書2: 天地也似有箇主宰, 方始恁地變易, 便是天地
底敬. 天理只是直上去, 更無四邊滲漏, 更無走作.

때나 다물 때(어묵語默)나 한순간도 끊어지지 않을 것이니, 그 이른바 인仁인가![30)

공자는 항상 제자들에게 경을 하여 인仁을 실천하도록 하였다. 경이 끊어지면 인仁도 끊어지니 항상 인仁을 행하려면 평생 경해야 하는 것이다. 경이 끊어진 순간 인仁도 멀어진다. 안자顏子도 석 달 만에 경이 끊긴 것이다.[31) 비유하면 경敬은 물길(수로水路)이고 인仁은 물이다. 본래 물 때문에 물길이 생긴 것이지만, 물길이 막히거나 끊기면 물은 흐르지 못한다.[32)

위 내용을 종합하여 보면 사실은 경을 먼저 하여 인仁이 생기게 하는 것이 아니라, 인仁이 먼저 성性으로 있고 그 인仁에 따라 경이 생기는 것이 본래의 자연 순서이다. 그러므로 계락嵆樂 선생은 "인仁이 사랑을 생기게 하고, 사랑이 경을 생기게 한다."[33)라고 하였다. 인仁 때문에, 사랑 때문에 경이 있는 것이다. 그러므로 노력하여 생기는 노력경努力敬이 먼저가 아니라, 자연적으로 발생하는 자연경自然敬이 먼저이다. 외나무다리를 건널 때나, 갓난아기를 안을 때 자기도 모르는 사이 정신을 차려서 실수하지 않으려고 한다. 즉 사랑하기 때문에 일을 잘하기 위해서 저절로 경한다.[34)

생각건대 인仁이 시키는 자연경은 누구나 잠깐잠깐 일시적으로 정신

---

30) 朱子語類, 121720, 學6: 學者當知孔門所指求仁之方, 日用之間, 以敬爲主. 不論感與未感, 平日常是如此涵養, 則善端之發, 自然明著. 少有間斷, 而察識存養, 擴而充之, 皆不難乎爲力矣. 造次顚沛, 無時不習, 此心之全體, 皆貫乎動靜語默之間, 而無一息之間斷, 其所謂仁乎.

31) 論語, 雍也5: 子曰: 回也, 其心三月不違仁, 其餘則日月至焉而已矣.

32) 朱子語類, 063006, 性理3: 其實敬不須言仁, 敬則仁在其中矣.

33) 李鍾述, 『理敬』, 89쪽: 仁生愛, 愛生敬.

34) 朱子語類, 081216, 學2: 萬事須是有精神, 方做得.

을 차리는 일시경一時敬의 형태로 이미 하고 있다. 다만 문제는 일시적
으로만 할 것이 아니라 평생토록 끊임없이 하는 상시경常時敬을 해야
한다는 것이다. 평생 상시경이 되면 성인이 되고, 일시경이 잦아질수록
현인군자가 되어 가는 것이다.[35]

2. 공恭과 경敬

경敬은 위에서 검토한 것처럼 정신차려이고 정신집중이다. 정신 상
태가 이러할 때 우리 몸의 모습, 몸가짐은 다소곳이 앞으로 약간 굽은
모습을 한다. 외나무다리를 건널 때나 책상 앞에 앉아 공부에 몰두할
때의 그 모습이다. 그것이 바로 공손한 모습이다. 이것은 한 가지 일에
몰두하여 정신을 집중시킬 때 시야를 좁혀 밖으로부터 방해받지 않기
위한 자연스러운 모습이다.

> 공恭은 용모를 주로 하고, 경은 일(사事)을 주로 한다. 공恭은 밖으
> 로 드러난 것이고, 경은 안에서 주재하는 것이다.[36]

이것은 "거처공居處恭 집사경執事敬"[37]에 대한 주석인데 거처공居處
恭은 일없이 한가히 있을 때 공恭하라는 것이고, 집사경執事敬은 일을
할 때 경하라는 것이다. 경은 마음속의 일이고, 공恭은 겉모습이라는
측면에서 보면, 경을 먼저 말하고 공恭을 나중에 말해야 한다. 그런데
공자가 그 순서를 반대로 한 이유는 체體로서의 경을 먼저 말할 필요가

35) 朱子語類, 971012, 程子之書3: 必存此實理方能敬. 只是此一敬字, 聖人與學
者深淺自異.
36) 論語集註, 子路19: 恭主容, 敬主事. 恭見於外, 敬主乎中.
37) 論語, 子路19: 樊遲問仁. 子曰: 居處恭, 執事敬, 與人忠, 雖之夷狄, 不可棄也.

있기 때문이다. 즉 일이 생겼을 때 정신집중하려면, 일이 없을 때도 정신집중할 준비가 되어 있어야 한다. 그 준비가 바로 공恭이다. 그렇다면 이 공恭도 정신집중과 유사한 것이어야 한다. 왜냐하면 정신없이 산만한 상태로 있다가 갑자기 닥쳐온 일에 대하여 순간적으로 정신집중하기는 어렵기 때문이다. 아마도 백 미터 경주의 출발선 위에 선 모습이 공恭이라면, 그 달리는 과정 중의 마음가짐이 경이다. 따라서 공恭에도 어느 정도의 정신집중이 필요하다. 다만 아직 일이 없어 정신집중할 대상이 없으므로 일을 할 때처럼 경하라고 말하기 어렵다. 이에 공자는 사람들이 알아듣기 쉽게 일이 없을 때는 공恭하고, 일이 있을 때는 경하라고 한 것이다.

> 처음 배우는 면에서는 경의 절실함이 낫고, 덕을 이루는 면에서는 공恭의 편안함이 낫다. 경은 일을 주로 하는 것이다. 그러나 통째로 말하면(전언專言) 또 '자기를 닦되 경으로써 한다.'나 '경하여 안을 곧게 한다.'와 같고, 다만 한 측면만 말하면(편언偏言) 일을 주로 하는 것이다. 공恭은 용모에 대하여 말하는 것이다.[38]

초학자가 공부하는 데에는 공보다 경을 가지고 하는 것이 좋고, 덕을 완성하는 데에는 경보다 공이 좋다는 것이다. 경이 비록 수양의 본령本領이지만, 그것이 밖으로 발현되어 나와서 사용되려면 많이 쌓아서 가득 차야 한다.[39] 이 경이 가득 차서 밖으로 드러난 모습이 바로 공이다. 또한 경은 정신을 한곳에 집중하는 것이니 경직된 모습이고, 공은 다소

---

38) 朱子語類, 063011, 性理3: 初學則不如敬之切, 成德則不如恭之安. 敬是主事. 然專言, 則又如修己以敬, 敬以直內, 只偏言是主事. 恭是容貌上說.

39) 朱子語類, 063015, 性理3: 文蔚曰: 恭卽是敬之發見. 先生默然良久, 曰: 本領雖在敬上. 若論那大處, 恭反大如敬. 若不是裏面積盛, 無緣發出來做得恭.

곳한 모양새로서 유연한 모습이다.40) 이에 몸가짐의 면에서는 공이 좋고, 열심히 일하는 면에서는 경이 절실하다.41)

경은 둘로 나눌 수 있으니, 통째로 말하는 경(전언경專言敬)은 일이 있는 경우와 없는 경우 즉 유사有事와 무사無事, 동動과 정靜에 모두 적용되는 것이고, 한 측면만 말하는 경(편언경偏言敬)은 일이 있는 경우로 한정된다. 공자는 경사敬事·경형敬兄처럼 편언경으로 말한 경우가 대부분이지만, 수기이경修己以敬이나 경이직내敬以直內처럼 전언경도 말하였다. 전언경은 체體이고, 편언경은 용用이다. 경은 체이고, 공은 용이다. 또 구용九容처럼 공과 같은 부류에 속하는 것42)들은 모두 경의 발현이니, 경의 용이다. 또 공도 전언공專言恭과 편언공偏言恭으로 나눌 수 있다. 즉 거처공居處恭처럼 일이 없을 때만 해당되는 것은 편언공이고, 공경지심恭敬之心처럼 일을 할 때까지 포함하는 공은 전언공이다. 특히 공경이라고 할 때의 공은 체로서의 경을 포함하고, 경은 용으로서의 경이 되어야 할 것이다. 즉 거처공居處恭의 공은 체인 경을 포함하고, 집사경執事敬의 경은 용으로서의 경이다.

3. 공경恭敬, 존경尊敬, 외경畏敬과 경신敬愼

위에서 공경恭敬의 원의原義에 대하여 검토하였다. 그런데 실제로는 공경의 원의대로 하지 않으면서 하는 척만 하는 요령꾼이 생겨났다.

---

40) 朱子語類, 063019, 性理3: 吉甫問恭敬. 曰: 恭字軟, 敬字硬.
41) 朱子語類, 063008, 性理3: 恭主容, 敬主事. 有事著心做, 不易其心而爲之, 是敬. 恭形於外, 敬主於中. 自誠身而言, 則恭較緊, 自行事而言, 則敬爲切.
42) 朱子語類, 121613, 學6: 坐如尸, 立如齊, 頭容直, 目容端, 足容重, 手容恭, 口容止, 氣容肅, 皆敬之目也.

맹자가 말하였다. "먹이기만 하고 사랑하지 않으면 돼지로 대접하
는 것이고, 사랑하기만 하고 공경하지 않으면 가축으로 기르는 것이
다. 공경은 폐백을 아직 드리지 않았을 때 있는 것이다. 공경하되
실상이 없으면 군자는 헛되이 머물러서는 안 된다."[43]

맹자孟子 당시 제후들은 현인을 모셔다가 봉록을 주면서 먹고살게는
해주면서 사랑하지는 않고, 사랑하면서 공경하지는 않는 경우가 많았
다. 그러면서 공경하는 척하고자 귀한 선물만 주었다. 그러나 공경은
선물에 있는 것이 아니라, 선물을 주고자 하는 마음에 있는 것이다.[44]
그런데 당시 제후들은 물건으로 공경을 대신하려고 하였다.[45] 현인을
공경한다는 것은 현인이 건의하는 내용을 정신 차려서 잘 듣고 그대로
잘 시행하는 것이다. 현인이 말할 때 그 말을 귀 기울여 듣지 않고,
또 정신 차려서 그 말을 시행하려고 하지 않으면, 현인은 말을 하나
마나이다. 이때부터 많은 사람이 선물을 바치는 것을 공경으로 착각하
였으니, 공자도 기르기만 하고 공경하지 않으면 효孝가 아니라고 지적
하였다.[46]

오늘날 국어사전에 공경을 "공손히 받들어 모심"으로 풀이하는 것은
과거 제후들의 태도를 주로 반영한 것이며, '정신차려'라는 경의 본래
의미와는 다소 거리가 있다. 그러나 제후들처럼 물질 위주가 아닌 정신
위주로 한다면 인정될 수 있다. 공경의 핵심은 상대를 어렵게 생각하고

---

43) 孟子, 盡心上37: 孟子曰: 食而弗愛, 豕交之也. 愛而不敬, 獸畜之也. 恭敬者,
幣之未將者也. 恭敬而無實, 君子不可虛拘.
44) 孟子集註, 盡心上37: 程子曰: 恭敬雖因威儀幣帛而後發見. 然幣之未將時,
已有此恭敬之心, 非因幣帛而後有也.
45) 孟子集註, 盡心上37: 此言當時諸侯之待賢者, 特以幣帛爲恭敬, 而無其實也.
46) 論語, 爲政7: 子游問孝. 子曰: 今之孝者, 是謂能養. 至於犬馬, 皆能有養, 不
敬, 何以別乎.

정신 차려서 대하는 마음가짐에 있다.

용用으로서의 공경은 일을 잘하기 위해 하는 일에 정신집중하는 것이다. 사람을 대할 때는 그와 잘 상대하기 위해 정신을 그에게 집중한다.47) 그의 말을 집중하여 듣고 차질 없이 대답하며, 그의 행동에 집중하여 그의 의중을 읽어 상대한다. 이것이 바로 상대를 '존경尊敬'하는 것이다. 또 이렇게 함부로 상대할 수 없는 사람은 어려운 사람이다. 그래서 두려워하는 마음이 있고, 그러면 저절로 공경하게 마련이다. 이를 '외경畏敬'이라 한다.

> 두려워하고 경계하라. 깊은 못가에 선 듯이, 살얼음을 밟는 듯이.48)

시퍼렇게 깊은 물가에 서면, 빠질까 두려워서 자기도 모르는 사이 모골이 송연해진다.49) 얇은 살얼음판 위에 서면 얼음이 깨질까 봐 자기도 모르는 사이 조심하여 살금살금 걷는다. 이처럼 두렵고 무서워서 자기도 모르는 사이 정신 차리는 것이 외경畏敬이며, 정신차려 조심하는 것이 경신敬愼이다. 이런 때에 누구나 자연경自然敬을 체험한다. 외경과 경신은 정신 차려서 일을 잘하려고 하는 경의 본의에 잘 맞는다.

> "안평중晏平仲은 사람과 잘 사귀었으니 오래되어도 경하였다."50)

안평중은 친구와 사귄 지 오래여서 허물없이 지내는 사이가 되어도

---

47) 朱子語類, 961420, 程子之書2: 敬是就心上說, 恭是對人而言.
48) 詩經, 小旻之什, 小旻: 戰戰兢兢, 如臨深淵, 如履薄氷.
49) 朱子大全, 533614, 答胡季隨: 敬是竦然, 如有所畏之意.
50) 論語, 公冶長16: 子曰: 晏平仲善與人交, 久而敬之.

항상 공경하였다. 이 한 가지 태도에 외경, 존경, 경신 등이 모두 들어 있는데, 이들은 모두 경에서 파생된 것이다.

IV. 거경시居敬時 심心의 상태狀態

1. 정신精神과 심心의 관계關係

위에서는 주로 사서삼경에 나오는 내용을 위주로 경敬의 의미를 고찰하였다. 여기서는 정자程子와 주자朱子 등 여러 선유의 경에 대한 설명을 고찰하고자 한다.

위에서 경을 '정신차려'와 '정신집중'이라고 정의하였으므로, 이제 이것이 심心, 즉 마음과 어떻게 관련되는지를 알아볼 필요가 있다. 마음은 우리 몸을 주재하는 최고의 주재자이다. 그러므로 마음은 다른 자에게 명령을 내리기는 하여도 그들로부터 명령받지는 않는다.[51] 그렇다면 정신도 마음의 명령을 받는 자인가?

> 심장은 오장육부의 큰 주인이며, 정精·신神이 집으로 삼는 곳이다.[52]
> 심장은 신神을 저장하고, 폐肺는 백魄을 저장하고, 간肝은 혼魂을 저장하고, 비脾는 의意를 저장하고, 신腎은 (정精)지志를 저장하니, 이것을 오장五臟이 저장한 것이라고 한다.[53]

---

51) 朱子大全, 672407, 觀心說: 心者人之所以主乎身者也, 一而不二者也, 爲主而不爲客者也, 命物而不命於物者也.
52) 黃帝內經靈樞, 邪客71: 心者五臟六腑之大主也, 精神之所舍也.
53) 黃帝內經素問, 宣明五氣篇23: 心藏神, 肺藏魄, 肝藏魂, 脾藏意, 腎藏(精)志, 是謂五藏所藏.

이것은 마음이 정精·신神·혼魂·백魄을 그 구성 요소로 한다는 의미이다.54) 마음은 정신의 밖에 있는 것이 아니라 정신을 그 안에 거느리고 있다. 이에 마음이 단속을 잘하면, 정신도 그 안에서 잘 운용이 되고, 그렇지 못하면 정신이 밖으로 분산되어 나간다. 여기서 다시 정精과 신神을 설명하면 정精은 탐조등의 반사경과 같고, 신神은 거기서 나오는 빛과 같으며, 마음은 탐조등 전체이다. 그래서 신神의 활동이 왕성하려면 먼저 정精이 건실해야 한다. 또 마음은 이 정신을 운용하여 지각하고 탐구하고 생각하고 판단한다. 결국 정신의 능력이 마음의 능력이 되고, 마음이 일을 잘하는가 못하는가는 정신을 어떻게 운용하는가에 달려 있다.

> 의지意志와 의의는 정신을 다스리고, 혼백을 거두어들이고, 추위와 더위를 맞추고, 기쁨과 분노를 조절하는 자이다.55)
> 의지意志와 의意가 조화하면 정신이 전일하고 곧으며(전직專直), 혼백이 흩어지지 않고, 잘못된 분노가 일어나지 않으며, 오장이 사기邪氣를 받지 않는다.56)

지志·의意에서 지志는 의지이고 의意는 생각하는 것이니, 모두 마음의 작용이다. 마음은 정신을 다스려 일이 없으면 가만있고 일이 있으면 곧게 나아간다. 한의학에서는 마음이 정신의 주재자임을 분명히 하고 있다. '정신집중'은 마음이 정精을 조절하여 신神을 한곳으로 집중시켜 쏘는 것이고, '정신차려'는 신神을 쏘기 전에 정精의 정비와 채비를 완

---

54) 心에 대해 자세한 것은 '제8장 朱子의 心說' 참조
55) 黃帝內經靈樞, 本藏47: 志意者, 所以御精神, 收魂魄, 適寒溫, 和喜怒者也.
56) 黃帝內經靈樞, 本藏47: 志意和, 則精神專直. 魂魄不散, 悔怒不起, 五藏不受邪矣.

벽하게 하여 신神을 쏠 때 실수가 없게 하는 것이다.

> 사람은 항상 반드시 몸과 마음을 수렴하여 정精·신神이 항상 여기
> 있게 해야 한다.57)
> 경敬은 다만 이 마음을 다잡아서 흐트러지지 않게 한다. 이렇게
> 하면 마음이 곧 저절로 밝아진다.58)

주자는 마음이 정신을 수렴시킨다고 하였으니, 이는 『황제내경』의
주장과 일치한다. 다만 정신과 마음을 너무 대립시키면 곤란하다. 왜냐
하면 정신이 오히려 마음을 다잡는 면도 있기 때문이다. 경을 강조하는
것은 오히려 이런 측면을 감안한 것이다. 정신은 마음을 대표하고, 마음
은 정신을 통제하지만, 양자는 상호 불가분의 관계 속에 공존하고 있
다.59)

2. 주일무적主一無適

공자孔子 이후 경敬에 대한 종합적인 정의나 설명을 한 사람은 없었
다. 오직 정이천程伊川이 경의 중요성을 인식해 종합적으로 설명하였으
며,60) 주자가 이를 계승하였다.

---

57) 朱子語類, 120310, 學6: 人常須收斂箇身心, 使精神常在這裏.
58) 朱子語類, 1151208, 朱子12: 敬只是提起這心, 莫教放散, 恁地則心便自明.
59) 여기서 사용하는 '精神'은 '神'을 중심으로 하고 '精'을 포함한다. 일반 국어
에서 사용하는 精神도 이와 같아야 하지만 다소 모호한 상태에서 사용하고
있다.
60) 朱子語類, 121206, 學6: 聖人言語, 當初未曾關聚, 如說出門如見大賓, 使民如
承大祭等類, 皆是敬之目. 到程子始關聚說出一箇敬來敎人.

일(一)을 주로 하는 것을 경이라고 하고, 가지 않는 것을 일(一)이라
고 한다.61)

일(一)을 주로 하는 것을 경이라고 하는데, 일은 정성을 말하고,
'주로 하는 것'은 유의留意하는 것이다.62)

정이천程伊川이 경을 '주일무적主一無適'이라고 요약 설명하면서, 송
대 성리학자들이 경에 주목하기 시작한다. 그만큼 경에 대한 설명 중에
서 가장 적절한 것이다. 여기에서 '주主'는 주로 한다, 주인으로 삼는다,
주장한다는 뜻이고, 나아가 그 말의 의미는 '항상 생각을 거기에 둔다'
는 것이다. 또 '일一'은 가지 않는 것, 즉 지금 생각하고 있는 한 가지
일 이외의 다른 일로 생각이 옮겨 가지 않는 것이고, 이는 또 정성을
다한다63)는 뜻이다. 이에 '주일'을 다시 정리하면, '생각이 다른 데로
가지 않는 것을 주로 한다', '정성을 주로 한다'거나 '생각이 다른 데로
가지 않도록 유의한다', '정성을 다하도록 유의한다'가 될 것이다. 이를
또 다른 말로 하면 '생각을 집중한다'거나 '정성을 다한다'가 될 것이고,
이는 '전일專一'이라는 말과 비슷하다.64)

다만 경敬하면 마음은 곧 하나이다.65)

'정신집중'이 경 자체를 형용하는 말이라면, 주일은 경으로 인해 하

61) 心經, 易坤之六二條. / 河南程氏遺書 卷15, 伊川先生語1: 主一之謂敬, 無適
之謂一.
62) 河南程氏遺書 卷24, 伊川先生語10: 主一者謂之敬, 一者謂之誠, 主則有意在.
63) 이는 誠과 敬이 理氣關係이며 表裏關係임을 말하는 것이다. 즉 誠은 理的인
것이고, 敬은 氣的인 것이다. 精誠을 다할 때는 정신이 집중되어(敬) 있고,
정신을 집중할(敬) 때에 精誠은 자연히 드러난다.
64) 朱子語類, 960617, 程子之書2: 主一只是專一.
65) 朱子語類, 121503, 學6: 只敬則心便一.

나가 된 마음을 형용하는 말이다.66) 즉 경은 '정신'의 상태를 말하고,
주일은 '마음'의 상태를 말한다. 그런데 정신과 마음은 서로 다른 것이
아니라, 마음이라는 집에 정신이라는 주인이 사는 것과 같다. 그러므로
주인인 정신이 똑바로 서 있으면, 그 울타리인 마음은 그에 따라 저절로
한곳으로 모인다. 비유하자면 경은 촛불의 심지와 같고 마음은 그 불꽃
과 같다. 심지가 곧게 서 있으면 불꽃도 똑바른 모양으로 타오른다.

> 경敬은 다만 이 마음이 스스로 주재력을 행사하는 것이다.67)
> 경敬은 한 마음의 주재자이고, 만 가지 일의 근본이다.68)

마음은 한 몸의 주재자이고, 경은 또 한 마음의 주재자69)라고 하였으
니, 마음은 몸의 주인이고, 경은 마음의 주인이다. 경하면 마음이 스스
로 주인 노릇하는 것이고, 경하지 못하면 마음은 주인 없는 빈집이다.
국어에서 '정신없다'는 것이 바로 이런 상태이다. 이 마음속의 정신이
경하면 모든 일이 제대로 되고, 그렇지 못하면 일이 되지 않는다. 이에
경이 모든 일의 근본이라고 하는 것이다.

> 주일主一에 대해 물었다. 답하였다. "이 일을 할 때는 우선 이
> 일만 하며, 이 한 일을 마친 뒤에 저 일을 한다. 지금 사람들이 이
> 일을 아직 마치지 않고 또 저 일을 하려고 하니, 마음이 천 갈래,
> 만 갈래가 된다."70)

---

66) 朱子語類, 960910, 程子之書2: 敬主於一. 做這件事, 更不做別事. 無適, 是不
走作.
67) 朱子語類, 121504, 學6: 敬只是此心自做主宰處.
68) 大學或問: 敬者一心之主宰, 而萬事之本根也.
69) 退溪全書, 072912, 進聖學十圖劄幷圖, 心學圖說: 林隱程氏復心曰: 蓋心者一
身之主宰, 而敬又一心之主宰也.

주일主─하는 자가 언제 한 가지 일에 막힌 적이 있는가? 주일主─
하지 않으면, 지금 이 일을 이해하려고 할 때 마음은 저기에 머물러
있으니, 이것이 도리어 한구석에 막힌 것이다.[71]

주일은 마음이 하나가 되는 것이다. 마음이 하나라는 것은 일이 없을
때는 아무 생각 없이 가만히 있는 것이고, 일이 생기면 마음을 하나로
하여 그 일에 몰두하는 것이다. 그리고 그 일이 끝나면 다시 원래 상태
로 돌아가 마음을 비운다. 한꺼번에 여러 가지 일을 처리하려고 하는
것이 아니라 차례차례 하나씩 해나가는 것이고, 생각이 앞서가지도
않고 뒤처지지도 않는다. 결국 잡념이 없이 항상 현재에 충실하게 전념
하는 것이 주일이다.

3. 상성성법常惺惺法

위에서는 경敬이 마음의 주일무적主─無適을 가져오는 측면을 말하였
다. 여기서는 또 다른 측면을 말한다.

　　상채上蔡 사씨謝氏(이름: 량좌良佐, 자字: 현도顯道)가 말하였다. "경
　敬은 항상 깨어 있게 하는 방법이다."[72]

---

70) 朱子語類, 960612, 程子之書2: 問主一. 曰: 做這一事, 且做一事. 做了這一事,
　　却做一事. 今人做這一事末了, 又要做那一事, 心下千頭萬緒.(却做這 朱子
　　語類考文解義云 這恐當作那)
71) 朱子語類, 961008, 程子之書2: 主一者, 何嘗滯於一事. 不主一, 則方理會此
　　事, 而心留於彼, 這却是滯於一隅.
72) 心經, 易坤之六二條: 上蔡謝氏曰: 敬是常惺惺法. / 常惺惺法과 常惺惺을 혼
　　용하는데, '法'字가 있을 때는 '惺惺하게 하는 법'이고, 없을 때는 지금 '惺惺
　　한 것'을 의미한다.

경은 정신이 차려하는 것, 즉 기립起立하는 것인데, 이런 정신이 마음을 깨운다. 이런 측면에서 상채 사씨는 경을 성성법惺惺法, 즉 깨우는 법, 혹은 깨어 있게 하는 법이라고 하였다. 결국 경은 졸거나 흐리멍덩하거나 흐릿한 마음을 또렷하게 깨우는 것이다. 이제 정신이 바로 서거나 모아지면 이에 따라 마음도 밝아진다.73) 만일 정신이 분산되어 대상을 비추는 빛이 모아지지 않으면, 애써도 마음이 집중되지 않는다.74)

> 사람이 학문을 하는 방법은 천 갈래, 만 갈래이지만 어찌 본령이
> 없을 수 있겠는가? 이것이 정자程子가 경敬을 유지하라고 한 까닭이
> 다. 다만 이 마음을 일깨워서 밝게 빛나게 하면, 일에서 보지 못하는
> 것이 없고, 오래되면 저절로 강건하고 힘이 생긴다.75)

학문 방법에는 여러 가지가 있지만 가장 기본이 되는 본령本領 공부가 있으니, 경공부가 그것이다. 마음이 밝지 못한 상태에서는 어떤 공부도 제대로 할 수 없다. 그런데 마음은 본래 밝은 것이라서 깨워 일으키기만 하면 바로 광명하고, 이렇게 깨어 있기를 오래 하면 더 힘 있고 강해진다.

> 사람에게 이 마음이 있으면 바로 이 몸이 있는 것을 안다. 사람이
> 몽롱하여 마음이 있는 줄을 모르는 것은 바로 사람이 곤히 잠들면
> 이 몸이 있는 줄을 모르는 것과 같다. 사람이 비록 곤히 잠들었어도

---

73) 朱子語類, 1150414, 朱子12: 敬只是自家一箇心常醒醒便是, 不可將來別做一事, 又豈可指擎跽曲拳, 塊然在此而後爲敬.

74) 朱子語類, 170417, 大學4: 惺惺, 乃心不昏昧之謂, 只此便是敬. 今人說敬, 却只以整齊嚴肅言之, 此固是敬. 然心若昏昧, 燭理不明, 雖强把捉, 豈得爲敬.

75) 朱子語類, 121401, 學6: 人之爲學, 千頭萬緖, 豈可無本領, 此程先生所以有持敬之語. 只是提撕此心, 敎它光明, 則於事無不見, 久之自然剛健有力.

남이 불러 깨우면 이 몸은 그대로이듯이, 마음도 역시 그러하다.
지금 흐리멍덩하더라도 사람이 깨우면 이 마음이 바로 여기 있다.[76]

사람이 자고 있을 때는 자기의 몸이 있는 줄도 모르는데, 잠에서
깨어나면 몸은 그대로 있다. 마찬가지로 정신이 흐릿할 때는 자기 마음
이 있는 줄도 모르지만 깨어나면 이 마음은 여전히 여기 있다. 혹 내가
졸고 있을 때는 남이 보고 알 수 있으므로 깨워 줄 수 있지만, 내 정신이
졸고 있으면 어떻게 깨우는가?

마음은 다만 한 개의 마음일 뿐이니, 한 개의 마음으로 한 개의
마음을 다스리는 것이 아니다. 이른바 보존한다느니, 거둔다느니
하는 것은 다만 불러 깨우는 것이다.[77]

마음을 보존한다거나 수렴한다거나 하는 것이 바로 깨우는 것이다.
몽롱하고 흐리멍덩한 마음을 불러 깨우면 마음은 본래 맑고 밝은 것이
니, 즉시 제 기능을 다 할 수 있다. 그러나 두 마음이 있어서 한 마음이
또 다른 한 마음을 깨우는 것이 아니라, 오직 하나뿐인 마음이 스스로
깨어나는 것이다. 사람이 자다가 남이 깨우지 않아도 스스로 깨어나는
것과 같다.

방심放心을 구하는 것은 이 마음은 나가 버리고, 또 하나의 마음을
찾아서 데려오는 것이 아니다. 그것은 사람이 자다가 깨어나는 것과

---

76) 朱子語類, 120212, 學6: 人有此心, 便知有此身. 人昏昧不知有此心, 便如人困
睡不知有此身. 人雖困睡, 得人喚覺, 則此身自在, 心亦如此. 方其昏蔽, 得人
警覺, 則此心便在這裏.
77) 朱子語類, 120218, 學6: 心只是一箇心, 非是以一箇心治一箇心. 所謂存, 所謂
收, 只是喚醒.

같아서, 자는 것도 자기 혼자 자는 것이고 깨어나는 것도 자기 혼자 깨어나는 것이지만, 다만 항상 깨어 있으려는 것이다.78)

맹자가 학문하는 도리는 방심을 구하는 것이라고 하였는데, 이 상성 성법이 바로 방심을 구하는 법이다. 방심은 마음을 놓아 제멋대로 나가 버렸는데, 이제 무슨 일을 하려고 보니 마음이 없어서 일을 할 수 없다. 이에 그 방심을 불러들이려는 것이다. 그런데 나간 마음은 누구이고, 불러오는 마음은 누구인가? 누가 누구를 구해 오는가? 결국 하나의 마음이다. 자는 사람도 자신이고, 깨어나는 사람도 자신이듯이 마음 혼자서 스스로 깨어나야 한다. 흐리멍덩했던 마음이 정신이 차려하는 순간 깨어난다. 이것이 상성성법常惺惺法이다.

4. 기심수렴불용일물其心收斂不容一物

위에서는 경敬하면 마음이 주일무적主一無適하고 상성성常惺惺한 점 을 밝혔다. 여기서는 지경持敬하였을 때, 또 다른 마음의 상태를 말하려 한다.

> 화정和靖 윤씨尹氏(이름: 돈焞, 자字: 언명彦明)가 말하였다. "경은 마음을 거둬들여(수렴收斂) 한 물건도 받아들이지 않는 것(불용일물 不容一物)을 말한다."79)

경은 산만한 마음을 수렴收斂하여 한 가지 일에 전념하고, 그 일 이외

---

78) 朱子語類, 595117, 告子上: 求放心, 非是心放出去, 又討一箇心去求. 他如人
　　睡著覺來, 睡是他自睡, 覺是他自覺, 只是要常惺惺.
79) 心經, 易坤之六二條: 和靖尹氏曰: 敬者其心收斂不容一物之謂.

의 다른 것은 하나도 들여놓지 않고, 또 들어오지 못하게 하는 것이다. 주일무적은 '마음이 하나로 모인 것'으로 정신이 집중되어 있음을 주로 논했다면, 화정 윤씨의 이 말은 자기도 모르는 사이에 마음의 전일함을 해치고 정신의 중립을 방해하는 요인을 제거해야 한다는 것이다.

> 윤씨의 기심수렴불용일물설其心收斂不容一物說에 대해 물었다. 답하였다. "마음이 이 한 일을 주재하고 다른 일로 어지러워지지 않는 것이 바로 '한 물건도 받아들이지 않는 것'이다." 물었다. "이것은 다만 가만있을 때의 기상을 말한 것입니까?" 답하였다. "그렇다." 또 물었다. "다만 가만있을 때 경敬을 주로 하는 것은 바로 '반드시 일삼는다'는 것입니까?" 답하였다. "그렇다."[80]

'한 물건도 받아들이지 않는 것'은 마음을 수렴하여 한 가지 일에만 전념하고, 다른 일을 생각하여 마음을 어지럽게 하지 않는 것이라고 하였다. 그런데 질문자는 또 그것은 아무 일 없이 가만있을 때의 상황이냐고 물었는데, 주자는 그렇다고 답하였다. 또 가만있을 때 경을 주로 하는 것은 맹자가 말한 필유사必有事, 즉 반드시 일삼는다는 것이냐고 물었는데, 역시 그렇다고 답하였다. 이것은 기심수렴불용일물其心收斂不容一物이 어떤 일이 생기기 전 가만있을 때, 즉 일이 없을 때 한 물건도 받아들여서는 안 된다는 것이다. 즉 아무 일이 없을 때 마음속에 다른 생각을 담아 두지 않는다는 말이다. 물론 일이 있기 전에 어떤 생각을 마음속에 담아 두고 있었다면 일이 생겨 그에 대응할 때 필연적으로 영향을 미친다. 그러므로 아무 일도 없을 때부터 경공부를 해야 한다.

---

80) 朱子語類, 170509, 大學4: 問尹氏其心收斂不容一物之說. 曰: 心主這一事, 不爲佗事攪所亂, 便是不容一物也. 問此只是說靜時氣象否. 曰: 然. 又問只靜時主敬, 便是必有事否. 曰: 然.

이것이 맹자가 말한 '반드시 일삼는다'는 공부이다.

> "정심장正心章의 '사람의 마음은 마땅히 한 물건도 받아들이지 않아야 한다.'에 대해 물었다. 답하였다. "이 말은 어렵다. 단지 한 물건도 받아들이지 않는다고 하면, 도리어 또 줄곧 전혀 아무것도 없는 것 같다. 다만 이렇게 많은 좋아함, 두려움, 분노, 근심 등은 아무것도 없는 곳으로부터 나와야 하고, 먼저 마음속에 두어서는 안 된다. 생각해 보면, 이 몇 가지만 그런 것이 아니라, 무릇 먼저 안배하여 요렇게 하려고 하는 것은 모두 안 된다. 예컨대 사람이 마음먹고 이렇게 엄격하게 하려고 하면, 조금 후에는 오로지 이런 생각만을 드러내니, 그럴 필요가 없는 곳에서까지 그렇게 하도록 압박한다. ...... 예컨대 이익을 추구하는 데 마음이 있으면, 이익이 있을 것 같은 일을 만나면 바로 탐욕을 낸다."81)

어떤 일을 공평무사하게 잘하려면 먼저 마음을 비워야 하는데, 이 화정 윤씨의 설이 바로 그런 것을 말하는 것이다. 아직 아무 일도 생기지 않았는데 미리 어떻게 하겠다는 결심부터 하고 있다가 어떤 일이 생기면 상황을 면밀히 파악하지도 않은 채 자기가 결심했던 대로 일을 처리하려고 든다. 이와 마찬가지로 선입견이나 편견, 감정, 욕심, 미련, 애착, 앙금 등을 마음속에 담아 놓고 있다가 일이 생기면 그에 영향을 미쳐서 일을 그르친다.

주일무적이 주로 의식으로 드러난 문제를 말한 것이라면 기심수렴불

---

81) 朱子語類, 163904, 大學3: 問正心章云: 人之心要當不容一物. 曰: 這說便是難, 纔說不容一物, 却又似一向全無相似. 只是這許多好樂恐懼忿懷憂患, 只要從無處發出, 不可先有在心下. 看來非獨是這幾項如此, 凡是先安排要恁地, 便不得. 如人立心要恁地嚴毅把捉, 少間只管見這意思, 到不消恁地處也恁地, 便拘逼了......如有心於爲利, 遇著近利底事 便貪欲.

용일물은 잠재의식이나 무의식의 문제까지 포함하여 말하는 것이다. 즉 의식에서 어떤 잡념이 일어나 정신집중을 방해하지 않더라도 자기도 모르는 잠재의식 속에 어떤 것이 들어 있어서 완전한 정신차려를 방해하면 안 된다. 언뜻 보기에는 정신차려가 잘된 것처럼 보이지만 사실은 제대로 정신차려가 안된 것이다. 촛불에 비유하면 주일무적은 바람이 불어 불꽃이 흔들리는 것과 관련이 있다면, 불용일물은 불꽃 속에 어떤 철심 같은 이물질이 들어 있어서 불꽃의 모양을 이지러지게 하는 것과 관련이 있다. 이것은 아무 일이 없을 때를 주로 하여 말하였지만, 체體가 이러하므로 용用도 당연히 그렇게 되어야 한다. 즉 일할 때는 어떤 다른 생각을 마음속에 잠재시켜 놓지 않고 깨끗이 비운 상태에서 지금 하는 일에만 전념해야 한다.

생각건대 경은 정신의 현상이나 상태이다. 이에 경한 상태라는 뜻으로 '거경居敬'이라 하고, 그런 상태를 가진다거나 유지한다는 뜻으로 '지경持敬'이라 한다. 정신이 거경居敬·지경持敬할 때, 마음은 저절로 주일무적하고, 상성성하고, 불용일물한 상태가 된다.[82]

V. 경敬의 공부법工夫法

1. 자가조존법自家操存法

위에서는 경敬의 정의와 관련된 내용을 고찰하였다. 이에 위에서는

---

82) 朱子語類, 170206, 大學4: 問敬諸先生之說各不同. 然總而行之, 常令此心常存, 是否. 曰: 其實只一般. 若是敬時, 自然主一無適, 自然整齊嚴肅, 自然常惺惺, 其心收斂不容一物.

주일무적主一無適, 상성성법常惺惺法, 기심수렴불용일물其心收斂不容一物을 모두 거경居敬했을 때의 마음의 현상으로 다루었다. 또 이를 역으로 이용하면 마음의 상태를 보면 정신의 상태를 알 수 있다. 한편 경이 저절로 자연경自然敬이 되었을 때는 마음이 저절로 그에 따른 효과가 있게 되지만, 자연경이 되지 않았을 때는 도리어 노력을 통해 경을 가져와야 한다. 여기서는 이러한 경에 관한 공부 방법을 고찰한다.

> 물었다. "어떻게 경을 가질지 모르겠습니다." 답하였다. "다만 몸과 마음을 수렴收斂하여 달아나지 않게 해야 할 뿐이다. 지금 사람들은 정신이 아직 스스로 정해지지 못하였으니, 어떻게 독서를 정밀하고 전일하게(정전精專) 할 수 있겠는가."83)
>
> 어떤 사람이 물었다. "경敬은 어떻게 공부합니까?" 답하였다. "주일主一만 한 것이 없다."84)

성인처럼 경이 저절로 이루어지면 좋겠지만 범인은 그렇게 되지 않을 때가 많다. 이때는 몸과 마음을 수렴收斂하여 하나가 되게 해야 한다. 이것이 주일主一하는 공부이다. 몸과 마음이 태만하거나 산만한 것을 걷어잡아 한곳으로 모아야 한다. 이는 울타리인 마음을 조종하여 그 안에 있는 정신을 가두는 것이다. 비유하자면 정신은 물이고 마음은 물바가지이다. 물이 가만있으면 바가지도 가만있고, 물이 흔들리면 바가지도 흔들린다. 반대로 바가지가 흔들리지 않으면 그 안의 물도 흔들리지 않는다. 이에 정신을 조절하기 위해 마음을 조절하려는 것이다.

---

83) 朱子語類, 1212520, 學6: 問不知敬如何持. 曰: 只是要收斂身心, 莫令走失而已. 今人精神自不曾定, 讀書安得精專.

84) 河南程氏遺書18권, 伊川先生語4, 劉元承手編: 或曰: 敬何以用功. 曰: 莫若主一.

물었다. "주일무적主一無適은 역시 일을 만났을 때도 이렇게 하는 것입니까?" 답하였다. "일이 없을 때 이 마음은 역시 주일主一하다. 일을 만났을 때도 이와 같다. 만일 이 일을 마땅히 처리해야 하는데 하지 않거나, 마땅히 해야 하는데 하지 않는 것은 옳지 않다. 만일 주일主一할 때는 앉으면 마음도 앉고, 가면 마음도 가니, 몸이 여기 있으면 마음도 여기에 있다.85)

주일무적은 일이 있든 없든 마음이 한곳에 모여 있는 것이다. 또 몸과 마음이 따로 노는 일도 없다. 마음은 일이 없으면 조용히 쉬고 있다가, 일이 생기면 즉시 그 일에 집중한다. 더구나 할 일이 앞에 닥쳤는데 모른 척하는 일은 있을 수 없다. 또 마음이 움직이면 몸은 즉시 그를 따라가서 몸과 마음이 항상 함께 있다. 눈은 『논어』를 읽고 있는데 마음은 『맹자』를 생각하는 것처럼 서로 괴리되는 일은 없다.86) 이렇게 마음을 한곳으로 모으는 것이 주일공부인데, 이렇게 마음을 모으려면 어떻게 해야 하는가?

물었다. "보통 잡아서 있게 하는(조존操存) 곳에서 조금 힘을 들이면 더욱 어수선하게 느낍니다. 이것은 일을 너무 의식적으로 하는 것이 아닙니까?" 답하였다. "자연스럽게 해야 한다. 잡지 않고도 항상 존재하게 할 수 있는 사람은 어떤 경지에 도달한 것인가. 공자가 '잡으면 있고 놓으면 없어진다.'고 하였으니, 잡으면 바로 여기 있다. 만일 힘들여 구하려고 하면 바로 차질이 생긴다. 지금 만약 잡아서

---

85) 朱子語類, 1191307, 朱子16: 問主一無適, 亦是遇事之時也須如此. 曰: 於無事之時這心却只是主一. 到遇事之時也是如此. 且如這事當治不治, 當爲不爲, 便不是了. 若主一時, 坐則心坐, 行則心行, 身在這裏, 心亦在這裏.

86) 朱子語類, 961418, 程子之書2: 今若讀論語, 心又在孟子上, 如何理會得. 若做這一件事, 心又在那事, 永做不得.

있게 한다(조존操存)고 말하면, 이미 '있게 한다'는 말은 군더더기가
되니, 역시 크게 힘들일 필요가 없다. 이것은 본래 저절로 있는 것이
니, 다만 자신이 조금 주의를 환기하면 바로 얻는다. 반드시 일삼아
서 하되 기약하지 말며, 마음에 잊지 말고 조장하지 말라."[87]

　마음을 걷어잡아 하나로 모으는 것은 마음 스스로 해야 한다. 왜냐하
면 마음은 한 몸의 최고 주재자이므로 마음에게 명령을 내려서 모이게
할 수 있는 자는 없기 때문이다. 공자의 말처럼 마음이 스스로 잡으면
여기 있고, 잡지 않으면 달아난다. 그런데 이 잡는 것을 너무 꼭 잡으려
고 애쓰면 오히려 마음이 하나로 모이는 것이 아니라, 잡으려고 하는
마음과 달아나려고 하는 마음이 서로 갈등하게 된다. 즉 한 마음이
아니라 두 마음이 되고 만다.[88] 그래서 힘들여 잡으려고 하면 안 되고
잡는 듯이, 잡지 않는 듯이 힘들이지 않고 가볍게 해야 한다. 이것을
『맹자』의 호연지기장浩然之氣章의 말을 빌려 설명한다. 일삼아서 하되
꼭 그렇게 하겠다고 기약하지 말며, 그렇다고 너무 느슨하게 하다가
잊어서도 안 되며, 반대로 다시 너무 조여서 조장해도 안 된다.

　맹자孟子가 "학문하는 도리는 다른 것이 없고, 방심을 구하는 것일
뿐이다."라고 말한 것은 매우 절실하다고 할 만하지만, 자세히 보면

---

87) 朱子語類, 1150918, 朱子12: 問尋常操存處, 覺纔著力, 則愈紛擾. 這莫是太把
　　做事了. 曰: 自然是恁地. 能不操而常存者, 是到甚麼地位. 孔子曰: 操則存,
　　舍則亡, 操便在這裏. 若著力去求, 便蹉過了. 今若說操存, 已是剩一箇存
　　字, 亦不必深著力. 這物事本自在, 但自家略加提省, 則便得. 必有事焉, 而勿
　　正, 心勿忘, 勿助長也.
88) 朱子大全, 311514, 答張敬夫: 以敬爲主, 則內外肅然. 不忘不助而心自存. 不
　　知以敬爲主而欲存心, 則不免將一箇心把捉一箇心. 外面未有一事時, 裏面
　　已是三頭兩緒, 不勝其擾擾矣. 就使實能把捉得住, 只此已是大病. 況未必眞
　　能把捉得住乎.

도리어 너무 느슨하다. 공자孔子는 다만 "'한가히 있을 때는 공손하
고, 일할 때는 공경하고, 남과 어울릴 때는 충성하라.'거나 '문을
나서서는 큰손님을 만난 듯이 하고, 백성을 부릴 때는 큰 제사를
받들 듯이 하라.'"고 하였다. 만일 이렇게만 할 수 있다면, 이 마음이
저절로 다른 데로 가지 않고, 저절로 보존되지 않음을 용납하지 않을
것이다. 이것이 맹자가 공자에 미치지 못하는 까닭이다.[89]

주일하는 방법은 어릴 때부터 소학小學을 익히면서 다른 생각은 하지
않고 공자가 가르치는 대로 해야 할 일만 열심히 하면 저절로 마음이
전일專一해지고, 그것이 바로 경이다. 공자孔子처럼 방심放心하기 전에
다잡아야 하는데, 맹자孟子는 오히려 이미 방심한 다음, 그 마음을 다시
찾아오려고 하였으니 너무 늦다는 것이다. 여기 정자程子나 주자朱子가
경에 대해 종합적인 설명을 하고 있지만, 결국은 공자의 몇 마디 말이
더 긴요한 것이다. 신기하고 어려운 것을 찾지 말고 공자의 가르침을
따라 평범한 일상생활 속에서 할 일을 꾸준히 열심히 하는 것이 가장
좋고, 가장 확실한 경공부인 것이다.

한편 마음이 전일專一하게 한 가지 일에 몰두하기만 하면 모두 주일
主一하는 경인가 하는 문제이다.

만일 매여서 연연하는 것(계련係戀)이 있다면 결국 사사로운 생각
이니, 비록 전일하면서 내려놓지 않는 것 같지만 이미 매여서 연연하
는 것이 있으니, 반드시 일은 이미 지나갔는데 마음은 아직 잊지
않거나, 몸은 여기 있는데 마음은 저기 있는 경우가 있을 것이다.

---

89) 朱子語類, 594501, 告子上: 孟子說: "學問之道無他, 求其放心而已矣." 可煞
是說得切, 子細看來, 却反是說得寬了. 孔子只云: "'居處恭, 執事敬, 與人忠.'
'出門如見大賓, 使民如承大祭.'" 若能如此, 則此心自無去處, 自不容不存.
此孟子所以不及孔子.

이것은 지리하고 제멋대로 하여 주일무적主一無適과는 같지 않을 뿐
만 아니라 정반대이다. 90)

애인을 그리워하는 마음이 커서 자나 깨나 잊지 못할뿐더러 밥맛도
없다면, 마음이 항상 거기에 집중되어 있으니 주일인 것 같다. 그런데
주자는 이것은 매인 것이 있으므로 마음이 전일한 것 같지만, 주일이
아니라 오히려 정반대로 잘못되었다고 한다. 이것은 반드시 몸과 마음
이 함께 있지 않거나 이미 지나간 일을 아직도 생각하는 경우가 있을
것이라고 한다.

> 물었다. "공자가 소악韶樂을 듣고서 배우는 석 달 동안 고기 맛을
> 몰랐는데, 만일 보통사람이라면 '마음이 여기에 있지 않은 것(심부재
> 心不在)'인데 성인이 이와 같은 것은 어째서입니까?" 답하였다. "이것
> 이 성인이 되는 까닭이다. 그대가 스스로 생각해 보라." 한참 있다가,
> 또 말하였다. "보통사람이 이와 같으면 사사로운 물욕에 빠진 것이지
> 만, 성인은 지극한 정성과 한결같음으로 마음과 리理가 합해져 저절
> 로 이러함을 알지 못한다."91)

문왕이 태사太姒를 생각하며 밤새워 뒤척이는 것이나, 공자가 순舜의
음악을 배우는 동안 고기 맛을 모르는 것은 똑같이 한 가지 일에 마음을

---

90) 朱子大全, 471106, 答呂子約: 若是有所係戀, 却是私意, 雖似專一不舍, 然旣
有係戀, 則必有事已過而心未忘, 身在此而心在彼者. 此其支離畔援, 與主一
無適, 非但不同, 直是相反.

91) 朱子語類, 342912, 述而篇: 問: "孔子聞韶, 學之三月, 不知肉味. 若常人如此,
則是'心不在焉'; 而聖人如此, 何也?" 曰: "此其所以爲聖人也, 公自思量看."
久之, 又曰: "衆人如此, 則是溺於物欲之私; 聖人則是誠一之至, 心與理合,
不自知其如此."

빼앗겨 생긴 현상이다. 이것은 『대학』에서 말하는 심부재心不在한 병통인 것 같다. 그런데 주자는 이것이 오히려 성인인 이유라고 한다. 성인은 소소한 일에 마음을 빼앗겨 잡념을 일으키는 것이 아니라, 이렇게 크게 분발하거나 생각해야 할 중요한 일에 몰두·몰입한다.[92] 그러므로 이것은 병통이 아니라 오히려 주일이라는 것이다. 그렇다면 성인의 몰두와 범인의 몰두는 어떻게 다르기에 성인은 주일主一이 되고 범인은 심부재心不在가 되는가? 성인은 그 몰입한 대상이 '의리義理'이고, 범인은 '사욕私欲'이다. 성인은 분발하거나 생각하는 대상이 사사로운 욕심이 아니라, 의리와 연계된 큰일이다. 그러므로 사소한 일이 그 큰일을 방해하지 못하는 것이다. 그러므로 성인은 이 큰일에 몰두할 수 있고, 범인은 작은 욕심과 이익을 저울질하느라 몰두할 수 없는 것이다. 그러므로 성인의 몰두는 주일이지만, 범인의 몰두는 진정한 것이 아니라 그렇게 보일 뿐이다. 또 그렇기에 성인은 몰두하는 일이 있어도 의리와 관련된 중요한 일이 닥치면 즉시 새로운 일에 몰두하여 바르게 처리하지만, 범인은 오히려 그런 의리를 사소한 것으로 치부하고 사욕 추구에 빠진다.

범인의 욕심은 육체와 연결되어 있어서 오장육부와 연관되고, 이 오장육부는 다시 정精·신神·혼魂·백魄에 영향을 미친다. 이것이 바로 정신에 영향을 미쳐 정신차려를 방해한다. 겉보기에 마음이 주일한 것 같지만 이미 내부적으로 정신이 분산되어 있으므로 주일할 수 없다. 반면에 성인의 의리는 육체와 연결되어 있지 않으므로 오장육부에 직

---

92) 朱子語類, 343005, 述而篇: 問'心不在焉, 則食而不知其味', 是心不得其正也. 然夫子聞韶, 何故三月不知肉味? 曰: 也有時如此. 所思之事大, 而飮食不足以奪其心也. 且如'發憤忘食', '吾嘗終日不食', 皆非常事. 以其所憤所思之大, 自不能忘也.

접 영향을 미치지 않고, 따라서 정신혼백精神魂魄이 맑고 순수하니 매인 것이 있어도 정신에는 악영향을 미치지 않는다. 결론적으로 선행善行을 하면서는 정신집중, 주일을 할 수 있지만, 악행惡行을 하면서는 진정한 몰두나 주일을 할 수 없다.

생각건대 정신은 자기 스스로 규율하지 못하고 마음을 통해 조절된다. 그런데 또 마음은 최상의 명령자이므로 자기 스스로 주일主一하는 수밖에 없다. 이에 자가조존법自家操存法, 즉 '자기 스스로 걷어잡아 보존하는 법'이 경공부의 첫째 방법이 되어야 한다. 이에 앞에서 말한 주일무적, 상성성법, 기심수렴불용일물을 모두 자가조존법에 포함시켜서 경공부법으로 제시한다. 다만 주일무적 등 세 가지는 지경持敬의 효과로 보면 마음의 현상이 되고, 정신을 조절하기 위한 노력으로 보면 공부법이 된다. 이는 마음과 정신의 특수한 관계에서 비롯된 것이다.93)

2. 정제엄숙整齊嚴肅

위에서는 정자程子가 제시한 주일무적主一無適 등 자가조존법自家操存法을 통해 공부하는 방법을 고찰하였다. 마음이 정신을 잘 조절하기만 하면 바로 경敬이 되겠지만, 마음은 본래 가장 정상精爽한 기氣로 이루어져 있어 고정되기보다는 변동, 변화하기 쉬운 존재이다. 그래서 잠시 주일主一하여 주재력主宰力을 발휘하는가 싶으면 금방 또 움직여 다른

93) 이것은 심장과 마음의 관계와 유사하다. 두근거리는 심장박동을 정상화하려면 마음이 이를 통제해야 하는데, 직접 심장에 명령을 내릴 수 없다. 이에 호흡을 통해 간접적으로 조절한다. (精)神도 심장에서 나오는 것이므로 역시 마음이 직접 통제할 수 없다. 이에 마음이 스스로 操存함으로써 정신을 통제할 수 있다. 또 심장박동이 정상화되면 마음의 작용도 정상화되듯이, 정신이 居敬하면 마음도 主一하다.

일, 다른 생각을 하기 쉽다. 이에 또 다른 방법을 모색한다.

> 정자程子가 말하였다. "정제하고 엄숙하면(정제엄숙整齊嚴肅) 마음
> 은 저절로 하나가 된다. 하나가 되면 악행을 저지르는 것도 없다."
> 또 말하였다. "위엄 있고 장엄한 것(엄위엄각嚴威儼恪)은 경敬의 도道
> 가 아니고, 단지 경敬에 이르려면 이것으로부터 들어가야 한다."94)
> 혹자가 물었다. "사람이 한가히 있을 때 몸가짐은 나태하더라도
> 마음은 느슨하지 않을 수 있지 않겠습니까?" 답하였다. "어찌 다리를
> 길게 뻗고 앉아서 마음이 느슨하지 않은 자가 있겠는가?"95)

정신차려는 마음을 주일하게 할 뿐만 아니라, 그 마음을 담고 있는
몸도 정제엄숙整齊嚴肅하게 한다. 즉 주일主一이 경敬이 마음에 미친
효과라면, 정제엄숙은 그 정신과 마음이 몸가짐에 미친 효과이다. 따라
서 몸가짐의 정제엄숙은 경을 포함한다. 몸가짐이 엄숙하고 일을 차분
하게 하며, 행동에 위엄이 있고 씩씩하고 의젓한 것을 보면 그 마음과
정신도 역시 그러할 것이다. 반대로 외모가 나태하면 마음과 정신도
그처럼 나태할 것이다.96)

한편 이것을 반대 방향으로 사용하면, 몸가짐을 통해 경으로 들어가
는 공부법으로 사용할 수 있다.97) 마음이 자가조존법으로 자신을 다잡

---

94) 心經, 易坤之六二條: 程子曰: 整齊嚴肅則心自一. 一則無非僻之干矣. 又曰:
嚴威儼恪, 非敬之道, 但致敬須從此入.
95) 河南程氏遺書 卷18, 伊川先生語四: 問人之燕居, 形體怠惰, 心不慢可否. 曰:
安有箕踞而心不慢者.
96) 정제엄숙과 恭은 모두 외모에 관한 것으로 내용상 동일한 것을 다르게 표현
한 것이다. 정제엄숙은 경공부가 위주라면, 恭은 居敬의 효과가 중심이다.
정제엄숙이 가지런하고 경직된 모습이 위주라면, 공은 공손하고 자연스러운
모습이 위주이다.
97) 朱子語類, 170313, 大學4: 整齊嚴肅, 雖非敬, 然所以爲敬也. 嚴威儼恪, 亦是

아 거경居敬하는 것이 최상이지만 마음이 스스로 다잡는 것이 쉽지
않다. 그래서 마음을 가다듬는 데에 육체의 힘을 빌리는 것이다.

> 경敬을 가지는 방법은 많은 말이 필요하지 않다. 다만 정제하고
> 엄숙함, 위엄이 있고 장엄함,[98] 태도는 공손하고 생각은 정돈되게
> 함, 의관은 단정하고 눈길은 정숙하게 함 등을 잘 음미하여, 이 몇
> 가지 말에 실제 공을 들이면, 이른바 안을 곧게 하거나 주일主一하는
> 것은 힘들여 안배하지 않아도 저절로 몸과 마음이 숙연하고 안팎이
> 하나로 될 것이다.[99]

　의관을 정제하고 눈길을 여기저기 두리번거리지 않고 정숙하게 하면
저절로 마음이 안정된다. 그런 틈을 타서 다시 마음을 가다듬으면 정신
을 모을 수 있다. 그런데 몸가짐을 펑퍼짐하게 하여 걸터앉거나 다리를
꼬고 앉으면 마음이 느슨해져서 정신을 모을 수 없다. 이에 우리가
마음만 먹으면 할 수 있는 외모를 먼저 제압하여 마음을 다잡으려고
하는 것이다. 정제엄숙하면 이 마음이 여기 있게 되고, 또 깨어 있을
수 있지만, 정제엄숙하지 않으면서 도리어 깨어 있으려고 하면, 그 마음
을 붙일 곳이 없어서 항상 깨어 있을 수 없다.[100] 적어도 경을 하려면
마음이 먼저 움직여 몸가짐을 바르게 가지도록 명령해야 한다. 이것이
시작이다. 마음자세가 그러하면 이제 몸가짐도 달라진다. 이런 마음이

　如此.
98) 朱子語類, 1050407, 朱子2: 恪是恭敬中朴實緊切處.
99) 朱子大全, 451513, 答楊子直方: 持敬之說, 不必多言. 但熟味整齊嚴肅, 嚴威
　　儼恪, 動容貌, 整思慮, 正衣冠, 尊瞻視, 此等數語而實加功焉, 則所謂直內,
　　所謂主一, 自然不費安排, 而身心肅然, 表裏如一矣.
100) 朱子語類, 170212, 大學4: 整齊嚴肅, 此心便存, 便能惺惺, 若無整齊嚴肅,
　　却要惺惺, 恐無捉摸, 不能常惺惺矣.

정제엄숙으로 나타나는 것이고, 이 정제엄숙을 오래 유지하면 반대로
마음이 주일하고, 정신이 깨어나 차려할 수 있다. 정제엄숙은 일이 없을
때나 있을 때나 모두 적용된다.101)

> 물었다. "경敬을 주로 하는 것은 다만 마음을 보존하는 것이니
> 손발(사지四肢)을 조금 여유 있게 하여도 해롭지 않습니까?" 답하였
> 다. "마음이 경하지 않음이 없으면 손발은 저절로 거두어진다. 일부
> 러 충분히 안배하지 않더라도 손발은 저절로 펴진다. 일부러 안배하
> 면 오래가기도 어렵고 병이 난다."102)

> 실제 공부하는 것을 논한다면, 의관을 정제하고 용모를 정숙하게
> 하는 것을 먼저 하지 않을 수 없다. 대개 반드시 이렇게 한 뒤라야
> 마음이 보존되고 사악한 데 흐르지 않는다. ......정자가 말한 '밖을
> 제어하는 것이 그 안을 기르는 것이다.'는 것이 바로 이것이다. 그러
> 나 한결같이 자잘한 예의범절에만 빠져 있어서는 안 된다.103)

처음 정제엄숙 공부를 하다 보면 몸가짐이 자유롭지 못하여 힘들다.
이는 아직 마음가짐이 익숙하지 않아서 그렇다. 정제엄숙을 함에 따라
마음이 점차 전일專一해지면, 다시 몸가짐이 저절로 수렴收斂되어 간다.
처음에 정제엄숙하기 힘들면 조금 쉬면서 차차 해 가야지 억지로 해서
도 안 된다. 억지로 하면 오래 유지하기도 어렵고, 나중에는 병이 생길
수도 있다. 또 조금 몸가짐에 익숙해졌다고 하여 마음가짐은 살피지

---

101) 朱子語類, 121708, 學6: 動出時也要整齊, 平時也要整齊.
102) 朱子語類, 121608, 學6: 問主敬只存之於心, 少寬四體亦無害否. 曰: 心無不
敬, 則四體自然收斂, 不待十分著意安排, 而四體自然舒適. 著意安排, 則難
久而生病矣.
103) 朱子大全, 330701, 答呂伯恭: 論下學處, 莫不以正衣冠肅容貌爲先. 蓋必如
此然後, 心得所存而不流於邪僻.……程氏所謂'制之於外, 所以養其中'者此
也. 但不可一向溺於儀章器數之末耳.

않고, 겉으로 몸가짐만 꾸며 내는 데에 익숙해져도 안 된다. 이는 경은 되지 않으면서 겉모습만 그럴듯하게 꾸미는 것이다. 이것은 가장 경계해야 할 일이다.

정제엄숙은 마음의 활동성活動性을 몸가짐을 통해 억제해 보려는 것이다. 그러나 몸은 마음의 지시를 따르는 존재이므로 먼저 마음이 몸에게 정제엄숙할 것을 명령하지 않으면 몸은 정제엄숙할 수 없다. 즉 마음이 먼저 몸에게 명령하여 정제엄숙하게 하면, 정제엄숙한 몸은 활동성이 크지 않으므로 다소 오래 몸가짐을 유지할 수 있다. 이렇게 되면 마음이 잠시 부재하더라도 몸은 정제엄숙하고 있으므로 다시 들어와 주일하게 된다. 이런 시행착오를 반복하는 과정에서 몸과 마음이 하나가 되어 주일하게 되고, 이 주일을 통해 정신차려가 된다. 마음가짐과 몸가짐이 선순환하는 속에서 경敬이 이루어지고, 경敬하면 다시 마음이 주재력을 확보하게 한다.

3. 정좌靜坐

공자孔子나 맹자孟子는 자연적인 정좌靜坐는 물론 하였겠지만, 적극적으로 일부러 하지는 않았다. 이런 것을 새로운 공부 방법으로 도입한 것은 정명도程明道이다. 주자朱子도 적극적으로 권장하지는 않았으나, 일부 사용하였으므로 공부법에 넣어 둔다.

> 명도明道가 사람들에게 정좌를 가르쳤고, 이李 선생도 사람들에게 정좌靜坐를 가르쳤다. 대개 정신이 안정되지 않으면 도리道理는 모일 곳이 없다. 또 말하였다. "반드시 정좌靜坐해야 비로소 수렴收斂할 수 있다."104)

정명도程明道와 이연평李延平은 모두 정좌, 즉 '생각을 멈춰 정신을
모으고 가만히 앉아 있기'를 제자들에게 권장하였다. 정좌는 본래 일이
없을 때 잠시 하는 것이지만, 정자程子는 더 긴 시간 동안 적극적으로
할 것을 권장하였다.

> 물었다. "정좌靜坐하기를 오래 하면 한 생각이 일어나는 것을 면치
> 못하니, 어떻게 해야 합니까?" 답하였다. "역시 한 생각이 무슨 일을
> 하려는 것인지를 보아야 한다. 만일 좋은 일이고 마땅히 해야 할
> 일이라면 반드시 해치워야 한다. 혹 이 일이 생각이 투철하지 못한
> 것이라면 생각해서 끝을 내야 한다. 만일 좋지 못한 일이라면, 즉시
> 그만두어야 한다. 자신이 이와 같음을 느끼자마자, 이 경敬은 바로
> 여기 있다."105)

정좌하고 있으면 불현듯 한 생각이 일어나서 마음을 어지럽힌다.
이때 그 생각이 착한 일을 하려는 것이고 또 해야 할 일이면 즉시 한
다음, 다시 마음을 고요하게 해야 한다. 또 더 곰곰이 생각해 봐야 하는
일이라면 더 철저히 사색하여 마음을 정한 다음, 역시 제자리로 돌아와
야 한다. 그러나 해서는 안 되는 일이면 즉시 잡된 생각을 멈추고 다시
제자리로 돌아와 마음을 비운다. 그리하여 앉아서 모든 일을 잊으려던
것이 도리어 잡념이 더 우글거리게 해서는 안 된다.106)

---

104) 朱子語類, 122209, 學6: 明道敎人靜坐, 李先生亦敎人靜坐. 蓋精神不定, 則
　　道理無湊泊處. 又云須是靜坐, 方能收斂.
105) 朱子語類, 122104, 學6: 曰: 靜坐久之, 一念不免發動, 當如何. 曰: 也須看一
　　念是要做甚麼事. 若是好事, 合當做底事. 須去幹了, 或此事思量未透, 須著
　　思量敎了. 若是不好底事, 便不要做, 自家纏覺得如此, 這敬便在這裏.
106) 朱子語類, 122706, 學6: 要得坐忘, 便是坐馳.

물었다. "며칠 동안 전일專一하게 정좌靜坐하면서 이 마음을 맑게
합니까?" 답했다. "만일 이처럼 오도카니 앉아서 도무지 하는 일이
없다면 오히려 불교와 같을 것이다. 이른바 '마음을 보존하는 것'은
혹 독서를 하여 의리를 구하고, 혹 시비를 분별하여 지당함을 구하려
는 것이다. 다만 그 구하려는 마음은 바로 이미 존재하는 마음이다.
어떻게 오도카니 있기를 기다린 뒤에 존재하겠는가?"107)

정좌는 할 일이 있는데도 일을 하지 않고 앉아서 마음만 다스리는
것이 아니다. 그렇게 하는 것은 오히려 불교의 좌선법坐禪法과 같다.
할 일이 있으면 하고, 일이 없으면 정좌하는 것이다. 또 마음을 보존하
는 것도 그 일하는 속에 있는 것이지 그 일을 떠나 다른 곳에 있는
것은 아니다. 물론 정좌가 일이 없을 때의 체體로서의 경을 위주로
하는 공부이지만, 그것은 바로 일을 하는 용用으로서의 경으로 이어져
야 한다. 만일 그것이 연결되지 않으면 불교와 같아진다.

생각건대 불교의 좌선법은 대개 어떤 일을 잘하기 위해서 하는 것이
아니라, 번뇌로 가득 찬 마음을 다스려 그 번뇌가 없어지게 하려고
한다. 즉 정좌와는 그 목적이 다르다.108) 방법에 있어서, 화두를 생각하
는 간화선看話禪은 화두에 집중하는 것이고, 묵묵히 마음을 관찰하는
묵조선黙照禪은 마음이 마음을 관찰하는 것이다. 명상은 호흡이나 단전
등에 정신을 집중하는 것이고, 멍한 상태는 정신이 완전히 분산되어
초점을 잃은 상태이다.

---

107) 朱子語類, 1150819, 朱子12: 問……數日來專一靜坐, 澄治此心. 曰: 若如此
　　塊然都無所事, 却如浮屠氏矣. 所謂存心者, 或讀書以求義理. 或分別是非
　　以求至當之歸. 只那所求之心, 便是已存之心, 何俟塊然以處而後爲存耶.
108) 朱子語類, 170501, 大學4: 或問謝氏常惺惺之說, 佛氏亦有此語. 曰: 其喚醒
　　此心則同, 而其爲道則異. 吾儒喚醒此心, 欲他照管許多道理. 佛氏則空喚
　　醒在此, 無所作爲, 其異處在此.

한편 주자의 정좌는 지금 당장 할 일이 없으므로 잠시 쉬는 것이다. 응대할 일도 생각할 일도 없으므로 그냥 앉아 있는 것이다. 앉은 모습은 참선 등과 유사하나 마음은 아무 일도 하지 않는다. 비록 쉬는 때라도 몸가짐을 함부로 하지 않으며, 정신도 내려놓지 않는다. 즉 몸을 반듯이 세우고, 정신도 바로 세운다.

정좌는 이렇게 정신을 바로 세워 지금까지 있었던 여러 생각을 모두 지우고 완전히 새로운 마음으로 일할 준비를 마친 상태, 즉 마음을 재시동再始動한 상태로 앉아 있는 것이다. 언제든 일이 생기면 즉시 제대로 처리할 수 있는 준비 상태로 있는 것이다.

VI. 결론結論

경敬은 선진시대부터 이미 주목한 문제이지만 공맹孔孟 이후 천여 년 동안 제대로 계승되지 못하다가, 송대宋代에 이르러 정자程子가 경敬을 종합적으로 설명하고, 주자 등이 계승하면서부터 크게 중시되었다. 그런데 주일무적主一無適, 정제엄숙整齊嚴肅 등 여러 설명을 하였지만, 이것들은 경에 대한 직접적인 설명이 아니라 심心, 즉 마음에 대한 것이다. 왜 직접 경을 설명하지 않고 마음만을 거론하는가? 그렇다면 경은 무엇인가?

마음은 정精·신神·혼魂·백魄으로 구성되어 있으니, 정신은 마음을 구성하는 요소이다. 그런데 정신은 매우 신묘하고 신령스러운 기氣라서 정신을 직접적으로 통제할 수 없다. 또 스스로 자기를 통제하기도 어렵다. 단지 마음을 통해 간접적으로 통제할 수 있을 뿐이다. 그런데 마음도 우리 몸속에서 최고의 주재자이므로 누구도 마음에게 직접 명령을 내릴 수 없다. 결국 마음 스스로 자기를 통제할 때까지 기다릴 수밖에 없고, 정신은 이때서야 마음을 통해 간접적으로 통제된다. 이것이 선유들이 직접적으로 경敬을 거론하지 않고 마음가짐과 몸가짐에 관해서 말한 까닭이다.

정제엄숙, 주일무적 등을 통해 마음을 통제하여 정신에 간접적으로 영향을 미쳐서 얻고자 하는 것은 정신의 바로 세우기이다. 바로 선 정신은 다시 마음에 영향을 미쳐 마음이 자신의 본래 기능을 잘 발휘할 수 있게 한다. 마음과 정신은 이렇게 서로 영향을 주고받으면서 공존한다. 이에 마음은 몸을 주재하고, 경은 그 마음을 주재한다. 그러나 몸 밖에 마음이 없듯이, 정신도 마음 밖에 있는 것은 아니다. 정신과 마음은 둘이면서 하나이고, 하나이면서 둘인 그런 미묘한 관계에 있다. 따라서 지금 하는 일에 몰두하는 마음과 몰두시키려는 마음, 놓은 마음(방심放心)과 그 놓은 마음을 찾으려는 마음(구방심求放心)을 둘이 되게 해서는 안 된다. 그렇게 하면 거경居敬은 되지 않고 정신분열, 신경쇠약, 주의력 결핍 등으로 이어지기 쉽다.

체體로서의 경敬은 정신의 바로 서기, 즉 정신차려이고, 용用으로서의 경은 정신 모으기, 즉 정신집중이다. 이런 경은 마음의 주재력을 정상화시켜 일이 없어 가만있을 때는 텅 비고, 일을 할 때는 도리대로 곧게 나아가도록 한다.[109]

자연경自然敬은 인仁에서 저절로 나온다. 자기 일을 잘하기 위해 스스로 정신이 차려한다.[110] 사람을 만나 잘 사랑하려고 정신이 차려한다.

---

109) 周敦頤, 『通書』, 聖學20: 聖可學乎 曰: 可. 曰: 有要乎. 曰: 有. 請問焉. 曰: 一爲要, 一者無欲也. 無欲則靜虛動直. / 朱子, 『太極道說解』: 敬則欲寡而理明, 寡之又寡, 以至於無, 則靜虛動直, 而聖可學矣.

110) '정신차려'나 '정신집중'은 국어에서 대개 '정신을 차리다'나 '정신을 집중하다'의 형태로 사용하는데, 이때 정신은 목적어이고, 그 정신을 차리게

이에 상대를 존중하여 존경하고, 자기 몸은 낮추고 마음으로는 높여 공경하고, 아주 가까운 사이라도 잘 대하려고 어려워하여 외경한다. 그러나 자기를 내세우며 욕심을 내다 보니 일을 소홀히 하려는 생각이 고개를 들고 끼어든다. 이에 노력경努力敬이 필요하다. 다만 노력하지 않아도 일시경一時敬은 누구나 하는 것이니, 상시경常時敬을 위해 평생 노력해야 한다.

경공부는 실제로 하는 독서와 같은 일 이외에 별도의 공부가 있는 것은 아니다. 책에 몰입하여 내용 파악에 몰두하고 있으면 그것이 바로 경敬이다. 즉 독서 이외에 별도의 경공부는 없다. 만일 그런 별도의 경공부를 하려고 하면, 그 자체가 잡념이 되어 독서를 방해한다. 적당한 긴장은 주일主一이 되지만, 지나친 긴장은 오히려 주일이나 기심수렴불용일물이 아니다. 그런 초긴장은 오히려 잡념으로 작용하여 일을 그르친다.

하거나 집중하게 하는 마음이 주인이다. 이것은 努力敬에 해당한다. 그러나 自然敬의 경우는 정신이 주체가 되어 '정신이 스스로 차려'한다. 또 궁극적으로는 노력경도 정신이 주체가 되어 마음의 건의를 수용한 것으로 볼 수 있다.

부록附錄

양명철학陽明哲學의 체계體系

▌개요▌

양명陽明이 주자朱子 성리학에 대하여 불만을 제기한 것은 크게 두 가지이다. 하나는 천하만물의 리理를 다 연구하는 것은 불가능하며, 안다고 하더라도 시중지리時中之理를 얻기가 쉽지 않다는 것이다. 이에 심즉리설心卽理說을 제시하여 자신의 마음(심心)이 리理를 결정하면 두 가지 문제를 한 번에 해결할 수 있다는 것이다. 이렇게 되면 지식의 축적 과정을 생략하고 바른길을 찾아갈 수 있으므로 조금 더 쉽게 성인聖人이 될 수 있다는 것이다.

다른 하나는 마음과 리理를 분리하고, 나아가 지知와 행行을 분리함으로써 아는 대로 행동하지 않거나, 혹은 사랑하는 마음도 없이 지식대로만 연기演技하여 위선僞善을 할 수 있다는 것이다. 주자의 지행일치知行一致의 지知는 지식 혹은 참지식(진지眞知)이지만, 양명의 지행합일知行合一의 지知는 의념지意念知이다. 의념지는 지금 막 어떤 일을 하려는 생각, 즉 의념意念을 자각적으로 알아차린 지知이다. 지금 막 어떤 일을 하려고 생각하는 것이므로 행行이 이미 심心에서 시작된 것이다. 그러므로 지知는 행行의 시작이고, 행行은 지知의 완성이라고 한다.

심즉리와 지행합일을 가능하게 하는 것이 양지良知이다. 양지는 주어진 상황의 시비是非를 즉시 판단할 수 있는 선천적인 직관력이다. 이 직관력을 어둡게 하는 인욕人欲을 제거하여 항상 양지가 발현되도록 하는 것이 치양지致良知이다.

양명의 심즉리는 만물의 리理에 대한 지식을 부정함으로써 동서고금의 보편적 생존 법칙이며 발전 방법인 지식 축적을 부정하는 비과학적인 이론이다. 아울러 대상의 가치를 다각적으로 분석·탐구하지 않고 양지의 직관력直觀力에만 의지하여 자의적으로 상황에 대처하는 독단 철학이다. 비유하면 주자朱子의 성리학이 문관文官의 철학이라면, 양명의 심학心學은 무관武官의 철학이라고 할 것이다.

I. 서론緒論

양명陽明(성명: 왕수인王守仁, 1472~1528) 선생은 주자朱子가 태어난 지 약 350년 뒤에 나서 주자의 학설學說을 부정하고 새로운 심즉리心卽理의 철학을 창도하였다. 양명은 어릴 적에 무예와 병법을 익혀 훌륭한 장군으로서 평생 많은 공을 세웠고, 한때는 도가道家와 불교에 심취하기도 하였다. 한편으로는 17~8세 때에 일재一齋 루량婁諒(자字: 극정克貞, 1422~1491)으로부터 송유宋儒의 격물지학格物之學과 '성인聖人은 배워서 될 수 있다'는 등의 말을 듣고 성학聖學을 사모하였다.[1] 그 후 양명은 주자의 가르침대로 몸소 격물格物을 실천해 보기도 하였다. 이에 관하여 다음과 같이 술회하였다.

많은 사람이 물건에 관한 연구는 회암晦庵의 가르침대로 해야 한다고 말하지만, 언제 그의 말대로 해 본 적이 있는가? 나는 일찍이 정말로 절실하게 해 보았다. 젊을 때 전씨錢氏 친구와 함께 성현이 되려면 천하 만물을 연구해야 하는데 지금 어떻게 이렇게 큰 역량을 얻을 수 있겠는가고 상의한 적이 있다. 이어서 정자亭子 앞의 대나무를 가리키며 그 친구에게 연구하라고 하였다. 그 친구는 밤낮으로 대나무의 도리를 연구하였고, 온 정신을 다 쏟은 지 사흘 만에 곧 과로하여 병을 얻었다. 나는 애초에 그의 정력이 부족하다고 여겼다. 그 뒤 나도 몸소 연구하였다. 밤낮으로 연구하였으나 그 리理를 얻지 못하였고, 7일 만에 나 역시 과로하여 병을 얻었다. 드디어 성현처럼 큰 역량을 가지고 격물格物할 수 없으므로 성현은 이룰 수 없다고

---

1) 王陽明先生全集(이하 '陽明全集'으로 略稱), 320218, 年譜: 二年己酉, 先生十八歳. 十二月條. 是年先生始慕聖學. 先生以諸夫人歸舟至廣信. 謁婁一齋諒. 語宋儒格物之學, 謂"聖人必可學而至", 遂深契之.

하면서, 그 친구와 함께 탄식하였다. [2]

양명은 다른 사람들이 말로만 격물格物을 해야 한다고 하면서 실제로는 한 번도 격물하지 않는 것을 나무라면서 몸소 격물해 보려고 하였다. 처음으로 주위에 많이 있는 대나무를 연구하기 시작했다. 그런데 친구는 사흘 만에 병이 나고, 자신은 7일 만에 병이 났다. 무슨 연구를 어떻게 했기에 소득은 없이 병만 났을까? 대나무를 연구하는 데는 여러 측면이 있다. 우선 생물학적으로 대나무는 물을 좋아하는지, 번식은 어떻게 하는지, 잎은 어느 방향으로 나는지 등을 연구할 수 있다. 또 경제적인 측면에서 얼마나 비싼지, 언제 벤 나무가 더 가치가 있는지, 어느 길이로 잘라야 하는지, 죽창을 만드는 게 좋은지, 붓통을 만드는 게 유리한지, 광주리를 만드는 게 좋은지 등등 얼마든지 재미있게 다방면으로 연구할 수 있고, 이런 것은 우리가 살아가는 데 매우 필요한 것들이다. 이것은 인간의 입장에서 말한 것이고, 대나무를 좋아하는 식물이나 동물은 무엇인지, 또 대나무를 해치거나 성장을 방해하는 동식물은 없는지 등도 연구할 수 있다. 이런 연구는 하루이틀에 끝날 일이 아니고, 며칠 밤을 새운다고 해결될 일도 아니다. 그런데 양명과 그의 친구는 무슨 연구를 어떻게 했기에 소득 없이 병만 났단 말인가?

---

2) 陽明全集, 031608, 318條: 衆人只說格物要依晦翁, 何曾把他的說去用? 我著實曾用來. 初年與錢友同論做聖賢要格天下之物, 如今安得這等大的力量. 因指亭前竹子, 令去格看. 錢子早夜去窮格竹子的道理. 竭其心思至於三日, 便致勞神成疾. 當初說他這是精力不足. 某因自去窮格. 早夜不得其理. 到七日, 亦以勞思致疾. 遂相與嘆聖賢是做不得的, 無他大力量去格物了.(書名 다음의 6단위 숫자가 01, 02, 03으로 시작하는 것은 「傳習錄」이며, 차례대로 각각 上, 中, 下卷임. 또 6단위 숫자 다음의 **조는 陳榮捷의『王陽明傳習錄詳註集評』에 있는 조목을 따름)

오패五覇가 이적夷狄을 물리치고 주周 왕실을 높이는 것은 모두 하나의 사심私心으로서 곧 리理에 합당하지 않다. 사람들은 도리어 그것은 리理에는 합당하나 다만 마음에 순수하지 못함이 있다고 하면서, 왕왕 그들의 한 짓을 흠모하며 겉으로 보기 좋게 꾸미려고 하면서도 도리어 마음에는 전혀 개의치 않는다. 마음과 리理를 나누어 둘로 여기는 유폐流弊가 패도覇道 같은 거짓을 함에 이르러도 (그 잘못을) 스스로 알지 못한다.3)

제齊나라 환공桓公이나 진晉나라 문공文公처럼 힘으로 왕도를 위장한 자들의 정치는 지탄받아 마땅하다. 그런데도 사람들은 그들의 정치를 물리치지 않고 오히려 자기들도 그대로 흉내를 내려고 한다. 이를 양명은 연극배우가 연극 대본대로 연극하는 것과 마찬가지라고 생각한다. 이렇게 할 수 있게 된 원인을 양명은 리理와 심心4)을 분리하여 둘로 나눈 데서 찾는다. 즉 책에서 가르치는 리理를 연극 대본으로 삼아 연극배우처럼 거짓으로 꾸며낼 수 있다는 것이다.5) 패도정치를 하는 자들이 바로 그렇다는 것이다. 이렇게 하면 충신이나 효자처럼 위장하여 명예를 얻을 수 있고, 또 자기의 욕심도 채울 수 있으니 일거양득一擧兩得이 된다는 것이다. 여기에 대한 처방으로 양명은 리理를 심心 안에 들여놓으려고 한다.

---

3) 陽明全集, 031630, 321條: 五伯攘夷狄尊周室, 都是一箇私心, 便不當理. 人卻說他做得當理, 只心有未純, 往往悅慕其所爲, 要來外面做得好看, 卻與心全不相干. 分心與理爲二, 其流至於伯道之僞而不自知.

4) 이 章에서 '心'을 '마음'이라고 번역하면, 그 뒤의 心卽理 등도 번역해야 하는데, 이렇게 하면 造語하기 어렵고 통일성을 기하기도 곤란하여 그대로 心으로 쓴다.

5) 陽明全集, 010212, 4條: 若只是那些儀節求得是當, 便謂至善, 即如今扮戲子扮得許多溫淸奉養的儀節是當, 亦可謂之至善矣.

내가 처음 글씨를 배울 때, 옛 서첩을 보면서 모방하되 다만 글씨의 모양만 모방하려고 하였다. 그 뒤 붓을 들어 가볍게 종이에 댈 수 없었고, 생각을 모아 조용히 생각하며 마음속에 자형字形을 그렸다. 오래되니 비로소 서법書法에 통하였다. 그 뒤 명도明道 선생의 글을 읽었는데, "나는 글씨 쓰기를 심히 공경한다. 글자를 좋게 하려는 것이 아니라, 다만 이것이 학문이다."라고 하였다. 이미 글씨를 좋게 하려고 하지 않는데 또 무엇을 배우려는가? 이에 옛사람은 때마다 일마다 다만 심心 위에서 배우며, 이 심心이 정밀하고 밝으면, 글씨가 좋은 것은 역시 그 속에 있다는 것을 알았다.[6]

심지어 글씨를 배울 때도 서첩書帖에 있는 글자가 중요한 것이 아니라 심 속에서 그 모양을 그려내어 쓰는 것이 더 중요하다. 즉 글씨를 잘 쓰는 데에 있어서 가장 중요한 것은 밖에 있는 서첩이 아니라 결국은 자신의 심이라는 것이다.

충신이나 효자가 되는 것도, 명필이 되는 것도 책에 있는 도리나 서첩이 아니라 자신의 심에 있는 도리라는 것이다. 이러한 생각이 양명의 뇌리에 언제부터 있었는지는 분명하지 않다. 다만 연보年譜 17~8세 경에 이런 내용이 기록되어 있고, 특히 위의 대나무를 연구한 것은 21세이므로[7] 이때쯤부터일 것으로 추측할 뿐이다. 대나무를 객관적 과학적으로 연구하는 것이 아니라, 자기의 심 속에서 연구하려고 하므

---

6) 陽明全集, 320214, 年譜: 孝宗弘治元年戊申, 先生十七歲. 七月條. 吾始學書, 對模古帖, 止得字形. 後舉筆不輕落紙, 凝思靜慮, 擬形於心, 久之始通其法. 既後讀明道先生書曰: "吾作字甚敬, 非是要字好, 只此是學." 既非要字好, 又何學也? 乃知古人隨時隨事只在心上學, 此心精明, 字好亦在其中矣.

7) 陽明全集, 320229, 年譜: 五年壬子, 先生二十一歲, 是年爲宋儒格物之學. 先生始待龍山公於京師, 偏求考亭遺書讀之. 一日思先儒謂"衆物必有表裡精粗, 一草一木, 皆涵至理", 官署中多竹, 即取竹格之; 沈思其理不得, 遂遇疾.

로 정신을 과도하게 사용하여 병이 난 것으로 생각된다. 그러나 이것이 양명철학의 단초가 된다.

생각건대 동양철학은 나에게 주어진 상황에 대처해 나갈 길, 즉 도리道理를 찾는 학문이다.[8] 공자나 맹자는 물론 그 후의 많은 유학자가 이 '도리'를 찾기 위해 격물格物을 하려고 하였다. 이에 성인聖人은 그 도리를 가장 잘 아는 사람이기도 하다. 만일 아무리 사랑하는 마음을 가지고 있다고 하더라도 어떻게 대처할 것인지를 알지 못하면 그 사랑은 허망한 것이다. 주자를 비롯한 성리학자들은 지금까지 그 길을 대상에서 찾아야 한다고 생각하여 대상에 관한 연구를 조금도 게을리하지 않았다. 그런데 양명은 이 격물을 실천하다가 길은 찾지도 못하고 병만 얻었다. 그래서 이제 그 방향을 돌려 심心, 즉 자기 마음속에서 찾으려고 한다. 이에 여기서는 양명의 그런 시도는 어떤 논리에서 나온 것이고, 구체적으로 어떻게 하자는 것인지를 먼저 알아보고, 그의 타당성과 부당성을 고찰하고자 한다. 다만 필자는 지금까지 주자 성리학을 공부해 왔으므로 어쩔 수 없이 주자의 시각이 주로 반영될 수밖에 없다는 것을 밝힌다.

II. 양명陽明의 심성설心性說

양명陽明은 도리를 심心에서 찾고자 하였으므로 양명의 주장을 이해하기 위해서는 먼저 심에 대해서 알아야 한다.

---

8) 이에 대하여는 '제1장 동양철학과 윤리교육' 참조

심心은 몸의 주재자主宰者이다. 눈이 비록 보지만 보게 하는 것은
심心이고, 귀가 비록 듣지만 듣게 하는 것은 심心이다. 입과 사지四肢
가 비록 말하고 움직이지만, 말하고 움직이게 하는 것은 심心이다.[9]

심心은 한 덩어리 혈육血肉이 아니다. 무릇 지각知覺하는 곳이 바로
심心이다. 예를 들어 눈과 귀가 보거나 들을 줄을 알고, 수족手足이
아프거나 가려운 것을 알지만, 이 지각은 곧 심心이 하는 것이다.[10]

양명이 여기서 말한 심은 주자를 비롯한 다른 성리학자들이 말하는
심과 크게 다르지 않다. 심은 한 몸의 주인이며 주재자로서 자신의
육체를 통해 들어오는 감각을 판단하여 알고, 이에 반응하도록 명령을
내리는 허령虛靈한[11] 존재로서, 한 몸의 최고 지휘자이다. 이것은 심이
지각 능력을 갖추고 있어서 가능하다. 이밖에 심이 가지는 생물학적인
특징 등에 대해서는 당시 사회에서 일반적으로 받아들이고 있는 것이
므로 주자의 설명을 준용할 수 있다.[12] 그런데 심을 정밀하게 분석하면
달라지기 시작한다.

'드나듦에 일정한 때가 없고, 그 향하는 곳을 알지 못한다.'는
이 말은 비록 보통 사람의 심心을 말한 것이지만, 학자는 또한 심心의
본체가 역시 원래 이와 같으니, 조존操存 공부에 애당초 병통이 없고,
따라서 '나가면 없고 들어오면 있다'고 할 수 없다는 것을 알아야
한다. 만일 본체를 논한다면 원래 나감도 없고 들어옴도 없는 것이
다. 만일 드나듦을 논한다면 생각하고 운용하는 것이 나감이다. 그러

---

9) 陽明全集, 031525, 317條: 心者身之主宰. 目雖視, 而所以視者心也. 耳雖聽,
而所以聽者心也. 口與四肢雖言動, 而所以言動者心也.
10) 陽明全集, 031703, 322條: 心不是一塊血肉. 凡知覺處便是心. 如耳目之知視
聽, 手足之知痛癢, 此知覺便是心也.
11) 陽明全集, 010809, 32條: 虛靈不昧, 衆理具而萬事出.
12) 朱子의 心說에 대해서는 '제8장 朱子의 心說' 참조

나 주재主宰가 분명히 항상 여기에 있는데, 어찌 나감이 있겠으며, 이미 나감이 없는데 어찌 들어옴이 있겠는가? 정자程子가 말한 '몸통 (강자腔子)'13)은 역시 다만 천리天理14)일 뿐이다. 비록 종일 응수應酬 하더라도 천리天理를 벗어나지 않으면 바로 몸통 속에 있는 것이다. 만일 천리天理를 벗어나면, 이를 '달아났다'라고 하고, 이를 '없다'고 한다.

드나듦은 역시 다만 동정動靜일 뿐이다. 동정에 단초端初가 없는데 어찌 향하는 곳이 있겠는가?15)

"잡으면 있고, 놓으면 사라지며, 드나듦에 일정한 때가 없고, 그 향하는 곳을 알지 못한다."16)는 말은 맹자가 공자의 말이라고 하며 인용한 것이다. 여기서 맹자는 심이 매우 다스리기 어렵다는 것을 말하고자 하였으며, 아울러 심이 어떤 바깥 대상에 관심을 가져 집중력을 분산시키면 판단/주재 기능을 제대로 못하게 되므로 항상 심을 잡아서 판단/주재 기능을 제대로 할 수 있도록 해야 한다는 것이다. 그런데 양명은 여기서 심은 본래 바깥 대상을 향해 나가는 일은 없고 단지 동정動靜이 있을 뿐이라고 생각한다. 굳이 심의 드나듦을 말하자면 '생각하거나

---

13) 朱子語類, 530920, 公孫丑上之下: 滿腔子, 是只在這軀殼裏, '腔子'乃洛中俗語.

14) 여기서의 '天理'는 '心의 平正中立한 상태'를 말하는 것으로, 朱子의 公正한 天理와 다름.

15) 陽明全集, 010925, 48條: 出入無時, 莫知其鄉, 此雖就常人心說, 學者亦須是知得心之本體, 亦元是如此, 則操存功夫, 始沒病痛, 不可便謂出爲亡入爲存. 若論本體, 元是無出無入的. 若論出入, 則其思慮運用是出. 然主宰常昭昭在此. 何出之有? 既無所出, 何入之有? 程子所謂腔子, 亦只是天理而已. 雖終日應酬, 而不出天理, 卽是在腔子裏. 若出天理, 斯謂之放, 斯謂之亡. 又曰: "出入亦只是動靜. 動靜無端, 豈有鄉邪."

16) 『孟子』, 告子上8: 孔子曰: "操則存, 舍則亡; 出入無時, 莫知其鄉." 惟心之謂與?

몸을 움직이게 하는 것'이라고 할 수 있는데, 이것을 나간다고 표현하는 것은 옳지 않다고 본다.

한편 정자程子가 "심은 몸통 속에 있어야 한다."17)라고 한 적이 있는데, 여기서 양명은 몸통을 천리라고 본다. 즉 심이 천리를 어기면 몸통을 벗어난 것이고, 천리를 어기지 않으면 몸통을 벗어난 것이 아니라는 것이다. 한편 주자는 정자程子의 이 말을 '심이 바깥 대상을 향해 나가서 주재력主宰力을 잃지 않도록 몸통 속에 잡아두는 것'이라고 보며, 이처럼 판단/주재력을 잃지 않는 것을 경敬이라고 한다.18) 여기서 주자는 바깥 대상에 심을 빼앗겨 방심하지 않는 것을 경이라고 하는데, 양명은 천리를 벗어나지 않는 것을 경이라고 한다.

> 무엇이 경敬인지 좀 물어보세. 답했다. "오직 하나를 주로 하는 것(주일主一)입니다." ...... 답했다. "하나는 천리天理이니, 하나를 주로 하는 것은 하나의 심心이 천리天理에 있는 것이다. 만약 다만 하나를 주로 하는 것만 알고, 그 하나가 바로 리理라는 것을 알지 못하면, 일이 있을 때는 바로 물건을 쫓아가고 일이 없을 때는 바로 공상空想을 할 것이다. 오직 일이 있건 없건 하나의 심心이 다 천리天理에서 공부를 한다."19)

주자의 주일主一은 심을 하나로 모으는 것으로서20) 일이 있을 때는

---

17) 朱子語類, 960319, 程子之書2: 問: "'心要在腔子裏.' 若慮事應物時, 心當如何?" 曰: "思慮應接, 亦不可廢. 但身在此, 則心合在此."

18) 朱子語類, 960408, 程子之書2: 或問: "'心要在腔子裏', 如何得在腔子裏?" 曰: "敬, 便在腔子裏."

19) 陽明全集, 011720, 117條: 且道如何是敬. 曰: "只是主一." ...... 曰: "一者天理. 主一是一心在天理上. 若只知主一, 不知一即是理, 有事時便是逐物, 無事時便是着空. 惟其有事無事, 一心皆在天理上用功."

20) 主一에 대한 자세한 것은 '제11장 朱子의 敬說' 참조

그 일에 집중하고 다른 일에 한눈팔지 않는 것이고, 양명의 주일主一은 심 자신이 천리의 상태를 유지하는 것이다. 양명이 앞의 인용문에서 심이 드나들며 바깥 대상과 관계 맺는 것을 부정하고 심 자체의 동정動靜만 인정한 것처럼, 경도 심이 바깥 사물에 관심을 두는 것을 인정하지 않으려는 것이다. 그렇다면 심은 어떻게 이렇게 할 수 있는가?

> 지금 막 죽은 사람의 한 덩어리 혈육은 아직 있는데, 무엇 때문에 보고 듣고 말하고 움직이지 못하는가? 이른바 너의 심心이 결국 저렇게 보고 듣고 말하고 움직일 수 있게 하는데, 그것이 바로 성性이며, 곧 천리天理이다. 이 성性이 있어야만 비로소 살 수 있다. 이 성性의 생리生理를 바로 인仁이라고 한다. 이 성性의 생리生理가 눈에서 발하면 곧 볼 수 있고, 귀에서 발하면 곧 들을 수 있고, 입에서 발하면 곧 말할 수 있고, 사지四肢에서 발하면 곧 움직일 수 있으니, 오로지 모두 그 천리天理가 발생한 것이다.[21]

우리의 이목구비耳目口鼻와 사지四肢가 제 기능을 할 수 있게 하는 것은 심心이지만, 또 그 심이 제 기능을 할 수 있게 하는 것은 성性이다. 성은 심의 생리生理이다. 심은 살아 있는 자에게만 존재하여, 그가 보고 듣고 말하고 움직일 수 있게 하는데, 성은 다시 그 심이 살아 있게 해주는 원천인 셈이다. 즉 심에 성이 있으면 살아 있는 것이고, 심에 성이 없으면 죽은 것이다.

'생생生을 성性이라고 한다'의 '생生'자는 바로 기氣자이니, '기氣가

21) 陽明全集, 011903, 122條: 如今已死的人, 那一團血肉還在, 緣何不能視聽言動? 所謂汝心, 卻是那能視聽言動的, 這箇便是性, 便是天理. 有這箇性, 才能生. 這性之生理, 便謂之仁. 這性之生理, 發在目便會視, 發在耳便會聽, 發在口便會言, 發在四肢便會動, 都只是那天理發生.

바로 성性이다'라고 말한 것과 같다. 기氣가 바로 성性이므로 사람이 나서 고요하기 이전은 말할 수 없다. 겨우 '기氣가 바로 성性이다'라고 하면, 곧 이미 한쪽에 치우치게 되고, 성性의 본원本源은 아니다. 맹자의 성선설은 본원本源에서부터 말한 것이다. 그러나 성性이 선善한 단서는 반드시 기氣 위에서 보아야 한다. 만일 기氣가 없으면 역시 볼 수도 없다. …… 만일 자기 성性을 본 것이 명백할 때는 기氣는 바로 성性이고, 성性은 바로 기氣이므로 원래 성性과 기氣는 나눌 수 없다.[22]

생生은 기氣인 측면에서만 보면 성이라고 할 수 없지만, 그 생生이 성을 담고 있어서 그렇게 생동生動하는 것을 보면, 생生은 성을 잘 발현하고 있으므로 성이라고 할 수 있다. 마찬가지로 심도 기氣인 측면에서 보면 리理라고 할 수 없지만, 그 심이 성을 담고 있어서 그런 주재력을 발휘하는 측면에서 보면 리理라고 할 수 있다.[23] 이는 양명이 생生이나 심에서 리理와 기氣를 엄밀히 구분하지 않는 것인데, 이는 리理의 객관적 존재를 인정하지 않기 때문이다. 마찬가지로 양명은 심과 성의 구분을 분명히 하지 않고 있다.

리理는 하나일 뿐인데, 그 리理가 엉켜 있는 것으로 말하면 성性이

---

22) 陽明全集, 021123, 50條: 生之謂性. 生字卽是氣字. 猶言氣卽是性也. 氣卽是性, 人生而靜以上不容說. 纔說氣卽是性, 卽已落在一邊, 不是性之本原矣. 孟子性善, 是從本原上說. 然性善之端, 須在氣上始見得. 若無氣, 亦無可見矣.……若見得自性明白時, 氣卽是性, 性卽是氣, 原無性氣之可分也.

23) 陽明全集, 010810, 33條: 或問: "晦庵先生曰: '人之所以爲學者, 心與理而已.' 此語如何." 曰: "心卽性, 性卽理. 下一與字, 恐未免爲二. 此在學者善觀之." / 心 속에는 性이 있고, 性 속에는 理가 있다는 뜻임. 이에 더하여 '心卽性이고 性卽理이므로 心卽理이다'라고 말하려는 것이다. 이는 心·性·理가 서로 분리된 것이 아니라 본래 하나라는 생각에 근거한 것이다.

라 하고, 그 엉킨 것을 주재主宰하는 것으로 말하면 심心이라고 한
다.24)

　성性은 하나일 뿐인데, 그 형체形體를 천天이라 하고, 주재主宰를
　상제上帝라 하고, 유행流行을 명命이라 하고, 사람에게 품부된 것을
　성性이라 하고, 몸을 주재하는 것을 심心이라고 한다.25)

　심心도 성도 모두 리理인데, 성은 많은 리理가 한곳에 엉켜 있는 면을
말하는 것이고, 심은 그런 성을 주재하는 면을 말한다는 것이다. 두
번째 인용문에서는 천天, 제帝, 명命, 성性, 심心은 모두 같은 성이지만,
그 성을 분석해 보면 여러 가지로 말할 수 있다고 한다. 결국 심과
성이 모두 동일한 대상을 지칭하는 것으로 본다. 즉 심과 성은 모두
리理이기도 하고, 모두 성이기도 하다는 것이다. 이 심과 성은 모두
사람의 심을 가지고 분석하여 말하는 것이며, 사람이 아닌 다른 만물의
심성心性을 말하는 것은 아니다.

　성性에 정해진 본체本體가 없고, 논의에도 정해진 본체가 없다.
　본체의 측면에서 말한 것도 있고, 발용發用의 측면에서 말한 것도
　있고, 근원의 측면에서 말한 것도 있고, 유폐流弊를 말한 것도 있다.
　종합해서 말하면, 단지 하나의 성性인데, 보는 데에 얕고 깊음이
　있을 뿐이니, 만일 한쪽만을 고집하면 옳지 않다. 성性의 본체는
　원래 선善도 없고 악惡도 없는 것이다. 발용發用에는 원래 선善이 될
　수도 있고 선善하지 않은 것이 될 수도 있는 것이다. 그 유폐流弊는
　또 원래 항상 선善하기도 하고, 항상 악惡하기도 하다.……맹자가

24) 陽明全集, 021919, 173條: 理一而已. 以其理之凝聚而言, 則謂之性. 以其凝聚
　之主宰而言, 則謂之心.
25) 陽明全集, 010820, 38條: 性一而已. 自其形體也謂之天, 主宰也謂之帝, 流行
　也謂之命, 賦於人也謂之性, 主於身也謂之心.

성性을 말한 것은 바로 근원으로부터 말한 것이니, 역시 대개 이와 같다고 말한 것이다. 순자荀子의 성악설은 유폐의 측면에서 말한 것이니, 또한 그가 다 잘못되었다고 할 수 없고, 단지 본 것이 정밀하지 못할 뿐이다.26)

여기서 본체는 본바탕이나 본모습이니 처음 생겨날 때의 원초적인 모습이고, 원두源頭는 첫머리나 근원이니 처음 출발하는 시작이다. 유폐流弊란 흘러가면서 생긴 폐단이니 살아가면서 길들어서 본바탕이 변형된 것이다. 성의 본래 모습은 선악이 아직 결정되지 않고 생동하는 성질을 가졌을 뿐이다. 그러나 그것이 발현되는 처음에는 선善한 방향으로 간다. 그처럼 처음 발동發動할 때는 선善하던 것이 기氣를 타고 운행할 때는 선善하기도 하고 악惡하기도 하다. 즉 처음 난 싹은 선善하지만 점점 자라나면서 기氣의 영향으로 선善이 되기도 하고 악惡이 되기도 한다. 한편 이런 발용發用이 반복되면 어느 한쪽에 길들어서 선善이나 악惡으로 고정된다. 그래서 그 유폐는 선악이 결정되어 항상 선善하거나 항상 악惡하게 된다. 이에 맹자의 성선설은 처음 나온 싹이 선善하다는 것이고, 순자荀子의 성악설은 길든 폐습弊習이 악惡하다는 것이다.

생각건대 양명의 심은 본래 주자설朱子說과 크게 다를 것이 없다. 다만 그 역할이나 기능을 구체적으로 말하면 함의가 더 깊고 크다고

---

26) 陽明全集, 031324, 308條: 性無定體, 論亦無定體. 有自本體上說者, 有自發用上說者, 有自源頭上說者, 有自流弊處說者. 總而言之, 只是一箇性, 但所見有淺深爾. 若執定一邊, 便不是了. 性之本體, 原是無善無惡的. 發用上, 也原是可以爲善, 可以爲不善的. 其流弊, 也原是一定善, 一定惡的.……孟子說性, 直從源頭上說來, 亦是說箇大概如此. 荀子性惡之說, 是從流弊上說來, 也未可盡說他不是. 只是見得未精耳.

할 것이다. 그러나 성은 주자설과는 크게 다르다. 주자의 성은 선善하고, 인仁을 향한 강력한 경향성을 갖는다. 반면에 양명의 성은 생동하는 성질로서 심이 외부의 자극에 능동적으로 반응할 수 있도록 하며, 선악의 방향이 결정되지 않은 무선무악無善無惡한 형이상자이다. 특히 양명의 심과 성은 사람 속에 있는 것만을 인정하며 외부 세계의 것을 인정하지 않는다. 이것이 가장 큰 차이점이다.

III. 양명陽明의 심즉리설心卽理說

양명의 심즉리心卽理를 논하기 전에 먼저 리理의 정의를 고찰해야 한다. 동양철학에서 도道/리理는 자기 앞에 닥친 상황에 대하여 대처해 나갈 '길'이다. 이 도리를 간결하고 분명하게 정의한 것이 『중용中庸』 첫머리에 있는 '솔성率性'이다. 이에 대하여 양명은 아래와 같이 이해한다.

> 자사子思의 성性·도道·교敎는 모두 본원本源에서부터 말한 것이다. 천天이 사람에게 명령하였으니, 명命을 곧 성性이라고 한다. 성性대로 행行하니, 성性을 곧 도道라고 한다. 도道를 닦아 배우니, 도道를 곧 가르침이라고 한다. 성性대로 함은 성誠한 자者의 일이니, 이른바 "성誠으로부터 밝은 것을 성性이라 한다."라는 것이고, 도道를 닦음은 성誠하려는 자者의 일이니, 이른바 "명明으로부터 성誠한 것을 가르침이라고 한다."라는 것이다. 성인聖人은 성性대로 행하니 즉시 도道이고, 성인聖人이하는 아직 성性대로 하지 못하여 도道에 아직 지나치거나 미치지 못함이 있음을 면치 못한다. 그러므로 반드시 도道를 닦아야 한다. 27)

양명은 솔성率性을 훌륭한 인격을 가진 성인聖人만이 할 수 있는 것
으로 본다. 이것은 양명이 성性을 생동성生動性으로 보면서, 자기의 주
변 상황이 달라졌을 때 아무 반응 없이 있는 것이 아니라, 그 상황을
능동적으로 감지感知하고 판단하여 대응해 나간다고 보는 것이다. 그
런데 성인聖人은 자신의 편견이나 감정 등으로 그 반응을 왜곡시키지
않으므로 이것을 솔성率性이라 하고, 성인聖人이 아닌 사람들은 반응이
막 일어날 때 그대로 곧게 나가지 못하고 왜곡이 생기기 때문에 솔성率
性이 아니라고 한다. 이러한 대응은 원천적으로 심과 무관할 수 없다.

> "성性대로 하는 것을 도道라고 한다."는 것은 바로 도심道心이다.
> 다만 조금이라도 사람의 의도가 붙으면 바로 인심人心이다. 28)
> 　대저 "성性대로 하는 것을 도道라고 한다."에서의 도道는 나의 성性
> 이고, 성性은 나의 생生이니, 어찌 밖에서 구하려고 애쓰겠는가?29)

외부 상황에 대처할 때 무선무악無善無惡한 성대로 해야 한다. 이렇게
잘 반응하는 심은 도심道心이고, 그렇지 못하고 조금이라도 왜곡이 생
기게 하는 것은 인심人心이다. 여기서 성은 심이 생동하도록 할 뿐 다른
방향성을 갖지는 않는다. 그런 의미에서 성무선악性無善惡이다. 즉 어느
방향이 선善이고 어느 방향이 악惡인지 미리 정해지지 않았다는 것이

---

27) 陽明全集, 011930, 127條: 子思性道教, 皆從本原上說. 天命於人, 則命便謂之
　　性. 率性而行, 則性便謂之道. 修道而學, 則道便謂之教. 率性是誠者事, 所謂
　　自誠明謂之性也. 修道是誠之者事, 所謂自明誠謂之教也. 聖人率性而行. 卽
　　是道. 聖人以下, 未能率性, 於道未免有過不及. 故須修道.
28) 陽明全集, 030712, 250條: 率性之謂道, 便是道心. 但著些人的意思在, 便是人
　　心.
29) 陽明全集, 071920, 自得齋說 甲申: 夫率性之謂道, 道, 吾性也; 性, 吾生也.
　　而何事於外求?

다. 이런 성의 생동성生動性을 받아 대응을 주도하는 것은 심이다. 심은
상황을 판단하여 갈 길을 정하여 가게 한다.

> 서애徐愛(1488~1518)가 물었다. "지선至善을 다만 심心에서만 구
> 하면 천하天下의 사리事理에 부족함이 있을 것 같습니다."
> 선생이 답했다. "심心이 곧 리理이다. 천하에 또 심心 밖의 일이
> 있고, 심心 밖의 리理가 있겠는가?"
> 서애가 물었다. "예를 들어 부모를 섬기는 효孝, 임금을 섬기는
> 충忠, 벗을 사귀는 신信, 백성을 다스리는 인仁 등에는 많은 리理가
> 있으니 역시 살피지 않으면 안 될 것 같습니다."
> 선생이 탄식하며 말했다. "이런 말의 폐단이 오래되었으니, 어찌
> 한마디로 깨우칠 수 있겠는가? 우선 물은 것을 가지고 말하겠다.
> 예를 들어, 아버지를 섬길 때는 아버지에게서 효孝의 리理를 구하지
> 않으며, 임금을 섬길 때는 임금에게서 충忠의 리理를 구하지 않는다.
> 친구를 사귀거나, 백성을 다스릴 때는 친구나 백성에게서 신信이나
> 인仁의 리理를 구하지 않으니, 모두 오직 이 심心 속에 있다. 심心이
> 곧 리理이다. 이 심心에 사욕의 가림이 없으면 즉시 천리天理이니,
> 밖에서 한 푼도 보탤 필요가 없다. 이 순수한 천리인 심心으로 아버지
> 를 섬기면 효孝가 되고, 임금을 섬기면 충忠이 되고, 친구를 사귀거나
> 백성을 다스리면 곧 신信이나 인仁이 된다. 다만 이 심心에서 인욕人欲
> 을 제거하고 천리를 보존하는 공부를 하면 된다. 30)

---

30) 陽明全集, 010124, 3條: 愛問: "至善只求諸心, 恐於天下事理有不能盡." 先生
曰: "心卽理也. 天下又有心外之事, 心外之理乎." 愛曰: "如事父之孝, 事君之
忠, 交友之信, 治民之仁, 其間有許多理在. 恐亦不可不察." 先生嘆曰: "此說
之蔽久矣. 豈一語所能悟. 今姑就所問者言之. 且如事父, 不成去父上求簡孝
的理. 事君, 不成去君上求簡忠的理. 交友治民, 不成去友上民上求簡信與仁
的理. 都只在此心. 心卽理也. 此心無私欲之蔽, 卽是天理, 不須外面添一分.
以此純乎天理之心, 發之事父, 便是孝. 發之事君, 便是忠. 發之交友治民, 便
是信與仁. 只在此心去人欲存天理上用功便是."

지금까지 우리는 우리 앞에 많은 일이 다가올 때 이미 알고 있는 도리에 따라 행동한다. 그래서 부모를 만나면 효도하고 임금을 만나면 충성한다. 그렇기에 우리는 항상 공부를 통해 이런 도리를 익히려고 한다. 그런데 양명은 이것을 책이나 사물에서 구하지 말고, 심에서 구하라고 한다. 그러면서 심즉리를 주장한다. 그런데 심즉리는 심 자체가 바로 리理라는 것이 아니라, '심心이 지각知覺하여 판단判斷한 것이 도리'라는 것이다. 심은 순수하고 영명靈明한 기氣로 이루어진 존재이므로 그 자체로 도리가 될 수 없다. 심의 정체正體는 기氣이지 리理가 아니다. 심 밖에 일이나 리理가 없다는 것도 이 세상이 온통 심으로 되어 있다는 것이 아니라, 이 세상일을 모두 나의 심 속으로 끌어들여서 말하는 것이다. 나의 심 안에서 지각·판단하여 처리되는 일이 아니면, 즉 나와 관계없는 일은 일이 아니라는 선언이다. 물론 나의 일은 아니지만 다른 사람의 일일 수는 있다. 단지 나의 심을 중심으로 말하는 것일 뿐이다.

　　서애徐愛가 말했다. "선생님의 이런 말씀을 들으니 저에게 이미 명확해진 점이 있음을 느낍니다. 그러나 가슴속에 과거의 이론이 얽혀 있어서 오히려 아직도 풀리지 않은 것이 있습니다. 예를 들어 부모를 섬기는 한 가지 일에도 따습게 하거나 시원하게 하거나 잠자리를 보아 드리고 아침에 살피는 것들처럼 많은 절목節目이 있는데, 역시 연구하지 않아도 되는지 모르겠습니다."
　　선생이 답하였다. "어찌 연구하지 않겠는가? 그런데 중요한 것이 있으니, 이 심心이 인욕人欲을 제거하고 천리天理를 보존한 다음에 강구해야 한다는 것이다. 예를 들어, 겨울에 따습게 해 드릴 것을 연구한다면, 역시 이 효孝를 다하려고 하는 심心에 털끝만 한 인욕人欲이라도 끼어들까 걱정하고, 여름에 시원하게 해 드릴 것을 연구한다면, 역시 이 효孝를 다하려고 하는 심心에 털끝만 한 인욕人欲이라도 끼어들까 걱정한다면, 이미 심心을 강구한 것이다. 이 심心에 만일 인욕人欲이 없고 순전히 천리天理뿐이라면, 그것은 어버이에게 효도 하는 데에 진실한 심心이다. 겨울에는 저절로 부모의 추위를 생각하여 곧 스스로 따습게 할 방법을 구하려 할 것이고, 여름에는 저절로 부모의 더위를 생각하여 곧 스스로 시원하게 할 방법을 찾으려 할 것이다. 이런 것들은 모두 진실로 효도하고자 하는 심心이 발發해 나올 만한 조건이다. 또 반드시 이런 진실로 효도하고자 하는 심心이 있은 연후에만 이런 상황에 따라 발發해 나오는 것이 있다."[31]

일을 처리하는 데 있어서 대체적인 것은 그때그때 판단하여 대처할 수 있다고 하더라도 세세한 것들까지 모두 심의 판단에 맡기기에는 의심쩍은 점이 있다. 그래서 그래도 좀 자잘한 것들은 미리 연구해 놓아야 하지 않겠느냐고 물었다. 이에 양명은 그것은 소소한 지엽말단 적인 일이니 먼저 큰 뿌리부터 확립해야 한다고 한다. 즉, 심 밖에서 연구하는 것이 아니라 심 안에서 해야 한다고 한다. 내가 진실로 효도하 고자 한다면 먼저 내 심 속에 인욕이 없는지를 살펴야 한다. 그래서 털끝만큼도 그런 인욕이 없다는 것이 밝혀지면 그것이 바로 도리를 연구한 것이다. 이제 이런 심을 가지고 있다면, 여름에는 부모님이 더울 것을 생각해서 시원하게 해 드릴 방법을 찾을 것이고, 겨울에는 추울

31) 陽明全集, 010130, 3條: 愛曰: "聞先生如此說, 愛已覺有省悟處. 但舊說纏於 胸中, 尙有未脫然者. 如事父一事, 其間溫淸定省之類, 有許多節目. 不知亦 須講求否?" 先生曰: "如何不講求? 只是有箇頭腦, 只是就此心去人欲存天理 上講求. 就如講求冬溫, 也只是要盡此心之孝, 恐怕有一毫人欲間雜; 講求夏 淸, 也只是要盡此心之孝, 恐怕有一毫人欲間雜, 只是講求得此心. 此心若無 人欲, 純是天理, 是箇誠於孝親的心. 冬時自然思量父母的寒, 便自要去求箇 溫的道理. 夏時自然思量父母的熱, 便自要去求箇淸的道理. 這都是那誠孝 的心發出來的條件. 卻是須有這誠孝的心, 然後有這條件發出來."

것을 생각해서 따습게 해 드릴 방법을 찾을 것이니, 이것이 바로 도리라
는 것이다.

> 눈에는 본체本體가 없고, 만물의 색色으로써 본체本體를 삼는다.
> 귀에는 본체가 없고, 만물의 소리로써 본체를 삼는다. 코에는 본체가
> 없고, 만물의 냄새로써 본체를 삼는다. 입에는 본체가 없고, 만물의
> 맛으로써 본체를 삼는다. 심心에는 본체가 없고, 천지만물이 감응할
> 때의 시비是非로써 본체를 삼는다. 32)

심心은 본래 허령虛靈한 존재이다. 심은 그 속에 아무것도 없이 텅
비어 있는 것이 특징이며, 그래서 무엇이든 자유롭게 지각하고 판단해
서 한 몸을 이끌어 갈 수 있다. 만일 심 속에 무엇인가가 있다면 그것은
때가 낀 거울과 같아서 사물을 제대로 비출 수 없다. 이에 양명도 심의
이런 대전제는 전적으로 수용한다. 그래서 심에 본래 시비가 정해져
있는 것이 아니라, 천지만물이 다가와서 반응해야 할 때 시비를 정하게
되는데, 그것이 바로 심의 본체라는 것이다. 양명의 심은 거울이 아직
다가오지 않은 물건은 비추지 않고 이미 지나간 물건은 간직하지 않는
것처럼, 아직 다가오지 않았거나 이미 지나간 물건의 시비를 결정하지
않는다.33) 이는 시비를 미리 준비하지도 않고 저장하지도 않는다는
것이다.

---

32) 陽明全集, 031008, 277條: 目無體, 以萬物之色爲體. 耳無體, 以萬物之聲爲
體. 鼻無體, 以萬物之臭爲體. 口無體, 以萬物之味爲體. 心無體, 以天地萬物
感應之是非爲體.
33) 陽明全集, 010625, 21條: 聖人之心如明鏡. 只是一箇明, 則隨感而應, 無物不
照. 未有已往之形尙在, 未照之形先具者.

심心 밖에 물건이 없고, 심心 밖에 일이 없고, 심心 밖에 리理가
없고, 심心 밖에 의義가 없고, 심心 밖에 선善이 없다. 내 심心이 사물에
대처함이 리理에 순수하고 인위人爲의 섞임이 없는 것을 선善이라
하며, 사물에서 구해 올 만한 정해진 곳이 없다. 사물에 대처함이
의義가 되는데, 이것은 내 심心이 그 마땅함을 얻은 것이니, 의義는
밖에서 엄습하여 가져올 수 있는 것이 아니다.[34]

양명은 사물도 의리도 다 심에 있으며, 또 선善도 심에 있다고 한다.
그렇다면 무엇이 선善인가? 성리학에서는 선악의 기준이 외부 사물에
있지만, 양명은 그 기준이 밖에 있는 것이 아니라 심 안에 있다. 심이
'순수하고 의도적인 것이 섞이지 않았을 때 판단한 것'이 선善하다고
한다.[35]

선善도 없고 악惡도 없는 것은 리理의 고요함이요, 선善도 있고
악惡도 있는 것은 기氣의 움직임이다. 기氣에 움직여지지 않으면 즉
선善도 없고 악惡도 없는 것이니, 이것을 지선至善이라고 한다.
성인聖人은 선善도 없고 악惡도 없다. 단지 의도적으로 좋아함도
없고 의도적으로 미워함도 없으며, 기氣에 움직여지지도 않는다.
좋아하거나 미워함을 조작하지 않는 것은 좋아하거나 미워함이
전혀 없는 것이 아니라 사실은 지각知覺이 없는 사람이다. '의도적으
로 하지 않는다'라고 하는 것은 단지 좋아함과 미워함을 한결같이
리理를 따르고, 또 한 푼도 의도적인 생각을 보태려고 하지 않는
것이다. 이렇게 하면 일찍이 좋아하거나 미워하지 않은 것과 마찬가

---

34) 陽明全集, 040611, 與王純甫2 癸酉: 心外無物, 心外無事, 心外無理, 心外無
義, 心外無善. 吾心之處事物, 純乎理而無人僞之雜, 謂之善, 非在事物有定
所之可求也. 處物爲義, 是吾心之得其宜也, 義非在外可襲而取也.
35) 陽明全集, 010207, 4條: 至善只是此心純乎天理之極便是. 更於事物上怎生
求?

지이다.

물었다. "풀을 제거하는데 어떻게 하는 것이 한결같이 리理를 따르고 의도적으로 하지 않는 것입니까?" 답했다. "풀이 방해가 되면 역시 마땅히 제거해야 하므로, 제거할 뿐이다. 우연히 즉시 제거하지 못하였으면 역시 심心에 두지 않는다. 만일 한 푼이라도 의도적인 생각을 보태면, 곧 심체心體에 문득 누累를 끼친 것이니, 기氣를 움직인 곳이 많이 있는 것이다."36)

심心이 기氣의 영향을 받아 어떤 목적을 띠고 조금이라도 적극적으로 어떤 방향으로 움직이고자 하면 이것은 '의도적'인 것이다. 이런 의도성은 대부분 육체의 기氣로부터 영향을 받아 생긴다. 이런 기氣의 영향이 없이 중립성中立性을 유지한 것을 양명은 지선至善이라고 한다. 본래 심은 새로 만든 거울처럼 때가 끼지 않은 지선至善한 것이다. 심이 이처럼 중립성을 유지하면 바른 선택을 할 수 있다. 이에 양명은 심을 거울에 비유하여 말한다.

사람의 성性은 모두 선善하며, 중中·화和는 사람마다 원래 가지고 있는 것인데, 어찌 없다고 할 수 있겠는가? 다만 보통 사람의 심은 곧 어둡고 가려짐이 있으므로 그 본체가 비록 때때로 발현되더라도 결국은 잠시 나타났다 잠시 사라졌다 하니, 온전한 체體(전체全體)와 큰 용用(대용大用)은 아니다.

반드시 평소에 미색美色을 좋아하고 이익을 좋아하고 명예를 좋아

---

36) 陽明全集, 011517, 101條: 無善無惡者理之靜, 有善有惡者氣之動. 不動於氣, 卽無善無惡, 是謂至善./ 聖人無善無惡, 只是無有作好, 無有作惡, 不動於氣./ 不作好惡, 非是全無好惡, 卻是無知覺的人. 謂之不作者, 只是好惡一循於理, 不去又着一分意思. 如此, 卽是不曾好惡一般./ 曰: "去草, 如何是一循於理, 不着意思?" 曰: "草有妨碍, 理亦宜去, 去之而已. 偶未卽去, 亦不累心. 若着了一分意思, 卽心體便有貽累, 便有許多動氣處."

하는 등의 모든 사심私心을 쓸어내고 씻어 내어 다시는 털끝만큼이라
도 남음이 없어서, 이 심 전체가 텅 비고 순전히 천리가 되어야 비로소
희노애락이 미발未發한 중中이라고 할 수 있으니, 비로소 천하의 대본
大本이다. 37)

심心이 중中·화和를 이루고, 나아가 항상 대본大本·달도達道를 이루
면 항상 선善할 수 있다. 이것은 심이 평정중립平正中立을 유지하여 가능
하다. 이를 거울에 비유하면, 거울은 본래 예쁘거나 미운 모습이 없으니
그 본체는 심무선악心無善惡이다. 거울은 때가 낀 것도 있고 밝은 것도
있으니 심유선악心有善惡이다. 그러나 처음 만들어진 거울은 때가 끼지
않았으니 그 근원은 선善하다. 다음으로 거울을 비출 때 거울이 흔들려
서 영향을 받을 수 있는 것처럼, 발용發用할 때 육체 등의 기氣로부터
영향을 받아 선악善惡이 나뉠 수 있다. 이런 모든 변수를 제거하고 심의
평정중립平正中立을 유지하면 선善을 확보할 수 있다. 이에 양명이 존천
리거인욕存天理去人欲(천리를 보존하고 인욕을 제거함)에 노심초사한
뜻을 알 수 있다.

생각건대 주자의 성즉리는 그 '도道가 솔성率性, 즉 성대로 규정된다.'38)
는 것으로서 인간의 노력에 의하여 달라지지 않는다. 반면에 양명의
심즉리는 '나의 심이 상황에 따라 그때그때 도道를 정한다.'라는 것으로
서 솔성率性을 위해서는 인간의 노력이 있어야 한다고 본다. 즉 나의
심에 있는 사욕을 완전히 제거해야만 도리를 바르게 정할 수 있다고

---

37) 陽明全集, 011218, 76條: 人性皆善, 中和是人人原有的, 豈可謂無? 但常人之
心, 卽有所昏蔽, 則其本體, 雖亦時時發見, 終是暫明暫滅, 非其全體大用矣.
/ 須是平日好色好利好名等項一應私心, 掃除蕩滌, 無復纖毫留滯, 而此心全
體廓然, 純是天理, 方可謂之喜怒哀樂未發之中, 方是天下之大本.

38) 朱子의 性論에 대해서는 '제9장 朱子의 性說' 참조

보며, 그런 것만을 솔성率性이라고 할 수 있다고 한다.

IV. 양명陽明의 지知와 지행합일知行合一

양명의 성즉리性卽理 부정否定은 바로 '지식知識'에 대한 부정으로 이어진다. 왜냐하면 이때의 성은 만물 각자의 성이고, 그 성대로 하는 솔성率性은 바로 리理가 되는데, 주자朱子는 이 리理를 먼저 알고 있어야 하지만, 양명은 이에 대한 지식을 가지고 있을 필요가 없기 때문이다. 즉 성즉리에서는 만물의 성을 미리 알아내어 그 리理를 알고 있다가 필요한 상황이 되면 그 리理대로 하지만, 심즉리설心卽理說에서는 나의 심이 만물의 리理를 그때그때 판단하여 사용한다.

> 물었다. "지식이 늘어나지 않으면 어떻게 합니까?" 선생이 답하였다. "학문에는 반드시 근원이 있어야 하므로 반드시 근원으로부터 힘을 써서 차례차례 단계를 밟아 나아가야 한다. 선가仙家에서 영아嬰兒를 말하는 것도 좋은 비유이다. 영아가 어머니 배 속에 있을 때는 다만 순수한 기氣일 뿐이니 무슨 지식이 있겠는가? 배에서 나온 뒤에야 비로소 울 수 있고, 그 후에 웃을 수 있다. 또 얼마 후에 그의 부모형제를 알아볼 수 있고, 또 얼마 후에 서고 걸을 수 있으며, 손으로 쥐고 등으로 짐질 수 있다. 마침내 천하의 일에 할 수 없는 것이 없다. 이런 것은 모두 정기精氣가 날로 채워지면, 근력이 날로 강해지고, 총명이 날로 열려서 그런 것이지, 태어난 날 바로 연구하여 찾아낸 것이 아니다. 그러므로 반드시 근원이 있어야 한다.[39]

---

39) 陽明全集, 010729, 30條: 問: "知識不長進, 如何." 先生曰: "爲學須有本原, 須從本原上用力, 漸漸盈科而進. 仙家說嬰兒亦善譬. 嬰兒在母腹時, 只是純

양명은 지식의 축적을 걱정하는 제자에게 어떻게 지식을 축적할 것인지에 대한 구체적인 답변은 회피하고 기본적인 능력이 먼저 생겨야 함을 강조하고 있다. 그 능력도 날 때부터 갑자기 생기는 것이 아니라 영아가 처음 태어나서부터 점점 자라나서 무한한 능력을 갖추기까지의 과정을 말하면서, 그처럼 단계를 밟아 능력이 생겨서 알 수 있고 할 수 있는 것이지, 어릴 때부터 지식을 축적하여 그런 것을 알 수 있는 것은 아니라는 것을 밝히고 있다. 즉 지식의 축적으로 인해 알 수 있는 것이 아니라, 지적知的 능력의 발달로 인해 알 수 있게 된다는 것이다.

> 대저 사람은 반드시 먹고자 하는 마음이 있고 난 뒤에 음식을 안다. 먹고자 하는 마음은 바로 의意이고, 바로 행동의 시작이다. 음식 맛이 좋고 나쁨은 반드시 입에 들어오기를 기다린 후에 아는 것이니, 어찌 입에 들어오기를 기다리지 않고도 이미 먼저 음식 맛이 좋고 나쁨을 알 수 있겠는가? 반드시 가고자 하는 마음이 있고 난 뒤에 길을 안다. 가고자 하는 마음은 바로 의意이고, 바로 행동의 시작이다. 길이 평탄한지 험난한지는 반드시 몸소 친히 가 본 뒤에 아는 것이니, 어찌 몸소 친히 가 보기를 기다리지도 않고 먼저 길이 평탄한지 험난한지를 알겠는가?[40]

우리의 감각기관을 통해 외부 자극을 단순히 알아차리는 것을 '감각

氣, 有何知識. 出胎後, 方始能啼, 旣而後能笑. 又旣而後能識認其父母兄弟. 又旣而後能立能行, 能持能負. 卒乃天下之事, 無不可能. 皆是精氣日足, 則筋力日强, 聰明日開. 不是出胎日, 便講求推尋得來. 故須有箇本原."

40) 陽明全集, 020131, 132條: 夫人必有欲食之心, 然後知食. 欲食之心卽是意, 卽是行之始矣. 食味之美惡, 必待入口而後知. 豈有不待入口, 而已先知食味之美惡者邪. 必有欲行之心, 然後知路. 欲行之心卽是意, 卽是行之始矣. 路岐之險夷, 必待身親履歷而後知. 豈有不待身親履歷, 而已先知路岐之險夷者邪.

感覺'이라 하고, 여기서 그치지 않고 이들을 비교 분석하여 상황(사事)을 종합적으로 판단하여 아는 것을 '지각知覺'이라 하고, 거기에 더하여 그 상황의 내면적 성정性情까지 아는 것을 '인식認識'이라고 한다. 그렇다면 양명이 여기서 말하는 지知는 어떤 것인가? 감각은 우리 앞에 보이는 풍경처럼 지나쳐 보이는 것이다. 관심이나 주의를 기울여 보지 않았기 때문에 우리 눈동자에 비쳤을 뿐 그것에 대한 정확한 판단은 일어나지 않았다. 이것은 우리의 감각기관을 닫아 놓지만 않으면 보이고 들리는 것들이다. 지각은 그 대상에 관심이나 주의를 기울여 정확히 판단하여 아는 것이다. 이것은 심이 깨어 있는 상태에서 다가오는 대상에 초점을 맞출 때에만 가능하다. 이것은 내가 먼저 관심을 보이거나 대상이 나의 주의注意를 환기할 때 가능하다.[41]

그런데 위의 인용문에서 양명이 말하는 지知는 이런 정도의 관심이나 주의로써 알 수 있는 것을 말하는 것이 아닌 것 같다. 우리는 음식을 먹어보지 않아도 맛이 있는지 없는지 대강은 안다. 서울 가는 길이 험난한지 평탄한지는 가 보지 않아도 이미 알고 있다. 여기서 양명이 말하는 지知는 지각이나 지식이 아닌 다른 지知를 말하는 것이다. 필자는 이것을 의념지意念知[42]라고 이름 붙여 본다. 이는 지각지知覺知보다 더 구체적으로 절실한 욕구가 있어서 그 대상에 다가갈 때 비로소 알게 되는 지知이다. 상황에 따라 인식을 포함할 수 있지만, 이 의념지意念知는 지식으로 축적되지 않는 지知이다. 의념意念이 일어나지 않으면 바

---

41) 感覺 등은 서양철학에서 주로 하는 분류이고, 만일 동양철학적으로 말한다면 감각은 見聞知/方圓知, 지각은 分別知, 인식은 德性知/是非知로 대응시킬 수 있을 것이다. 方圓知는 外形만을 보고 아는 知이고, 分別知는 비교/분별하여 일(事)을 아는 知이고, 是非知는 是非善惡의 理를 깨달아 아는 知이다.
42) 意念은 '어떤 일을 지금 막 하려는 생각'을 의미한다. 心의 用 중에서 意와 念은 포함하고, 志, 思, 慮 등은 제외한다.

로 사라지는 것으로서 항상 현재적인 것이다. 의념지意念知는 과거의 기억 속에 있는 지식에서 가져온 것이 아니라, 이미 길을 가려고 발을 내디디면서 바라보는 길에 대한 정보이다. 그러므로 추상적인 지知가 아니라 눈 앞에 펼쳐진 울퉁불퉁한 길에 대한 구체적인 지知이다. 이 지知의 대상은 길을 가기 전에는 절대로 보이지 않는 정보이며, 기억할 수도 없고 기억할 필요도 없는 항상 현재형으로서만 의미 있는 정보이다. 그러므로 이 의념지意念知는 한 걸음 내딛기 직전의 지知이다.

서애徐愛가 물었다. "지금 사람들이 모두 아버지에게는 효도해야 하고 형에게는 공경해야 한다는 것을 다 알지만 도리어 효도하지 못하고 공경하지 못하니, 곧 지知와 행行은 분명 두 일입니다."

선생이 답하였다. "이는 사욕私欲에 가로막혀서 그런 것이지 지행知行의 본체本體가 아니다. 알면서 행하지 않는 자는 아직 없으니, 알면서 행하지 않는다면 이는 아직 아는 것이 아니다. 성현이 사람에게 지知와 행行을 가르치는 것은 바로 그 본체를 잘 회복시키려는 것이지, 네가 하는 대로 두고 말려는 것은 아니다. 그러므로 『대학』에서 참된 지知와 행行을 지적해서 사람들에게 보여 주려고, '미색을 좋아하듯 하고 악취를 싫어하듯 하라.'고 말하였다. …… 악취를 맡는 것은 지知에 속하고, 악취를 싫어하는 것은 행行에 속한다. 다만 악취를 맡았을 때 이미 저절로 싫어하였지, 냄새를 다 맡은 다음에 달리 마음먹고 싫어하는 것은 아니다. 예를 들어 코가 막힌 사람은 악취가 앞에 있어도 코로 아직 냄새를 맡지 못하여 바로 크게 싫어하지도 않으니, 역시 아직 냄새를 맡지 못한 것이다. 또 예를 들어 어떤 이는 효도를 알고 어떤 이는 공경을 안다고 칭찬한다면, 반드시 그 사람은 이미 효도와 공경을 행한 사람이기 때문에 비로소 그가 효도를 알고 공경을 안다고 칭찬할 수 있는 것이다. 설마 효도와 공경이라는 말을 알았다고 하여 바로 효도와 공경을 안다고 칭찬할

수 있겠는가? 또 예를 들어 통증을 알았다면 반드시 이미 자기가
아팠으므로 비로소 통증을 안 것이고, 추위를 안다면 반드시 이미
자기가 추웠던 것이고, 배고픔을 알았다면 반드시 이미 자기의 배가
고팠던 것이니, 지知와 행行을 어떻게 나눌 수 있겠는가? 이것이
지知와 행行의 본체이며, 사의私意의 가로막음이 아직 있지 않은 것이
다.43)

여기서 말한 지知는 세 종류로 나누어 볼 수 있다. 첫째, 일반적으로
냄새를 맡아 아는 지知는 감각지感覺知이지만 여기서는 그보다 더 강하
게 후각을 자극하여 나의 의념意念을 동요케 하여 그 냄새가 이미 나의
기분을 나쁘게 한 것이다. 그러므로 감각지感覺知를 넘어 의념지가 된
것이다. 둘째, 효孝를 안다는 것은 본래 지식으로서 안다는 것이 아니라,
그가 효를 실천할 줄 안다는 것이다. 즉 그는 효에 대한 강한 의념을
가지고 있다는 것이다. 역시 의념지로 말한 것이다. 셋째, 통증이나
추위를 안다는 것은 좀 더 구체적으로 아는 것이니, 지각에 해당시킬
수 있을 것이다. 그러나 여기서는 그 통증이나 추위는 그냥 그런 느낌이
있다는 것을 알고 지나칠 정도가 아니라 그 정도가 심하여 나의 반응,
즉 의념을 불러일으킬 정도라는 것이다. 즉 반응의 시작으로서의 知이

---

43) 陽明全集, 010214, 5條: 愛曰: "如今人儘有知得父當孝, 兄當弟者, 卻不能孝,
不能弟. 便是知與行, 分明是兩件." 先生曰. "此已被私欲隔斷, 不是知行的本
體了. 未有知而不行者, 知而不行, 只是未知. 聖賢教人知行, 正是安復那本
體, 不是着你只恁的便罷. 故大學指箇眞知行與人看, 說如好好色, 如惡惡
臭.……聞惡臭屬知, 惡惡臭屬行. 只聞那惡臭時, 已自惡了. 不是聞了後, 別
立箇心去惡. 如鼻塞人, 雖見惡臭在前, 鼻中不曾聞得, 便亦不甚惡. 亦只是
不曾知臭. 就如稱某人知孝, 某人知弟, 必是其人已曾行孝行弟, 方可稱他知
孝知弟. 不成只是曉得說些孝弟的話, 便可稱爲知孝知弟. 又如知痛, 必已自痛
了方知痛. 知寒, 必已自寒了. 知饑, 必已自饑了. 知行如何分得開. 此便是知
行的本體, 不曾有私意隔斷的."

니, 역시 의념지이다.

> 지知는 행行의 시작이고, 행行은 지知의 완성이다. 성학聖學은 다만
> 한 개의 공부이므로 지知와 행行을 나누어 두 일로 만들어서는 안
> 된다.[44]
> 지知 중의 절실하고 독실한 것이 바로 행行이고, 행行 중의 밝게
> 깨닫고 정밀하게 살핀 것이 바로 지知이다.[45]

의념지意念知는 단순히 알고 지나칠 수 있는 그런 지知가 아니라,
반드시 그에 관한 대응과 처리가 요구되는 지知이다. 따라서 이런 지知
는 행동의 시작이 되고, 반드시 실제 행동을 유발한다. 조금 추위를
느끼는 정도는 감각지感覺知로서 아직 행동을 유발하지 않는다. 이제
너무 추워서 무슨 대처를 해야 하겠다는 생각/의념을 가질 시점이 되었
을 때 느끼는 추위는 의념지이고, 이는 이미 대처하기로 결심한 후의
일이다. 그러므로 행동으로 이어지는 것은 필연적이다. 이런 상황에서
는 어디까지가 지知에 속하고, 어디부터 행行인지 분간하기 어렵다.
그러므로 절실한 지知가 행行이고, 그 행行을 의식하여 깨닫는 것이
지知라고 하는 것이다.

또 양명은 지知에 대한 정의를 다르게 할 뿐만 아니라, 행行에 대해서
도 신행身行만이 아니라 심행心行을 적극적으로 수용한다.

> 지행합일知行合一에 대하여 여쭙습니다. 선생이 답하였다. "이는
> 반드시 내가 말하고자 하는 종지宗旨를 알아야 한다. 요즘 사람들의

---

44) 陽明全集, 010716, 26條: 知者行之始, 行者知之成. 聖學只一箇功夫, 知行不
可分作兩事.
45) 陽明全集, 020207, 133條: 知之眞切篤實處, 卽是行. 行之明覺精察處, 卽是
知.

학문은 오직 지知와 행行을 나누어 두 일로 만들므로 한 생각이 발동하여 비록 선善하지 않더라도 아직 행동行動하지 않았으면 곧 금지하려 하지 않는다. 내가 지금 지행합일知行合一을 말하는 것은 바로 사람들에게 한 생각의 발동이 즉시 행동한 것이라는 것을 알게 하려는 것이다."46)

양명은 사람들이 나쁜 생각을 하고 있더라도 아직 행동으로 옮기지 않았으면 잘못이 아니라고 하는 것을 보고 지행합일, 즉 '지知와 행行은 하나'라는 것을 말하고자 하였다는 것이다. 여기의 행行은 몸으로 하는 신행身行이 아니라 마음으로 하는 심행心行이다. 지행합일의 지知가 머리라면 행行은 꼬리이다. 그래서 지知와 행行은 항상 동행同行하며, 한 몸으로 되어 있어 서로 분리할 수 없다. 지知가 없는 행行이 없을 뿐만 아니라 행行으로 이어지지 않는 지知도 있을 수 없다. 물론 여기의 지知는 모두 위에서 말한 의념지이다. 의념지일 때만 지행합일이 가능하다. 또 행行은 심행心行과 신행身行을 모두 포함한다.

생각건대 주자는 선지후행先知後行, 지행일치知行一致, 지행병진知行竝進을 주장하는데, 이때의 지知는 모두 지식이다. 먼저 지식이 있어야 그 지식에 따라 행동하며, 우리는 그 지식과 행동을 항상 일치시키려고 노력한다. 그리고 지식과 행동 실천이 서로에게 영향을 미쳐 상대를 발전시킨다. 다만 행동/실천을 유발하지 못하는 지知는 진지眞知, 즉 참지식이 아니다. 더 정확하고 확실하고 분명하게 알면 반드시 그 지식대로 행동/실천할 것이다. 한편 양명의 지행합일의 지知는 지식이 아니다. 이는 양명의 철학 체계에서는 당연한 귀결이다. 지식은 객관 세계에

---

46) 陽明全集, 030411, 226條: 問: "知行合一." 先生曰: "此須識我立言宗旨. 今人學問, 只因知行分作兩件. 故有一念發動, 雖是不善, 然卻未曾行, 便不去禁止. 我今說箇知行合一, 正要人曉得一念發動處, 便卽是行了."

관한 지식이 위주가 되는데, 양명은 그런 지식을 인정하지 않고, 상황이 닥칠 때마다 자신의 심이 그런 리理를 판단·선택한다. 그런데 양명은 그 판단을 저장해 두었다가 필요한 상황이 되었을 때 다시 사용하는 것을 인정하지 않는다. 그렇게 하면 심에 이미 리理를 가지고 있는 것이 되며, 이것은 선입견이다. 이에 양명은 지식을 부정하고 의념지意念知를 내세우는 것이다. 이런 맥락에서 지행합일을 주장하는 것이다.

V. 양명陽明의 양지良知와 치양지致良知

양명은 성즉리를 부정하고 심즉리를 주장한다. 이때의 문제점은 두 가지이다. 첫째는 심이 어떻게 닥치는 상황마다 그렇게 빨리 리理를 알아낼 수 있는가 하는 것이고, 둘째는 그 리理는 객관성과 적절성을 가진 것인가 하는 것이다. 주자의 성리학에서는 평소에 부단히 노력하여 모든 사물의 리理를 연구하여 지식으로 축적하고 있다가, 필요한 상황이 닥치면 그 지식을 활용하여 가장 적절한 리理를 선택한다. 이것이 시중지리時中之理이다. 그런데 양명의 심즉리에서는 그런 사전事前의 노력과 그에 따른 지식을 인정하지 않고, 상황마다 이루어지는 시의 적절한 판단만을 인정한다.

> 지知는 심의 본체이니, 심은 자연히 알 수 있다. 아버지를 보면 자연히 효孝를 알고, 형을 보면 자연히 공손을 알고, 어린애가 우물에 빠지는 것을 보면 자연히 측은할 줄을 안다. 이것이 바로 양지良知이니, 밖에서 빌려 올 필요가 없다.[47]

---

47) 陽明全集, 010329, 8條: 知是心之本體, 心自然會知. 見父自然知孝, 見兄自然

여기서의 지知48)는 아는 능력이다. 사람의 심은 대상의 리理를 아는 능력을 본래 갖추고 있으며, 이것이 심의 본체이다. 아버지를 보면 노력하지 않아도 저절로 효도해야 한다는 것을 안다는 것이다. 이런 선천적인 능력을 양명은 양지良知라고 한다.

> 양지良知는 맹자孟子가 말한 시비지심是非之心이니, 사람이 모두 가지고 있는 것이다. 시비지심은 생각하기를 기다리지 않아도 알고, 배우기를 기다리지 않아도 할 수 있다. 그래서 양지良知라고 하는 것이니, 이것은 곧 하늘이 명령한 성性이며, 내 심의 본체이며, 자연히 신령하고 밝게 깨닫는 자이다. 무릇 의념意念이 발發했을 때, 내 심心의 양지良知가 저절로 알지 못하는 것이 없다. 그 선善한 것은 내 심心의 양지良知가 저절로 이를 알고, 그 선善하지 못한 것도 또한 내 심心의 양지良知가 저절로 이를 안다. 이것은 다 다른 사람과는 관계가 없는 것이다. 49)

양지는 맹자가 처음 말한 것50)으로서 생각하거나 배우지 않아도 되는 지적知的 능력이며, 선행先行하는 지식의 도움이 없이도 아는 능력이다. 이것은 인간에게 있어서 매우 중요한 능력이긴 하지만 성리학에서

知弟, 見孺子入井, 自然知惻隱. 此便是良知, 不假外求.

48) 陽明의 文集에는 知字가 많이 나오는데, 感覺, 知覺, 認識, 知識, 良知, 意念知 등 다양한 의미를 갖는다. 모두 문맥에 따라 파악해야 한다. 陽明은 良知는 體와 用을 兼한 것으로 보고, 나머지는 대개 良知의 用으로 본다.

49) 陽明全集, 260313, 大學問: 良知者, 孟子所謂是非之心, 人皆有之者也. 是非之心, 不待慮而知, 不待學而能, 是故謂之良知, 是乃天命之性, 吾心之本體, 自然靈昭明覺者也. 凡意念之發, 吾心之良知, 無有不自知者. 其善歟, 惟吾心之良知, 自知之. 其不善歟, 亦惟吾心之良知, 自知之. 是皆無所與於他人者也.

50) 孟子, 盡心章句上15: 孟子曰: "人之所不學而能者, 其良能也; 所不慮而知者, 其良知也."

는 크게 중시하지는 않았다. 그런데 양명은 이것을 심의 본체로 보면서 자신의 철학 체계에서 가장 중요한 위치에 놓았다. 양명이 심즉리를 주장할 수 있는 배경에는 양지가 있기 때문이다. 양지가 사물의 리理를 아는 선천적인 능력을 갖추고 있으므로 사물의 리理를 정定하는 체계를 자신의 심에 둘 수 있는 것이다.

양명은 양지를 시비지심是非之心, 즉 대상의 시시비비是是非非를 가리는 능력으로 보았다. 맹자는 시비지심을 지智의 단서端緒라고 하였으며, 직접 성性인 지智라고는 하지 않았다. 주자 성리학에서도 심은 지각 판단 능력을 가진 기氣가 위주이므로 시비지심도 성은 아니다. 그런데 양명은 양지를 시비지심으로 보면서도, 동시에 천명지성天命之性이라고도 한다. 양명이 여기서 말하는 성은 천天으로부터 선천적으로 받았다는 의미이다.[51]

> 심心의 체體는 성性이고, 성性은 곧 리理이다. 그러므로 부모에게 효도하려는 심心이 있으면 즉 효도의 리理가 있고, 부모에게 효도하려는 심心이 없으면 곧 효孝의 리理가 없다.......리理가 어찌 내 심心을 벗어나겠는가?[52]

'심心의 체體'의 '체體'자도 체용體用의 체體나 골자骨子의 의미가 아니라, 본체/본바탕를 의미한다. '심心의 본체는 성이다'라는 것은 그 본체를 천天으로부터 받았다는 것이며, '성性은 곧 리理이다(성즉리性卽理)'는 선천적으로 받은 심 속에 도리가 있다는 뜻이다. 그러므로 그

---

51) 陽明全集, 011801, 118條: 知是理之靈處. 就其主宰處說, 便謂之心, 就其稟賦處說, 便謂之性.

52) 陽明全集, 020211, 133條: 心之體性也. 性卽理也. 故有孝親之心, 卽有孝之理. 無孝親之心, 卽無孝之理矣.……理豈外於吾心邪.

뒤의 효도도 심에 근거를 두고 리理를 말하고 있다. 효심이 있으면 효도가 있고, 효심이 없으면 효도도 없다고 하는 말은 심즉리의 입장을 반영한 것이다.

> 성性에 좋지 않은 것이 없으므로 지知에도 불량不良한 것이 없다. 양지良知는 바로 미발未發한 중中이며, 바로 확 트이고 매우 공평하며, 고요하여 움직이지 않는 본체이며, 사람마다 동일하게 갖추고 있는 것이다.[53]
>
> 아는 것도 없고 알지 못하는 것도 없으니 본체가 원래 그러하다. 비유하면 해가 일찍이 마음을 두어 비춘 적이 없어도 저절로 비추지 않은 물건이 없는 것과 같다. 비추는 것도 없고 비추지 않는 것도 없는 것이 원래 해의 본체이다. 양지는 본래 아는 것이 없는데, 지금 도리어 알게 하려고 하고, 본래 알지 못하는 것이 없는데 지금 도리어 알지 못하는 것이 있나 의심하는 것은 단지 (양지를) 독실하게 믿지 못하는 것일 뿐이다.[54]
>
> 양지良知는 먼저 알거나 나중에 아는 것이 없고, 현재의 기미幾微만을 알 수 있지만, 하나를 알면 전체를 알 수 있는 것이다. 만약 미리 아는 심心이 있으면 이것은 바로 사심私心이다.[55]
>
> 양지良知의 본체는 맑기가 밝은 거울과 같아서 털끝만 한 흐림도 없다. 예쁜 것이나 추한 것이 다가올 때 물건에 따라 모습을 보여주지만 밝은 거울에는 오염을 남긴 적이 없다.[56]

---

53) 陽明全集, 021219, 155條: 性無不善, 故知無不良. 良知卽是未發之中, 卽是廓然大公, 寂然不動之本體, 人人之所同具者也.

54) 陽明全集, 031027, 282條: 無知無不知, 本體原是如此. 譬如日未嘗有心照物, 而自無物不照. 無照無不照, 原是日的本體. 良知本無知, 今卻要有知, 本無不知, 今卻疑有不知, 只是信不及耳.

55) 陽明全集, 031024, 281條: 良知無前後. 只知得見在的幾, 便是一了百了. 若有箇前知的心, 就是私心.

56) 陽明全集, 021613, 167條: 其良知之體, 皦如明鏡, 略無纖翳. 妍媸之來, 隨物

양지는 매우 질이 좋아서 중립적이고 공평무사하며 아직 움직이지 않은 본체이다. 이것을 모든 사람이 다 갖추고 있다. 그러나 양지는 미리 지식이나 판단을 가지고 있지 않다. 어떤 것을 특별히 알려고 노력하지도 않고, 그래도 특별히 알지 못할 것도 없다. 그러면서 바깥 사물이 다가오면 즉시 그 리理를 판단하여 안다. 즉 양지는 직관지直觀 知이니, 미리 준비하거나 논리적으로 분석하여 아는 것이 아니다. 또 이미 지나간 과거를 회상하여 나중에 알아내거나, 아직 오지 않은 것을 미리 추측하여 아는 것이 아니다. 거울이 물건을 비추는 것처럼 물건이 다가오면 즉시 비춰 알고 지나가면 즉시 잊는다. 어떤 지식이나 선입견 이나 의도를 가지고 대상의 리理를 왜곡하지 않는다. 이것이 양지의 덕德이다.

> 양지는 다만 시비지심是非之心인데, 시비是非는 단지 좋아함과 싫 어함(호오好惡)이다. 좋아함과 싫어함만으로 시비是非를 다 가릴 수 있고, 시비是非를 가리는 것만으로 만 가지 일의 변화에 다 대응할 수 있다.[57]
>
> 물었다. "대인大人은 만물과 한 몸인데 왜 『대학』에서는 또 후함과 박함을 말합니까?" 선생이 답하였다. "오직 도리에 본래 후함과 박함 이 있다. 비유하자면 몸은 하나인데 손과 발로 머리와 눈을 보호하 니, 어찌 편애하여 수족手足을 박대하려고 하는가? 그 도리가 마땅히 이러해야 한다. 금수禽獸와 초목草木은 똑같이 사랑하는 것이지만, 초목을 금수에게 먹이는 것을 또한 감내해야 한다. 사람과 금수는 똑같이 사랑하는 것이지만, 금수를 잡아 부모를 봉양하고, 제사를

見形, 而明鏡曾無留染.

[57] 陽明全集, 031116, 288條: 良知只是箇是非之心, 是非只是箇好惡. 只好惡就 盡了是非, 只是非就盡了萬事萬變.

받들고, 손님을 접대하는 것을 마음으로 감내해야 한다."58)

너의 그 한 양지良知가 너 자신의 준칙이다. 너의 의념意念이 있는 곳에서, 그것이 옳으면 곧 옳음을 알고, 그르면 곧 그름을 아니, 더 이상 그를 조금도 속일 수 없다.59)

사람의 양지는 바로 초목, 기와, 돌의 양지이다. 만일 초목, 기와, 돌에 사람의 양지가 없으면 초목, 기와, 돌이 될 수 없다. 어찌 오직 초목, 기와, 돌만 그러하겠는가? 천지에 사람의 양지가 없으면 역시 천지가 될 수 없다.60)

양지는 시비선악是非善惡을 판별하는 능력인데, 어떤 기준을 가지고 그것을 판별하는가? 자신이 좋아하거나 싫어하는 것이 기준이며,61) 양지에게 미리 주어진 다른 기준은 없다. 오직 양지 자신의 호오好惡가 판단의 기준이 된다. 다만 그 좋아하거나 싫어할 때 스스로 미리 설정한 기준은 있다. 양지는 천지만물 전체를 한 몸처럼 아끼고 사랑한다.62) 그러나 거기에 우선순위가 없을 수는 없으니, 부모형제, 사람, 동물,

---

58) 陽明全集, 031001, 276條: 問: "大人與物同體. 如何大學又說箇厚薄?" 先生 曰: "惟是道理自有厚薄. 比如身是一體, 把手足捍頭目. 豈是偏要薄手足. 其 道理合如此. 禽獸與草木, 同是愛的, 把草木去養禽獸, 又忍得. 人與禽獸, 同 是愛的, 宰禽獸以養親, 與供祭祀燕賓客, 心又忍得."

59) 陽明全集, 030211, 206條: 爾那一點良知, 是爾自家底準則. 爾意念着處, 他是 便知是, 非便知非, 更瞞他一些不得.

60) 陽明全集, 030925, 274條: 人的良知就是草木瓦石之良知. 若草木瓦石無人的 良知, 不可以爲草木瓦石矣. 豈惟草木瓦石爲然. 天地無人的良知, 亦不可爲 天地矣.

61) 陽明全集, 031116, 297條: 先生曰: "若要去葭灰黍粒中求元聲, 卻如水底撈 月. 如何可得. 元聲只在你心上求." 曰: "心如何求." 先生曰: "古人爲治, 先養 得人心和平, 然後作樂. 比如在此歌詩. 你的心氣和平, 聽者自然悅懌興起. 只此便是元聲之始."

62) 陽明全集, 020216, 133條: 心一而已. 以其全體惻怛而言, 謂之仁. 以其得宜而 言, 謂之義. 以其條理而言, 謂之理.

식물 등의 순서로 좋아한다. 때로는 그들의 생명을 포기하고 더 좋아하
는 이를 살릴 수밖에 없으며, 양지는 또한 이를 감내하지 않을 수 없다.
이러한 원칙 하에 우주 안의 풀 한 포기 돌 한 덩이까지 모두 사람의
양지에 의해서 그 리理가 판단되어 그 조리와 질서가 정해진다. 그러면
천하의 사사물물이 다 제자리를 얻어 조화를 이룰 수 있다.63)

> 만일 양지良知가 발하였을 때, 다시 사의私意의 방해가 없다면,
> 바로 이른바 측은한 마음이 다 채워져서 인仁은 (너무 많아서) 다
> 쓸 수 없을 것이다. 64)

미발未發한 양지는 평정중립平正中立하여 무선무악無善無惡한데 이것
이 발하는 과정에서 사사로운 생각이나 욕심이 방해하면 악惡이 된다.
위 주註 36)의 인용문에서처럼 조금이라도 미리 자기 생각이나 의도를
가지고 사물을 대하면 이것은 양지에 영향을 미쳐서 양지를 평정중립
平正中立한 상태로 있을 수 없게 한다. 이것은 체體로서의 양지가 아니라
용用으로 발현發現하여 지각 판단할 때, 사사로운 생각이 끼어들어 양지
의 자유로운 판단을 방해하는 경우이다. 조금이라도 어떤 의도를 가지
고 판단을 하게 되면 이것은 양지의 판단이 아니다. 그러므로 보지도
듣지도 못하는 것은 양지의 본체이고 경계하고 두려워하는 것은 치양
지致良知하는 공부라고 하며, 또 능히 미리 경계하고 두려워할 수 있는
자는 양지65)라고까지 한다. 이런 것들은 다 양지나 그 용用을 흐려서

---

63) 陽明全集, 020323, 135條: 吾心之良知, 卽所謂天理也. 致吾心良知之天理於
事事物物, 則事事物物皆得其理矣.
64) 陽明全集, 010330, 8條: 若良知之發, 更無私意障碍, 卽所謂充其惻隱之心, 而
仁不可勝用矣.
65) 陽明全集, 031723, 329條: 蓋不覩不聞是良知本體, 戒愼恐懼是致良知的功

양지의 판단에 영향이 미치는 것을 방지하려는 것이다. 양지의 판단이 천리天理가 되도록 하기 위한 노력이 치양지이다.

> 양지良知가 명백하면 네가 고요한 곳에서 체득體得해도 좋고, 네가 일을 하면서 연마하여도 좋다. 양지 본체는 원래 동정動靜이 없는 것이다. 이것이 바로 학문하는 요령이다.66)

치양지는 양명의 학문 방법 중에서 가장 중요한 것이다. 양명의 학문이 바로 서는가 못 서는가는 양지를 확보하는가에 달렸고, 그 양지를 확보하는 방법이 바로 치양지 공부이기 때문이다. 그런데 이 치양지 공부는 아무 일이 없어 고요할 때에만 하는 것이 아니라, 일이 있을 때에도 그 일을 하면서 단련할 수 있다. 이에 양명은 불교처럼 정좌靜坐 공부를 지향하지 않고 동정動靜, 즉 일이 있을 때나 없을 때나 항상 공부할 수 있는 치양지 방법을 주로 한다.

> 물었다. "미성美聲, 미색美色, 재물, 이익에 양지良知가 없을 수 없는 것 같습니다." 선생이 답하였다. "정말 그렇다. 그러나 초학자初學者가 공부할 때는 도리어 반드시 쓸어 내고 씻어 내어 쌓이지 않게 하면, 우연히 만났을 때 비로소 누累가 되지 않고 자연히 순응할 것이다. 양지는 다만 미성美聲, 미색美色, 재물, 이익에서 공부하여, 양지가 아주 깨끗하고 털끝만큼도 가림이 없는 데에 이를 수 있으면 미성美聲, 미색美色, 재물, 이익이 교차할 때 천리天理가 유행流行하지 않음이 없을 것이다."67)

夫. / 陽明全集, 021328, 159條: 能戒愼恐懼者, 是良知也.

66) 陽明全集, 030816, 262條: 良知明白, 隨你去靜處體悟也好, 隨你去事上磨鍊也好. 良知本體原是無動無靜的. 此便是學問頭腦.

67) 陽明全集, 031715, 326條: 問: "聲色貨利, 恐良知亦不能無." 先生曰: "固然.

아름다운 소리나 색, 재물이나 이익 등은 누구나 탐내는 것이다. 양지는 이런 것에 관한 판단도 해야 한다. 거기에 흔들리거나 탐내지 않고 자연스럽게 도리에 맞는 정도만을 누릴 수 있도록 해야 한다. 그러나 처음부터 그렇게 할 수는 없고, 오히려 처음에는 무조건 거부하는 방향으로 노력해야 한다. 이것은 추상적으로 하는 공부가 아니라 실제로 내 앞에 닥친 상황에 대하여 선악을 구별하여 선善을 좋아하기를 미색美色을 좋아하듯이 하고 악惡을 싫어하기를 악취를 싫어하듯이 해야 한다.68) 이것은 또한 격물格物, 즉 나의 의념에 있는 사물에 대하여 선악을 분명히 구분하고 좋아함과 싫어함을 확실히 하는 것이다. 이는 내 마음속에서 이루어지는 공부이고 바깥 사물에 관하여 하는 공부가 아니다.69) 이는 나를 중심으로 하는 근본이 있는 공부이다. 이처럼 양지의 체體와 용用에 누累가 되는 요소를 다 제거하면, 모든 대응에서 양지가 발휘되고, 천리가 유행하는 단계에 이른다. 이것이 최상의 치양지이다. 여기까지는 사의私意를 제거하여 치양지하는 면을 말하였으나, 타고난 기질과 관련해서도 치양지해야 한다.

> 양지는 본래 저절로 밝다. 기질이 아름답지 못한 자는 찌꺼기가
> 많으므로 가림막이 두터워서 개명開明하기가 쉽지 않다. 기질이 아름
> 다운 자는 찌꺼기가 원래 적으므로 두꺼운 가림막이 없으니, 조금만
> 치지致知의 공功을 들이면 이 양지는 곧 저절로 밝아진다. 적은 찌꺼

但初學用功, 卻須掃除蕩滌, 勿使留積, 則適然來遇, 始不爲累, 自然順而應
之. 良知只在聲色貨利上用功, 能致得良知精精明明毫髮無蔽, 則聲色貨利
之交, 無非是天則流行矣."
68) 陽明全集, 030425, 229條: 先生嘗謂, 人但得好善如好好色, 惡惡如惡惡臭, 便
是聖人.
69) 陽明全集, 030529, 239條: 先生曰: "吾敎人致良知, 在格物上用功. 卻是有根
本的學問, 日長進一日, 愈久愈覺精明."

기는 끓는 물 위에 흩날리는 눈과 같으니 어떻게 가림막이 될 수 있겠는가?70)

우리들의 치지致知 공부는 다만 능력이 미치는 만큼 한다. 오늘의 양지가 현재 이러하므로 단지 오늘 아는 것을 따라 끝까지 확충해 간다. 내일 양지에 또 깨달음이 있으면 곧 내일 아는 것을 쫓아 끝까지 확충해 간다.71)

태어날 때부터 기질氣質이 아름다운 이근지인利根之人과 기질이 아름답지 못한 둔근지인鈍根之人이 있다. 이들은 양지에도 차이가 있으니, 물론 아는 능력에도 차이가 있다. 이제 이들이 양지를 키워 갈 때는 각자의 능력에 따라서 점차 키워 가야 한다. 자신의 한도를 넘어서 갑자기 키우고자 하면 도리어 망가지고 만다. 이제 어느 정도까지 키워 가야 하는가?

대저 사람은 천지天地의 심心이다. 천지만물은 본래 나와 한몸이다. 백성의 고단함과 슬픔 중 어떤 아픔인들 내 몸에 절실하지 않겠는가? 내 몸의 아픔을 알지 못하는 것은 시비지심是非之心이 없는 것이다. 시비지심은 생각하지 않아도 알고, 배우지 않아도 할 수 있으니, 이른바 양지良知이다. 사람의 마음 중에 있는 양지良知는 성인聖人과 범인凡人의 차이가 없으며, 동서고금에서도 같은 것이다. 세상의 군자가 오직 양지를 이르게 하는 데에 힘쓰면, 저절로 시비是非를 공정公正히 하고 호오好惡를 같게 하여 남 보기를 자기처럼 하고, 국가 보기를 일가一家 보듯이 하여, 천지만물을 한몸처럼 생각한다.

---

70) 陽明全集, 021511, 164條: 良知本來自明. 氣質不美者, 渣滓多, 障蔽厚, 不易開明. 質美者, 渣滓原少, 無多障蔽. 略加致知之功, 此良知便自瑩徹. 些少渣滓, 如湯中浮雪. 如何能作障蔽.

71) 陽明全集, 030407, 225條: 我輩致知, 只是各隨分限所及. 今日良知見在如此, 只隨今日所知擴充到底, 明日良知又有開悟, 便從明日所知擴充到底.

이에 천하에 다스려지지 않는 곳을 찾으려 해도 찾을 수 없다.[72)]

심心은 사람을 지휘하고, 사람은 천지天地를 지휘한다. 천지만물이 나와 한몸이니, 모든 사람도 나와 한몸이다. 그들의 아픔이 나의 아픔이다. 이 아픔을 아는 시비지심이 바로 양지이다. 사람의 마음에 있는 양지는 성인聖人이나 범인凡人, 동서고금의 모든 사람이 같다. 이에 양지가 고도로 발달하면, 내가 옳다 함과 남이 옳다 함이 같고, 내가 싫어함과 남이 싫어함이 같다. 시비是非와 호오好惡가 객관성과 보편성을 확보하니, 남과 내가 같고 나라와 내 집이 하나다. 나아가 천지만물이 한몸이 되니, 이제 다스려지지 않는 곳을 찾으려 해도 찾을 수 없다. 이것이 양지의 최고점이며, 양명의 이상 세계이다.

VI. 결론結論

우리는 살아가면서 선택의 기로에 서서 선택을 강요당하는 상황을 수없이 맞이한다. 아침에 눈을 비비고 일어나야 하는지 더 자도 되는지부터 시작하여, 아침은 무엇을 먹고, 옷은 무엇을 입고, 친구에게 만나자고 전화를 할 것인지 등등, 우리에게 다가오는 시간과 공간의 변화속에서 어쩔 수 없이 갈 길을 선택해야 한다. 심지어 이 선택을 포기하는 것조차도 또 다른 길을 선택한 것일 뿐이다. 이처럼 끝없이 밀려오는

---

72) 陽明全集, 022029, 179條: 夫人者天地之心, 天地萬物本吾一體者也. 生民之困苦荼毒, 孰非疾痛之切於吾身者乎. 不知吾身之疾痛, 無是非之心者也. 是非之心, 不慮而知, 不學而能, 所謂良知也. 良知之在人心, 無間於聖愚, 天下古今之所同也. 世之君子, 惟務致其良知, 則自能公是非同好惡, 視人猶己, 視國猶家, 而以天地萬物爲一體. 求天下無治, 不可得矣.

선택지 중에서 우리는 어떤 기준을 가지고 선택할 것인가?

이때 주자는 성즉리를 근거로 나와 대상의 성에 근거해서 그 도道를 선택하라 하며, 양명은 심즉리를 내세우며 자신의 심의 판단에 따라 마음대로 선택하라고 한다. 주자는 말한다. 이 세상의 모든 것에는 성이 있고, 나도 성이 있다. 나와 상대는 각각 실현할 가치를 가지고 있고, 그 가치를 실현할 임무를 띠고 이 세상에 태어났다. 그러므로 모든 만물은 그 임무를 수행하고자 노력한다. 나의 성은 남을 사랑하는 것이고, 그래서 남을 사랑하려고 한다. 아침에 눈을 비비며 일어나는 것은 남을 위해 할 일이 있기 때문이다. 만일 남을 생각하지 않고 자신만을 생각한다면 실컷 자고 일어나도 된다. 그러나 남을 도와주기 위해서는 지금 일어나야 한다. 그런데 무엇이 남을 도와주는 것인가? 어떻게 도와줘야 하는가? 아들을 깨워서 학교에 보내는 것이 그를 돕는 것인가? 자고 싶은 만큼 자도록 조용히 있는 것이 도와주는 것인가? 또 흔들어 깨울까, 불러서 깨울까? 이러한 상황 판단이 쉽지 않다. 먼저 상대가 처한 상황을 알아야 하고, 상대의 성격이나 취향도 알아야 한다. 곤히 자는 것을 보고 차마 깨우지 못하고 조금 더 자게 했더니, 학교에서 맡은 임무를 못 해서 남들의 원성을 사게 되었다. 결국 사랑해서 도와주려고 한 일이 오히려 상대를 난처하게 만들었다. 시중時中하지 못한 것이다. 아들은 사랑했는데, 그와 연결된 다른 일은 몰랐던 것이다. 주어진 전체 상황에 맞지 않으면 그것은 길, 즉 도리가 아니다. 고려해야 할 요소가 한둘이 아니다. 나와 상대를 둘러싸고 있는 모든 것을 감안해서 종합적으로 판단해야 한다. 이런 판단을 잘하기 위해서 태어나서부터 죽을 때까지 끊임없이 배우고 연구한다. 우리가 사람의 도道를 가기가 어려운 이유가 여기 있다. 그 도道를 알기도 어렵고, 아는 대로 행하기도 어렵다.

양명이 성리학의 이런 외물外物 탐구를 통한 실천에 가진 의문은 두 가지다. 하나는 언제 어떻게 그렇게 많은 사물의 리理를 탐구하느냐는 것이다. 실제로 자신이 몸소 대나무를 연구하면서 체험해 본 결과 불가능하다는 것이다. 여기에 대안으로 제시한 것이 심즉리이다. 내 마음속에서 리理를 찾자는 것이다. 더구나 어차피 외물外物의 리理를 다 알아도 실제 행동으로 나갈 때에는 그중의 하나를 내 마음대로 선택해야 시중지리時中之理가 되는 것이므로, 아예 내가 그 리理를 결정하겠다는 것이다. 기나긴 인고忍苦의 시간을 통해 얻어지는 지식의 축적 과정을 생략할 수 있으므로 더 빠르게 성인聖人이 될 수 있다고 본다. 아니 오히려 지식의 축적을 전제 조건으로 하는 성즉리 방식으로는 성인이 될 수 없고, 심즉리 방식으로만 성인이 될 수 있다고 생각한다.

다른 하나는 아는 대로 실천하지 않는 잘못은 말할 것도 없거니와, 진정으로 사랑하는 마음도 없이 아는 대로만 행동하는 것은 연극배우가 대본대로 연기하는 것과 같다는 것이다. 여기서 지식과 행동을 하나로 합일合一시키고자 하였다. 그것이 지행합일설知行合一說이다. 그런 과정에서 오히려 지식은 부정하고, 의념지意念知와 행동의 합일合一을 내세웠고, 행동도 신행身行보다는 심행心行을 더 강조하였다. 이제 양명은 마주치는 상황에서 미리 리理에 관한 지식이 축적되어 있지 않더라도 의념意念이 가는 대로 즉시 대응에 나서서 행동할 수 있다. 선지후행先知後行, 먼저 알아야 행동한다고 하면서 미적거리는 일은 이제 용납될 수 없다. 그러므로 지행합일은 지식이 아무리 많아도 정작 백병전白兵戰 중에서는 무용지물이 되고 마는 것을 수없이 보아 온 양명이 실전 경험에서 얻은 지혜일 것이다. 지행일치知行一致가 문관文官이 꿈꾸는 이상이라면, 지행합일은 아마도 무관武官이 추구하는 이상일 것이다.

생각건대 양명이 가장 싫어한 것은 향원鄕原 같은 사이비似而非들의 가면놀이였던 것 같다. 향원은 사람의 덕이 어떠해야 하는지를 잘 알아서 겉으로는 도덕군자인 체하지만, 마음속은 사리사욕私利私慾으로 가득 차서 온갖 못된 짓을 일삼는 자들이다. 또 매일 사물의 리理를 연구한다고 하면서 행동에는 나서지 않는 우유부단한 선비들도 사이비似而非 군자다. 양명은 이런 자들의 존재를 원천적으로 없애기 위해서 새로운 철학을 창도한 것은 아닐까? 이러한 가설假說을 가지고 양명철학을 보면 이해하기 쉽다.

이런 사이비들을 없애기 위해서 최우선적으로 필요한 것은 지식의 부정이다. 온갖 위선과 변명을 늘어놓으며 가면놀이를 할 때, 가장 효과를 발휘하는 것이 그들의 대본臺本인 지식을 빼앗는 것이다. 이 대본을 빼앗으면 더는 가면놀이를 할 수 없을 것이다. 그래서 코페르니쿠스적 대전환을 통하여 외물外物의 객관적 리理의 존재를 부정하고, 그 리理는 모두 나의 심 속에 있는 것이라고 선언한다. 이 심즉리를 선언한 후에는 외물外物에서 찾아온 리理에 대한 지식은 모두 무용지물無用之物이 되었다. 동시에 선지후행先知後行과 지행일치知行一致 대신 지행합일을 내세웠다. 그런 후 지식 탐구의 빈자리를 전지전능全知全能한 양지로 채웠다. 그런 다음 양지를 유지하기 위해 치양지致良知 공부를 부지런히 한다. 양명의 고민은 충분히 이해할 수 있고 공감하는 바이다. 아울러 상당히 정합성을 가진 철학 체계를 정립한 것으로 보인다.

한편 동서고금을 막론하고 지식의 존재와 필요성에 대해서는 쉽게 부정하기 어렵다. 인간이 이 세상에 존재한 이후로 동서고금을 막론하고 생존生存을 위해 지식의 축적에 몰두해 왔다. 그래서 지식을 가진 자, 지식을 많이 가진 자, 새로운 지식을 창출하는 자는 살고 그렇지 못한 자는 도태되었다. 그런데 이런 지식의 축적을 소홀히 하는 철학 체계는 하나의 반정립反定立(Antitheis)으로서는 의미가 있겠지만 정립

定立의 주류主流로 가기에는 곤란하다.

또 심즉리心卽理는 객관 대상 자신이 가진 리理를 무시하고 사람 각자가 자신의 마음대로 그 리理를 판단한다는 것인데, 이는 대상의 품격이나 가치를 무시하는 것으로서 용납하기 어렵다. 비록 양명은 치양지를 통해 최대한 객관성과 적절성을 확보하려고 하지만 이것은 아무래도 한계를 가질 수밖에 없다. 짧은 시간 동안 직관直觀을 통해 대상의 가치를 모두 알아내는 것은 사실상 불가능하다. 장시간에 걸쳐 여러 사람이 공동으로 연구하여 알아내고, 또 세대를 이어 가며 축적된 지식의 가치는 가볍게 볼 수 없다. 혹 양명은 적극적으로 분석지分析知나 추리지推理知를 부정하지 않았다고 할 것이지만, 적극적으로 이런 것을 수용한 철학 체계가 아닌 이상 이런 비판을 피하기는 어려울 것이다. 이런 점에서 아무리 양지가 고도화된다 하더라도 대상의 리理를 다 알아내겠다는 겸허한 자세를 갖지 않는 한 상대의 가치를 소홀히 한다는 비판을 면하기 어렵다. 나아가 이는 만물을 인간 중심으로만 평가하는 결과를 가져온다. 그럴 경우 인간의 독단에 빠질 가능성이 농후하다.

양명이 심즉리를 주장하는 동기 중의 하나는 아는 데만 치중하고 실천하려고 하지 않는다는 것이었는데, 정작 성선설을 부정하면서 행동의 추진력이 없어져 버렸다. 성리학에서는 사랑하는 성性이 있어서 힘든 줄도 모르고 사랑하는 이를 위해서 노력하지만, 양명은 그런 것을 의도적인 것이라고 해서 배제하므로 오히려 적극적으로 행동에 나설 수 없게 되었다. 양명은 성에 생동生動하는 성질을 부여함으로써 이 문제를 해결하고자 하였지만 그 한계는 분명한 것이다. 방향 없는 생동生動은 제자리 걷기에 불과하여, 생동生動의 의미가 없다.

수양修養을 통해 심을 평정중립平正中立하게 하면 양지가 바른 판단을 할 수 있다고 하지만, 오히려 그 판단의 기준이 없어 바른 판단인지 아닌지를 오직 자신의 양심良心에만 맡기는 결과를 가져왔다. 또 제멋대로 판단하였을 때 검증할 방법도 없고, 다시 수정할 계기도 없다.

　요약하면 양명 철학은 만물의 존재와 그들과의 공존, 그리고 그들끼리의 조화를 무시하는 철학이다. 다른 사람에 대해서는 자기 마음대로 재단하고, 천지만물에 대해서는 사람 마음대로 판단하는 독단적인 철학이다. 우주 안에 존재하는 모든 사람과 만물의 속삭임을 들으려 하지 않고, 그들의 아픔과 슬픔을 보듬으려 하지 않는다. 또 과거도 미래도 없는 현재의 불안만을 온몸으로 감내하려 한다.

참고문헌

1. 공통共通 고전古典 참고문헌

- 經書(大學·論語·孟子·中庸), 成大 大東文化研究院, 1979.(丁酉字本, 1板20行18字)
- 朱子語類, 影印本, 1978.(辛卯(1771년 英祖47)入梓, 嶺營藏板, 1板20行22字)
- 朱子大全, 影印本, 1978.(辛卯(1771년 英祖47)入梓, 完營藏板, 1板20行22字)
- 性理大全, 影印本, 1978.(永樂13年刊本, 1板20行22字)
- 詩傳(詩經), 景文社, 1979.(1板20行17字)
- 書傳(書經), 景文社, 1979.(1板20行18字)
- 春秋左氏傳, 景文社, 1979.(1板20行18字)
- 周易, 景文社, 1979.(丁酉字本, 1板20行18字)
- 大學或問·中庸或問, 景文社.(1板20行22字)
- * 古典의 출처 표기는 書名 다음에 6단위 숫자 332211를 사용한다. 이는 33卷 22板 11行을 의미하며, 7단위 숫자는 100卷 이상인 경우임.

2. 장별章別 참고문헌

제1장 동양철학과 윤리교육

- 朴鍾鴻, 『哲學概說』, 博英社, 1981.
- 한국철학사상연구회 편, 『철학대사전』, 도서출판 동녘, 1989.
- 조난심, 『도덕과 교육과정 개정(시안) 연구 개발』, 한국교육과정평가원, 2005.12.25.
- 조난심, 『도덕과 교육과정 개선 방안 연구』, 한국교육과정평가원, 2005.12.25.
- 교육인적자원부, 고등학교 『윤리와 사상』 교사용지도서, 2003.

- 尹用男,「朱子 體用理論의 體系와 그 運用」,『東洋哲學』제15집, 韓國 東洋哲學會, 2001.
- 尹用男,『朱子의 體用理論에 관한 硏究』, 成均館大學校 大學院, 1992.
- 尹用男,「孔子 仁思想의 體用理論的 分析- 朱子의『論語集註』說을 中心으로-」,『東洋哲學硏究』第32輯, 東洋哲學硏究會, 2003.

제2장 체용이론의 체계와 그 운용

- 二程全書, 臺灣中華書局, 中華民國 75.
- 朴鍾鴻,『一般論理學』, 博英社, 1987.
- 李雲九・尹武學 共著,『墨家哲學硏究』, 成均館大 大東文化硏究院, 1995.
- 勞思光,『中國哲學史』, 友聯出版社, 1985.
- 尹用男,「朱子 理說의 體用理論的 分析」,『東洋哲學』第7輯, 韓國東洋哲學會, 1996.
- 姜眞碩,『朱子體用論硏究』, 北京大學 博士學位論文, 2000.

제3장 체용논리와 음양론

- 五倫行實圖
- 李宜哲,『朱子語類考文解疑』, 民族文化文庫, 2001.
- 晁說之, 景迂生集, 四庫全書.
- 강진석,『體用哲學』, 도서출판 문사철, 2011.
- 중국현대철학연구회,『처음 읽는 중국 현대철학』, 동녘, 2016.
- 胡適,『中國古代哲學史』, 商務印書館, 1974.
- 강진석,「북송 유가의 체용론 연구」,『中國硏究』28권, 한국외대 중국연구소, 2001.
- 강진석,「주자 체용범주의 제반 의미」,『인문학연구』6집, 한국외대 철학문화연구소, 2001.
- 강진석,「주자 도체론의 체용구조」,『동양철학』, 한국동양철학회, 2002.
- 김제란,「중국철학에서의 '체용體用' 개념의 변천 과정 : 체용의 불교적 이해와 유학적 이해」,『시대와 철학』17권 4호, 한국철학사상연구회 2006.

- 김한상, 「體用論과 朱熹 철학의 太極 개념에 대한 고찰」, 『유교사상문화연구』 74집, 한국유교학회, 2018.
- 尹用男, 『朱子의 體用理論에 관한 硏究』, 성균관대학교 박사학위논문, 1992.
- 尹用男, 「朱子 體用理論의 體系와 그 運用」, 『東洋哲學』 第15輯, 韓國東洋哲學會, 2001.
- 尹用男, 「孔子 仁思想의 體用理論的 分析- 朱子의 『論語集註』說을 中心으로-」, 『東洋哲學硏究』 第32輯, 東洋哲學硏究會, 2003.
- 지준호, 「黃榦 體用論의 構造와 展開」, 『東洋哲學硏究』 28집, 동양철학연구회, 2002.
- 袁偉杰, 「體用觀念來源之爭議考」, 『史繹』, 第36期, 臺灣大學歷史學系 『史繹』編輯委員會, 2011.

제4장 주자의 천명설

- 牟宗三, 『心體與性體』(三), 正中書局, 中華民國 75年.
- 許愼 撰, 段玉裁注, 『說文解字注』, 黎明文化事業公司, 中華民國 65.
- 宋寅昌, 「孔子의 天命思想에 대한 檢討」, 『儒教思想硏究』 第3輯, 儒教學會, 1988.
- 尹用男, 「朱子 理說의 再構成」, 『東洋哲學硏究』 9, 東洋哲學硏究會, 1988.
- 尹用男, 『朱子의 體用理論에 관한 硏究』, 成均館大學校 大學院, 1992.
- 尹用男, 「朱子 職分倫理說의 體系」, 『誠信漢文學』 第四輯, 誠信漢文學會, 1993.

제5장 주자의 리설

- 勞思光, 『中國哲學史』, 友聯出版社, 1983.
- 馮友蘭, 『中國哲學史新編』, 人民出版社, 1988.
- 陳來, 『宋明理學』, 遼寧教育出版社, 1992.
- 尹用男, 「朱子의 體用理論에 관한 硏究」, 成均館大學校 大學院, 1992.
- 尹用男, 「朱子의 天命說」, 『韓中哲學』 創刊號, 韓中哲學會, 1995.

• W. 브뢰커 著, 金珍 譯, 『아리스토텔레스의 철학사상』, 범우사, 1987.
• J. L. 아크릴 著, 한석환 譯, 『철학자 아리스토텔레스』, 서광사, 1992.

제6장 주자의 리기설

• 韓元震, 南塘集, 影印本, 1976.
• 陳來, 『宋明理學』, 遼寧敎育出版社, 1992.
• 姜廣輝, 『理學과 中國文化』, 上海人民出版社, 1994.
• 勞思光, 『中國哲學史』, 友聯出版社, 1983.
• 尹用男, 「朱子 理說의 再構成」, 『東洋哲學 硏究』제9집, 東洋哲學硏究會, 1988.
• 尹用男, 「朱子의 體用理論에 관한 硏究」, 成均館大學校 大學院, 1992.
• 尹用男, 「朱子의 天命說」, 『韓中哲學』 創刊號, 韓中哲學會, 1995.
• 尹用男, 「朱子 理說의 體用理論的 分析」 『東洋哲學』 제7집, 韓國東洋哲學會, 1996.

제7장 주자의 태극설

• 陸九淵, 『象山全集』, 臺灣中華書局, 中華民國 76.
• 許愼 撰, 段玉裁 注, 『說文解字注』, 黎明文化事業公司, 中華民國 65.
• 爾雅注疏(十三經注疏), 中華書局, 1991.
• 王念孫, 廣雅疏證, 四部備要, 第14冊, 中華書局, 1989.
• 勞思光, 『中國哲學史』, 友聯出版社, 1983.
• 陳來, 『朱熹哲學硏究』, 文津出版社, 中華民國 79.
• 馮友蘭, 『中國哲學史』(全二冊) 中華書局, 1992.
• 大濱晧, 『朱子의 哲學』, 東京大學出版會, 1983.
• 李炯性, 『범주로 보는 주자학』, 예문서원, 1997.
• 尹用男, 『朱子의 體用理論에 관한 硏究』, 成均館大學校 大學院, 1992.
• 尹用男, 「朱子 理說의 體用理論的 分析」, 『東洋哲學』 第7輯, 韓國東洋哲學會, 1996.
• 尹用男, 「朱子 理氣說의 整合的 構造」, 『退溪學報』 93輯, 退溪學硏究院, 1997.

제8장 주자의 심설

- 心經附註, 保景文化社(影印本), 1995.
- 黃帝內經素問靈樞合編, 成輔社(北京中西醫學研究總會藏版), 1975.
- 「皇極經世書」, 『性理大全』, 影印本, 1978.(永樂13年刊本, 1板20行22字)
- (明)張介賓(景岳), 類經, 大星文化社(影印本), 1982.
- 李光律, 『朱子哲學研究』, 中文, 1995.
- 陳來, 『朱子哲學研究』, 華東師範大學出版社, 2000.
- 尹用男, 「孔子 仁思想의 體用理論的 分析- 朱子의 『論語集註』說을 中心 으로-」, 『東洋哲學研究』 第32輯, 東洋哲學研究會, 2003.

제9장 주자의 성설

- 二程全書, 臺灣中華書局, 中華民國 75.
- 退溪全書3, 『四書釋義』, 「中庸釋義」(影印本, 成均館大 大東文化研究 院, 1978.)
- 勞思光, 『中國哲學史』, 友聯出版社, 1985.
- 陳來, 『朱子哲學研究』, 華東師範大學出版社, 2000.
- 尹用男, 「朱子의 天命說」, 『韓中哲學』, 創刊號, 韓中哲學會, 1995.
- 尹用男, 「朱子 理說의 體用理論的 分析」, 『東洋哲學』 第7輯, 韓國東洋 哲學會, 1996.
- 尹用男, 「朱子 理氣說의 整合的 構造」, 『退溪學報』 第93輯, 社團法人 退溪學研究院, 1997.
- 尹用男, 「朱子 體用理論의 體系와 그 運用」, 『東洋哲學』 第15輯, 韓國 東洋哲學會, 2001.
- 尹用男, 「孔子 仁思想의 體用理論的 分析- 朱子의 『論語集註』說을 中 心으로-」, 『東洋哲學研究』 第32輯, 東洋哲學研究會, 2003.
- 尹用男, 「朱子 心說의 體用理論的 分析」, 『東洋哲學研究』 第41輯, 東洋 哲學研究會, 2005.
- 尹用男, 「朱子의 太極說」, 『東洋哲學研究』 第19輯, 東洋哲學研究會, 1998.

제10장 공자의 인사상

- 宋時烈 編, 論語或問精義通攷, 驪江出版社, 1986.
- 司馬遷, 史記[前四史], 中華書局, 1997.
- 杜預, 春秋經傳集解, 上海古籍出版社, 1988.
- 尹用男, 「朱子 理說의 體用理論的 分析」, 『東洋哲學』 第7輯, 韓國東洋哲學會, 1996.
- 尹用男, 「朱子 體用理論의 體系와 그 運用」, 『東洋哲學』 第15輯, 韓國東洋哲學會, 2001.

제11장 주자의 경설

- 書傳(書經), 學民文化社, 1989.(庚辰新刊 內閣藏板, 1板20行18字)
- 詩傳(詩經), 學民文化社, 1989.(庚辰新刊 內閣藏板, 1板20行18字)
- 春秋, 學民文化社, 1990.(蔡濟恭跋文本, 1板20行18字)
- 禮記, 學民文化社, 1990.(1板20行18字)
- 周易注疏, 武英殿本 十三經注疏 同治十年 廣東書局重刊.
- 禮記注疏, 武英殿本 十三經注疏 同治十年 廣東書局重刊.
- 心經, 保景文化社, 1995.
- 二程全書, 臺灣中華書局, 中華民國 75.
- 李宜哲, 『朱子語類考文解義』, 民族文化文庫, 2001.(藏書閣 所藏本 K3-138)
- 黃帝內經素問・靈樞合編, 成輔社(北京中西醫學研究總會藏版), 1975.
- 宋 陳大猷, 書集傳或問, 四庫全書 電子版
- 宋 陳埴, 木鍾集, 四庫全書 電子版
- 李鍾述, 『理敬』, 신구문화사, 1999.
- 尹用男, 「孔子 仁思想의 體用理論的 分析- 朱子의 『論語集註』說을 中心으로-」, 『東洋哲學研究』 第32輯, 東洋哲學研究會, 2003.
- 尹用男, 「朱子의 天命說」, 『韓中哲學』, 創刊號, 韓中哲學會, 1995.
- 尹用男, 「朱子 心說의 體用理論的 分析」, 『東洋哲學研究』 第41輯, 東洋哲學研究會, 2005.
- 김철호, 「경(敬), 통합적 도덕교육의 실마리」, 『교육연구』 제48집, 성신

여대 교육문제연구소, 2010.
- 김기현, 「성리학의 경(敬)공부가 갖는 특수성에 관하여」, 『도덕윤리과
교육』 제37호, 한국도덕윤리과교육학회, 2012.
- 연재흠, 「주희철학에 있어 경에 대한 연구」, 『한국철학논집』 제19집, 한
국철학사연구회, 2006.

부록: 양명철학의 체계

- 王陽明先生全集, 東洋文化社, 1976. 影印本(卷首 및 版心題: 王文成公
全書, 上海中華圖書館印行, 石印本, 民國二年(1913), 總38卷 12冊, 1板
32行36字)
- 陳榮捷, 『王陽明傳習錄詳註集評』, 臺灣學生書局, 中華民國 77.
- 尹用男, 「朱子 心說의 體用理論的 分析」, 『東洋哲學研究』 第41輯, 東洋
哲學研究會, 2005.
- 尹用男, 「道德·倫理 敎育의 方向에 관한 提言」, 『東洋哲學研究』 第47
輯, 東洋哲學研究會, 2006.
- 尹用男, 「朱子 性說의 構造的 理解」, 『儒敎思想研究』 第47輯, 韓國儒敎
學會, 2012.

수록收錄 논문 원출처原出處

章順	論文題目	揭載誌	號數	發行處	發行日	面數
01	道德·倫理 教育의 方向에 관한 提言	東洋哲學研究	47	東洋哲學研究會	2006/08/28	7～36
02	朱子 體用理論의 體系와 그 運用	東洋哲學	15	韓國東洋哲學會	2001/09/20	275～306
03	『論語』에 적용된 體用論理와 陰陽論	東洋哲學研究	103	東洋哲學研究會	2020/08/28	7～41
04	朱子의 天命說	韓中哲學	1	韓中哲學會	1995/12/20	539～570
05	朱子 理說의 體用理論的 分析	東洋哲學	7	韓國東洋哲學會	1996/12/20	325～348
06	朱子 理氣說의 整合的 構造	退溪學報	93	退溪學研究院	1997/03/30	102～125
07	朱子의 太極說	東洋哲學研究	19	東洋哲學研究會	1998/12/07	527～552
08	朱子 心說의 體用理論的 分析	東洋哲學研究	41	東洋哲學研究會	2005/02/28	283～320
09	朱子 性說의 構造的 理解	儒教思想研究	47	韓國儒教學會	2012/03/31	265～303
10	孔子 仁思想의 體用理論的 分析 - 朱子의 『論語集註』 說을 中心으로 -	東洋哲學研究	32	東洋哲學研究會	2003/03/28	119～152
11	朱子 敬說의 體系的 理解	倫理教育研究	35	韓國倫理教育學會	2014/12/30	315～342
부록	陽明 哲學의 意義와 그 批判	陽明學	32	韓國陽明學會	2012/08/25	75～116

| 지은이 소개 |

청야晴野 윤용남尹用男

1958년 충남 예산군 대흥면 대률리에서 출생
동국대학교 문과대학 철학과 졸업
한국정신문화연구원 대학원 철학종교학과 문학석사 취득
육군 포병 전역
성균관대학교 대학원 동양철학과 철학박사 취득
민족문화추진회民族文化推進會(현 한국고전번역원) 국역위원國譯委員
성신여자대학교 중앙도서관장, 사범대학장,
교육문제연구소 소장, 동양사상연구소 소장 역임
한중철학회, 동양철학연구회 회장 역임
현 성신여자대학교 사범대학 윤리교육과 교수

저역서
『인조실록』, 『효종실록』 공역
『전통교육에 기초한 단비교육』(2016년, 동문사) 공저
『완역 성리대전』(2018년, 학고방, 대한민국학술원 '우수학술도서' 선정)
공역

내용 문의 및 토론
www.uri42.net → '청야문답' 게시판

청야晴野(비 갠 들판) 자호설自號說

대학 시절 어느 봄날 오후, 도서관에서 책을 보고 있을 때,
소나기가 시원하게 내리더니 갑자기 비는 개고 해가 나왔다.
우연히 눈을 들어 창밖을 보았다.

파릇파릇 돋아나는 새싹,
얼마나 반짝거리고 싱그럽던지!
참으로 신비롭고 아름다웠다.
자연의 경이로움과 오묘함에 넋을 잃었다.
그리고 고향의 산야山野가 눈에 아른거렸다.
그 속에 엄마의 모습이 보였다.
엄마의 품에 안기듯
저 싱그러운 들판을 베고 누워
하나의 자연이고 싶었다.

나는 영원한 촌놈이러니,
그러나 소나기 멎고 갠 들판처럼
개운하게 살고 싶다.
서울 사는 촌놈 무엇을 즐기랴!
반짝거리는 비 갠 들판처럼
싱그럽게 살고 싶을 뿐이다.
이에 청야晴野로써 자호自號하노라.

청야의 주자철학 연구

초판 인쇄 2022년 12월 13일
초판 발행 2022년 12월 21일

지 은 이 | 윤용남
펴 낸 이 | 하운근
펴 낸 곳 | 學古房

주   소 | 경기도 고양시 덕양구 통일로 140 삼송테크노밸리 A동 B224
전   화 | (02)353-9908 편집부(02)356-9903
팩   스 | (02)6959-8234
홈페이지 | http://hakgobang.co.kr/
전자우편 | hakgobang@naver.com, hakgobang@chol.com
등록번호 | 제311-1994-000001호

ISBN 979-11-6586-498-9 93150

값 : 33,000원

■ 파본은 교환해 드립니다.